D1078995

L'économie des territoires
au Québec

Aménagement • Gestion • Développement

PRESSES DE L'UNIVERSITÉ DU QUÉBEC
Le Delta I, 2875, boulevard Laurier, bureau 450
Québec (Québec) G1V 2M2
Téléphone: 418-657-4399 • Télécopieur: 418-657-2096
Courriel: puq@puq.ca • Internet: www.puq.ca

Diffusion/Distribution:

CANADA et autres pays

PROLOGUE INC.
1650, boulevard Lionel-Bertrand
Boisbriand (Québec) J7H 1N7
Téléphone: 450-434-0306 / 1 800 363-2864

FRANCE
AFPU-DIFFUSION
SODIS

BELGIQUE
PATRIMOINE SPRL
168, rue du Noyer
1030 Bruxelles
Belgique

SUISSE
SERVIDIS SA
Chemin des Chalets
1279 Chavannes-de-Bogis
Suisse

Marc-Urbain Proulx

L'économie des territoires au Québec

Aménagement • Gestion • Développement

2009

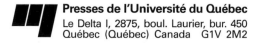

Presses de l'Université du Québec
Le Delta I, 2875, boul. Laurier, bur. 450
Québec (Québec) Canada   G1V 2M2

Données de catalogage avant publication (Canada)

Proulx, Marc-Urbain

   L'économie des territoires au Québec : aménagement, gestion, développement

   (Science régionale : 6)
   Comprend des réf. bibliogr. et un index

   ISBN 2-7605-1186-3

   1. Aménagement du territoire – Québec (Province). 2. Espace (Économie politique).
3. Économie régionale. 4. Décentralisation administrative – Québec (Province).
5. Développement rural – Québec (Province). 6. Développement communautaire –
Québec (Province). I. Titre. II. Collection

HT395.C32Q8 2002   307.1'2'09714   C2002-940953-5

Nous reconnaissons l'aide financière du gouvernement du Canada
par l'entremise du Programme d'aide au développement
de l'industrie de l'édition (PADIE) pour nos activités d'édition.

Révision linguistique : GISLAINE BARRETTE

Mise en pages : CARACTÉRA PRODUCTION GRAPHIQUE INC.

Illustration de la couverture : Collage réalisé par PATRICK VERRET
                      sous la direction artistique de JEAN-FRANÇOIS ALBERT

1 2 3 4 5 6 7 8 9   PUQ 2009   9 8 7 6 5 **4** 3 2 1

Dépôt légal – 3ᵉ trimestre 2002
Bibliothèque nationale du Québec / Bibliothèque nationale du Canada
Imprimé au Canada

À Juliette et Simon-Olivier

Préface

Luc-Normand Tellier
Université du Québec à Montréal

Écrire la préface du livre d'un ancien étudiant est toujours agréable. Écrire la préface d'un livre d'économie des territoires quand on a été le tout premier professeur d'économie spatiale, urbaine et régionale de son auteur est, disons-le, émouvant. En 1977, Marc-Urbain était inscrit au baccalauréat en urbanisme de l'UQAM et j'étais le directeur du rassemblement en études urbaines de la même université. C'est dans ce contexte que nous nous sommes connus et que j'ai eu l'occasion d'initier Marc-Urbain à l'économie spatiale. Des milliers d'étudiants auxquels j'aurai enseigné depuis 1964 (cela ne me rajeunit pas), il est nettement celui qui aura le plus et le mieux suivi mes traces. On comprendra alors ma joie d'écrire cette préface.

Ce qui m'a toujours fasciné chez Marc-Urbain, c'est son appétit de lecture « tous azimuts » joint à son souci de demeurer « branché » à la réalité des régions du Québec. Il y a chez lui comme une boulimie intellectuelle qui, chez tant d'autres, aurait conduit à se réfugier dans son monde à soi, mais qui, chez lui, est toujours demeurée ancrée dans le terroir bien réel de sa région d'origine, le Saguenay–Lac-Saint-Jean. Ce livre est la parfaite illustration de cela. On y aborde de nombreux concepts et théories issus de l'économie spatiale et de l'économie urbaine et régionale, mais aussi des sciences administratives, de la science politique, de la sociologie du développement, de la géographie et même de l'histoire, mais sans jamais perdre de vue l'objectif premier qui est de comprendre les territoires du Québec, leur dynamique, leurs vocations, leurs liens et leur évolution historique.

Lorsque le titre dit « économie des territoires », il faut entendre le mot « économie » dans son sens le plus large, celui de l'« administration de la maison » (pour revenir à l'étymologie grecque). Marc-Urbain nous entraîne dans les méandres multidisciplinaires de la science de la gestion des « maisons » régionales que nous habitons, en nous faisant saisir la diversité des territoires, la complexité des systèmes urbains, le poids déterminant de la géographie dans les destins régionaux, le rôle central des politiques gouvernementales et des institutions locales, les étapes variées de la croissance et de la décroissance, la place des innovations et des milieux innovateurs dans le développement, le jeu des acteurs ainsi que les ambitions et les limites des stratégies territoriales.

Marc-Urbain et moi-même avons eu l'occasion de dialoguer à quelques reprises par écrit. Nos positions sont assez distinctes au départ. Lui a longtemps été fasciné par les milieux innovateurs et par le fait que certaines régions réussissent à tirer leur épingle du jeu à force de dynamisme local dans un contexte peu favorable, alors que moi, je suis encore, après trente-cinq ans de travaux en économie spatiale, étonné de trouver dans l'histoire économique mondiale des régularités spatiales que la science économique actuelle a bien de la difficulté à expliquer. Quand Marc-Urbain recherche avec passion les exceptions à la règle, moi, le plus souvent, je m'acharne encore à débusquer et à comprendre la règle. Le plus étonnant dans notre position à l'un et à l'autre, c'est que tous deux nous acceptons que l'autre ait un point de vue différent et nous croyons nécessaire que les deux optiques soient adoptées afin que le fond des choses soit compris.

Au fond, tout revient à estimer les marges de manœuvre. La plus grande erreur dans le domaine du développement des territoires, c'est de partir de l'hypothèse que tout est possible n'importe où pourvu qu'on y mette l'énergie et l'argent nécessaires. Rien n'est plus faux, comme le cas de Mirabel et tant d'autres nous le rappellent. Mobiliser les forces locales est indispensable afin de donner le maximum, mais une des conditions préalables à toute réussite demeure la fixation d'objectifs réalistes conformes à la dynamique ambiante. Le développement territorial doit partout et en tout temps s'inscrire à l'intérieur de tendances spatio-économiques lourdes contre lesquelles il est inutile et coûteux d'aller. Comme au judo, en matière de développement, le seul moyen de tourner une situation à son avantage, c'est de trouver le moyen de tirer profit des forces adverses, non pas en s'y opposant directement, mais bien en les utilisant à son avantage.

L'individu, les groupes sociaux et les politiques locales et gouvernementales peuvent faire la différence quand ils jouent à l'intérieur d'une certaine marge de manœuvre. Par contre, au-delà de cette marge, ils se heurtent à des défis trop grands et au désenchantement. Comprendre cela, c'est le début de la sagesse. Marc-Urbain et moi-même sommes tous deux conscients de cela et je souhaite que ce livre contribue à convaincre un très grand nombre d'étudiants du Québec et d'ailleurs de ce que comprendre l'économie des territoires constitue le tout premier pas dans cette voie de la connaissance de ce qui est possible, de ce qui est impossible et de ce qui peut et doit être tenté.

La plus grande qualité de l'ouvrage de Marc-Urbain me semble tenir à son étonnante multidisciplinarité dont le point d'appui principal demeure, cependant, l'économie spatiale. S'il est un reproche que l'on a réitéré à l'endroit de cette dernière, c'est bien celui de l'ésotérisme et de la fermeture sur elle-même. L'économie spatiale, disait-on et dit-on encore, est trop mathématique, trop géométrique, trop théorique, trop déductive et trop peu empirique, trop peu observatrice, trop peu appliquée et trop peu ouverte sur les dimensions non proprement économiques. Dans son enchaînement de micro-synthèses, Marc-Urbain réussit à nous faire saisir comment les contributions de l'économie spatiale se situent par rapport à celles d'autres disciplines et comment les unes et les autres se complètent.

Le tableau peint par l'auteur n'a ni la précision méthodique d'un peintre flamand comme Vermeer, ni le maniérisme géométrique d'un Piet Mondrian ou d'un Victor Vasarely, ni la fougue d'un Picasso ou d'un Dali ; il me semble tenir de la générosité expressionniste d'un Riopelle. On y retrouve esquissés à grands traits les grands apports théoriques et les grands enseignements empiriques d'une carrière déjà importante consacrée à la compréhension des multiples dimensions des territoires habités en mouvance vers un développement de plus en plus poussé.

Ce livre est une invitation à poursuivre l'exploration du phénomène régional. Là où Marc-Urbain esquisse, suggère, aborde ou effleure, le lecteur devra être tenté de scruter, décortiquer et analyser en profondeur. L'esprit scientifique est trop souvent absent de la recherche actuelle en science régionale.

Les véritables scientifiques poussent toujours plus loin l'observation des phénomènes en mettant au point de nouveaux outils d'observation (microscopes, satellites d'observation, méthodes d'analyse statistiques). Hélas, tout au contraire, les chercheurs de science régionale d'aujourd'hui croient apporter de grandes contributions en étant les premiers à mettre la main sur telles ou telles séries statistiques, en les exploitant de façon incroyablement primaire à l'aide d'indices primitifs dont la complexité dépasse rarement les simples additions, soustractions, divisions ou multiplications, et en renonçant tout bonnement à expliquer ce qu'ils décrivent si pauvrement. Ces « décriveurs » ont tout simplement renoncé à la réflexion théorique.

Au même moment, du côté de la théorie, les spécialistes des modèles mathématiques élaborent des argumentations mathématiques d'une extrême complexité qui finissent par être des théories de rien du tout, tant le souci d'expliquer quoi que ce soit d'observé est disparu de leur démarche. L'interaction entre le théorique et l'observé, qui est la base même de la science, est quasi absente de la science régionale actuelle, alors que tant de régularités spatiales existent qui appellent des explications.

En se frottant au théorique comme à l'empirique, l'ouvrage de Marc-Urbain nous invite à revenir à une véritable démarche scientifique. C'est, selon moi, son plus grand mérite. Puisse-t-il en convaincre ses lecteurs.

Remerciements

Il y a des œuvres qui se réalisent d'un seul trait, à partir d'une inspiration initiale. Le présent ouvrage est plutôt le fruit de labeurs qui s'étalent sur plusieurs années et se révèle tributaire de diverses formes d'aide très appréciées, notamment celles de ma famille.

Je remercie les principaux bailleurs de fonds : le CRSH (Conseil de recherches en sciences humaines), le PNUD (Programme des Nations unies pour le développement), le FCAR (Fonds pour la formation des chercheurs et aide à la recherche), les ministères québécois des Régions, de la Métropole, des Affaires municipales, de la Culture, Développement Économique Canada, l'ACDDQ (Association des centres locaux de développement du Québec) et la FQM (Fédération québécoise des municipalités). La réalisation en 2001, pour le Canal Savoir, d'une série d'émissions éducatives sur l'économie des territoires a certes accéléré le processus de mise en forme du matériel didactique. Un gros merci à Guy Massicotte pour la confiance qu'il m'a accordée pour cette série.

Mes très sincères remerciements vont tout particulièrement à mes collègues Luc-Normand Tellier, André Joyal et Clermont Dugas dont les commentaires sur une première version du manuscrit ont illustré que, dans leur cas, érudition s'accorde avec générosité. Grande générosité aussi de la part de Normande Lapointe, tant dans le soin qu'elle a apporté à la mise en forme de l'ouvrage que dans les encouragements qu'elle m'a prodigués pour le parfaire.

Je remercie enfin tous ces étudiants de 2e et 3e cycles qui ont stimulé mes réflexions par leurs questions et commentaires pertinents. Plusieurs assistants de recherche ont apporté une contribution considérable, en particulier Nathaly Riverin, Isabelle Lessard, Ali Doubi, Isabel Brochu, Mélanie Desmeules, Natacha Jean, Martin Dion et Alain Roch.

Table des matières

Chapitre 11

Chapitre 12

Liste des cartes

Liste des figures

Liste des tableaux

Introduction

Le Québec est un espace politique et économique de plus de 1,6 million de km². Ce qui représente 40 fois la superficie de la Suisse ou trois fois celle de l'Espagne ou de la France. Il faut cependant préciser que seulement un peu plus du tiers de cette superficie est réellement habitée. La grande majorité de la population habite en réalité une couronne de 200 kilomètres longeant la frontière sud[1]. Il va sans dire que l'espace est vaste. On y trouve deux chaînes de montagnes localisées de chaque côté du fleuve Saint-Laurent. Il s'agit d'une part des Appalaches qui partent de la péninsule gaspésienne pour border l'est de la vallée laurentienne vers le sud en se prolongeant ensuite chez nos voisins américains ; et d'autre part des Laurentides qui bordent le fleuve au nord jusqu'à la latitude de la rivière Saguenay. Le Québec forme avec une partie de l'Ontario, la province voisine, le Bouclier canadien qui ceinture très largement la baie d'Hudson.

Si, selon l'adage, l'Égypte est un don du Nil, le Québec doit quant à lui son existence au fleuve Saint-Laurent. L'histoire du Québec est liée à cet important plan d'eau qui s'inscrit telle une formidable voie de pénétration à l'intérieur de l'Amérique du Nord. Le golfe Saint-Laurent a fasciné les navigateurs européens bien avant la volonté affirmée de coloniser la vallée sise beaucoup plus loin en amont. De fait, la légende de saint Brendan suggère que 17 moines irlandais l'auraient abordé dès le VIᵉ siècle. Et nous avons désormais des preuves archéologiques à Anse-aux-Meadows (Terre-Neuve) illustrant que les Norrois y ont séjourné autour de l'an 1000. Mais le fleuve fut réellement remonté il y a cinq siècles par les Européens à la recherche d'un passage vers le continent alors convoité, les Indes. Les Montagnais, les Micmacs, les Hurons et les

---

1. Au Canada, près de 90 % de la population habite à moins de 150 kilomètres de la frontière américaine.

Carte 1
Principales composantes géophysiques du Québec

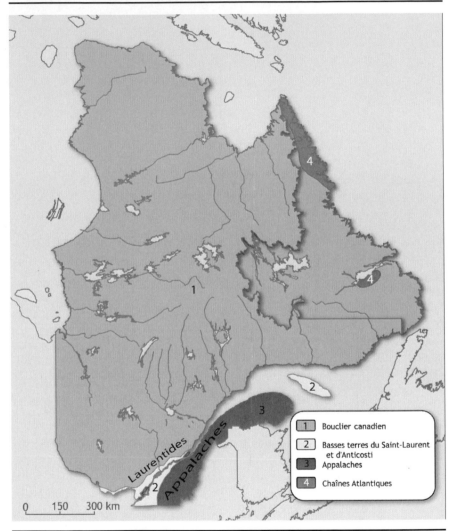

Source : Atlas du monde contemporain, 1967.
Alain Roch, UQAC, 2002.

Iroquois qui habitaient ses rives furent alors, par erreur, baptisés « Indiens ». Puisqu'ils connaissaient bien leurs territoires, ils servirent de guides dans l'exploration de ces nouvelles contrées.

En remontant le fleuve et les rivières Saguenay, Saint-Maurice, Richelieu et Outaouais, les Français ont découvert les lacs Champlain, Saint-Jean, Mistassini, Témiscamingue et bien d'autres encore dont cinq immenses mers intérieures désignées tout simplement les Grands Lacs. Tous ces lacs se présentaient comme le déversoir de très vastes superficies déjà bien divisées en territoires spécifiques à cette époque. On remonta alors d'autres rivières, toujours pour explorer ces divers territoires. On fixa davantage des lieux dont certains étaient déjà utilisés comme relais saisonniers, plus ou moins permanents. Plus spécifiquement, on mit en place des avant-postes dans des points stratégiques afin de prendre possession de ces territoires et de les occuper pour pouvoir en exploiter les ressources, notamment les fourrures que la noblesse européenne prisait beaucoup. Ces avant-postes dispersés à la tête du réseau hydrographique du Saint-Laurent furent déterminants pour diffuser la culture européenne et drainer les ressources rapidement disponibles vers la capitale, Québec, et la métropole française. Notons que la Nouvelle-France du début du XVIIIe siècle s'étendait au-delà des Grands Lacs à l'ouest vers les Prairies et au sud jusqu'à la Louisiane de l'époque.

Ce réseau d'avant-postes reliés par les cours d'eau a ainsi dessiné le tout premier modèle d'organisation spatiale du Québec. L'économie des territoires possédait alors sa structure de base. Le développement des territoires était amorcé. Par la suite, d'autres modèles géo-économiques de développement furent appliqués au fil de l'histoire afin de maîtriser et de soutenir l'exploitation de ce vaste espace nordique.

LA PERSPECTIVE TERRITORIALE

Comme le lecteur peut d'ores et déjà le constater, nous nous intéressons à l'économie du Québec dans une perspective fondamentalement territoriale. Ce sont donc les divers territoires qui composent l'espace Québec qui font l'objet de notre analyse scientifique. Même si nous traiterons avec attention le phénomène urbain, nous devons confesser tout de suite notre tendance à focaliser notre lunette plus longuement sur les territoires non métropolitains. Cette préférence clairement établie pour les territoires « périphériques » nous apparaît justifiée par les trois raisons principales que voici.

D'abord, dans le contexte particulier du nord de l'Amérique, la forte dispersion des lieux hors des grands centres urbains représente une caractéristique majeure de la structure de peuplement et de l'économie. La grande majorité des centres sont petits et très petits, situés en périphérie souvent éloignée d'une poignée de centres intermédiaires et aussi de quelques grands centres souvent immenses en comparaison. La plupart de ces lieux dispersés sont bien sûr reliés économiquement avec leur métropole et leur capitale, mais leurs principaux moteurs économiques sont associés au marché continental et mondial. Ainsi, les modèles explicatifs classiques du rôle de l'espace dans le fonctionnement de l'économie, largement conçus en contexte européen, doivent être revus et corrigés à la lumière de la réalité nordique et américaine du Québec. Les distorsions sont telles qu'il faut même envisager l'élaboration, sinon de nouvelles modélisations, du moins d'une pondération différente des propriétés des modèles généraux offerts par les ouvrages scientifiques.

Ensuite, dans ce contexte du nouveau monde dont le Québec fait partie, la dynamique spatio-économique est à l'évidence plus intense que sur lesdits vieux continents. La structure de peuplement bouge davantage, en particulier en périphérie des métropoles qui pourtant se transforment déjà considérablement. Les forces spatiales agissent en effet plus vigoureusement en Amérique. Pensons notamment au centre de gravité qui se déplace progressivement vers l'ouest, alors qu'il est beaucoup plus stable en Europe. Les mouvements spatiaux sont aussi plus rapides et font apparaître régulièrement des repositionnements et même des renversements dans la hiérarchie des systèmes urbains. Les relations entre centres et périphéries se voient ainsi confrontées, restituées, réinterprétées, notamment lors de changements structurels importants.

Enfin, notre choix de traiter l'économie des territoires selon une perspective non urbaine, sans pour autant exclure la ville, trouve sa légitimité dans le grand nombre d'ouvrages académiques dont nous disposons déjà sur le phénomène urbain. L'économie urbaine fait en effet l'objet de beaucoup plus de manuels que l'économie des territoires non urbains. Pourtant, ces deux réalités distinctes sont néanmoins complémentaires dans la composition de la dynamique spatiale plus large. Le contexte québécois représente en cela un cas de figure des complémentarités relativement complexes entre les territoires urbains et les territoires ruraux. Nous désirons nous servir de cet exemple concret pour illustrer des phénomènes spécifiques souvent négligés par les ouvrages trop orientés sur l'économie urbaine. Du coup, notre compréhension de l'économie de tous les territoires plus ou moins interdépendants du Québec en sera améliorée.

La perspective territoriale que nous vous proposons dans cet ouvrage possède un corpus scientifique important qui devient fort utile pour saisir le rôle spécifique de l'espace dans les activités économiques et sociales. Cette saisie systématique de la dimension spatiale devient essentielle puisqu'elle modifie substantiellement notre représentation de la réalité. L'espace influence en effet considérablement les comportements humains et, en conséquence, le fonctionnement de l'économie dans ses diverses dimensions. Les organisations privées, publiques ou collectives sont ainsi tributaires de l'espace, ne serait-ce que dans leur choix de localisation. Ici, le sol est trop cher. Là, il y a un problème d'accessibilité, alors qu'ailleurs il y a trop d'encombrement. Et à cet endroit désiré, les frais de transport des intrants nécessaires à la production limitent trop la profitabilité. Il faut alors s'établir ailleurs mais certes pas n'importe où. Car l'espace n'est pas neutre et encore moins lorsque les activités sont situées en périphéries éloignées des grandes métropoles comme New York ou Los Angeles, notamment au Québec.

NOTRE DÉMARCHE PÉDAGOGIQUE

C'est bien cette non-neutralité de l'espace que la science économique cherche à expliquer par l'économie spatiale, discipline générique dont dérivent l'économie urbaine, l'économie régionale et, dans une moindre mesure, l'aménagement du territoire, sans oublier la géographie économique qui s'en inspire beaucoup, comme certaines branches de la sociologie appliquée à la ruralité ou à l'urbanité. Précisons finalement que la science politique et la science administrative reconnaissent depuis longtemps le rôle de l'espace qu'elles divisent, quadrillent, bornent et étudient afin de mieux le saisir et le maîtriser. Ces sciences sont alors assistées par l'économie publique locale, proche cousine dans la grande famille de l'économie spatiale.

Même s'il existe un important débat sur sa définition précise, on considère généralement le territoire comme la portion d'espace qui est domestiqué, socialisé, administré, économicisé. Dans cet ouvrage, nous nous intéressons précisément à cette réalité d'un tout spatial dont la vraie substance est constituée de parties territoriales. Notre choix pédagogique s'appuie sur les trois dimensions scientifiques classiques par lesquelles l'espace est transformé en territoires. Il s'agit de l'aménagement, de la gestion et du développement. Ainsi, nous divisons le contenu de cet ouvrage en trois parties distinctes qui permettront de définir et d'appliquer les principaux instruments d'analyse économique, politique, administrative et sociale des territoires. Nous avons en outre le souci constant d'illustrer empiriquement les concepts utilisés tout le long des quatorze chapitres.

Dans la première partie, nous traiterons de l'aménagement des territoires. Nous verrons alors les différents phénomènes qui participent à la structuration de l'espace. Comment est-il possible de maximiser l'efficacité spatiale? Comment valorise-t-on les forces telles que l'attraction? Comment contourne-t-on les contraintes telles que la distance? Et comment inscrit-on adéquatement les divers territoires dans la dynamique spatio-économique nationale, continentale, mondiale? Nous verrons qu'il existe des modèles formels qui nous aident à donner du sens aux nouvelles formes que prend l'usage du sol au Québec.

Dans la deuxième partie, nous nous intéresserons à la gestion des territoires. On sait que la gestion publique doit pouvoir compter sur des aires optimales pour offrir les biens et les services collectifs nécessaires à la population, aux travailleurs et aux entreprises. Nous présenterons donc un cadre d'analyse scientifique permettant de saisir ce rôle dévolu aux territoires. Nous verrons que le Québec utilise depuis longtemps de multiples territoires locaux, supralocaux et régionaux, le dernier découpage officiel étant celui des agglomérations urbaines en rodage actuellement. Cette analyse nous conduira à traiter du principe de la décentralisation en gestion publique.

Enfin, dans la troisième partie, nous analyserons plus à fond la dimension développement. Ici encore, nous utiliserons le contexte québécois pour illustrer l'évolution des territoires centraux et périphériques. Nous passerons en revue les modèles et les théories applicables au développement territorial, en prêtant une attention particulière au rôle de « soutien aux activités » qui bénéficie de multiples contributions scientifiques depuis deux décennies. Nous verrons aussi que le territoire sert à divers degrés de creuset pour l'interaction entre les divers agents socioéconomiques. Cette analyse générale du développement territorial en contexte québécois nous conduira à parler de stratégies. Dans le dernier chapitre, nous nous pencherons sur la politique territoriale. Nous réviserons les dernières stratégies expérimentées un peu partout dans le monde dans des interventions publiques ciblant des entités infranationales.

L'aménagement des territoires

Dans les activités humaines, l'espace joue un rôle fondamental dont les sciences sociales ne tiennent pas compte naturellement. Pourtant, des forces spatiales spécifiques agissent et modifient considérablement les propriétés des théories économiques, sociales, politiques et culturelles. Très souvent, les phénomènes ne se présentent pas de la même manière ici et là. Dans cette première partie, nous traiterons de trois grandes forces spatiales classiques qui influencent la localisation et le fonctionnement des activités humaines dans l'espace.

Nous analyserons d'abord le rôle des ressources naturelles dans la structure de peuplement très dispersé qui caractérise le vaste espace québécois de 1,6 million de km² dont 620 000 km² sont habités. De très nombreux lieux, souvent relativement importants en matière de population et de richesse créée, n'existent que par la proximité d'un bassin de ressources exploitables. La distance est évidemment une contrainte importante dont nous traiterons la spécificité dans l'organisation de l'espace québécois au chapitre 2.

Nous verrons ensuite le rôle de la centralité ainsi que les caractéristiques de la polarisation dans l'espace. En contexte québécois, les pôles de développement et le fonctionnement du système urbain se définissent de façon particulière, largement influencés par la situation spécifique de ces territoires nordiques faiblement peuplés.

Finalement, dans le chapitre 4 nous tenterons de modéliser la convergence de ces forces spatiales dans le contexte contemporain. Dans une fresque globale, nous allons situer l'ensemble des petits, moyens et grands centres qui recomposent actuellement à un certain degré l'espace québécois. Nous avancerons alors le postulat d'une nouvelle division spatiale des activités économiques au Québec. Les enjeux sur l'aménagement des territoires apparaîtront clairement.

1

La dispersion des lieux

L'observation de l'espace québécois nous fait constater tout de suite le phénomène fondamental d'une population largement dispersée. Dispersion historique sur un vaste espace habité de 620 000 km² afin d'y puiser les ressources naturelles disponibles, que ce soit les minerais, la forêt, la terre, les poissons et crustacés, les paysages ou l'eau. On y recherche aussi la qualité de l'environnement, pour les loisirs, la villégiature ou tout simplement par choix. Dispersion qui multiplie et fragmente aussi les unités de peuplement et favorise la diversité des situations territoriales en matière de géographie, d'identité, de traditions, d'organisation communautaire, d'activités économiques, d'apprentissage de l'appropriation de responsabilités, etc. Il s'agit là de données incontournables pour nos décideurs et intervenants, notamment en matière d'aménagement. L'économie du Québec est fondamentalement une économie ponctiforme.

Dans ce premier chapitre, nous analyserons la dotation en ressources naturelles comme support de base à la mise en place d'une structure de peuplement spécifique sur les territoires qui composent l'espace Québec. L'exploitation intensive de ces ressources est d'ailleurs responsable de l'industrialisation du Québec au début du XIXᵉ siècle. Nous verrons que la partie périphérique du Québec contemporain représente en réalité une économie composée de centaines de petits centres d'extraction et de première transformation de ressources naturelles. Malgré la présence d'un secteur manufacturier important dans le sud du Québec et l'émergence actuelle d'une nouvelle économie très dynamique qui s'appuie largement sur la technologie (aéronautique, pharmaceutique, électronique, multimédia), la dotation en ressources naturelles attire encore au Québec plusieurs investissements, génère une bonne partie des salaires élevés et contribue à une part importante, quoique décroissante, des exportations. Près de 30 % du PIB québécois provient des ressources naturelles exploitées avec haute intensité technologique. Environ 500 000 emplois sont encore liés à cette exploitation des ressources naturelles, y compris l'agroalimentaire.

1. LES CENTRES AGRICOLES

D'une petite superficie de 100 000 acres utilisée pour l'agriculture en 1740 dans l'« hinterland » des trois principaux centres urbains, le Québec périphérique fut ensuite massivement colonisé sous les pressions démographiques. Les paroisses agricoles se sont alors multipliées en étendant l'écoumène.

À partir du XIXe siècle, de petites concentrations de population sont apparues autour des églises, des magasins généraux et de certains services à la population. Si bien qu'au début du XXe siècle, l'espace québécois contenait de très nombreux villages qui polarisaient les activités liées à l'agriculture s'étendant sur plus de 700 paroisses et cantons. La présence d'une meunerie, d'une beurrerie, d'une fromagerie, de petites fabriques s'inscrivait comme le moteur économique de ces petites concentrations. Malgré le mouvement de concentration des activités de transformation agricole qui existe depuis cette époque, on estime qu'il existe encore aujourd'hui quelques centaines de centres agricoles dont plusieurs attirent d'autres activités motrices, notamment dans la vallée du Saint-Laurent. Mais il existe encore un bon nombre de centres ruraux dont l'activité principale est l'agriculture.

Au Québec, les recettes monétaires provenant de l'agriculture ont dépassé les quatre milliards de dollars au milieu des années 1990. La production de presque tous les produits de l'agriculture et de l'élevage est à la hausse et atteint 1,5 % du PIB (produit intérieur brut) québécois avant transformation. Associée au vaste secteur aliments et boissons, cette production représente 2,4 % du PIB, auquel il faut additionner 1,9 % lié au commerce de gros et de détail et encore un autre 2,2 % lié à la restauration et l'hébergement. Ainsi, le vaste domaine du bio-alimentaire contribue (1994) pour près de 8 % du PIB québécois en produisant plus de 15 % de tout ce qui est fabriqué au Québec. Pas moins de 386 000 emplois (11,5 % de la main-d'œuvre) sont associés à ce secteur, notamment 80 000 emplois/année dans l'agriculture. Tout cela dans un contexte où la dotation du Québec en terres à très bon potentiel (classes 1, 2 et 3) se révèle très modeste (5 %) au Canada.

Sur l'espace québécois, la production se spécialise d'une manière importante mais sans exclusivité, par territoires et en fonction de divers facteurs. On produit du lait au Saguenay–Lac-Saint-Jean, en Mauricie, dans le Bas-Saint-Laurent, dans le Centre-du-Québec et sur le vaste territoire autour des lacs Mégantic et Saint-François. Le porc est largement produit en Beauce et dans le Centre-du-Québec. Les producteurs de bœuf se localisent surtout en Outaouais, sur la Haute-Côte-Nord, en Gaspésie et en Estrie. Kamouraska, Charlevoix et la Mauricie produisent de la volaille, mais il s'en produit ailleurs aussi. Existe aussi beaucoup de culture commerciale concentrée en Montérégie et dans le Centre-du-Québec. Finalement, les fruits et légumes sont largement produits en Montérégie, dans les Laurentides et à Montréal.

Bien que la production se porte relativement bien, l'agriculture québécoise vit un important drame de déprise. Nous avons atteint le plus grand nombre d'exploitations pendant la grande crise économique des années 1930 avec 150 000 fermes qui s'étendaient sur plus de neuf millions d'acres. Des 122 617 fermes qui existaient en 1956 sur une surface de 6,5 millions d'hectares, il en reste désormais moins de 35 000 qui couvrent à peine 2,9 millions d'hectares. Cette diminution progressive de l'importance de l'agriculture en nombre d'exploitations est encore plus marquée en matière d'emplois associés. Et ce, malgré le fait que la ressource agricole québécoise s'élargit actuellement par la montée en importance de nouveaux secteurs tels que l'horticulture, l'élevage des moutons et autres espèces, la culture du maïs, du grain et du soja, etc.

On comprend alors que cette disparition des exploitations et des surfaces agricoles se répercute sous la forme de l'exode de la population rurale à la recherche d'emplois dans les centres urbains. De nombreuses paroisses sont ainsi en perte démographique, notamment dans les zones plus périphériques ou dans celles contenant des terres de moins bonne qualité.

Certains spécialistes avancent que ce déclin se résorbe actuellement, puisqu'il a diminué en pourcentage entre 1991 et 1996. Heureusement, car durant cette période il y a eu encore disparition de 18 % des exploitations agricoles, de 16 % des exploitations porcines et de près du tiers des exploitations de volaille. L'intégration des unités dans un esprit de productivité est la grande responsable de ce déclin du nombre d'exploitants qui disqualifie au passage plusieurs terres agricoles et plusieurs petites entreprises de production. À titre d'exemple pour la période 1971-1996, la taille des troupeaux est passée de 22 à 41 dans la production laitière, de 79 à 1 133 dans l'élevage porcin et de 1 355 à 10 596 dans la volaille. Même si la superficie moyenne des

Carte 1.1
Localisation du potentiel agricole au Québec

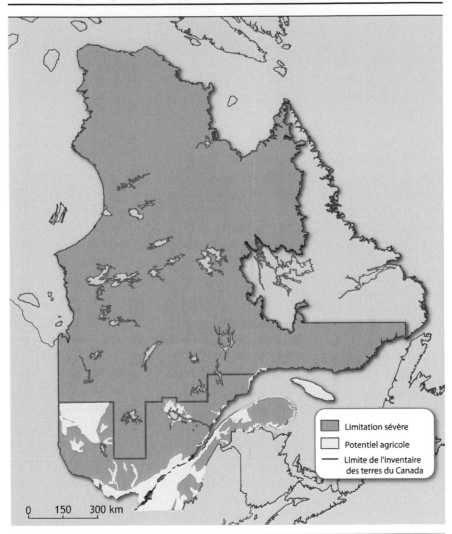

Limitation sévère

Potentiel agricole

Limite de l'inventaire
des terres du Canada

0   150   300 km

Source : Institut de recherche sur les sols. Direction de la Recherche. Agriculture Canada, 1974.
Alain Roch, UQAC, 2002.

fermes exploitées a augmenté de 30 % pendant la période, il demeure que le nombre total d'hectares utilisés a diminué de 20 %. Notons que cette déprise agricole est plus marquée dans les régions périphériques, notamment sur les terres à faible potentiel qui sont généralement tout simplement abandonnées, semi-abandonnées ou au mieux reboisées.

En réalité, depuis plus de trois décennies, l'agriculture québécoise subit une mutation importante causée par des changements technologiques qui nécessitent des investissements considérables. Ceux-ci deviennent certes inabordables pour les terres à faible rentabilité. En 1971, le coût moyen d'une ferme était de 35 900 $, alors qu'il atteint actuellement 420 000 $. Ce phénomène d'intensification capitalistique est universel dans le monde occidental. Et il nous frappe de plein fouet mais un peu moins que dans l'Ouest canadien. Néanmoins, la performance de l'agriculture québécoise au Canada demeure relativement bonne.

Cette industrialisation de l'agriculture québécoise nécessite de plus en plus d'investissements initiaux (endettement) et de plus en plus de revenu brut (chiffre d'affaires) pour maintenir les activités et en soutirer

Figure 1.1
Prix moyen des fermes au Québec en dollars

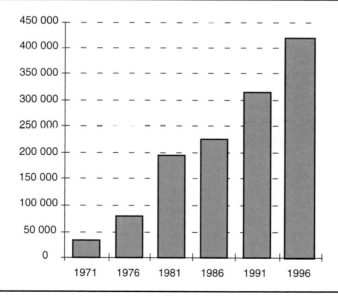

Source : Débailleul (1999).

un revenu familial raisonnable. D'où l'abandon massif des terres agricoles de qualité moindre[1] mais néanmoins capables de production. Le professeur Debailleul a bien établi que, dans les années 1990, il faut deux fois plus de capital et presque deux fois plus de revenu brut que dans les années 1970 pour générer 1,00 $ de revenu net dans l'agriculture québécoise. Ce phénomène est encore plus prononcé dans le reste du Canada, puisque 1,00 $ de revenu net nécessite 6,10 $ de revenu brut au Québec et 8,50 $ en moyenne au Canada. La production laitière québécoise, moins capitalisée que d'autres types d'agriculture au Canada, explique en partie cette moindre intensité capitalistique.

Dans ce processus, les fermes familiales qui représentaient 95 % des exploitations agricoles en 1976 n'en composent en 1996 que 56 %. Le patrimoine agricole familial s'effrite. Pourtant, ces petites exploitations familiales contribuent davantage à l'économie locale que les exploitations de nature industrielle souvent largement déconnectées en matière d'achats d'intrants, d'embauche de main-d'œuvre, de contribution au capital social, etc. (Bouthillier et Roy, 1999). Par contre, la croissance de la productivité fait évidemment baisser les prix tout en améliorant la compétitivité de notre agriculture à l'échelle mondiale grâce à l'intensification des pratiques agricoles, aux fertilisants chimiques, aux formes d'élevage hors-sol et à l'exploitation intensive (monoculture) des terres. Il semble que la concurrence internationale va continuer de pressurer cette productivité tout en accentuant le repli des agriculteurs sur les très bonnes terres. À ce sujet, les spécialistes considèrent que ce modèle compétitif possède une marge de manœuvre très limitée au Québec étant donné la qualité première des terres et les effets externes qu'il engendre, notamment l'épuisement des sols, la pollution des nappes phréatiques, etc.

Pourtant, les membres de la Conférence sur l'agriculture et l'agroalimentaire tenue en 1997 ont statué sur la nécessité d'une augmentation significative de nos exportations, notamment grâce à une intensification capitalistique et à la spécialisation de la production. Sommes-nous dans une impasse? Plusieurs spécialistes le prétendent car les divers coûts engendrés (sociaux, environnementaux, économiques) sont très élevés. Dans plusieurs pays, la crise de l'agriculture s'exprime d'abord par un retour en force de l'aide publique, notamment aux États-Unis. Et pointe à l'horizon immédiat une rupture de l'équilibre environnemental dont les phénomènes de «la vache folle» et de la fièvre aphteuse ne représentent que la pointe de l'iceberg. C'est ainsi que plusieurs experts

---

1. Ces terres sont quelquefois d'excellente qualité, peu utiles cependant pour la production intensive actuelle.

préconisent une reconnaissance officielle de la multifonctionnalité de l'agriculture en considérant les services qui sont rendus à la société mais occultés par le marché. Il ne s'agit aucunement de décrocher du modèle productiviste, mais bien de l'ouvrir à d'autres dimensions essentielles : la complémentarité des usages de la ressource, la diversité des productions, les spécificités des terroirs et l'utilité sociale de productions moins compétitives. Une telle approche nécessite une vision différente de la gestion de cette ressource au Québec.

2. LES CENTRES FORESTIERS

Mis à part le commerce des fourrures avec les Amérindiens qui a occasionné l'établissement de quelques dizaines de postes de traite à des carrefours en amont de plusieurs rivières, la forêt a historiquement servi à la construction des bâtiments des colons et à leur usage domestique. À partir du début du XIXe siècle, elle fut exploitée systématiquement à des fins commerciales grâce à la forte demande du marché anglais. Des centres forestiers émergèrent alors ici et là autour des moulins à scie dans la vallée du Saint-Laurent d'abord, pour ensuite se multiplier sur les territoires plus périphériques, généralement le long des cours d'eau qui servaient au transport de la matière ligneuse et généraient l'énergie motrice du moulin. Dans l'espace québécois, tout le XXe siècle fut caractérisé par l'exploitation de plus en plus intensive de la forêt. On en tire des pâtes et papiers, du bois d'œuvre et de plus en plus des produits usinés comme des meubles, des panneaux, des poutrelles, des armoires. Si bien qu'il existe plus de 170 centres forestiers dont 90 % et plus de l'emploi est lié à l'exploitation de la forêt (tableau 1.1). Sans compter les centres forestiers mixtes, c'est-à-dire ceux qui bénéficient de la localisation d'activités économiques autres liées à l'agriculture, à la pêche, au commerce, etc.

L'espace forestier du Québec se subdivise en deux grandes zones séparées par une bande de transition[2] : la forêt boréale de conifères et la forêt méridionale de bois francs. Les forêts du sud sont généralement plus jeunes que les forêts du nord. Elles sont aussi beaucoup plus privatisées et font plus largement appel aux coupes dites de jardinage. Alors que les forêts publiques du nord subissent une exploitation beaucoup plus intensive.

---

2. L'espace québécois au nord du 55e parallèle est composé presque essentiellement de toundra qui offre peu de potentiel forestier. Les forêts d'épinettes noires sur tapis de lichens (taïga) s'étendent au sud du 55e. À partir du 52e vers le sud, la forêt boréale s'étend jusqu'aux feuillus en passant par une zone mixte.

Tableau 1.1
Les centres forestiers du Québec

Pourcentage d'emploi relié à l'exploitation de la forêt	Nombre de municipalités
100 %	134
90-99 %	35
80-89,9 %	20
70-79,9 %	19
60-69,9 %	21
50-59,9 %	33
Total	262

Source : Estimation du ministère des Ressources naturelles, 1994.

Stimulée par des prix à la hausse sur le marché américain, l'exploitation forestière va très bien (2000) au Québec en matière de production. Elle est en pleine effervescence avec des livraisons de 17 milliards de dollars en 1998, ce qui permet de générer le deuxième plus fort pourcentage des exportations québécoises en 2000. Nos bassins de matière ligneuse de bonne qualité ont livré 33 millions de mètres cubes de bois, dans une production mondiale d'environ un milliard de mètres cubes par année. Pour ce faire, les quelque 1 300 scieries québécoises fonctionnent généralement à plein régime. Avec ses 43 usines (carte 2.1), le Québec a produit, en 1995, 11 % du papier journal au monde et 42,5 % de celui livré par le Canada, sans compter les pâtes et le carton. Douze usines de panneaux agglomérés fabriquent aussi trois types de produits différents sur le marché en croissance mais fragilisé par la hausse récente de l'offre. Ces produits de notre forêt sont livrés à plus de 50 % aux États-Unis.

Cependant, cette activité forestière a vécu une mutation technologique importante, d'abord dans l'exploitation et ensuite dans la transformation. Mutation qui nécessite désormais plus de capitaux, plus de consolidation des unités (tableau 1.2) et moins de travail dans cette industrie. Ainsi, la rupture des stocks appréhendée par la récente prise de conscience de «l'erreur boréale» s'accompagne d'une autre donnée dramatique concernant le peu d'emplois finalement générés par cette importante ressource naturelle en croissante exploitation. De fait, notre patrimoine collectif de 75 millions d'hectares[3] (45 % de l'espace

---

3. Ou 764 720 km² de forêt à valeur commerciale auxquels il est pertinent d'ajouter 340 000 km² de taïga peu exploitable commercialement.

Carte 1.2
Répartition des zones de végétation au Québec

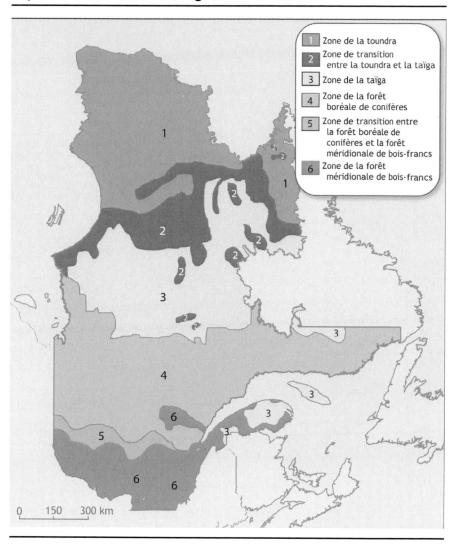

Source : Ministère des Ressources naturelles, Gouvernement du Québec.
Alain Roch, UQAC, 2001.

Tableau 1.2
Usines de sciage selon la taille 1999

Régions administratives[4]

Nombres d'usines	01	02	03	04	05	06	07	08	09	10	11	12	13	14	15	16	17	Total
Moins de 2000 m³/an	79	70	48	42	73	0	81	70	31	8	64	103	0	22	53	43	40	**827**
Entre 2000 m³/an et 10 000 m³/an	34	8	7	3	21	0	9	14	7	3	13	23	0	9	15	15	18	**199**
Entre 10 000 m³/an et 25 000 m³/an	11	1	2	0	16	0	4	3	0	0	4	16	0	7	2	3	3	**72**
Entre 25 000 m³/an et 100 000 m³/an	20	11	5	7	13	0	11	2	2	0	6	14	0	4	9	6	2	**112**
Plus de 100 000 m³/an	10	18	3	7	4	0	7	17	10	6	7	14	0	2	3	0	10	**108**
Total Bois de sciage*	154	108	65	59	127	0	112	106	50	17	94	170	0	44	82	67	63	**1 318**

*Taille des scieries selon les volumes de bois qu'elles sont autorisées à consommer.
Source : Ministère des Ressources naturelles, Direction du développement de l'industrie des produits forestiers (compilation interne), 2001.
4. Régions administratives : 01 – Bas-Saint-Laurent ; 02 – Saguenay–Lac-Saint-Jean ; 03 – Québec ; 04 – Mauricie ; 05 – Estrie ; 06 – Montréal ;
07 – Outaouais ; 08 – Abitibi-Témiscamingue ; 09 – Côte-Nord ; 10 – Nord-du-Québec ; 11 – Gaspésie–Îles-de-la-Madeleine ; 12 – Chaudière-Appalaches ;
13 – Laval ; 14 – Lanaudière ; 15 – Laurentides ; 16 – Montérégie ; 17 – Centre-du-Québec.

québécois) de forêt publique (89 %) et privée (11 %), composé de résineux à 70 % et de feuillus à 30 % dont 70 % de l'ensemble est capable de production commerciale (Bouthillier, 1999), crée de plus en plus de richesses mais aucun emploi supplémentaire au total (figure 1.2). Depuis le début des années 1980, il y eut d'importantes pertes d'emplois dans les activités d'exploitation et dans celles liées aux pâtes et papiers. De nouveaux emplois furent heureusement créés dans les services forestiers ainsi que dans les scieries, usines de rabotage et usines de bardeaux (figure 1.2).

Au total, le nombre d'emplois demeure stable et se localise de moins en moins en forêt. Ce manque d'emplois générés par l'exploitation de la forêt dépossède les communautés forestières des retombées économiques des livraisons qu'elles voient passer allègrement sur d'immenses camions qui, au passage, endommagent leurs routes qu'elles ont désormais la responsabilité d'entretenir. Et, aussi louables soient-elles, les nouvelles usines de transformation et les services ne font que combler les pertes d'emplois dans les autres segments de l'industrie. Au total, dans toute l'industrie, la forêt offre bon an mal an

Figure 1.2
Évolution de l'emploi dans le secteur forestier

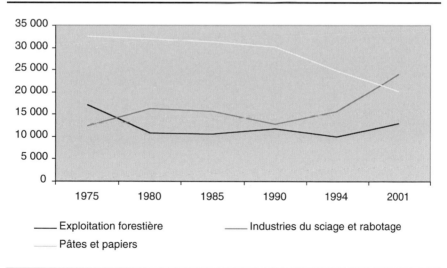

près de 60 000 emplois (16 000 dans l'exploitation) qui génèrent plus de 46 millions de dollars en salaires par semaine, soit 2,392 milliards de dollars par année.

Malgré son immensité, la forêt québécoise est peu productive, son rendement à l'hectare étant jusqu'à 20 fois moindre que celui des forêts de certains pays producteurs comme le Brésil. De plus, l'accroissement annuel moyen de la ressource est seulement un mètre cube à l'hectare par année, alors qu'il est de 2,6 mètres cubes aux États-Unis, de 6,8 mètres cubes en Allemagne et de 5,3 mètres cubes en France. En réalité, les forêts québécoises et canadiennes sont les moins productives au monde. Voilà le vrai drame. Aussi, un sérieux coup de barre a-t-il été donné en 1986 avec la Loi des forêts qui oblige les compagnies forestières à se responsabiliser face à la régénération. L'objectif est certes d'augmenter la productivité de cette forêt. Va-t-on l'atteindre ? Plusieurs analystes croient que cette loi n'est pas suffisante et qu'il faut d'autres mesures plus décentralisées (Dubois, 1995).

Dans nos communautés forestières, la promotion actuelle du développement s'appuie sur deux vecteurs essentiels, soit le renouveau institutionnel (formation, animation socioéconomique, soutien à la planification d'affaires, fonds, etc.) et le leadership reposant sur la concertation dans les activités de production, incluant tous les partenaires y compris les syndicats. L'équilibre écologique est cependant fragile. Et le peu d'emplois nouveaux générés change peu la dynamique socioéconomique des communautés forestières.

Selon certains experts, la nouvelle approche préconisant un développement plus équilibré et plus intégré à divers usages doit s'ancrer sur des schémas d'aménagement de la ressource à l'échelle des communautés établies en milieu forestier. Si la diversification économique (tourisme, villégiature, élevage) représente un objectif important, il demeure que la forêt nécessite de nouvelles activités innovatrices, notamment dans la deuxième et la troisième transformation et aussi dans les diverses activités en amont de la filière de production. Un potentiel relativement important réside aussi dans des essences encore peu utilisées (intégration de la récolte), dans les sous-produits et dans les friches créées par le recul de l'agriculture. La recherche de nouveaux procédés de production, de nouveaux produits et de nouveaux marchés est au centre du développement potentiel. Sans oublier la question ouvrière que l'économie sociale cherche tant bien que mal à solutionner.

3. LES CENTRES MINIERS

Après la production massive d'huile de baleine au Labrador par les Basques au XVIe siècle, l'exploitation systématique du fer représente la première industrie du Québec grâce aux forges du Saint-Maurice ouvertes dans la première moitié du XVIIIe siècle. Par la suite, on exploita le cuivre, l'or et l'amiante à partir de la deuxième moitié du XIXe siècle en Estrie, en Beauce, en Outaouais. Capelton, Eustis, Thetford et Asbestos devinrent alors des centres miniers et d'autres lieux virent leur économie bondir grâce à de nouvelles activités minières.

Au XXe siècle, ce sont d'abord un ensemble de centres miniers (Rouyn, Val-d'Or, Bourlamaque, Malartic, Noranda, etc.) qui s'établissent le long de la grande faille de Cadillac qui traverse la région de l'Abitibi d'est en ouest. Soulignons aussi la création de Murdochville autour de son gisement de cuivre en retrait de la péninsule gaspésienne. Par la suite, toute la région Nord-du-Québec subira la découverte de gisements miniers à la manière des trous d'un fromage suisse. Des centres apparaissent alors tels que Chibougamau, Matagami, Joutel, Gagnon, Fermont Schefferville, Havre-Saint-Pierre, etc. Aujourd'hui, le Québec périphérique possède quelque 22 centres miniers dont certains combinent d'autres activités économiques telles que la forêt, la pêche, l'agriculture, les services. Sans compter quelques centaines d'établissements miniers qui apportent une activité économique considérable à plusieurs centres urbains ayant une tout autre vocation.

L'espace québécois renferme en réalité une cinquantaine de mines, près de 700 établissements miniers, dont 267 unités de sable et gravier, 106 unités de production de calcaire ou de granite, 36 tourbières et 24 unités de production d'or. Ces établissements embauchent près de 18 000 travailleurs bénéficiant d'une masse salariale de 950 millions de dollars pour une production totale de 3,6 milliards de dollars en 2000, dont plus de la moitié va à l'exportation. Les expéditions minérales sont à la hausse depuis 1993, dans la foulée d'une économie mondiale prospère tirée par l'économie américaine. Cette production québécoise se répartit comme suit : 67 % de métaux métalliques dont l'or, le cuivre et le zinc ; 17 % de minéraux industriels, notamment l'amiante ; et 15 % de minéraux de construction, incluant le ciment, la pierre et le sable-gravier.

Cette richesse naturelle se retrouve principalement au nord, notamment 39 % sur la Côte-Nord, 24 % en Abitibi-Témiscamingue et 16 % dans le Nord du Québec. Précisons qu'il existe de l'amiante en

Carte 1.3
Zones minières du Québec

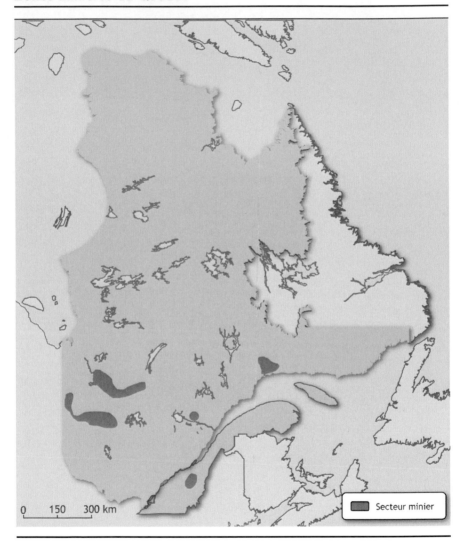

0   150   300 km

Secteur minier

Source : Atlas énergétique du Québec.
Alain Roch, UQAC, 2002.

Estrie et du cuivre en Gaspésie. L'exploitation de ces mines représente plus de 30 % du secteur primaire québécois. En outre le Québec possède des fonderies, des usines d'affinage de métaux, des usines de boulettage et d'autres unités de transformation de la matière première, soit québécoise, soit importée. Cette transformation s'effectue près des mines ou des sources d'électricité, mais aussi largement dans la grande région de Montréal. En plus des alumineries attirées par des tarifs préférentiels sur l'électricité, le Québec prospecte constamment des unités de transformation de ressources minérales, notamment celles de la troisième transformation qui génèrent une importante valeur ajoutée.

L'industrie minière est constamment menacée par des prix très fluctuants sur le marché mondial. Ce marché offre néanmoins au Québec plusieurs avantages comparatifs, non seulement dans la matière première

Figure 1.3
**Répartition des expéditions minérales
par région administrative, 2000**

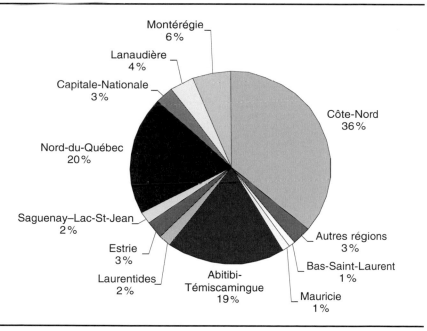

Source : *L'industrie minière du Québec*, 2000.

mais aussi dans les infrastructures établies, la fiscalité et le support gouvernemental. Ainsi, les récentes années furent fructueuses en matière d'investissements miniers en croissance constante depuis 1986, pour atteindre 997 millions de dollars en 1997. L'exploration représente toujours et encore la voie à emprunter sur un très vaste territoire nordique de plus en plus accessible. Plusieurs petites entreprises généralement dirigées par un géologue effectuent cette exploration. Leur soutien par le gouvernement est essentiel.

4.   LES CENTRES MARITIMES

Avec ses 9 600 km de côtes donnant sur le front atlantique, il va sans dire que le Québec recèle un potentiel important pour l'exploitation des ressources maritimes. Des centres maritimes furent ainsi créés dès l'époque de la colonie française au Barachois, à Percé, à Matane, au Mont-Louis, à Gaspé, à Pabos, à Grande-Rivière. Après la Conquête qui détruisit ces petits centres, une deuxième phase d'exploitation maritime stimula leur retour et leur multiplication sous l'initiative de l'habile commerçant Robin installé à Paspébiac, qui fut rapidement suivi par d'autres affairistes anglo-normands.

À la fin du XIXᵉ siècle, les régions de la Gaspésie et de la moyenne et basse Côte-Nord étaient truffées de petits et moyens villages de pêcheurs dont certains voyaient leur économie locale soutenue par d'autres activités économiques (forêt, agriculture, villégiature), notamment en basse saison. Ces centres furent relativement florissants au cours du XXᵉ siècle avant que les réserves s'épuisent et que les techniques se modifient, ce qui élimina de nombreuses exploitations peu performantes. Aujourd'hui nous estimons qu'il existe une trentaine de centres dont les ressources maritimes sont l'objet de la principale activité économique.

Après plusieurs années de difficultés importantes, l'industrie de la pêche a assisté depuis 1998 à une remontée considérable de la valeur des produits débarqués (figure 1.4). Cela vient essentiellement de l'augmentation des captures et de la hausse des prix des poissons de fond et des crustacés. Notons que, sur une valeur de 171 millions de dollars de produits débarqués en 2000, seulement 6 % est composé de poissons de fond et 92 % de mollusques et crustacés. En comptant les autres espèces pélagiques dont la quantité est stable, le Québec a capturé plus de 60 000 tonnes dans les pêches maritimes en 2000.

Figure 1.4
Volume des débarquements au Québec, en tonnes

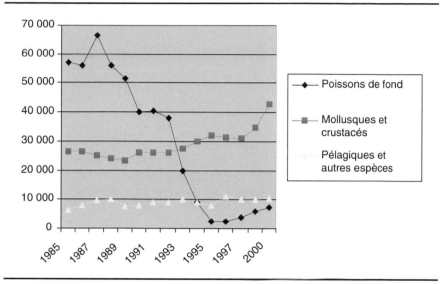

Source : *Profil sectoriel de l'industrie bioalimentaire au Québec*, 2000. Données préliminaires.

En réalité, c'est la bonne performance de la collecte de crustacés (crevettes, homards, crabes) qui permet de soutenir une industrie de la pêche malmenée par la rupture des stocks de poissons de fond. Cette rupture québécoise et canadienne suit une tendance mondiale qui permet par ailleurs de maintenir les prix à la hausse, celui de la morue et du flétan par exemple. Notons que plusieurs pays réussissent bien dans l'aquaculture, comme la Norvège et le Chili, ce qui illustre la nécessité pour le Québec de poursuivre la R&D (recherche – développement) dans ce secteur.

Malgré l'amélioration récente de la situation, les usines de poissons de l'est du Canada continuent d'importer une bonne partie de leur matière première. Peut-on imaginer leur croissance et la multiplication d'autres unités dans ces conditions ? Le Québec compte 57 établissements de transformation de produits marins dont les exportations se chiffraient à près de 200 millions de dollars en 1999. Ils inscrivent leurs activités dans le vaste domaine des « aliments et boissons » qui est un maillon très important du secteur manufacturier québécois. Les possibilités de croissance sont réelles dans ce secteur par le lancement de nouveaux produits originaux sur un marché de plus en plus friand de diversité et de qualité. Il s'agit là d'une question de savoir-faire dans des créneaux à haute valeur ajoutée, d'un enjeu incontournable à mieux saisir pour l'industrie québécoise de la pêche.

5.   LES CENTRES HYDROÉLECTRIQUES

L'espace du Québec renferme aussi des centres hydroélectriques, généralement très petits en population par rapport au volume de leur production. Ainsi Chute-des-Passes, Manic V et autres Bersimis ne sont que des hameaux, alors que leur contribution au PIB québécois est considérable. Plusieurs centrales hydroélectriques voient par ailleurs leurs travailleurs habiter les villes voisines telles que Shawinigan et Îles-Maligne. De plus, plusieurs postes hydroélectriques (relais de transport) contribuent considérablement aux activités économiques du village ou de la ville limitrophe. Mais c'est à Montréal, dans le complexe d'Hydro-Québec situé sur le boulevard René-Lévesque, que se concentrent vraiment les emplois générés par les activités hydroélectriques.

Le Canada fournit environ 55 % de l'hydroélectricité produite en Amérique du Nord. Pas moins de 46 % de cette production canadienne vient du Québec, qui produit près de 25 % de l'hydroélectricité du nord du continent et 78 % de celle du nord-est. Des 40 601 MW (mégawatts) en puissance électrique installés au Québec, près de 95 % sont générés par les centrales hydroélectriques. Signalons que 75 % de cette hydroélectricité est produite dans le nord (carte 1.4), les centrales de La Grande et de Churchill à elles seules alimentant 50 % de la production québécoise. Devançant les mégacomplexes de Itaipu au Brésil et de Guri au Venezuela, le complexe hydroélectrique La Grande est le plus important de la planète. À elle seule, la centrale Robert-Bourassa produit 13,1 % de la puissance disponible au Québec. En 1998, la production totale d'électricité (avec Churchill Falls) fut de 191 milliards de kWh, ce qui place le Québec au troisième rang des producteurs mondiaux de cette ressource. Hydro-Québec produit 77 % de cette électricité, production totale d'électricité qui génère plus de 23 000 emplois au Québec. Cette société d'État jouit d'ailleurs d'une expertise reconnue à l'échelle internationale.

Depuis la nationalisation de l'électricité au début des années 1960, des investissements majeurs ont été faits dans les rivières du Québec. Le dernier en liste est SM 3, actuellement en construction. Vu les contraintes liées à l'environnement, aux droits de propriété et aux marchés, on se tourne désormais vers les petites centrales privées, tout

Carte 1.4
Production hydroélectrique au Québec

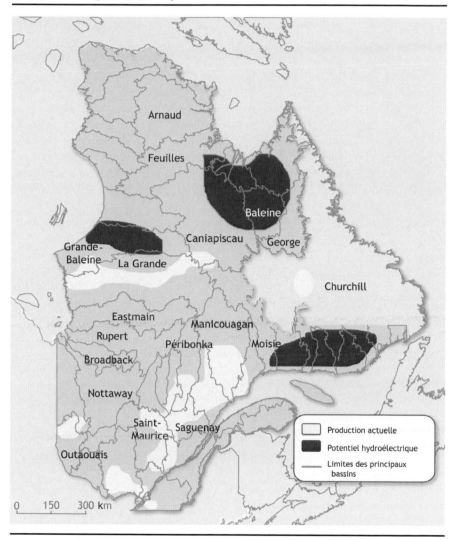

Source : Ministère des Ressources naturelles, Gouvernement du Québec.
Alain Roch, UQAC, 2002.

en explorant les possibilités de la production thermique et en expérimentant la source éolienne en Gaspésie. Hydro-Québec devient courtier d'énergie sur le marché nord-américain.

Pourtant, il reste encore dans le Nord un potentiel hydroélectrique de 45 000 MW à exploiter éventuellement. Trois zones concentrent la majorité de ce potentiel, soit Grande-Baleine, la Baie d'Ungava et la Basse-Côte-Nord (carte 1.4). Exploitation qui n'est cependant que difficilement rentable actuellement étant donné la valeur sur le marché et les coûts de construction de nouvelles méga-installations. En effet, si le kWh coûte peu à produire dans les centrales construites au cours des années 1960 (Manic), il a considérablement augmenté dans les centrales des années 1970 (baie James). L'éventuelle phase II de la baie James (Grande-Baleine) ne pourrait produire de l'électricité au prix actuellement offert sur le marché. Or, puisque le prix de l'électricité demandé aux consommateurs correspond au prix moyen de production, soit 4,92 cents en 1997, et que près de 50 % de la production est vendue à l'industrie à un prix inférieur et donc fort éloigné du coût social de production fixé par la prochaine centrale construite, il n'est pas du tout rentable aujourd'hui de construire de nouvelles mégacentrales dans le Nord, sans compter que la technologie à utiliser, les droits de propriété et le transport de la ressource sont trop coûteux. À moins qu'une très forte augmentation de la demande extérieure, correspondant actuellement à environ 10 % de la production québécoise, fasse bondir les prix. Encore faudrait-il que ces prix soient garantis à long terme pour financer l'opération sans trop de risques ! La stratégie actuelle d'Hydro-Québec vise la conquête de ces marchés extérieurs, mais nous sommes encore loin de la rentabilité comptable d'un éventuel mégacomplexe Grande-Baleine.

Bien connu, le record québécois de la plus grande consommation d'électricité *per capita* au monde s'explique notamment par les prix les plus avantageux en Amérique du Nord. Bien que cet avantage comparatif s'effrite un peu dans un contexte de très forte concurrence sur le marché de l'énergie, il demeure que le Québec attire toujours les industries énergivores telles que les alumineries et les pâtes et papiers, qui consommaient à elles seules en 1997 près de 75 % de cette électricité livrée à taux industriel préférentiel. Ces tarifs avantageux offerts à l'industrie sont très souvent présentés comme une aide au développement régional, alors qu'il s'agit surtout d'utiliser les quelque 20 % du surplus de production. En réalité, les nouveaux investissements associés à cet incitatif gouvernemental occasionnent la réduction du nombre total d'emplois industriels en misant sur la technologie.

Soulignons finalement que les petits producteurs d'électricité que sont les minicentrales et les éoliennes représentent un facteur important de développement territorial. Situées beaucoup plus près des consommateurs tout en étant écologiquement plus compatibles, ces petites unités de production ouvrent la porte aux capitaux indigènes et à des initiatives endogènes.

6. LES CENTRES AQUATIQUES

Dans ce vaste domaine maritime, il est à noter que neuf pays se partagent 60 % de la ressource en eau douce de la planète, soit le Brésil, la Russie, la Chine, le Canada, l'Indonésie, les États-Unis, l'Inde, la Colombie et le Zaïre. Par ailleurs, 20 % de la population mondiale habitant dans 26 pays souffre actuellement de pénurie d'eau potable.

Le Québec est l'espace politique le plus riche au monde pour ce qui est de la quantité d'eau douce *per capita*, ce ratio étant huit fois plus grand que la moyenne mondiale. Avec ses 500 000 lacs, ses 4 500 rivières et ses 750 millimètres de pluie par année dont 80 % retourne à la mer par le réseau hydrographique qui comprend notamment l'immense fleuve Saint-Laurent, le Québec possède en réalité 3 % des réserves planétaires de cette ressource renouvelable de plus en plus recherchée. Nous ne prélevons annuellement que 0,2 % de l'eau souterraine (bien de nature privée) et 0,5 % du volume d'eau de surface (bien de nature collective). Malgré cette abondance peu utilisée, l'eau douce demeure une ressource fragile, soumise à divers éléments pollueurs dont les pesticides, les fertilisants, les rejets domestiques et industriels, notamment les pluies acides. L'eau, en tant que ressource, est encore peu réglementée au Québec.

Ainsi, l'eau devient un enjeu socioéconomique important, surtout depuis le symposium sur la gestion de l'eau tenu en 1997. Mis à part la production d'énergie hydroélectrique, les industries québécoises font de cette ressource une très grande utilisation, notamment les mines, les pâtes et papiers ainsi que le secteur bioalimentaire.

Il existe déjà sur l'espace québécois plus de 350 entreprises dans le secteur de l'eau, dont une vingtaine spécialisées dans l'embouteillage procurent 800 emplois et génèrent un chiffre d'affaires annuel de près de 150 millions de dollars. Elles sont largement concentrées dans la grande région de Montréal, bien que l'on en trouve dans chacune des autres régions à l'exception du Nord-du-Québec pourtant bien doté en

cette matière première. La consommation québécoise d'eau embouteillée augmente très rapidement depuis quelques années et le marché
extérieur croît d'environ 20 % par année. Le Canadien moyen ne
consomme que 20 % de l'eau embouteillée consommée par l'Européen,
alors que l'Américain moyen en consomme 43 %, soit 43 litres par
année. Cela laisse place à un accroissement élevé du potentiel nord-
américain de la demande. Quant à l'offre, notons que les prélèvements
actuels d'eau à des fins commerciales correspondent à 0,08 % de l'eau
captée au Québec, soit une quantité inférieure à la consommation de
quelque 900 foyers. Nous sommes loin de la rupture des stocks, d'autant
plus qu'aucun marché spécifique n'a encore été dûment identifié pour
la vente de l'eau en vrac, pour laquelle le Québec serait bien avantagé.
Néanmoins, il apparaît clair aux yeux des analystes que le gouvernement doit préciser son orientation par rapport à l'eau douce en instau-
rant des mesures de contrôle bien ciblées.

Il n'existe ainsi aucun centre urbain au Québec pouvant considérer
que sa principale activité économique est l'exploitation de l'eau à des
fins commerciales. Cependant, par définition, l'eau s'inscrit comme
l'activité de loisir et de récréation à la base même de l'existence de
plusieurs centres aquatiques. Nos cours d'eau servent de voie de navigation, en particulier le fleuve Saint-Laurent, quelques rivières et de
nombreux lacs de navigation de plaisance. Des points d'accès forment
de petites concentrations d'activités autour des ports et des débarca-
dères. Finalement, plus d'un million de pêcheurs sportifs bénéficient de
cette ressource et représentent, ce faisant, un apport économique considérable, notamment dans les lieux de transit vers les pourvoiries et les
ZEC (zones d'exploitation contrôlée). Sans compter les 1 000 entreprises
dans le vaste domaine maritime qui procurent plus de 8 000 emplois/
année pour un chiffre d'affaires de 1,5 milliard de dollars.

7.   LES CENTRES DE VILLÉGIATURE

Sur l'espace québécois il existe, selon nos estimations, plus de 75 centres
de villégiature. Ils sont eux aussi généralement de dimension réduite,
sauf certaines concentrations importantes telles que Magog, Saint-Sauveur
et Mont-Tremblant.

Ces centres de villégiature sont souvent d'anciens centres agricoles ou maritimes bien dotés en agréments environnementaux. Nous pensons notamment à Sainte-Anne-des-Monts, à Orford, à Saint-Jean-Port-Joli. Mais plusieurs lieux ne doivent leur existence qu'à l'exploitation d'un paysage, Percé et Pointe-au-Pic, ou d'un plan d'eau, Tadoussac et Lac-Saint-Joseph, ou encore aux qualités générales de l'environnement naturel et culturel, Anse-Saint-Jean et Saint-Jean-des-Piles.

Finalement, plusieurs centres de villégiature offrent un mélange d'agréments environnementaux et d'activités économiques traditionnelles : Val-David, Sainte-Rose-du-Nord et autres Baie-Saint-Paul.

Comparativement aux autres centres d'extraction de ressources naturelles, les lieux de villégiature jouissent généralement d'indicateurs économiques favorables en matière d'emploi et de consommation. Ces indicateurs cachent néanmoins une certaine fragilité de leur économie saisonnière qui fluctue d'une année à l'autre. En outre, la compétition entre ces centres est très forte et le taux de faillite, élevé parmi les services spécialisés offerts aux villégiateurs. Aussi, le caractère durable de la relation entre l'environnement exploité et les résidents et les visiteurs soulève de plus en plus de questions, ce qui met en péril certaines pratiques alimentant les circuits économiques locaux. Bref, la villégiature n'est pas nécessairement la panacée universelle pour revaloriser les petits centres traditionnels d'extraction qui sont en difficulté.

8. L'ÉCLATEMENT DE LA STRUCTURE DE PEUPLEMENT

Notre analyse des différents types de centres d'extraction de ressources naturelles dispersés sur l'espace québécois pour l'exploitation de riches bassins ou réserves nous amène à constater un phénomène spécifique à l'Amérique et particulier au Québec, du moins eu égard au haut degré de dispersion d'une si faible population. Il s'agit d'une structure de peuplement éclatée en de très nombreux points distants les uns des autres. Mis à part les quelque 50 centres autochtones, nous estimons qu'il existe environ 800 petits centres d'extraction de ressources naturelles répartis sur le vaste espace québécois.

L'accès à ces divers centres d'extraction et l'aménagement de leurs territoires de rayonnement représentent un défi de taille. Les coûts sont aussi importants dans un contexte de bénéfices souvent limités par les conditions du marché des ressources exploitées. Cet aménagement permet certes la pénétration des activités économiques et la conquête des ressources territoriales qui s'effectue par les établissements humains

Carte 1.5
Principales zones de villégiature au Québec

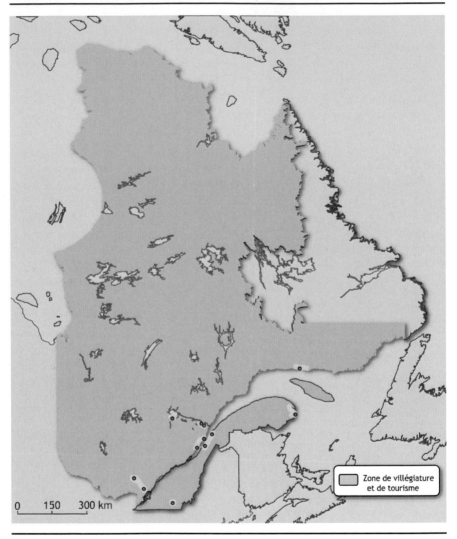

0   150   300 km

Zone de villégiature
et de tourisme

Source : BDTA.
Alain Roch, UQAC, 2002.

(figure 1.5). Les coûts engendrés sont ainsi justifiés. Plus on crée d'avant-postes à l'intérieur, plus les avant-postes précédents deviennent des relais dont certains prospèrent davantage grâce à leur localisation privilégiée.

L'analyse historique de ce phénomène de pénétration territoriale permet de distinguer des étapes, notamment en Mauricie, au Saguenay–Lac-Saint-Jean, sur la Côte-Nord, en Outaouais. Il y eut d'abord la vague initiale d'exploration et d'occupation, qui fut le fait des «coureurs des bois» à la recherche de fourrures, puis, une deuxième vague distincte de forte pénétration territoriale avec l'ouverture de nouvelles régions de colonisation au milieu du XIXᵉ siècle; et enfin une troisième grande vague de conquête territoriale par le néo-ruralisme des années de la grande crise économique. Nous reviendrons plus en détail sur l'analyse de ce phénomène dans les chapitres suivants.

Tableau 1.3
Centres d'extraction de ressources naturelles

Centres forestiers	260
Centres miniers	22
Centres maritimes	30
Centres agricoles	± 200
Centres de tourisme et villégiature	75
Centres autochtones	49
Centres mixtes	± 200

Source : Estimations à partir de différents documents.

Figure 1.5
Centres établis pour la conquête territoriale

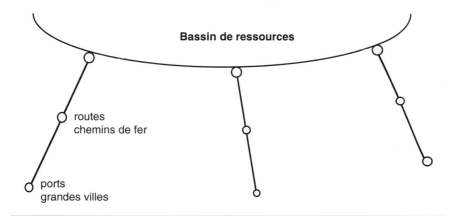

Bassin de ressources

routes
chemins de fer

ports
grandes villes

CONCLUSION

Nous venons de constater que de très nombreux petits et moyens centres urbains dispersés sur le vaste espace québécois doivent leur existence à la présence de ressources naturelles qui soutiennent des activités économiques. Bien que l'inventaire complet et détaillé ne soit pas disponible, nous pouvons avancer, selon nos estimations, qu'il existe plus de 850 centres d'extraction dont plusieurs possèdent plus d'un moteur économique. Ces petits centres liés aux ressources naturelles sont d'un apport considérable pour l'économie du Québec.

Les ressources naturelles du Québec sont souvent associées à l'économie desdites « régions ressources ». Cependant, les régions centrales et les régions métropolitaines en profitent largement. La production agricole à haute valeur ajoutée, la transformation des produits minéraux et des métaux, les activités du vaste secteur agroalimentaire, l'industrie du meuble et autres produits de bois franc et même certaines industries fortement consommatrices d'hydroélectricité s'installent pour la plupart dans la vallée du Saint-Laurent. De plus, certaines régions centrales telles que l'Outaouais et la Mauricie ont une économie reposant pour beaucoup sur l'exploitation des ressources naturelles de leur territoire. Ce faisant, tout le Québec bénéficie de la forte dotation en ressources naturelles de cet espace nordique, même si l'économie se révèle aujourd'hui beaucoup moins dépendante de cet avantage comparatif.

Toutefois, l'exploitation intensive dictée par la volonté de demeurer compétitif sur le marché mondial rend les ressources naturelles du Québec vulnérables. Il n'y a en réalité que l'eau douce et l'hydroélectricité dont la production apparaît illimitée. Encore que toute construction nouvelle de barrages suscite des questions sur l'environnement ! C'est la baisse des ressources maritimes qui nous a alertés et fait prendre conscience du problème du renouvellement de la matière première. L'écho s'est répercuté dans le domaine de la forêt, mais encore trop peu dans celui, très vaste, de l'agriculture qui, par ailleurs, pollue considérablement.

Si, dans les dernières décennies, le Québec a bien relevé le défi technologique dans l'exploitation des ressources, ce qui a entraîné une augmentation substantielle de la production mais non des emplois, il devra dans l'avenir s'attaquer au renouvellement, d'une part, et à la valeur ajoutée de ces ressources naturelles, d'autre part. Ces défis nécessiteront de nouveaux savoir-faire et de l'innovation non seulement dans la manière de produire mais aussi de la part des institutions qui encadrent cette production.

2

La distance à franchir

De tout temps, la distance entre les lieux a représenté une contrainte à vaincre. Au même titre que les bassins de ressources et les lieux qui s'y greffent, la distance est une donnée spatio-économique incontournable pour la production, le commerce, la construction, les conquêtes militaires, les échanges interindustriels, etc. Elle participe fortement à éliminer le caractère de neutralité de l'espace dans le fonctionnement des activités sociales, culturelles, politiques, administratives et économiques. On comprend ainsi que les spécialistes se soient penchés sur sa mesure dans diverses circonstances ainsi que sur les moyens techniques pour la réduire, la maîtriser.

On a ainsi inventé la roue, le roulement sur billes de bois, la navigation, le transport à dos d'âne, de cheval et de chameau, les chemins de fer, le téléphone, l'automobile et l'avion. On a ouvert des routes maritimes et terrestres pour relier l'Asie et l'Europe. Les Romains ont construit un réseau de routes pour servir leur empire. En Amérique, les Mayas possédaient jadis des voies de liaison entre leurs villes situées en pleine jungle et les Incas ont assuré, pendant leur apogée, une route et un service de courrier à travers les Andes pour relier les principaux points de leur empire. Plus près de nous, l'Amérique contemporaine est l'illustration de la maîtrise de la distance par les réseaux autoroutiers, les aéroports, les chemins de fer, le téléphone et désormais les satellites de communication.

Bref, la plupart des civilisations remportèrent d'importantes victoires sur la distance. Récemment, on a considéré que la distance était désormais encore plus maîtrisée grâce aux nouvelles technologies de l'information et de la communication. Nous saurons dans quelques années ce qu'il en est vraiment de l'effet de ces NTIC sur ce qu'il est convenu d'appeler «la tyrannie de la distance».

1. LE MODÈLE DE VON THUNEN

S'appuyant sur les premières réflexions des précurseurs des économistes (mercantilistes) sur la contrainte de la distance dans le fonctionnement de l'économie, Von Thunen s'est intéressé à la mesure précise
de cette composante spatiale. Il en a formulé une véritable loi économique qui explique, par des cercles concentriques autour des lieux de
marché, l'effet de la distance sur la localisation de divers types d'exploitation agricole et aussi, inévitablement, sur la rente foncière.

Figure 2.1
Le marché et la rente foncière

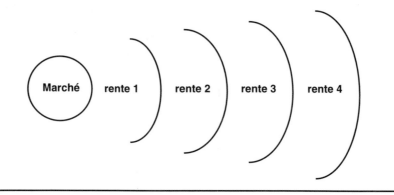

On sait que David Ricardo (1823) avait démontré que la rente
foncière était établie en fonction de la fertilité du sol, c'est-à-dire du
potentiel agricole. Or, le modèle de Von Thunen (1826) a par la suite
clairement illustré que la rente foncière était aussi liée à la distance du
marché. Distance directement associée à des coûts de transport à assumer par les producteurs et, par le fait même, par les consommateurs.

Plus les activités économiques s'éloignent du centre (marché), plus
les coûts de transport sont élevés et moins le propriétaire du sol ne peut
exiger une rente importante pour l'utilisation de son bien. Cette règle
influence la localisation des cultures agricoles ou encore le type des
activités qui utilisent le sol. À proximité du marché se trouvent ainsi les
activités pouvant générer beaucoup de valeur ajoutée nécessaire pour
assumer le coût de la rente foncière. Ces activités sont généralement
des cultures sensibles aux difficultés de transport, notamment les tomates,
les fruits et le lait. Alors qu'en périphérie, on retrouve des activités

moins sensibles aux contraintes du transport mais dont la valeur ajoutée est généralement plus faible, comme notamment les céréales, les pommes de terre et l'élevage.

Par les qualités pédagogiques de son illustration parfaite de la fixation de la rente, le modèle de Von Thunen a clairement marqué l'analyse spatiale de la réalité économique. On considère même son apport comme la base de cette discipline scientifique qui s'intéresse à la relation entre l'économie et l'espace, discipline sur laquelle se fondent l'économie urbaine et l'économie régionale.

2. LA DISTANCE ET LES FORMES URBAINES

En économie urbaine, l'analyse des relations entre le marché central et les zones limitrophes plus ou moins éloignées a inspiré plusieurs modèles pour expliquer le développement et les forces qui lui sont associées. C'est le cas notamment du modèle de l'étalement urbain proposé par Park et Burgess (1925) au début du XXe siècle.

Ces scientifiques ont illustré, en contexte urbain, la répartition des activités et de la population par cercles concentriques à partir du centre. Selon leur modèle, les classes et les groupes sociaux se situent différemment, largement en fonction de la distance. Grâce à l'établissement des courbes comme celles de la figure 2.2, il fut statué que la densité est inversement proportionnelle à la distance du centre et, en corollaire, au prix des terrains. Proportions qui varient cependant suivant l'évolution historique et territoriale de la ville. Chemin faisant, des zones sont désertées, avant d'être généralement revalorisées. Le centre de la ville perd sa forte densité, quelquefois brusquement, au profit de la première couronne. Bref, les courbes d'isodensité permettent de saisir et d'analyser l'évolution de la ville, en offrant une décomposition fine du tissu urbain.

Ce premier modèle explicatif du développement urbain fut largement repris par la suite. Hoyt (1939) l'a considérablement bonifié en intégrant le rôle des axes routiers de plus en plus présents à cette époque et surtout très déterminants dans la forme des diverses zones d'activité qui s'imbriquent dans une même ville. Ainsi, la forme circulaire se modifie vers la forme en étoile, par l'effet des axes de transport (figure 2.3).

D'ailleurs l'importance grandissante du transport automobile a généralement favorisé l'apparition, à l'intérieur même des agglomérations, de nombreux nouveaux centres et zones reliés les uns aux autres.

Figure 2.2
Les courbes d'isodensité en milieu urbain

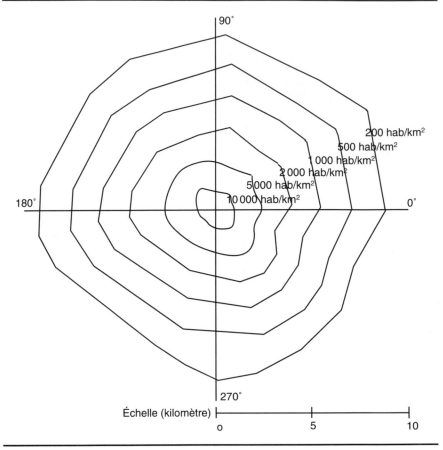

Source : Bailly, A.S., 1978.

On voit ainsi dans les grandes villes se créer de nouveaux centres dans les deuxième, troisième, quatrième ou cinquième couronnes. En réalité, dans les grandes agglomérations, ces nouveaux centres forment souvent de véritables *edge cities* (Garreau, 1991) qui comportent elles aussi leur propre centre, leurs propres couronnes ou leur propre étoile. Alors que, dans les agglomérations plus petites, ces centres périurbains n'ouvrent souvent que des fonctions commerciales, mais font tout de même concurrence au centre principal grâce à leur accessibilité.

Figure 2.3
Développement urbain en couronnes

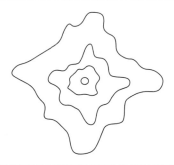

Malgré cette nouvelle complexité urbaine décrite par l'analyse contemporaine, le modèle initial de Park et Burgess demeure une puissante illustration de la répartition des activités en milieu urbain. Il se retrouve ainsi parmi les fondements de ladite nouvelle économie urbaine, même si cette dernière met plus l'accent sur le rôle des consommateurs que sur celui des producteurs, notamment dans la détermination de la rente foncière urbaine (Alonso, 1964). Car avec la forte poussée du secteur tertiaire, alimentée par la consommation de masse, et le déplacement des activités industrielles hors des grandes agglomérations urbaines (Polèse et Roy, 1999), les villes sont devenues beaucoup plus tributaires des comportements des consommateurs que de ceux des producteurs. Mais, pour l'analyse, les couronnes conservent toute leur pertinence dans le découpage de la réalité.

3. LA DISTANCE AU-DELÀ DE LA VILLE

Il est intéressant de noter que cette forme concentrique de l'organisation de l'espace urbain se poursuit à l'extérieur de l'agglomération, soit dans l'hinterland et dans la périphérie. Car les centres rayonnent bien au-delà des limites du tissu urbain, en fonction de la distance, par l'entremise de forces centripètes et centrifuges analysées au chapitre précédent.

En effet, le modèle de développement spatial par couronnes distinctes se révèle aussi un puissant outil d'analyse du rôle de la distance dans la structuration de l'espace hors des agglomérations, que d'aucuns

Figure 2.4
Distance et continuum urbain – rural

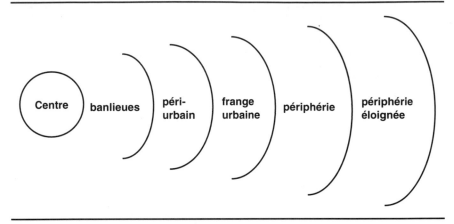

appellent la région. Ainsi peut-on parler de régions urbaines qui représentent en principe la région économique idéale selon le modèle de Lösch extensionné jusqu'en périphérie éloignée. Ce concept demeure une catégorie spatiale fort pertinente pour l'analyse (Scott, 2001).

La figure 2.4 nous permet de constater que la répartition des activités et de la population répond à une logique spatiale bien déterminée : centre et ses quartiers, banlieues, périurbain, frange urbaine, périphérie immédiate, et périphérie éloignée. Si chaque zone est bien distincte, il demeure que sa spécificité varie beaucoup d'un cas à l'autre suivant la distance du centre, la taille de celui-ci, les fonctions exercées dans la zone, la base économique de celle-ci, les bassins de ressources localisés en périphérie plus ou moins éloignée, etc. On peut même avancer que rien ne ressemble moins à une région qu'une autre région, même sur un espace national relativement homogène. Le vocabulaire utilisé n'est pas uniforme non plus d'un analyste à l'autre. On peut néanmoins utiliser un modèle général pour expliquer l'évolution de la répartition des activités dans l'espace à partir des centres.

En contexte québécois, Pierre Bruneau (2000) a fort bien démontré la présence de chaque couronne en tentant de lui offrir un contenu précis. La distance est évidemment un élément différenciateur important. La densité de la population représente aussi un élément mesurable qui offre prise à l'analyse de chaque couronne. L'auteur souligne par ailleurs qu'une importante spéculation foncière, de fortes migrations alternantes quotidiennes et une régression des activités agricoles caractérisent la couronne périurbaine, laquelle se transforme de fait en une zone de reproduction communément appelée banlieue-dortoir. Dans la couronne supérieure appelée frange urbaine, Bruneau note l'importante fonction récréative qui cause actuellement un mouvement de transformation des résidences secondaires en résidences permanentes. L'auteur décrit moins bien les autres couronnes successives qui, en réalité, sont bien différentes d'un territoire à l'autre.

Notre analyse de l'espace québécois nous pousse à croire que chaque ensemble formé d'une agglomération urbaine et de ses couronnes périphériques successives devrait faire l'objet d'une étude particulière qui, par des indicateurs précis, tiendrait compte de toutes les interdépendances, les complémentarités et aussi les concurrences à l'œuvre en son sein.

4. LE MODÈLE D'ALFRED WEBER

Au début du XXe siècle, Weber (1909) orienta ses travaux sur l'analyse de l'implantation optimale des firmes dans l'espace. L'enjeu était alors de considérer la localisation de celles-ci en fonction des intrants utiles à la production, notamment des ressources naturelles, la main-d'œuvre et les différents marchés. Simplifié à trois grandes catégories d'intrants, le modèle de Weber permet de comprendre rapidement la logique du lieu d'établissement des unités de production en fonction de la réduction des coûts de transport.

La figure 2.5 illustre le modèle triangulaire de Weber. On voit notamment que les demi-cercles des iso-coûts sont déterminés par le poids des marchandises et la distance de chaque source d'intrants. Selon ce modèle, l'entreprise calcule ses divers coûts de transport et se localise d'une manière rationnelle quelque part entre ses différentes sources d'intrants, afin de maximiser sa rentabilité. Il arrive qu'elle choisisse la proximité immédiate du marché, d'une matière première ou d'un bassin de main-d'œuvre, ou encore qu'elle opte pour un autre lieu en fonction de ses coûts de transport.

Avec ces travaux de Weber, la distance entre les lieux est réellement devenue un calcul formel capable d'offrir une valeur quantitative à un espace délimité. La distance peut être évaluée de multiples manières : d'abord, par une simple échelle qualitative grâce à de l'information ordinale comme faible, moyenne, forte ou très forte distance ; ensuite, par une échelle cardinale qui tiendra compte de la longueur en kilomètres ou en temps, des coûts de transport associés, des efforts à consentir pour atteindre le point, etc. Cette échelle est largement utilisée dans les

Figure 2.5
Le triangle de Weber

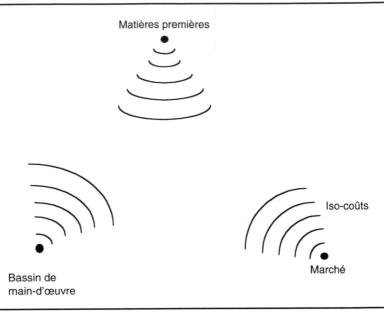

Matières premières

Iso-coûts

Marché

Bassin de
main-d'œuvre

activités industrielles, commerciales et de services. Finalement, les éléments retenus pour caractériser une distance peuvent être objectifs ou simplement perçus subjectivement. À titre d'exemple, une distance de 20 kilomètres sera beaucoup plus importante pour un Européen que pour un Américain. Un transport quotidien (migration alternante) de 45 minutes est la norme en milieu urbain, mais considéré comme une éternité en milieu rural. Les méthodes de calcul de ce coefficient de distance se sont inévitablement sophistiquées avec la recherche appliquée.

La localisation optimale d'une activité économique devient non seulement mesurable techniquement (kilomètres × poids), mais aussi fortement souhaitable dans la pratique puisque la distance correspond à des coûts spécifiques pour l'entreprise. Évidemment, ces coûts peuvent aussi être mesurés pour les travailleurs dans leur choix de domicile, les consommateurs dans leurs achats à effectuer, les personnes âgées vis-à-vis de leurs besoins, les étudiants, les malades et leur famille, etc. On s'en sert pour déterminer la localisation d'un hôpital, d'un collège, d'un supermarché, d'un entrepôt, d'un centre d'accueil, d'un parc industriel.

La distance mesurée formellement offre une pondération à la séparation physique entre des points, à leur éloignement. Elle permet de comptabiliser cet obstacle, cette contrainte à l'interaction, aux transactions. Aussi, les coûts de transport engendrés par la localisation ici ou là expliquent-ils la préférence pour la proximité et la concentration. Comme nous l'avons montré à la section précédente, ils expliquent la répartition des activités dans l'espace, notamment les entassements autour d'un marché, d'un centre.

Terminons cette section en stipulant qu'il existe une loi de la décroissance de l'interaction avec la distance. Cette loi permet de déterminer théoriquement les zones d'attraction commerciale, les zones d'influence des villes, la décroissance de la densité résidentielle, la décroissance des valeurs foncières, etc. Il est à noter par ailleurs que le facteur distance peut aussi jouer un rôle inverse et valoriser certains lieux éloignés, isolés, grâce aux effets du dépaysement.

5. LA THÉORIE DE LA LOCALISATION INDUSTRIELLE

À partir des travaux de Weber, la recherche sur la théorie de la localisation industrielle était lancée. Elle a largement dépassé le calcul de la distance. En postulant que l'entreprise se localise à l'endroit où il y a le plus de facteurs favorables à son processus de production, on comprend que la définition de ces facteurs, la pondération de leur importance, l'identification de leur localisation et la mesure de leur accessibilité deviennent un enjeu important en analyse spatiale.

Tous les facteurs ne sont évidemment pas présents partout. Chaque processus de production nécessite généralement sa propre combinaison de facteurs. Et tous les facteurs n'ont pas la même utilité pour tous les processus de production. Pour chaque type de production, l'accessibilité aux facteurs revêt un caractère particulier et unique. Certaines entreprises sont en effet fortement dépendantes d'un facteur peu mobile tel qu'une mine, une forêt, un carrefour ou une rue principale et doivent aller chercher les autres facteurs de production nécessaires là où ils sont localisés. Alors que d'autres entreprises sont indépendantes et deviennent en ce sens *foot loose*, c'est-à-dire relativement libres de leur emplacement en fonction d'un optimum bien à elles qui peut s'accommoder plus ou moins facilement. Plusieurs entreprises sont fortement dépendantes du transport de plusieurs intrants et se localisent à proximité d'une autoroute. D'autres préfèrent les ports ou les aéroports, ou encore s'établir sur un sol moins coûteux au mètre carré, dans la mesure où l'endroit est accessible par une voie de transport.

Carte 2.1

Localisation des usines de transformation des ressources naturelles

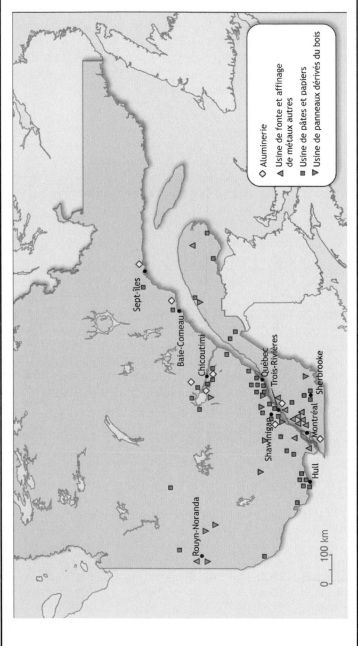

◇ Aluminerie

▲ Usine de fonte et affinage
de métaux autres

■ Usine de pâtes et papiers

▼ Usine de panneaux dérivés du bois

Sept-Îles

Baie-Comeau

Chicoutimi

Québec
Trois-Rivières

Sherbrooke

Shawinigan

Montréal

Hull

Rouyn-Noranda

0   100 km

Source: Atlas énergétique du Québec, Gouvernement du Québec.
Alain Roch, UQAC, 2002.

La recherche sur la théorie de la localisation industrielle a ainsi permis de faire ressortir plusieurs facteurs de localisation autres que l'accessibilité aux moyens de transport. La présence d'une main-d'œuvre spécialisée offrant des modalités salariales raisonnables et un esprit de compétitivité représente un puissant facteur d'attraction pour les entreprises. Le climat social devient en effet de plus en plus important. La disponibilité de terrains et de bâtiments se révèle aussi un facteur non négligeable que l'on accompagne souvent d'incitatifs financiers et de soutien à la gestion. Des facteurs qualitatifs jouent aussi très souvent un rôle important dans la localisation des entreprises, notamment le climat, les loisirs, le paysage, etc.

Pour chaque territoire en quête de développement, il s'agit de miser sur des avantages comparatifs pour prospecter des entreprises (Kahn, 1993). La politique publique peut aussi chercher à améliorer les facteurs attractifs, notamment par de la formation professionnelle, l'établissement d'une zone industrielle, la concertation patronale-syndicale, la concentration industrielle dans des zones spécifiques, le marketing territorial, etc. Les divers territoires focalisent généralement beaucoup sur les allégements fiscaux, les incitatifs financiers et les subventions. Mais le facteur sur lequel on a le plus misé est sans contredit le transport par la construction d'infrastructures et d'équipements.

6. LA DISTANCE ET LE TRANSPORT AU QUÉBEC

Le Québec existe grâce à ses cours d'eau qui ont servi de voies de pénétration, de communication et de transport, notamment le fleuve Saint-Laurent et ses affluents. On les a dotés de fortifications, de postes de traite, de quais et de ports d'où partaient des chemins parfois très longs afin de drainer les ressources périphériques. Des rapides furent contournés, ameublis ou canalisés. Des canaux et chemins de fer furent construits au XIXe siècle afin d'étendre ce vaste réseau de voies de transport.

La première route reliant les villes de Québec et de Montréal fut ouverte en 1734. Ce fut la deuxième route importante du Québec, puisqu'un tronçon routier de 24 kilomètres reliait déjà Montréal à Chambly depuis 1665. En réalité, plusieurs infrastructures routières furent construites sous le régime français, notamment pour relier Québec avec les régions éloignées et pour étendre les possibilités de transport au-delà des rivières vers des vallées colonisées. Rivière-du-Loup fut reliée très tôt avec la capitale car la géographie du Bas-du-Fleuve s'y prêtait bien. Le chemin des Caps a rejoint Baie-Saint-Paul en 1745, non sans d'importantes difficultés techniques. Et la Beauce fut

Carte 2.2
Réseau routier 1916

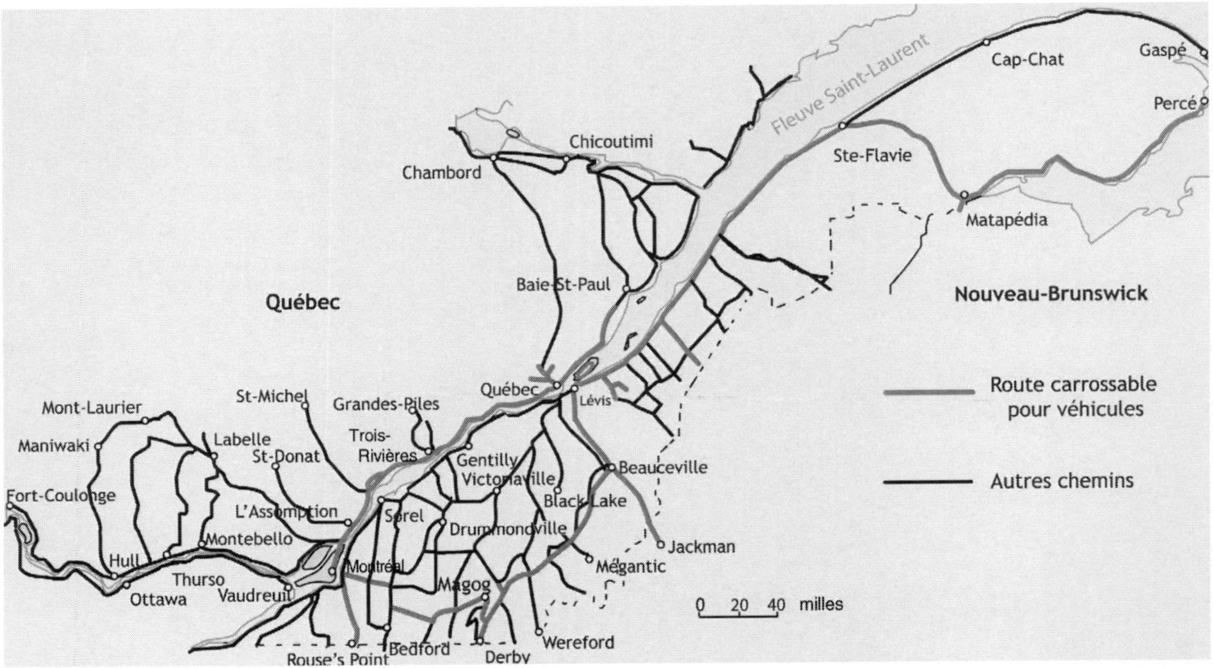

Source: Ministère de la Voirie.
Alain Roch, UQAC, 2002.

ouverte au transport routier dès 1758 par la route Justinienne. Les enlisements fréquents sur cette route et la nécessité d'aider les attelages expliquent qu'on ait baptisés les Beaucerons les «jarrets noirs», en référence à ceux qu'ils arboraient à leur arrivée à Québec.

Sous le régime anglais, un effort relativement important fut consenti dans le transport routier, autour des villes bien sûr, pour échanger avec les hinterlands limitrophes et aussi pour relier les territoires souvent éloignés. La construction de routes stratégiques fut alors entreprise. Le chemin Craig pour désenclaver les Cantons-de-l'Est peuplés de loyalistes ainsi que la route pour joindre les Maritimes via le Témiscouata furent alors ouverts en 1812. En 1824, ce fut le tour de la route sillonnant la vallée de la Matapédia pour rejoindre la baie des Chaleurs, et en 1832, de la route côtière vers Percé. On note qu'en 1843 il y avait des ponts sur toutes les rivières de la rive nord du Saint-Laurent, ce qui rendait le trajet entre Québec et Montréal beaucoup plus rapide. Aussi, on a atteint le Saguenay par la route de Malbaie–Saint-Siméon en 1847, soit quelques années après l'ouverture de cette région à la colonisation. En 1854, la route rejoignait Saint-Jean-des-Piles en rendant possible l'exploitation forestière de ce vaste territoire.

À partir de 1850, la construction de routes fut placée au second rang dans la politique de transport de nos gouvernements. D'abord, parce que les canaux effectuaient un excellent travail dans les vallées et les plaines. Ensuite, et surtout, parce que l'on se mit à construire des chemins de fer qui représentaient la meilleure stratégie de l'époque. Les déceptions furent par la suite nombreuses avec ce moyen de transport coûteux pour desservir une population dispersée sur un si vaste territoire nordique.

Au début du XXe siècle, une véritable politique du transport routier revint en force : «la politique des bonnes routes de 1912». Ce fut en réalité le troisième grand effort de construction de routes publiques. Son application conduisit à la mise en place d'un ministère de la Voirie en 1923. Cette politique fut sûrement l'élément le plus structurant de la stratégie de développement régional de l'époque. Les cartes 2.1 et 2.2 permettent de situer le progrès accompli dans le réseau routier du Québec entre 1915 et 1975. Dès 1943, toutes les régions du Québec sont bel et bien reliées à la vallée du Saint-Laurent, aucun centre industriel, forestier ou minier ne restant isolé. La Côte-Nord demeura à cette époque le maillon faible du vaste réseau routier québécois.

À partir de 1945, l'amélioration du transport fit un bond en avant, tant nos gouvernements étaient poussés par la demande croissante des automobilistes qui se multipliaient. Pour ce faire, Québec a consenti

Carte 2.3
Réseau routier 1975

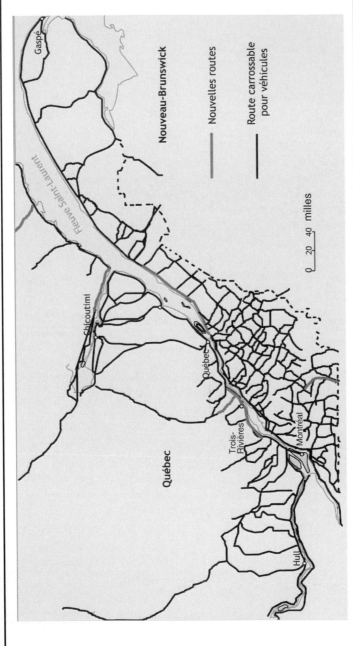

Nouveau-Brunswick

Nouvelles routes

Route carrossable
pour véhicules

Fleuve Saint-Laurent

Gaspé

Chicoutimi

Québec

Québec

Trois-
Rivières

Montréal

Hull

0 20 40 milles

Source : Transport Québec.
Alain Roch, UQAC, 2002.

beaucoup de ressources publiques à cette politique qui a bénéficié de 20 % du budget de la province dans les années 1950[1]. Sans compter les allocations de ressources du gouvernement fédéral, notamment par la construction de ports et d'aéroports. En 1957, on commença la construction de l'autoroute des Laurentides qui fut rapidement suivie par la première pelletée de gravier pour tracer l'autoroute Jean-Lesage.

C'est ainsi que nous héritons au Québec de l'un des réseaux routiers les plus vastes et les plus complexes du Canada. Si sa construction a demandé de nombreux efforts publics, son entretien et son amélioration requièrent toujours beaucoup de ressources.

7.   LES EFFETS DE LA CROISSANTE MOBILITÉ

Il existe une loi spatiale qui s'énonce ainsi selon Tellier (1996)[2] : « La réduction de la friction spatiale favorise la concentration des activités. » Depuis l'apparition des chemins de fer, la friction de l'espace (ou la réduction de la distance) fut en effet radicalement réduite grâce aux trains, à l'automobile, au téléphone, à l'avion, à la télématique et à Internet. Pendant cette époque de croissante mobilité des facteurs de moins en moins contraints par la distance, l'urbanisation et la concentration se sont accrues en multipliant leur ratio. L'aménagement de moyens de transport modernes participe largement à l'explication de cette forte urbanisation tirée par l'industrialisation et les économies d'agglomération.

Au cours des dernières décennies, l'amélioration du réseau routier et la croissante fiabilité des véhicules automobiles ont aussi influencé le comportement spatial des acteurs désormais plus mobiles. La concentration des activités semble encore bien soutenue par cette nouvelle réduction de la friction spatiale, mais il ne s'agit pas nécessairement du même phénomène qu'auparavant. Car les effets de la croissante mobilité changent selon les acteurs :

- les travailleurs peuvent désormais habiter relativement loin de leur lieu de travail, ce qui accentue le nombre et la longueur des migrations alternantes quotidiennes ;

---

1. De 1945 à 1960, pas moins de 2 700 ponts furent construits au Québec, tandis que le bitume fut étendu sur près de 15 000 kilomètres de routes, sans oublier les mesures consacrées au déneigement.
2. Comme Tellier le souligne, le paradoxe réside dans le fait que la friction spatiale provoque la polarisation des activités, mais que la réduction de cette friction favorise la polarisation.

- plus libres dans leur localisation, les producteurs peuvent aussi choisir des endroits non sélectionnés auparavant, notamment là où le sol est moins cher ;
- les consommateurs peuvent satisfaire beaucoup plus facilement leurs exigences à l'égard d'une large sélection de produits et de services offerts, en se déplaçant considérablement pour effectuer leurs achats.

Ces nouveaux comportements des acteurs (ou nouvelles possibilités de comportements) participent en une certaine mesure, à une nouvelle dynamique spatiale de l'économie que nous traiterons plus en détail dans les deux prochains chapitres.

Afin de nous préparer à cette analyse, examinons la carte 2.4 qui nous permet de constater la dispersion des aéroports et la capacité de pénétration des chemins de fer. Ces infrastructures sont assistées par les routes (carte 2.3) pour donner accès aux divers territoires éloignés des grands centres urbains. On constate cependant en regardant la carte 2.5 que, s'ils permettent l'accès à la périphérie, les équipements et les infrastructures de transport conduisent aussi vers le sud, là où se trouvent les grands marchés américains. Cela explique en grande partie la récente concentration d'entreprises dans plusieurs centres urbains de la zone frontalière de la Beauce et de l'Estrie. En matière de localisation industrielle, l'entreprise qui choisit de s'établir à Lac Mégantic, à Saint-Georges, à Coaticook ou à Drummondville profite de sa proximité relative des marchés des États-Unis, du Nouveau-Brunswick, de l'Ontario et du Québec. Nous reviendrons plus loin sur cet effet de la distance dans cette zone sud-est du Québec.

CONCLUSION

Pour paraphraser Clermont Dugas (1981), le Québec est un espace de distance et de dispersion. Pour occuper les territoires habitables, on a bien sûr remonté les rivières et traversé les lacs. Mais rapidement, il a fallu construire des routes. Les efforts publics en ce sens furent considérables, notamment au cours du XXe siècle.

Si ce XXe siècle fut celui de la construction massive d'un vaste réseau d'équipements de transport, le siècle actuel sera celui de sa consolidation et de son entretien. Beaucoup de ressources financières seront alors nécessaires. D'abord, parce que nos routes subissent les affres des hivers très rigoureux. Ensuite, parce que la concentration de

Carte 2.4
Chemins de fer et aéroports 1977

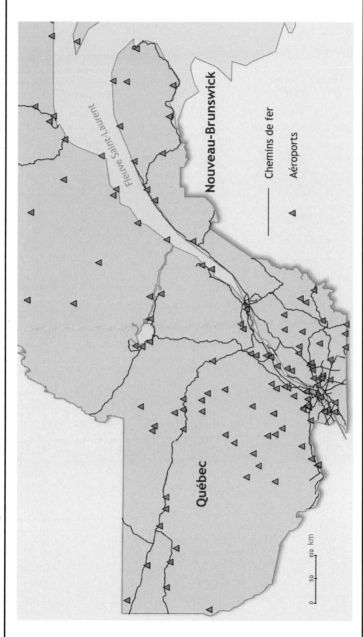

Source : BDTA.
Alain Roch, UQAC, 2002.

Carte 2.5
Routes vers les États-Unis

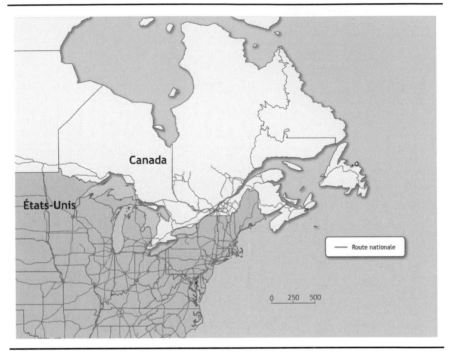

Source: BDTA.
Alain Roch, UQAC, 2002.

la population dans les agglomérations de plus en plus étalées occasionne des migrations alternantes quotidiennes relativement importantes pour la grande majorité des travailleurs qui utilisent leur propre véhicule automobile. Nous héritons aussi de plusieurs tronçons fort coûteux à entretenir et qui ne conduisent souvent qu'à bien peu de ressources à exploiter et qu'à une bien faible population à desservir. Il s'agit là d'une réalité incontournable au Québec. Enfin, dernière raison mais non la moindre, grâce à ses qualités de rapidité et de flexibilité, le transport routier a complètement supplanté toutes les autres formes de transport pour les marchandises. Nos routes doivent donc être à la hauteur de cette modalité de production.

3

La polarisation
dans l'espace

L'espace économique est de nature ponctiforme, nous le répétons. Les points ne marquent que rarement l'espace au hasard. Des forces spatiales participent à l'attraction d'activités économiques et aussi à leur répulsion. Nous avons vu au chapitre 1 que plusieurs centres apparaissent en certains lieux précis dans l'espace québécois grâce à la présence d'un bassin de ressources naturelles qui sollicitent la localisation d'activités d'extraction et de première transformation. Ces bassins de ressources expliquent l'existence de villes quelquefois très importantes en des endroits souvent assez inusités, notamment en Sibérie, en Amazonie, en Patagonie ou, plus près de nous, dans le Moyen-Nord québécois. C'est le cas particulier au Québec de l'actuel *booming* de Lebel-sur-Quévillon.

D'autres forces spatiales contribuent aussi à l'émergence de lieux. L'espace économique ponctiforme par essence se révèle ainsi multi-dimensionnel. Des facteurs et des conditions spécifiques participent à la naissance des lieux, à leur croissance comme villages et villes et aussi à leur déclin ou leur stagnation. Ces facteurs expliquent en principe la forte croissance de Victoriaville et de Sacré-Cœur, le déclin de Lachute et de Matane ainsi que la fermeture de Schefferville et de Gagnon. Dans la réalité, on constate très souvent que plusieurs facteurs influencent de manière concomitante la situation économique des points dans l'espace.

Certains lieux apparaissent en des points de rupture qui deviennent des localisations stratégiques. Rupture spatiale causée par l'embouchure d'une rivière ou d'un fleuve, par le croisement de cours d'eau, par la limite de l'extension d'une voie de communication ou d'un moyen de transport. On y construit un port, une fortification ou un marché qui marquent l'espace en le rendant attractif pour des activités en ce lieu précis qui devient un centre de transbordement, un centre commercial, un centre industriel, un centre militaire. La polarisation des activités s'y effectue alors. C'est le cas de la ville de Montréal (rapides de Lachine, croisement de rivières), de Tadoussac et de Sorel (entrée d'une rivière), de Chicoutimi (limites de la navigabilité du Saguenay) et de Bécancour (port d'exportation et site industriel). Il existe aussi des points critiques sous la forme de carrefours localisés aux croisements autoroutiers (Saint-Hubert, Sainte-Thérèse) ou aux relais cruciaux de transport (Rivière-du-Loup, Rivière-au-Renard).

Certains lieux existent par la volonté du Prince de les créer, généralement pour des raisons stratégiques liées à la conquête, à l'occupation, à l'appropriation. Nous pensons tout de suite à Louisbourg en Nouvelle-Écosse, à Brasilia localisée au cœur du Brésil, à la Nouvelle-Orléans en Louisiane, à Cancun au Yucatan et à Victoria sur l'île de Vancouver. Outre ces cas célèbres, bien d'autres villes existent parce qu'elle furent fondées de toutes pièces par des conquérants ou des souverains. Il existait plusieurs Alexandrie pendant l'Antiquité. Les Romains furent de fameux créateurs de villes. Et plus près de nous, la conquête de l'Ouest américain fut largement marquée par l'établissement de lieux en des endroits choisis par le gouvernement (Claval, 1989). Les choix de localisation répondent très souvent à des critères géostratégiques bien précis. Dans l'Ouest canadien, de très nombreux lieux furent créés par le passage de la voie ferrée sur le territoire. Au Québec, mis à part la ville de Québec fondée par Jacques Cartier et celle de Montréal fondée par Maisonneuve, toutes les deux sous l'ordre du Roi de France, nous avons très peu de lieux planifiés de toutes pièces pour devenir des villes mais, comme nous l'avons vu au chapitre précédent, plusieurs petits centres désignés pour l'extraction de ressources.

Quelles que soient les forces qui ont agi pour les faire émerger, certains lieux doivent ensuite composer avec des facteurs de compétition spatiale qui jouent un rôle favorable ou défavorable. Nous pensons notamment à leur position centrale dans l'espace. C'est le cas de Magog et de Saint-Jean-Port-Joli qui, de par leur position géographique, deviennent des points centraux de chute dans leur zone touristique. Pensons aussi aux mégacarrefours qui se positionnent aux croisements autoroutiers, comme à Blainville. Soulignons finalement que la compétition spatiale a favorisé le commerce à Rouyn plutôt que dans sa jumelle Noranda, l'industrie à Ville Saint-Laurent et à Bécancour plutôt qu'à Sorel ou à Lachute et les loisirs de plein air à certains endroits des Laurentides plutôt qu'à d'autres. Se créent alors en divers lieux bien positionnés des avantages compétitifs qui attirent d'autres activités selon un processus cumulatif de croissance et de développement.

Ce chapitre portera sur la description et l'analyse de ce phénomène de lieux centraux dans l'espace. Nous déborderons alors évidemment le contexte des ressources naturelles et de la localisation stratégique en des points de rupture pour envisager globalement l'urbanisation, les systèmes de lieux, la polarisation, etc.

1. LE PHÉNOMÈNE DE LA CENTRALITÉ

L'espace se présente comme un ensemble de lieux plus ou moins interconnectés. Il s'agit souvent de lieux de production tels des domaines, des rangs, des cantons, des comtés, des parcs industriels, etc. La Beauce, au Québec, devient depuis quelques décennies une fameuse zone de production. Ce peut être aussi des lieux de transactions, de consommation, d'échanges appelés généralement des marchés. Sans épuiser les catégories, il y a aussi des lieux de protection (bourgs, citadelles) tels que Québec, des lieux d'habitation (banlieues) tels que La Prairie et Cap-Rouge, des lieux de villégiature ainsi que des lieux de séjours saisonniers (stations balnéaires). Suivant leurs facteurs, leurs forces et les fonctions qu'ils exercent, les lieux deviennent des centres plus ou moins importants.

Le centre est un endroit de rassemblement, un lieu de concentration, une place d'action et d'interaction. C'est un lieu qui possède une position centrale relative privilégiée, notamment en matière d'accessibilité, dans un espace absolu. Le centre est le point intérieur situé à égale distance, en principe, de tous les points d'un ensemble. Il concentre population, emplois, richesse, connaissance, culture, etc. S'y installent des foyers qui, de fait, permettent au lieu de devenir plus ou moins central. Les foyers peuvent s'inscrire sous la forme d'une place de culte, d'une institution religieuse, d'un centre commercial, d'un équipement culturel, d'activités du tertiaire moteur, d'une innovation importante, d'une foire ou d'autre événement commercial, etc. Les activités industrielles majeures représentent des foyers particulièrement « moteurs » pour les centres[1]. Nous avons vu au chapitre 1 que les activités économiques liées à l'extraction créent et alimentent les centres près des bassins de ressources naturelles.

---

1. Ils sont moteurs parce qu'ils permettent l'industrialisation du territoire par l'entremise de divers phénomènes que nous verrons plus loin.

En réalité, chaque centre engendre à sa mesure des économies d'agglomération. Ce sont des économies d'échelle dont bénéficient les unités de production. C'est-à-dire que la productivité d'une entreprise est influencée par la taille du lieu, de la ville de localisation grâce aux complémentarités de production avec d'autres entreprises, à l'accès possible aux capitaux, à la présence d'une main-d'œuvre diversifiée et spécialisée, à la proximité de biens et services spécialisés de nature privée ou publique, à la dotation d'une interaction dense et créatrice, etc. Il est à noter que les économies d'agglomération peuvent aussi devenir des déséconomies d'agglomération (congestion, encombrements, inflation) à partir d'un certain seuil dans la taille du lieu. Aussi, certaines activités choisissent de ne pas bénéficier des économies d'agglomération d'un lieu, d'un centre important afin de se rapprocher des clients en se localisant dans un centre plus petit (Joyal, 1996), ce qui permet de réduire les coûts de transport dans la desserte de biens et services.

2. L'URBANISATION DU QUÉBEC

Depuis 1867, en l'espace d'un peu plus d'un siècle, siècle qui fut largement caractérisé par l'industrialisation de l'économie partout dans le monde occidental, le Québec a renversé la vapeur en matière de répartition urbaine–rurale de ses habitants. Sa population est de fait passée de 80 % rurale à 80 % urbaine. Nul doute que la construction de routes a facilité ce phénomène. Renversement qui a modifié substantiellement, non seulement les rapports entre ces deux mondes, mais aussi les modalités de gestion des divers territoires dont les interdépendances et les complémentarités sont de plus en plus fortes, sous l'influence des moyens de transport et de la complexification des modes de vie.

La carte 3.1 illustre les principaux centres dans les quelque 1 000 municipalités qui existaient en 1915. On constate que celles-ci étaient encore largement rurales et ne représentaient aucun point comme tel sur l'espace québécois. Ce qui signifie que, mis à part certains centres de taille importante, le Québec de 1915 était composé d'une majorité de municipalités rurales prenant la forme de villages, de paroisses, de cantons. Il y avait en réalité 72 centres urbains ou villes en 1911 au Québec.

Au cours du XXe siècle, la répartition des municipalités selon la taille s'est modifiée d'une manière significative. La figure 3.1 nous permet de saisir cette modification en illustrant que le statut de certaines municipalités périclite alors que celui des villes croît. À partir de 1961, cette

Carte 3.1
Centres urbains du Québec, 1915

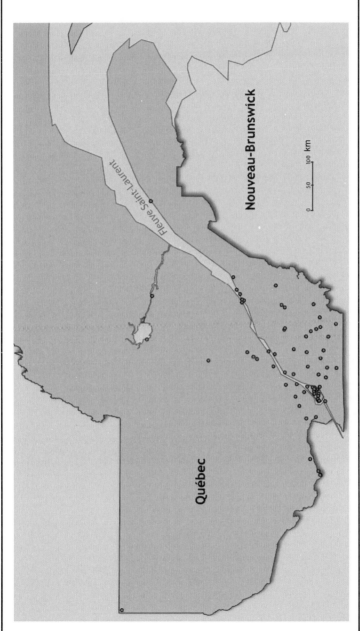

Source : BDTA.
Alain Roch, UQAC, 2002.

modification du statut de plusieurs lieux est considérablement liée aux regroupements de municipalités décidés soit d'une manière volontaire, soit par des lois spéciales.

Si bien que la réalité urbaine et rurale est tout autre aujourd'hui. En effet, l'espace québécois est désormais truffé de centres urbains, ce qu'illustre la carte 3.2. Sans entrer pour le moment dans la classification de ces lieux, il demeure qu'il s'agit là, visiblement, d'un paysage complètement différent. La concentration de la population a fait son œuvre de domination sur la dispersion d'une certaine époque. Le Québec d'aujourd'hui est un Québec urbain, quoique seulement une ville dépasse le million d'habitants et qu'une seule autre ait une population supérieure au demi-million d'habitants. Il s'agit d'un Québec hors métropoles composé de petites agglomérations et de petits centres dispersés dans l'espace.

Figure 3.1
Répartition des municipalités au Québec 1841-1991

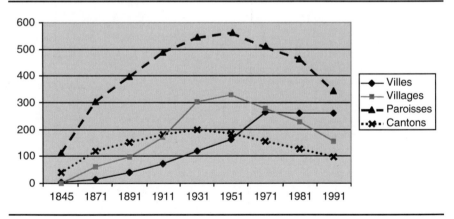

3. LES SYSTÈMES DE LIEUX

Sur de vastes espaces homogènes et isotropes, la présence de foyers détermine les places centrales, notamment par les diverses fonctions de production, d'échanges, de commercialisation, de services, de socialité, de loisirs, etc., qui s'y exercent. Chaque centre possède son aire de rayonnement et d'influence, généralement appelée «hinterland».

Carte 3.2
Centres urbains du Québec, 1997

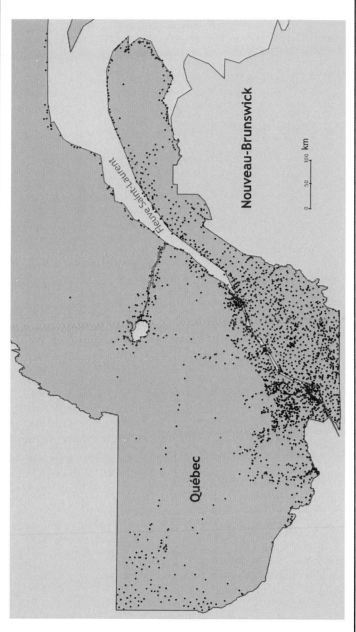

Source : BDTA.
Alain Roch, UQAC, 2002.

En observant le phénomène de la répartition spatiale des fonctions marchandes en Allemagne, le géographe Christaller (1933) a modélisé un système de lieux hiérarchisés dans l'espace, du plus important vers les plus petits (figure 3.2). Cette modélisation l'a conduit à formuler la théorie des places centrales. Extrêmement instructive, cette théorie est un des principaux éléments de base de l'analyse économique spatiale, mais son application a des limites.

Figure 3.2
Centralité et hiérarchie des lieux

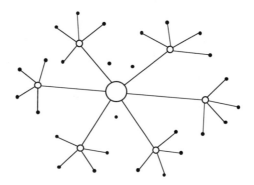

Il va sans dire en effet que l'espace est rarement homogène, ce qui provoque des distorsions dans la hiérarchie des lieux établie en principe par la centralité. Ces distorsions viennent de la distance réelle, de la topographie, de la présence d'un dynamisme urbain particulier (spécialisation, interventions publiques). Plusieurs capitales dans le monde seraient beaucoup moins bien placées dans la hiérarchie urbaine de leur pays si elles n'étaient pas le siège du gouvernement. Il en va de même pour plusieurs villes universitaires. D'autres villes aussi doivent leur positionnement à la présence d'un bassin de ressources naturelles. Aussi les villes portuaires, les villes-carrefours, les bases militaires, les villes balnéaires modifient la hiérarchie urbaine grâce à certains avantages. Finalement, les grands espaces continentaux ne se sont pas tous structurés à la même époque, ce qui crée des schémas différents de la figure 3.2, plus près du schéma de la figure 1.5. En Amérique, à titre d'exemple, les positions côtières sont favorables à la croissance urbaine, alors que d'autres positions plus centrales s'affirment progressivement mais plus lentement.

La théorie de Christaller offre tout de même un modèle général très puissant pour saisir et modéliser l'organisation de l'espace à partir du phénomène de la centralité. Ce schéma d'organisation de l'espace autour de lieux centraux de tailles et de contenus divers aboutit à une hiérarchie urbaine à laquelle correspond en principe une hiérarchie de fonctions agissant comme des filtres dans la répartition des activités. Ces filtres sont largement influencés par les économies d'échelle et les coûts de transport dans la production, la distribution et la consommation de biens et services.

En incluant davantage les fonctions industrielles, Lösch (1938) a ensuite modifié substantiellement cette approche christallienne en focalisant, non pas sur la hiérarchie des centres, mais bien sur la zone de rayonnement d'une place centrale ou d'un centre urbain. Il a ainsi exposé son modèle de la région économique idéale qui prend concrètement la forme d'un vaste « hinterland » offrant ressources et débouchés à un centre principal. Bien qu'il existe implicitement des centres intermédiaires dans l'hinterland d'un centre principal, Lösch ne les considère pas explicitement dans leur positionnement hiérarchique. Il se limite plutôt à saisir les échanges dans un esprit que nous appellerons plus tard « centre – périphérie ». Nous reviendrons au chapitre 5 sur ce concept d'aire de rayonnement à partir d'un centre.

L'analyse de la centralité d'un espace donné conduit généralement les experts à établir des systèmes ou des armatures urbaines pour structurer cet espace. On a beaucoup étudié les relations binaires entre deux centres, en mesurant les forces d'attraction (taille, fonctions) et la distance qui déterminent l'effet gravitaire. Par cette physique, on a tenté d'expliquer les forces d'attraction d'une ville vis-à-vis les divers lieux qui définissent son « hinterland » ou son aire d'influence (voir encadré).

Malgré la sophistication des modèles qui illustrent les forces d'attraction, un des principes moteurs de l'organisation des systèmes de lieux s'appuie sur la hiérarchie mise en évidence par la théorie des places centrales. Sur un espace donné, en effet, la structure urbaine se révèle fondamentalement hiérarchisée malgré la présence d'autres forces. Hiérarchie qui, mesurée généralement par la masse de population, décrit la forme de la distribution des villes de diverses tailles sur un territoire national ou régional, du plus grand vers les plus petits par gradation. Comme l'illustrent bien les figures 3.2 et 3.3, le système urbain est aussi polarisé par des centres principaux, des centres secondaires et des centres tertiaires. Il s'agit là, en réalité, d'un espace structuré par une hiérarchie de pôles entourés de lieux de diverses

---

La gravité

À partir du modèle standard de Newton, quelques modèles de gravité furent élaborés. Ils estiment généralement le nombre et/ou la répartition des interactions (échanges commerciaux, voyages, déplacements, etc.) entre deux points en fonction de la masse de chaque point (population, emplois, production, etc.) et de la distance séparant ces points. On distingue alors l'effet de masse et l'effet de la distance. De nombreux travaux furent effectués, en particulier sur la gravité entre des centres urbains en concurrence dans une même zone d'influence. Le plus connu de ces efforts de modélisation est sans aucun doute celui de Reilly (1931) qui a atteint un statut de loi.

La «Loi de Reilly» établit que le commerce entre un lieu intermédiaire et deux centres donnés se répartit entre ces deux centres suivant des proportions bien précises. Elles sont, en théorie, directement proportionnelles à la taille respective de ces deux centres et inversement proportionnelles au carré des distances séparant le lieu intermédiaire de ces deux centres.

Figure 3.3
Modèle classique de systèmes urbains

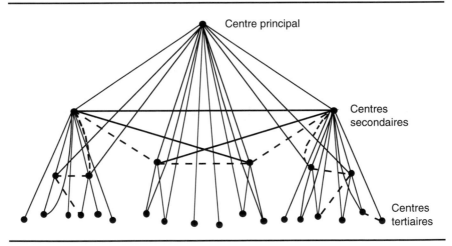

Source : *Urban Systems*, L.S. Bourne, Clarendon Press, Oxford, 1975.

---

tailles. L'attraction des fonctions urbaines fait graviter les flux économiques des petits centres vers les grands, en passant normalement par les centres intermédiaires.

Précurseur de l'analyse systémique appliquée au phénomène urbain, Berry (1972) a fort bien illustré la forme et le fonctionnement du système urbain nord-américain. Le modèle classique du système urbain est illustré par la figure 3.3. En contexte canadien, Bourne (1975) a par la suite modélisé la hiérarchie urbaine qui, dans la réalité spatiale spécifique au Canada, prend la forme de plusieurs systèmes urbains dont certains sont fortement liés et même intégrés à des composantes américaines. C'est le cas notamment des systèmes urbains de Toronto, de Calgary, de Vancouver et autres. Les analystes reconnaissent que Montréal et son système urbain font concrètement partie du grand système urbain dont New York est le pôle principal.

Malgré son réel potentiel d'explication de la forte urbanisation causée par l'industrialisation, l'analyse des systèmes urbains hiérarchisés a néanmoins certaines limites de ce côté-ci de l'Atlantique. En effet, dans le Nouveau Monde, la création de lieux fut très fréquemment et même davantage liée à l'exploration et à l'occupation de territoires souvent immenses qu'à l'attraction de foyers concentrant des surplus agricoles. Le modèle du développement par étapes, que nous décrirons au chapitre 9, doit ainsi tenir compte de cet aspect. De fait, le décollage industriel d'un territoire ou d'un lieu est très souvent lié à l'exploitation et à l'exportation massive d'une ressource naturelle. Il s'agit là d'une réalité typique de l'Amérique.

En Amérique, un très grand nombre de lieux furent en effet créés de toutes pièces pour conquérir des territoires et extraire des ressources (Vance, 1970). Les exemples sont légion, de Rio de Janeiro à Québec, en passant par Philadelphie, Nouvelle-Orléans, San Francisco, Manaus et Carthagène. L'émergence de la place du marché en ces lieux n'arrivant que dans une phase ultérieure pour faire transiter les ressources, les biens vers les métropoles européennes, mais très peu pour satisfaire les besoins de la population. Ces centres s'apparentent beaucoup plus à des agences de transactions qu'à des places de marché traditionnelles, sans exclure celles-ci évidemment. Le caractère gravitaire du lieu est alors généralement beaucoup moins important, du point de vue économique, que l'accessibilité à un bassin de ressources à exploiter. Dans cet esprit, les aspects hiérarchiques et systémiques des lieux sont moins importants que le contenu de l'hinterland à drainer non seulement vers le centre mais aussi vers les marchés extérieurs. Exportation qui s'effectue souvent directement vers les clients, sans passer par les centres supérieurs de la hiérarchie urbaine.

4. LES RÉSEAUX URBAINS

On utilise beaucoup aussi le modèle de « réseau » pour désigner un système de lieux, de villes ou d'agglomérations interconnectés par un certain nombre de liens. Ces liens « réseau » ne sont pas nécessairement hiérarchiques, ni tissés exclusivement par des transactions régulées par le marché. Ils peuvent s'inscrire sous la forme de flux de personnes entre les lieux de domicile et de travail, de flux de matières entre le lieu d'extraction, le lieu de transformation et le lieu de distribution qui souvent sont très distants ou encore de flux de données entre des composantes d'une même entreprise localisées en divers lieux de la planète, etc.

Figure 3.4
Modèle réseau des systèmes urbains

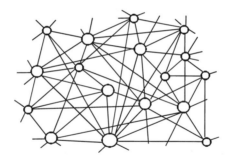

Les modèles de réseau de lieux, de centres, de villes furent au cours des dernières décennies largement utilisés avec l'arrivée des nouvelles technologies qui rendent possible la circulation rapide d'information de diverses natures (Proulx, 1995). Ils s'adaptent fort bien à la réalité américaine de lieux d'occupation territoriale connectés tous azimuts. La nomenclature de ces réseaux horizontaux et transversaux fait ainsi l'objet de recherches très actuelles qui mobilisent un bon nombre de chercheurs en analyse urbaine et régionale. À ce sujet, il est intéressant de constater, à titre d'exemple, qu'une ville périphérique localisée sur la Côte-Nord ou en Abitibi peut être connectée avec le reste du monde par un ensemble de transactions, sans nécessairement avoir beaucoup de relations avec les centres inférieurs et supérieurs de la hiérarchie urbaine québécoise.

Le postulat de cette théorie de réseaux de villes affirme en effet que les centres peuvent croître par relations horizontales avec d'autres centres, sans nécessairement passer par leurs centres inférieurs ou supérieurs immédiats. Poussés à la limite, ces centres délaissent les liens habituels avec leur hinterland et avec le reste de la hiérarchie urbaine nationale, pour se contenter et se satisfaire de liens denses avec d'autres centres localisés partout sur la planète. Si ces liens horizontaux expliquent la croissance de plusieurs centres, il demeure que l'on ne peut aucunement généraliser cette approche réseau.

Terminons en soulignant que, si l'on constate facilement l'existence de divers réseaux de lieux et de villes à l'échelle planétaire que l'on classifie selon des critères classiques, il demeure néanmoins que les contenus, les propriétés et les effets dynamiques de ces réseaux sont encore largement méconnus. La théorie de la polarisation nous décrit les forces d'attraction et de diffusion à l'œuvre dans ces réseaux. Voyons un peu.

5. LA THÉORIE DES PÔLES DE CROISSANCE

Les facteurs d'établissement d'un lieu, sa centralité plus ou moins forte, la présence de foyers, la dotation d'économies d'agglomération ainsi que les interrelations hiérarchiques ou par réseaux favorisent le phénomène de polarisation. La différence dans la taille des centres s'explique par des effets inégaux de polarisation, bien illustrés par François Perroux au début des années 1950. Cet auteur a fait de ce constat la base conceptuelle de la théorie des pôles de croissance reprise et réarticulée par Boudeville (1962). Outre le phénomène de la centralité, deux autres forces importantes permettent de comprendre et d'expliquer théoriquement la formation de pôles.

Il existe, d'une part, des forces centripètes, de nature culturelle, sociale, institutionnelle ou purement économique qui, tel un aimant, attirent les activités par des effets de drainage de l'hinterland et de la périphérie. Ces forces relèvent des foyers décrits plus haut. Elles viennent aussi des activités formelles, des équipements spécialisés dans la santé, l'éducation, les loisirs, des services spécialisés et aussi des sources d'information représentées non seulement par les médias, les activités de R&D et les activités du tertiaire moteur, mais aussi et surtout par les activités de face à face. Les forces centripètes sont largement assistées dans leur déploiement par la construction d'infrastructures de transport qui, comme nous l'avons vu au chapitre précédent, en réduisant la distance, favorisent la polarisation.

Figure 3.5
Centre et son hinterland

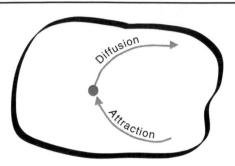

D'autre part, il existe des forces centrifuges qui diffusent les activités à l'extérieur des centres par effets d'irrigation dans leur hinterland et leur périphérie. L'achat de matières premières issues de l'hinterland par les entreprises localisées au centre en est l'exemple le plus probant. Mais la diffusion touche aussi les flux de capitaux, de ressources, de main-d'œuvre, de technologies, d'information. Il existe des migrants quotidiens qui travaillent dans le centre mais qui habitent l'hinterland où ils dépensent leur revenu. Il y a des entreprises qui délocalisent des unités dans l'hinterland pour diverses raisons, notamment afin de bénéficier d'agréments divers. Il y a aussi la diffusion des innovations qui apparaissent souvent dans les centres urbains. Ces forces centrifuges, telles l'éducation, les nouvelles technologies, etc., sont assistées par le système de transport généralement développé en étoile autour des centres. Elles sont aussi aidées par les subventions au développement régional, les différences salariales, le zonage urbain restrictif, les effets de répulsion des centres (pollution, congestion, encombrement, coûts fonciers, violence[2]) et les services gouvernementaux universellement offerts dans l'espace national.

La dynamique des forces centripètes et centrifuges est influencée par la structure spatiale, notamment les contraintes naturelles telles que les cours d'eau, la topographie, les frontières, etc. D'autres éléments jouent aussi, tels que la distance et la dimension du centre principal, le taux de croissance de celui-ci, la distribution territoriale du pouvoir politique, la présence de centres intermédiaires plus ou moins dynamiques, la qualité des infrastructures de transport, la présence de matières premières nécessaires aux activités du centre, etc. On a constaté

---

2. En exerçant des pressions inflationnistes, le marché foncier transforme les forces d'attraction dans les centres en forces de répulsion.

que les forces centrifuges neutralisent les puissantes forces centripètes seulement lorsqu'il y a un haut degré de développement du centre ou du pôle. Dans le cas contraire, l'hinterland subit des effets de drainage au profit du centre.

Le postulat de la théorie des pôles de croissance ou de développement se formule ainsi : la création de foyers dans le centre principal d'un hinterland ou d'une périphérie en besoin de développement va améliorer le système économique de tout le territoire grâce aux effets de diffusion. Ce postulat a rendu la théorie de la polarisation très célèbre partout dans le monde, en lui offrant un caractère d'intervention. S'il a permis l'élaboration de nombreuses mesures et politiques gouvernementales à l'égard du développement, à l'intérieur d'une stratégie de polarisation, il a aussi occasionné beaucoup de déceptions et de désillusions. Ce n'est pas que la théorie ne soit pas valable, mais bien qu'elle suscite de trop grandes espérances (Richardson, 1978). En contexte québécois, à titre d'exemple, faire de Gaspé un pôle de développement en lui offrant quelques foyers ne pouvait certes pas transformer la dynamique socioéconomique fondamentale de cette périphérie largement vidée de ses ressources maritimes, forestières, minières, financières et humaines. Nous reviendrons sur le contexte québécois de la polarisation dans la prochaine section.

Terminons en soulignant que la version moderne de la théorie des pôles prend la forme sémantique de technopoles. Ce sont en réalité des concentrations d'activités scientifiques, technologiques et techniques qui attirent et diffusent. Pour en favoriser l'essor, on mise alors beaucoup sur les interconnexions entre la recherche, la R&D, les services, l'industrie, la formation, les unions afin de créer une dynamique collective d'innovation et d'apprentissage qui devient un véritable foyer diffuseur de développement.

6. LA HIÉRARCHIE DES PÔLES QUÉBÉCOIS, 1966

Selon une vaste enquête effectuée en 1966 sur les zones d'influence ou hinterlands des centres urbains, à l'intérieur d'une étude du M.I.C. (ministère de l'Industrie et du Commerce), le Québec[3] comptait à cette époque six pôles principaux (primaires). Il s'agissait bien sûr de Montréal et de Québec, mais aussi de Hull, Sherbrooke, Chicoutimi et Trois-Rivières. Grâce aux importantes fonctions urbaines qui y sont concentrées, ces

---

3. Pour le Canada, L.S. Bourne (1975) a fort bien formalisé le système des petits et grands centres.

Tableau 3.1
Hiérarchie des pôles sur l'espace québécois selon le M.I.C., 1966

Pôles primaires	Pôles secondaires	Pôles tertiaires
Montréal	Saint-Jérôme	Gracefield
	Saint-Jean–Iberville	Rigaud
		Belœil
	Valleyfield	Huntingdon
	Joliette	Saint-Gabriel-de-Brandon
		Saint-Rémy
	Saint-Hyacinthe	Acton Vale
		Berthierville
	Sorel	
	Granby	Farnham
	Mont-Laurier	L'Annonciation
Québec	Montmagny	Saint-Jean-Port-Joli
		Baie-Saint-Paul
	Saint-Georges	Beauceville
		La Guadeloupe
		Sainte-Croix
		Saint-Raymond
		Donnacona
		Saint-Casimir
Hull		Shawville
		Saint-André-Avellin
		Thurso
Sherbrooke	Drummondville	Pierreville
	Victoriaville	East-Angus
	Thetford-Mines	Richmond
		Disraëli
Chicoutimi	Alma	Saint-Félicien
Trois-Rivières	Shawinigan	
	Amos	
	Rouyn-Noranda	
	Rivière-du-Loup	Trois-Pistoles
	Rimouski	Causapscal
	Baie-Comeau–Haute-Rive	Cabano
	Sept-Îles	Forestville

Source : Ministère de l'Industrie et du Commerce du Québec, 1966.

centres rayonnaient chacun, en principe, dans leur hinterland. Ainsi le modèle général d'organisation de l'espace québécois illustré par le MIC comprenait, il y a 35 ans, d'abord six sous-systèmes distincts gravitant chacun, en principe, autour d'un centre important. On peut se demander ce qu'il en est aujourd'hui.

Cette étude recensait aussi 21 pôles secondaires : neuf étaient localisés à l'intérieur des zones d'influence des pôles primaires[4], et les douze autres apparaissaient beaucoup plus indépendants de ces pôles. Grâce à des fonctions régionales plus limitées mais bien présentes, les neuf pôles secondaires obtiennent en principe des effets du développement diffusé par les pôles primaires (forces centrifuges). Mais ils subissent aussi leurs effets de drainage (forces centripètes). Tous ces pôles secondaires rayonnent ainsi dans leur propre hinterland.

Le reste du Québec est alors composé, selon cette analyse du M.I.C., de 33 pôles tertiaires localisés dans les zones d'influence de pôles primaires ou secondaires. Bien qu'ils drainent leur propre hinterland en étant des centres commerciaux et des centres de services, ces pôles tertiaires y génèrent aussi des activités socioéconomiques par la demande des ressources nécessaires aux activités manufacturières. Grâce à leur création plus ou moins importante de richesse, ces pôles nourrissent les centres plus importants, par l'entremise des forces centrifuges des uns et centripètes des autres. Finalement, le Québec compte aussi, en 1966, 30 petits centres[5] ayant une fonction commerciale leur permettant un certain rayonnement. Plusieurs de ceux-ci et bien d'autres plus petits encore sont en réalité de petits centres industriels qui génèrent de la richesse profitant à tout le Québec.

Avec six pôles primaires, il s'agit d'un espace économique polarisé de nature polycentrique, semi-intégré par les divers flux de biens, services, personnes, idées, etc., et largement ouvert sur l'extérieur par les échanges économiques, technologiques, culturels ou autres. Ce modèle général largement adopté comme grille d'analyse fut aussi remis en question dans sa forme, son contenu et même son fonctionnement. Parenteau (1964) stipule notamment qu'il n'y a que deux pôles primaires (Québec et Montréal) puisque les centres régionaux ne

---

4. Il s'agit de centres tels que Saint-Jérôme, Saint-Jean–Iberville, Valleyfield, Joliette, Saint-Hyacinthe, Montmagny, Saint-Georges, Alma et Shawinigan qui est largement influencé par Trois-Rivières.

5. Shawville, Saint-André-Avellin, Thurso, Gracefield, Rigaud, Belœil, Saint-Rémi, Huntingdon, Farnham, Acton Vale, Saint-Gabriel-de-Brandon, Berthierville, L'Annonciation, Pierreville, East Angus, Richmond, Disraëli, La Guadeloupe, Beauceville, Sainte-Croix, Saint-Raymond, Donnacona, Saint-Casimir, Baie-Saint-Paul, Saint-Jean-Port-Joli, Forestville, Saint-Félicien, Trois-Pistoles, Cabano, Causapscal.

polarisent que très peu, même s'ils devraient le faire. De leur côté, Fréchette et Vézina (1985) proposent plutôt un modèle tricentrique qui inclut Chicoutimi-Jonquière comme foyer principal d'un troisième système urbain à part entière dans l'espace québécois. Certains analystes ont aussi illustré le peu de cohérence hiérarchique dans le système urbain québécois dont les petites composantes sont beaucoup plus liées au marché mondial qu'aux centres urbains plus importants.

Par ailleurs, plusieurs analystes ont considéré le Québec comme une grande région économique ne possédant qu'un seul grand pôle de développement (monocentrique) en tête d'une hiérarchie urbaine. Cette vision est encore largement défendue aujourd'hui par certains irréductibles qui considèrent que l'économie du Québec dépend des effets de diffusion de Montréal qu'il faut impérativement alimenter par la création de nouveaux foyers de développement tels que la Cité du multimédia, la Grande bibliothèque, etc.

Quoi qu'il en soit, le modèle polycentrique du M.I.C. a tout de même servi de point de départ au découpage du Québec en dix régions administratives devenues effectives en 1968. En outre, il fut la base théorique qui a permis d'appuyer la mise en œuvre d'une stratégie québécoise de concentration des activités sociales, administratives, culturelles, politiques et économiques dans les principaux centres urbains de chacune de ces régions. Son influence sur l'organisation générale de l'espace québécois fut ainsi considérable quoique difficilement mesurable. Nous reviendrons plus loin sur cet aspect des effets et des conséquences de l'application de ce modèle polycentrique au Québec.

7.   LA RÉFORME DES AGGLOMÉRATIONS URBAINES, 2000

Plus de trois décennies après la désignation des pôles de croissance, le gouvernement du Québec s'est engagé fermement dans un processus difficile qui l'a conduit à promulguer en 2001 un ensemble de décrets pour réformer les principales agglomérations urbaines du Québec.

La réforme québécoise vise plusieurs objectifs explicitement et implicitement. On désire d'abord l'établissement d'une fiscalité de communauté plus équitable qui permette une gestion publique plus cohérente de certains biens et services collectifs. Ensuite, on veut favoriser un aménagement du territoire plus harmonieux afin de réduire les coûts liés à l'étalement urbain et de solutionner le problème de la dévitalisation de nombreuses zones localisées tant dans les centres urbains qu'en périphérie plus ou moins éloignée. Finalement, le renforcement des agglomérations doit permettre de soutenir un développement socioéconomique plus fort globalement et aussi plus équilibré dans l'ensemble de l'espace du Québec.

Ce dernier enjeu fait référence au modèle de développement polarisé dans l'espace, qui fut jadis appliqué au Québec. Quelque trente agglomérations urbaines sont ainsi désignées actuellement pour devenir les nouveaux pôles de développement du Québec de demain. Puisque le recours à un tel système n'est pas nouveau au Québec, nous pouvons tirer quelques leçons éclairantes de l'expérience acquise. Mais avant de faire ce lien entre la stratégie passée et celle qui est implicite dans la réforme actuelle, soulignons un point à propos des facteurs à l'origine des agglomérations afin de nous éclairer sur leurs trajectoires futures.

À la suite de l'analyse qui précède, nous considérons que trois facteurs majeurs ont en effet occasionné l'émergence et la croissance de concentrations humaines importantes sur des sites spécifiques au Québec. Il s'agit de la centralité initiale, de la rupture spatiale et de l'extraction ou la conquête de ressources territoriales, toutes trois liées à la volonté d'occupation territoriale par le Prince, les marchands, les colons et l'Église.

Certains lieux ou centres ont évidemment émergé dans l'espace colonisé, grâce à leur position centrale qui les rendit facilement accessibilité pour un grand nombre d'établissements. S'y localisèrent alors une place de culte, un marché, une école, des services. Plus l'espace est vaste, plus le sol est fertile, plus il y a d'établissements, plus le point est central et plus il y aura polarisation des activités, en principe. Sur l'espace québécois, on note que la plupart des lieux centraux sont localisés dans la vaste plaine de la partie sud.

Les lieux ou points historiques de rupture spatiale sont généralement situés aux croisements de rivières, notamment à la jonction de certains affluents du fleuve Saint-Laurent. On en trouve aussi à la décharge de quelques lacs. Plusieurs lieux fondés jadis à des ruptures spatiales, comme Donnacona et Trois-Pistoles, ont peu polarisé les activités par la suite, tandis que d'autres, comme Tadoussac et Chambly, ont vu leur foyer s'éteindre après une forte polarisation initiale. Enfin, d'autres ont bel et bien bénéficié et bénéficient encore d'un tel site stratégique pour polariser leurs activités.

Les points ou lieux de conquête des ressources territoriales sont évidemment tous localisés près d'importants bassins de ressources naturelles qui assurent largement leurs activités économiques. Plusieurs lieux fondés jadis sur de tels sites n'ont pas prospéré autant qu'on

Figure 3.6
Facteurs spatiaux à l'origine des agglomérations québécoises

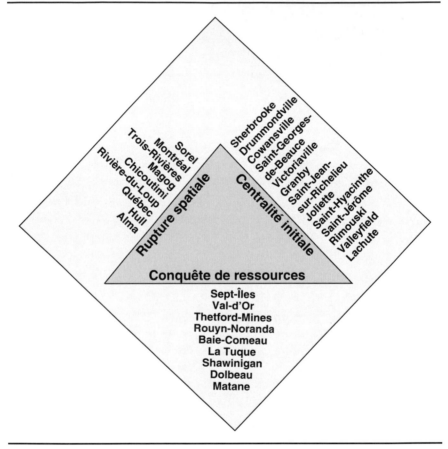

l'avait espéré, comme Chibougamau et Forestville, alors que d'autres se sont tout simplement éteints, notamment Val-Jalbert et Clarke City. Les lieux de conquête qui sont devenus une agglomération importante possèdent une économie généralement très dépendante du cours des ressources naturelles sur les marchés internationaux.

Tous ces lieux qui marquent l'espace québécois ont permis la polarisation des activités, avec intensité variable cependant, étant donné l'influence inégale des facteurs spatiaux. Plusieurs se sont transformés en agglomérations urbaines de 10 000 habitants et plus. D'une manière générale, au Québec, on constate une variation historique du positionnement de chacun des lieux. L'illustration la plus marquante de cela est certainement l'émergence de Montréal comme principal pôle du Québec au xixᵉ siècle, qui déclassa alors l'agglomération de Québec qui avait été le principal centre jusqu'à cette époque. En fait, la croissance semble se déplacer à contre-courant du fleuve Saint-Laurent, vers le sud-ouest, en offrant actuellement à Toronto le statut de pôle le plus important du Canada.

Le tableau 3.2 illustre les ratios de la variation de l'emploi entre le recensement de 1986 et celui de 1996. On constate rapidement que 77 % des agglomérations possèdent un secteur tertiaire en forte croissance, dont la majorité de celles issues de leur centralité initiale et historique. Les agglomérations sont généralement d'importantes places centrales de marché. Notons que le secteur tertiaire est seul responsable du très bon positionnement de Hull, mais qu'il est insuffisant comme moteur de croissance de l'emploi total, notamment à Joliette, à Montréal, à Trois-Rivières, à Sherbrooke et à Valleyfield. En fait, les agglomérations dont la variation de l'emploi total est élevée possèdent toutes, sauf Hull, un double ou triple moteur de création d'emplois. Le secteur secondaire y est généralement en forte croissance, sauf dans les cas de Hull et de La Tuque, tandis que les agglomérations en manque d'emplois ne possèdent aucun moteur, ou au mieux, qu'un secteur tertiaire faiblement moteur. Le secteur secondaire ne se porte pas bien dans les agglomérations ayant des difficultés de création d'emploi, sauf à Thetford-Mines dont le mauvais classement est dû à de très fortes pertes d'emplois dans le secteur primaire.

Plus de la moitié des agglomérations sont en déclin absolu dans le secteur secondaire. On note aussi que celles qui illustrent une polarisation forte de l'emploi industriel sont localisées à bonne distance du pôle principal, Montréal, lui-même en déclin de 10 % pendant la période observée. À ce chapitre, notons que les agglomérations qui émergèrent d'un site historique de rupture spatiale ne semblent plus être favorisées actuellement par l'industrialisation, sauf Rivière-du-Loup, Magog et Québec. Ces dernières bénéficient cependant d'un site en rupture spatiale contemporaine en matière de transports routiers.

Aussi, il faut souligner que quatre agglomérations en forte croissance industrielle sont des lieux historiques d'extraction de ressources territoriales. On constate aussi que la plupart des pôles qui performent bien actuellement dans le secteur primaire ne sont pas identifiés comme des lieux historiques de conquête de ressources, notamment Victoriaville, Saint-Georges, Granby, Québec et Saint-Jean-sur-Richelieu, La Tuque faisant exception puisqu'elle bénéficie d'un excellent moteur dans ce secteur.

Tableau 3.2
Variation de l'emploi 1986-1996 dans les principales agglomérations (%)

Agglomération	Total	Tertiaire	Secondaire	Primaire	Moteur
Victoriaville	89	86	99	77	Tous
Saint-Georges	75	84	61	50	Tous
Drummondville	45	51	38	12	Tous
Hull	25	34	−16	2	Tertiaire
Granby	23	30	11	33	Tous
La Tuque	22	31	−2	83	Prim.-tert.
Magog	19	21	17	−7	Second.-tert.
Val-d'Or	19	21	26	4	Second.-tert.
Rouyn-Noranda	18	23	27	−16	Second.-tert.
Québec	18	18	15	31	Tous
Saint-Jean-sur-Richelieu	16	24	−1	21	Prim.-tert.
Rivière-du-Loup	15	15	20	−3	Second.-tert.
Sorel	14	24	−1	10	Prim.-tert.
Sherbrooke	11	14	4	3	Tertiaire
Trois-Rivières	10	16	−3	8	Tertiaire
Sept-Îles	10	8	70	−33	Secondaire
Joliette	9	17	−15	16	Prim.-tert.
Cowansville	8	16	−5	−30	Tertiaire
Montréal	7	14	−10	8	Tertiaire
Rimouski	7	10	−5	−8	Tertiaire
Sallaberry-Valleyfield	7	20	−11	−43	Tertiaire
Alma	6	11	−8	12	Prim.-tert.
Chicoutimi	6	11	−8	12	Prim.-tert.
Baie-Comeau	4	6	3	−29	Aucun
Saint-Hyacinthe	4	9	−8	8	Aucun
Thetford-Mines	4	7	17	−26	Secondaire
Dolbeau	4	13	−5	−30	Tertiaire
Shawinigan	−2	3	−14	−7	Aucun
Matane	−5	−4	−1	−37	Aucun
Lachute	−3	8	−23	−22	Aucun

Sources : Statistique Canada, compilation Ali Doubi, traitement de l'auteur.

8. LE REPOSITIONNEMENT HIÉRARCHIQUE DES PÔLES

Notre observation nous amène à constater que la stratégie visant le renforcement des pôles de croissance a généré des résultats paradoxaux au Québec dans les pôles primaires et secondaires.

Notons d'abord que la majorité des pôles primaires et secondaires identifiés en 1966 font bel et bien partie des 31 agglomérations urbaines actuellement désignées comme pôles. Il y eut certes croissance dans ces pôles, grâce aux investissements publics et privés qui y furent consentis au cours des années 1970 à la faveur des interventions gouvernementales et dans un contexte de forte croissance économique. Cette forte polarisation fut considérablement ralentie par la dure récession du début des années 1980, suivie de la crise des finances publiques. On constate depuis[6] que, parmi les pôles primaires de 1966, seules les grandes agglomérations de Hull (25 %) et de Québec (18 %) affichent, pour la période 1986-1996, une croissance de l'emploi supérieure à la moyenne des agglomérations importantes, soit 16 % (tableaux 3.1 et 3.2). Les agglomérations de Sherbrooke et de Trois-Rivières se maintiennent à peine avec 11 % et 10 %, alors que Montréal et Chicoutimi sont en déclin relatif en matière d'emplois pendant la période observée, avec un taux de croissance respectif de 7,5 % et 5,7 %.

Il est intéressant de signaler aussi que certaines agglomérations urbaines non désignées comme pôles primaires en 1966 sont actuellement en très forte polarisation des activités génératrices d'emplois. Il s'agit notamment de Drummondville (45 %), Victoriaville (89 %), Saint-Georges-de-Beauce (75 %), La Tuque (22 %), Rouyn-Noranda (18 %) et Granby (23 %), qui émergent comme pôles importants et se positionnent de mieux en mieux dans l'espace québécois.

Cela nous conduit à avancer que plusieurs agglomérations moyennes (pôles secondaires) polarisent beaucoup plus que les grandes (pôles primaires). Si nous ne pouvons pas, à cette étape-ci, diagnostiquer un renversement hiérarchique de l'espace québécois, nous observons tout de même un repositionnement évident de nombreux centres, dans une hiérarchie urbaine malmenée.

Plusieurs facteurs peuvent expliquer ce phénomène de repositionnement spatial, si l'on tente de saisir la performance de chaque pôle, inscrite dans la dynamique spatiale du Québec et de la planète. Cet exercice n'est évidemment pas possible avec les seules données sur l'emploi. Ces dernières nous permettent toutefois de constater que tous les pôles secondaires qui sont en forte polarisation possèdent un secteur secondaire très dynamique, tandis que tous les pôles primaires en faible polarisation possèdent un secteur industriel anémique ou en déclin.

---

6. Il est difficile de suivre l'évolution des pôles depuis 1966 car la modification de leurs composantes internes par les fusions et regroupements rend les séries statistiques peu opérationnelles.

Tableau 3.3
Croissance de l'emploi 1986-1996 dans les pôles identifiés en 1966

Forte polarisation		Polarisation moyenne		Peu ou pas de polarisation	
Primaire	Secondaire	Primaire	Secondaire	Primaire	Secondaire
Hull	Drummondville	Sherbrooke	Saint-Jean-sur-Richelieu	Montréal	Thetford-Mines
Québec	Granby	Trois-Rivières	Sorel	Chicoutimi	Alma
	Rouyn-Noranda		Rivière-du-Loup		Shawinigan
	Saint-Georges		Saint-Jérôme		Rimouski
	Victoriaville				Baie-Comeau
					Sept-Îles
					Valleyfield
					Joliette
					Saint-Hyacinthe
					Huntingdon

Source: Statistique Canada, compilation de Ali Doubi, traitement de l'auteur.

9. LA POLARISATION ÉTONNANTE DE CERTAINES PETITES AGGLOMÉRATIONS

Ce phénomène de repositionnement spatial touche aussi de petites agglomérations urbaines fortement polarisatrices telles que Lac-Mégantic, Val-d'Or, Bromptonville, Lavaltrie, Waterloo, Sainte-Adèle, Rawdon, Saint-Sauveur et plusieurs autres (tableau 3.4). Certaines voient leur polarisation mue par le secteur secondaire. Dans d'autres, comme Saint-Félicien, Princeville et Sainte-Adèle, le secteur tertiaire est le moteur de la croissance de l'emploi. Quelques agglomérations ont un secteur primaire très dynamique en matière d'emploi. Quoi qu'il en soit des causes, ces pôles s'associent à ceux déjà nommés pour former les principaux centres de la croissance de l'emploi au Québec.

Il est à noter qu'aucun des 30 pôles tertiaires répertoriés en 1966 (tableau 3.1) n'est devenu une agglomération moyenne ou grande et que seulement neuf de ces pôles font partie des 48 agglomérations plus petites qui constituent aujourd'hui, en réalité, la grande majorité des pôles tertiaires du Québec (tableau 3.4). Ces neuf petites agglomérations et plusieurs autres non reconnues comme pôles en 1966 indiquent un taux de croissance de l'emploi supérieur à la moyenne des petites agglomérations, soit 7 %. Plusieurs affichent même un taux supérieur à la moyenne de 16 % des agglomérations moyennes et grandes, pendant la période observée.

Malgré cette polarisation forte de certaines petites agglomérations du Québec, nous devons constater que 16 concentrations illustrent un taux négatif de l'emploi en 1986-1996. Dans certains cas, cette performance négative est liée à une perte d'emplois massive dans le secteur primaire.

10. LE RECENTRAGE SPATIAL DE LA DYNAMIQUE ÉCONOMIQUE

Parmi tous ces pôles en forte croissance de l'emploi, il est intéressant de noter que l'agglomération de Drummondville se retrouve au centre d'un territoire polycentrique dynamique et localisé au cœur géographique du Québec.

Selon notre analyse spatiale, nous avançons qu'il existe un véritable phénomène de recentrage spatial de l'économie du Québec autour de Drummondville. Il n'y a pas de renversement hiérarchique, loin s'en faut. Mais ce centre urbain est l'hôte d'une très forte polarisation

Tableau 3.4
Variation de l'emploi 1986-1996 dans les petites agglomérations (%)

Agglomérations	Ratio	Agglomérations	Ratio	Agglomérations	Ratio
Mont-Joli	–3	Melbourne	11	Sainte-Agathe	15
Trois-Pistoles	–5	Windsor	8	Saint-Sauveur	37
Cabano	5	Richmond	–3	Sainte-Adèle	25
La Pocatière	4	Coaticook	8	Browsburg	6
Saint-Félicien	11	Maniwaki	–26	Sainte-Sophie	24
La Malbaie	–2	Senneterre	–6	Laurentides	43
Sainte-Anne-de-Bellevue	–2	Forestville	1	Rawdon	25
Princeville	13	Cap-aux-Meules	–9	Saint-Félix-de-Valois	12
Plessisville	3	Huntingdon	–4	L'Épiphanie	29
Saint-Tite	–7	Marieville	–7	Saint-Gabriel	3
Warwick	11	Saint-Césaire	1	Lavaltrie	53
Nicolet	–4	Acton Vale	8	Saint-Joseph-de-Beauce	6
Lac-Mégantic	18	Waterloo	21	Beauceville	5
Asbestos	–4	Farnham	2	Carleton	6
East-Angus	–8	Lac-Brome	16	Sainte-Anne-des-Monts	–10
Bromptonville	18	Saint-Jovite	23	Chandler	–15

Source : Statistique Canada, compilation de Ali Doubi, traitement de l'auteur.

L'inertie spatiale

Le concept d'inertie spatiale a été introduit et développé par Luc-Normand Tellier en 1995 et 1998 dans le Journal of Regional Science *afin de mieux comprendre et expliquer le mouvement séculaire vers le sud-ouest du centre de gravité des populations en Amérique du Nord. L'inertie spatiale s'expliquerait, selon Tellier, par une interaction entre le réel et le virtuel. Cette interaction s'exprime par les liens mathématiques directs ou indirects qui existent entre le concept de centre de gravité (qui décrit le réel) et les concepts d'optimum du problème exhaustif de Weber et de point correspondant au potentiel gravitaire maximal, ces deux derniers concepts correspondant à des optima virtuels.*

Si, de façon générale, ces trois concepts sont mathématiquement distincts, Luc-Normand Tellier et ses collaborateurs Claude Vertefeuille et Martin Pinsonnault ont démontré :

1. *que, dans certains cas précis, un déplacement du centre de gravité dans une direction entraîne forcément, à terme, un déplacement de l'optimum du problème exhaustif de Weber et du point correspondant au potentiel gravitaire maximal dans la même direction, ce qui favorise la perpétuation du mouvement du centre de gravité dans la même direction ;*

2. *que, de plus, de façon générale, le déplacement du centre de gravité dans une direction est susceptible, d'un point de vue probabiliste et non déterministe, d'entraîner, à terme, un déplacement de l'optimum du problème exhaustif de Weber et du point correspondant au potentiel gravitaire maximal dans la même direction, ce qui favorise aussi la perpétuation du mouvement du centre de gravité dans la même direction.*

L'inertie spatiale ne constitue pas un phénomène irréversible. Cependant, c'est un phénomène fondamental et omniprésent que l'on trouve en action tant dans les phénomènes de polarisation, d'urbanisation, d'étalement urbain, de formation de trous de beigne, que dans le phénomène de déplacement des centres de gravité continentaux. Ce concept est au cœur même de l'étude de la dynamique des localisations tant à petite échelle qu'à grande échelle.

relative qui s'effectue pourtant sans que ce pôle ait été désigné, jusqu'à récemment, comme une capitale régionale afin d'y concentrer des équipements et des services publics et d'y bénéficier d'incitatifs particuliers. Il faut alors chercher d'autres facteurs que l'assistance gouvernementale dont ont bénéficié Trois-Rivières, Sherbrooke, Hull, Rimouski et d'autres centres pour expliquer cette croissance.

Si la déconcentration industrielle très actuelle de Montréal bénéficie sûrement jusqu'à un certain point au développement de Drummondville, il est également nécessaire de souligner sa position centrale dans l'espace habité du Québec, entourée à distance limitée de centres

Carte 3.3
Polycentrie du cœur du Québec

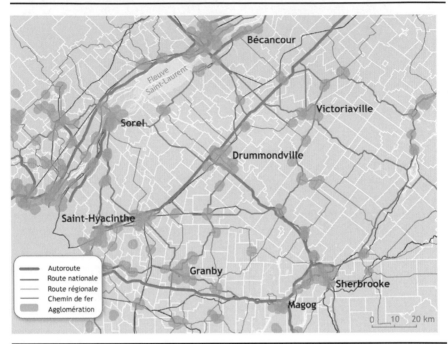

Source : BDTQ.
Martin Dion, UQAC, 2002.

urbains en croissance d'emplois, soit Bécancour, Granby, Sherbrooke, Thetford-Mines, Magog, Sorel et Victoriaville. En fait, il s'agit d'un assez vaste territoire polycentrique qui supporte, en plein cœur du Québec, une large partie des nouveaux emplois créés de 1986 à 1996.

Le transport routier qui a supplanté les transports ferroviaire et maritime favorise de toute évidence ce territoire bien localisé à proximité des principaux marchés du Québec et du Nord-Est américain, même si l'autoroute 55 demeure inachevée. En matière de création de richesse nationale à redistribuer ensuite par la politique sociale, le soutien public à cette croissance naturelle s'avère certes souhaitable.

CONCLUSION

Le Québec représente bien un espace socioéconomique structuré par des centres de tailles et de forces différentes. Quoique l'on distingue bien une hiérarchie urbaine basée sur la centralité, on a constaté que plusieurs centres sont tout à fait indépendants de cette hiérarchie. Des sous-systèmes se forment même ici et là et de nombreux centres sont directement liés au marché mondial par des réseaux plutôt que par la structure urbaine. La conquête de ressources et la rupture spatiale sont des facteurs importants. La modélisation globale de cet espace multi-polaire étendu sur une vaste surface n'est certes pas simple. Aussi devient-il pertinent de mieux saisir et comprendre la complexité des forces spatiales, des interdépendances et des complémentarités qui agissent dans les divers lieux plus ou moins actifs sur l'espace québécois. Nous y reviendrons dans les deux prochains chapitres.

Terminons en soulignant que l'étude de la centralité et de la polarisation dans l'espace représente certainement la plus puissante grille d'analyse spatiale sur laquelle viennent ensuite se greffer beaucoup de modèles connexes. Les effets d'attraction, de polarisation, de concentration en divers lieux se confrontent alors aux effets de dispersion, de répulsion et de diffusion pour générer un espace équilibré, qui est par ailleurs très souvent en déséquilibre. D'où la pertinence d'en saisir les lois afin de pouvoir les influencer convenablement dans la recherche de l'optimum.

4

La dynamique spatio-économique contemporaine

Dans les trois chapitres précédents nous avons vu les différentes forces spatio-économiques. Nous avons défini en détail la dispersion, la distance et la polarisation dans une optique visant plus particulièrement leur application. Les outils de mesure présentés nous ont permis de concrétiser ces composantes dans la réalité québécoise. Nous avons posé des diagnostics, constaté et analysé des tendances, confronté des modèles avec les acquis de la théorie ou des modèles québécois, plus anciens, et enfin généré de nouvelles connaissances pour éclairer davantage, non seulement le contexte québécois, mais aussi, d'une manière plus générale, le contexte spatio-économique contemporain. Nous en avons tiré des enseignements fort intéressants.

Mis à part les découpages et redécoupages administratifs périodiques de l'État central, plusieurs facteurs influencent la dynamique spatio-économique. Pensons notamment à l'apparition de nouveaux moyens de transport et de communication, aux processus collectifs de prise en main, aux changements technologiques dans la desserte de certains services, à la croissante mobilité des acteurs, aux nouveaux modes de consommation, à l'apparition de nouvelles méthodes de production, aux changements de valeurs de la population face à l'environnement, aux nouveaux marchés liés à la mondialisation accélérée de l'économie, etc. Les facteurs très actuels, saisissables mais difficilement mesurables d'une manière isolée, agissent sur des conditions héritées de facteurs plus anciens.

Partant de ces acquis, nous consacrerons ce chapitre à l'observation et à l'analyse de diverses dimensions de la dynamique spatio-économique contemporaine du Québec. Il s'agit d'un premier exercice effectué avec des moyens certes limités. Il n'est ni exhaustif ni définitif. Il représente néanmoins un important effort de saisie et de formalisation d'un mouvement de fond qui modifie substantiellement la configuration contemporaine des activités économiques dans l'espace. Les incidences sur l'aménagement des territoires deviennent importantes.

Avant d'entreprendre cet exercice, précisons qu'un certain nombre de spécialistes ont effectué une ou des analyses de la dynamique spatiale québécoise au cours des récentes années. Elles ne sont certes pas très nombreuses. Chacune fait néanmoins des constats, soulève des problèmes et suscite des questions et des commentaires pertinents. Les fresques spatiales du Québec modélisées par ces analyses récentes s'ajoutent à d'autres plus anciennes, encore plus rares. Pensons à l'étude de Higgins, Martin, Raynauld effectuée pour le compte du gouvernement canadien en 1970. En réalité, les analyses spatio-économiques du Québec ne sont pas très nombreuses, ni celles à petite échelle (locale et régionale), comme celle de Bruneau (2000), ni celles à plus grande échelle (Tellier, 1996), canadiennes ou nord-est américaines puisque le Québec fait partie de la périphérie de la grande métropole de New York et de son système de satellites tels que Toronto, Boston et Montréal.

On constate rapidement que, plus l'échelle d'observation est grande, plus la dynamique spatiale saisie est relativement stable, ce qui peut sembler une évidence. Cependant, notre recension des écrits nous fait aussi constater que, étant donné sa position périphérique, l'espace du Québec réagit moins que d'autres espaces plus centraux aux grandes mutations qui affectent le monde occidental. La mondialisation, le post-fordisme, l'affranchissement du poids de la distance, la montée du secteur tertiaire, etc., sont des tendances présentes, certes, mais l'espace du Québec réagit à sa manière propre (Lessard, 2002). Ainsi la géo-économie québécoise serait moins affectée par la mutation en cours. Ce qui explique la dynamique spatiale modérée saisie par plusieurs analyses. Comme ailleurs cependant, la déconcentration industrielle hors des grandes agglomérations, la ségrégation spatiale, le desserrement urbain, etc., sont des tendances bien présentes mais à degré moindre que dans certains autres espaces.

La grille d'observation que nous avons utilisée dans l'analyse spatio-économique présentée dans ce chapitre s'ancre à l'échelle même du Québec. Nous tenterons de saisir et de modéliser quelques grandes tendances, notamment le type de concentration, les lieux de polarisation, etc. Mais auparavant, précisons quels furent les grands modèles géo-économiques utilisés dans le passé au Québec pour orienter l'organisation de l'espace et l'aménagement des territoires.

1. LES MODÈLES GÉO-ÉCONOMIQUES DU QUÉBEC

Au fil de l'histoire du Québec, quatre modèles géo-économiques furent explicitement appliqués pour guider les forces du marché et les politiques publiques. Il s'agit des modèles de l'occupation territoriale, de la ruralité, de la centralité et du mariage ville–campagne.

Le modèle de l'occupation territoriale fut le déclencheur de l'exploration des nouveaux territoires de la Nouvelle-France. Trois buts apparaissent clairement dans cette vaste entreprise française, soit la prise de possession territoriale dans le Nouveau Monde, le commerce avec les indigènes et la diffusion du catholicisme. Les explorateurs ont alors établi des avant-postes de conquête territoriale pour drainer les ressources rapidement disponibles telles que l'huile de baleine et les fourrures. Ce modèle nous a légué très rapidement une très vaste superficie[1], dont les nombreux territoires occupés étaient reliés par un vaste circuit de pistes et de voies d'eau qui convergeaient vers la ville de Québec. Cette occupation des territoires s'est ensuite poursuivie. Aujourd'hui, ce premier modèle spatio-économique est toujours à l'œuvre dans la gouverne publique. Pensons par exemple à l'établissement de villes minières dans le Moyen-Nord québécois. Selon cette logique d'occupation, plusieurs rivières furent par ailleurs harnachées récemment, ce qui permit l'exploitation de nouveaux territoires appelés Manicouagan et Caniapiscau. Aussi, de nombreux centres de services sont entretenus et alimentés le long des côtes du golfe Saint-Laurent, de l'Arctique et de la baie d'Hudson.

Le modèle de la ruralité dans l'organisation de l'espace québécois prend racine dans la colonie française, avec l'établissement du régime seigneurial comme modalité de tenure foncière des terres à coloniser. Ce régime relativement libéral d'attribution des terres a encadré et soutenu le travail de la terre dans la majeure partie de la vallée du Saint-Laurent pendant tout le XVIIe et le XVIIIe siècle. Après la conquête militaire de 1760, l'extension de l'écoumène s'effectua par l'ouverture de nouvelles paroisses et de cantons. Pour contrer l'émigration des

---

1. Rappelons que l'espace québécois d'aujourd'hui s'étend sur 1,6 million de km², dont 616 000 km² sont considérés comme des territoires habités.

Québécois vers les États-Unis, on réaffirma ce modèle géo-économique au milieu du XIXe siècle en ouvrant de nouvelles régions à la colonisation : les Laurentides, le Saguenay, le Lac-Saint-Jean, le Témiscamingue, l'Abitibi. L'industrie forestière en pleine croissance et l'agriculture en expansion de marchés furent les deux piliers de ce mouvement de dispersion spatiale de la population à partir de certains lieux de pénétration. On attribuait alors un ou deux lots à chaque colon et d'importantes concessions forestières à des compagnies.

Ce néoruralisme revint en force avec le plan Vautrin au milieu des années 1930. On ouvrit ainsi à la colonisation quelques centaines de nouvelles paroisses agroforestières à la périphérie de l'écoumène de l'époque. Le mouvement fut cependant de courte durée puisque, dès les années 1950, la modernisation de l'agriculture commença à faire des ravages en disqualifiant les terres ne pouvant générer suffisamment de rendement. Le modèle de la ruralité connut alors ses premières contre-performances. Depuis, il a subi, par vagues continues, une importante mutation caractérisée notamment par la forte capitalisation de la production et son corollaire, la baisse de la demande de travail qui généra notamment l'exode de plusieurs zones et ses conséquences dramatiques.

Le modèle géo-économique de la centralité date lui aussi de l'époque coloniale. Il concentre les activités dans des centres : Québec, Trois-Rivières, Montréal et certains autres plus petits points de rupture spatiale. Mais il prend réellement son importance vers le milieu du XIXe siècle. L'extension du modèle de la ruralité, grâce à la transformation de la production, a occasionné l'émergence de plusieurs petits centres dans les plaines agricoles, si bien qu'au début du XIXe siècle plusieurs villages apparaissaient distinctement autour de l'église, de la meunerie, de la fromagerie, du magasin général et des services. Devant leur multiplication, une loi spécifique institua le régime municipal québécois en 1855. Souple dans son application afin de respecter la variété des situations, ce régime a permis aux divers territoires de l'époque d'exprimer chacun leur spécificité. Ainsi, dès 1867, plus de 600 municipalités de type urbain ou rural (80 %) étaient déjà érigées. Deux lois confirmèrent ensuite cette dualité : le Code municipal (petites municipalités rurales) en 1870 et la Loi des villes en 1876. Nous y reviendrons plus en détail aux chapitres 6 et 7.

Avec l'industrialisation et son corollaire, l'urbanisation, le modèle de la centralité déjà présent[2] s'est évidemment renforcé, renforcement qui a atteint son apogée avec la désignation gouvernementale de pôles primaires, secondaires et tertiaires sur l'espace québécois en 1966, ce qui forma une hiérarchie de centres urbains. Actuellement, les mesures particulières appliquées pour renforcer quelque 30 agglomérations urbaines participent de ce modèle spatio-économique basé sur la centralité.

Pendant que les modèles de la ruralité et de la centralité étaient appliqués simultanément en appui au modèle de l'occupation territoriale, la population du Québec vit son ratio urbain passer de 20 % à 80 % en un siècle, ce qui occasionna évidemment des changements très importants dans l'organisation de l'espace. On se rendit compte notamment que les deux modes, rural et urbain, accentuaient souvent la dualité entre ces deux réalités interdépendantes plutôt que de favoriser les rapprochements. Les spécialistes préconisèrent alors, dès le début des années 1960, l'établissement d'un modèle géo-économique plus intégrateur de la dualité urbaine–rurale, le mariage ville–campagne.

Par l'application concrète de la notion d'appartenance territoriale, la Loi sur l'aménagement et l'urbanisme institua, en 1979, des aires supralocales de gestion intermunicipale, soit les territoires MRC[3]. On offrit par ailleurs à chacune de ces aires une corporation publique chapeautée par un conseil composé de représentants des municipalités internes. La première responsabilité octroyée à chacun fut la confection d'un schéma d'aménagement de leur territoire, qui devait être l'instrument approprié pour favoriser l'union nécessaire entre les problématiques urbaine et rurale. À partir du tournant des années 1990, sous les pressions fiscales, l'échelle supralocale des MRC commença à être utilisée plus systématiquement dans la gestion publique de biens et services collectifs à la population, aux travailleurs et aux entreprises (Jean et Proulx, 2001).

La description de ces quatre modèles permet de saisir la dynamique spatio-économique actuelle afin, non seulement d'identifier les grandes tendances géo-économiques, mais aussi de prévoir l'apparition d'un nouveau modèle pouvant encadrer les efforts publics et privés futurs d'organisation de l'espace québécois.

---

2. Au Québec, les villes de Québec, de Trois-Rivières et de Montréal ont précédé l'organisation de la ruralité qui n'a pris réellement son extension qu'à partir du XVIIIe siècle.
3. Les trois communautés urbaines créées en 1969 ne furent pas touchées par ce nouveau découpage de l'espace en 95 territoires MRC.

2. LES GRANDES TENDANCES SPATIALES

L'observation de la dynamique spatiale du Québec fait ressortir des mouvements importants que nous avons qualifiés de « tectonique des territoires » (Proulx, 2001). Des zones habitées se dévitalisent, à degrés divers, par déclin des activités économiques et exode migratoire de la population. D'autres zones, limitrophes ou éloignées de celles en exode, se densifient suivant une intensité variable. Pensons notamment à la Beauce, aux Laurentides et aux Bois-Francs. Des lieux se spécialisent en concentrant certaines activités économiques comme les technopôles, la Cité du multimédia ou celles de l'optique. Plusieurs aires urbaines se desserrent en s'étalant en tache d'huile. Nous avons vu aussi au chapitre 3 que de nouveaux pôles émergent pendant que d'autres stagnent ou déclinent. La métropole Montréal se recompose, notamment en transférant ses activités industrielles hors de ses frontières. Les aires de rayonnement des centres urbains se modifient, par effets de diffusion ou d'attraction. Des processus d'innovation existent plus ou moins fortement dans plusieurs milieux.

Bref, ça bouge dans l'espace québécois. Des territoires se chevauchent, s'entrechoquent, se concurrencent et s'allient dans leur émancipation propre.

Il devient pertinent de saisir cette dynamique spatiale dans sa diversité territoriale d'un lieu à l'autre. L'exercice permet d'enrichir notre vision globale de la géo-économie du Québec. L'intérêt de cet ajout est sans équivoque la recherche de l'équilibre global, notamment par un aménagement des territoires approprié dans ses choix et ses priorités. Équilibre spatial qui contribue à l'équilibre économique et social. À ce sujet, signalons dès le départ que toute analyse spatiale du Québec fait rapidement ressortir les trois grandes dimensions inscrites en toile de fond des mouvements territoriaux.

Signalons d'abord le phénomène de la dispersion spatiale des activités et de la population, qui ne se résorbe pas actuellement. S'il est vrai que quelques centres miniers éloignés furent fermés et que des zones agricoles se désertifient, il demeure que de nouveaux établissements humains émergent dans le Nord-du-Québec, notamment pour soutenir les activités hydroélectriques. Aussi, les activités forestières s'étalent désormais en périphérie éloignée des centres forestiers qu'elles alimentent en bois, sans toutefois que la population suive puisque les travailleurs sont hautement mobiles. La dispersion spatiale est aussi alimentée par la recherche d'agréments environnementaux pour les loisirs, la villégiature ou tout simplement par choix. Dispersion qui nous est devenue presque banale au Québec, d'autant plus que les coûts inhérents ne sont pas toujours bien visibles. Même dans les concentrations sous forme de villes, la dispersion fait son œuvre tout à fait normalement par l'étalement urbain en tache d'huile d'une population de plus en plus mobile quotidiennement, qui recherche une faible densité associée à la qualité de vie, devenue mode de vie. Il s'agit certes d'une tendance à la dispersion du cadre bâti qui engendre des coûts importants en matière d'infrastructures de transport, d'équipements publics et de services offerts très souvent à des clientèles de petite dimension. Et dispersion qui fragmente encore et toujours les unités de peuplement, même s'il y a de plus en plus de fusions et de regroupements dans les unités administratives. Cette dispersion spatiale est une donnée incontournable pour nos décideurs et intervenants.

Ensuite, la concentration croissante de la population dans des centres urbains. Autre grande dimension spatiale, la concentration urbaine permet aux travailleurs, aux producteurs et aux consommateurs de bénéficier d'économies d'agglomération. Les services (culte religieux, santé, éducation, alimentation, etc.) ont d'abord agi comme éléments polarisateurs. Ensuite, l'industrialisation a accéléré radicalement le processus de concentration et d'urbanisation. Récemment, la concentration fut réalimentée par les services supérieurs (culture, éducation supérieure, santé, etc.) et les centres commerciaux. Malgré son ralentissement actuel, cette urbanisation plus ou moins maîtrisée semble persister encore actuellement et étirer le tissu urbain sous l'influence de la déconcentration industrielle hors agglomérations et de la localisation des mégacarrefours commerciaux dans les zones périurbaines. Nous faisons ainsi face à une concentration urbaine dispersée dans l'espace par de faibles et moyennes densités dans les établissements humains. Cela cause d'ailleurs un bon nombre de problèmes coûteux : la desserte de services publics, la congestion routière, la grande consommation de terres propices à l'agriculture, la répulsion de certaines zones, la création de poches de pauvreté, la pollution, l'encombrement, etc. Il devient nécessaire d'optimiser l'utilisation de l'espace dans les agglomérations de manière à minimiser les déséconomies.

Finalement, l'espace québécois souffre de dévitalisation en de nombreux endroits, principalement dans plusieurs noyaux anciens des centres urbains et dans de nombreuses zones rurales jadis prospères. La démographie du Québec définit plusieurs types de territoires gravitant autour des agglomérations urbaines. Le cas de figure «ville-centre en déclin–couronne en croissance–périphérie en déclin» se retrouve à Trois-Rivières et sur la rive sud de Montréal. Dans d'autres cas, chacune de ces trois zones (le centre, la couronne, la périphérie) sont en déclin (Baie-Comeau, Shawinigan) ou encore en croissance (Drummondville,

Saint-Jérôme). Dans d'autres cas encore, il n'y a que la ville-centre qui est en déclin (au Saguenay, à Rouyn-Noranda, à Saint-Hyacinthe, à Joliette, etc.). Dans tous ces lieux en déclin, les équipements publics construits jadis et leurs services sont sous-utilisés, tandis que le coût de leur entretien demeure important, ce qui accentue très souvent les iniquités fiscales, les inégalités de services publics et les difficultés financières dans la gestion publique locale. Il s'agit là d'une donnée inquiétante qui oblige à des interventions importantes aussi précises que délicates.

Ces trois grandes dimensions spatiales de la concentration, de la dispersion et de la dévitalisation forment l'arrière-plan de l'analyse que nous proposons dans ce chapitre. Saisir la dynamique spatio-économique en détail, la déconstruire en ses composantes distinctes nous permettra d'induire non seulement la nouvelle géo-économie qui émerge actuellement, mais aussi certaines conditions incontournables à considérer dans la recherche d'un meilleur équilibre spatial au Québec par l'aménagement approprié des territoires. Voyons en synthèse ce que sont ces principales composantes.

3. LE PÔLE PRINCIPAL, MONTRÉAL

Fondé sur l'emplacement d'un point de rupture spatiale par la volonté royale de pénétration du vaste territoire à conquérir, Montréal a historiquement profité de sa position géographique (île, carrefour de rivières, aval des rapides de Lachine) pour se transformer en une véritable place centrale au nord-est de l'Amérique. Tout l'Ouest canadien devenait ainsi sa vaste périphérie. Avec l'industrialisation du Québec au début du XIXᵉ siècle, ce rôle de polarisation s'est amplifié, principalement grâce à la capacité d'attraction d'activités motrices de son port, du canal Lachine, de ses universités, de sa bourse et de ses marchés. Surclassant Québec dans la hiérarchie urbaine de cette époque, notamment sur le plan de la fonction financière, l'agglomération de Montréal est ainsi devenue la métropole du Canada. Son développement rapide a eu des effets positifs dans l'ensemble du Québec et du Canada, notamment par les nouvelles techniques offertes largement et par la demande de biens intermédiaires, de matières premières et de certains services. Ces impulsions de développement ont certes influencé le décollage économique de certaines régions et l'industrialisation de la vallée du Saint-Laurent en offrant, non seulement un marché important, mais aussi des services supérieurs (ingénierie, finance, mise en marché, administration, etc.). L'impact véritable de cette influence du centre sur sa périphérie reste cependant une question ouverte si l'on considère les relations de l'économie québécoise avec le vaste marché nord-américain et mondial.

Selon Higgins, Martin et Raynauld (HMR, 1970), Montréal est le seul réel foyer autonome d'innovation et de dynamisme au Québec. Une fois suffisamment générés, cette innovation et ce dynamisme se répandent à travers toutes les régions du Québec par l'entremise des foyers hétéronomes que sont les centres secondaires et tertiaires. Le développement culturel, social et économique du Québec est ainsi insufflé du pôle Montréal qui domine son espace par l'entremise du système urbain. Dite monocentrique, cette logique par laquelle le principal centre domine le reste de l'espace amène les auteurs à proposer aux pouvoirs publics de miser sur la concentration des efforts collectifs de développement alloués par les gouvernements de Québec et d'Ottawa dans le grand ensemble que constitue l'agglomération de Montréal. Cet avis fut repris par quelques études importantes, notamment le rapport Picard de 1988.

En réalité, cette stratégie de concentration fut bien sûr adoptée[4] dans les années 1970 et 1980. Mais partiellement, puisque les gouvernements supérieurs étaient déjà engagés, à l'époque, dans une importante stratégie de déconcentration de leur gestion et de leurs services, y compris l'éducation supérieure, dans les centres intermédiaires afin d'y favoriser la polarisation et ses effets de diffusion (chapitre 3). En fait, la théorie des pôles de croissance fut appliquée sous la forme de stratégie de développement mais selon le modèle polycentrique.

Pour ce faire, Québec et Ottawa ont largement utilisé les principes de la justice sociale et de l'efficacité administrative pour justifier la régionalisation de plusieurs agences publiques dans l'espace québécois, très vaste à l'extérieur de la grande région de Montréal. L'objectif mis de l'avant était la bonne desserte en biens et services collectifs de l'autre moitié de la population du Québec. Ils l'ont atteint en ciblant tant bien que mal leurs interventions dans lesdites capitales régionales que sont Sherbrooke, Hull, Trois-Rivières, Rimouski, Gaspé, Baie-Comeau, Rouyn-Noranda et Chicoutimi. D'autres centres régionaux tels que Joliette, Saint-Georges, Alma, Sept-Îles et Drummondville ont aussi bénéficié de certains investissements publics liés à leur rôle de capitale. Par ailleurs, la conjoncture sociopolitique a souvent fait dévier des

---

4. Comme objectifs de la politique publique, s'imposèrent non seulement les autres centres tels que Halifax, Vancouver et Calgary, mais aussi les puissants intérêts de Toronto.

interventions publiques importantes vers d'autres centres limitrophes de la capitale désignée, notamment à Jonquière, Amos, Val-d'Or, Shawinigan, Rivière-du-Loup, Mont-Laurier, etc.

Peut-on considérer que la stratégie de déconcentration administrative en de multiples pôles est responsable des difficultés économiques de Montréal au cours des dernières décennies ? Il est fort difficile de valider cette assertion entendue sur certaines tribunes, car les causes du déclin relatif de Montréal sont beaucoup plus complexes (Polèse, 1990 ; Coffey et Polèse, 1993). L'analyse scientifique pointe l'importance gradissante d'une élite d'affaire francophone au Québec, l'ouverture de la voie maritime du Saint-Laurent, la politique industrielle du gouvernement canadien, l'émergence de Toronto comme nouvelle métropole canadienne privant Montréal d'une large partie de sa périphérie ouest, la déconcentration industrielle, le déplacement du centre de gravité de la population vers l'ouest en Amérique du Nord. Puisque les spécialistes montréalais le font très bien, nous ne ferons pas ici l'exercice de comparaison de chaque cause.

Nous nous contenterons tout simplement de signifier que les difficultés économiques de Montréal ont commencé dès les années 1950 (Thibodeau, 1997), bien avant le rapport HMR (1970) qui le soulignait au passage. Mais elles furent largement gommées à court terme par les mégaprojets de nature publique tels que l'Expo de 1967 et les jeux Olympiques de 1976. Même si Higgins, Martin et Raynauld avaient un ton alarmiste, les cloches n'ont sonné pour Montréal qu'après la trop pénible reprise suivant la dure récession de 1981-1983. Cette reprise convergeait avec une profonde mutation structurelle de l'économie du Québec et, par conséquent, de Montréal sous l'influence des causes décrites plus haut et de l'arrivée de nouvelles techniques de production.

Par ailleurs, l'agglomération de Montréal ne fut tout de même pas en reste dans les largesses de la politique publique. De très nombreux établissements publics s'y sont installés, notamment la majeure partie de l'administration fédérale déconcentrée pour desservir le Québec. Cette dernière représente à elle seule près de 15 000 emplois à Montréal (Tremblay et Van Schendel, 1991). Le gouvernement du Québec y possède actuellement encore plus d'établissements et d'employés qui servent, non seulement la région métropolitaine, mais aussi les régions avoisinantes et même d'autres régions beaucoup plus éloignées[5]. Par

---

5. Vu les liaisons aériennes et l'absence de routes, le point le plus central de la région Nord-du-Québec est Dorval (Montréal), où plusieurs administrations publiques régionales sont installées. Certains ministères, tels que l'Immigration, sont localisés à Montréal.

ailleurs, le grand territoire de Montréal a largement bénéficié des investissements publics en matière d'équipements et d'infrastructures. Pensons notamment à l'aéroport de Mirabel, au système autoroutier, aux centres de recherche, aux universités et cégeps, aux centres récréatifs ou touristiques, etc. Bref, la région métropolitaine a attiré une large part des investissements et des dépenses publics consentis au Québec au cours des trois dernières décennies, sans toutefois les obtenir tous.

Elle a bénéficié de très nombreuses mesures publiques pour sa relance après le Sommet de Montréal en 1996. Les gouvernements supérieurs misent désormais sur des secteurs de la nouvelle économie tels que le multimédia, l'électronique, le pharmaceutique, l'aérospatial, etc. Et ces mesures semblent converger avec de nouveaux facteurs attractifs de Montréal, notamment une main-d'œuvre spécialisée, des terrains et bâtiments à coûts compétitifs en Amérique du Nord et un dollar canadien au taux de change avantageux. Si bien que Montréal donne actuellement

Carte 4.1
Montréal et ses satellites

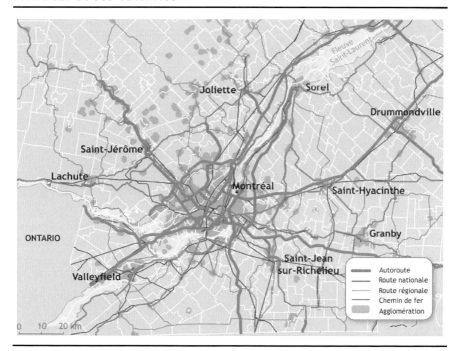

Source : BDTQ.
Martin Dion, UQAC, 2002.

plusieurs signes d'une économie urbaine en pleine renaissance (Manzagol, 2000). Le paysage montréalais en est transformé, notamment dans certaines zones centrales et périurbaines (Coffey, 1998).

Notons enfin que la grande région de Montréal forme désormais un système urbain polycentrique rayonnant autour du pôle principal (carte 4.1). Avec ses pôles intérieurs et périurbains très dynamiques ainsi que ses satellites localisés dans la frange urbaine comme Joliette, Sainte-Thérèse, Valleyfield, Saint-Jean-sur-Richelieu, etc., le territoire du grand Montréal constitue un tout, un système relativement intégré. Ses satellites ne sont pas vraiment des *edge cities* comme ceux qu'on trouve dans la zone périurbaine des grandes métropoles américaines. Ce sont des centres urbains relativement autonomes qui font inévitablement une certaine concurrence au pôle principal dans l'attraction d'activités économiques. Ils possèdent par ailleurs chacun leur propre zone concentrique.

4. LES AUTRES SYSTÈMES URBAINS

Il existe dans l'espace Québec plusieurs autres systèmes urbains distincts.

Sans vraiment posséder de satellites en dehors de la zone périurbaine, Québec est aussi un territoire monocentrique qui s'étale en tache d'huile sur une vaste superficie, phénomène bien vérifié par la détermination des aires de rayonnement de cette capitale nationale. Il en va de même pour Hull, quoique la situation territoriale soit complexifiée par la présence d'Ottawa. La capitale du Québec bénéficie d'un statut particulier et de privilèges spécifiques qui la différencient des autres centres urbains, ne serait-ce que les infrastructures de transport et les équipements culturels. Même si sa vocation naturelle est d'être le siège du gouvernement et que son patrimoine lui offre un achalandage touristique considérable, Québec mise beaucoup sur certains secteurs industriels, notamment l'optique pour laquelle elle fait une importante promotion économique.

Le vaste territoire du grand Sherbrooke forme aussi son propre système monocentrique, avec ses très petits satellites. L'agglomération de Sherbrooke possède une très grande aire de rayonnement, qui chevauche même l'aire de certaines agglomérations limitrophes, notamment pour la composante services publics (hôpital). Localisée dans une région relativement bien diversifiée en matière industrielle, cette ville possède une structure économique reposant sur le commerce et les services.

Carte 4.2
Territoire monocentrique de Québec

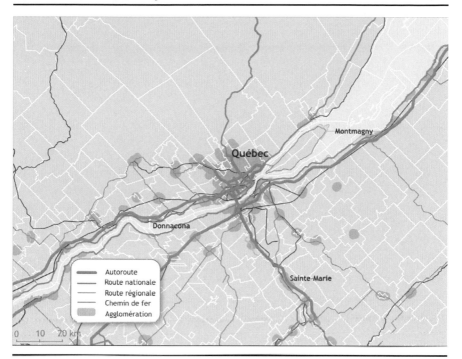

Source : BDTQ.
Martin Dion, UQAC, 2002.

On constate que la Mauricie est de nature duocentrique, au même titre que le Saguenay–Lac-Saint-Jean, chacun de ces centres régionaux possédant ses propres petits satellites. La caractéristique principale de ces systèmes duocentriques est que leur structure industrielle doit se reconvertir après les pertes d'emplois massives dans le papier et la première transformation de l'aluminium.

L'Abitibi s'inscrit comme territoire périphérique de nature quadricentrique, dont le pôle principal possède néanmoins une zone de rayonnement beaucoup plus importante que les autres pôles. La quadricentrie abitibienne représente un système urbain original sans pareil au Québec.

Finalement, la Côte-Nord constitue une polycentrie linéaire de cinq pôles : Tadoussac, Forestville, Baie-Comeau, Sept-Îles et Havre-Saint-Pierre. Chacun des pôles a son autonomie, d'autant plus qu'ils sont

Carte 4.3
Territoire duocentrique de la Mauricie

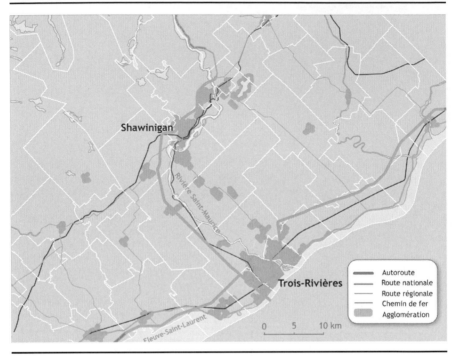

Shawinigan

Rivière Saint-Maurice

Trois-Rivières

▬▬▬	Autoroute
▬▬▬	Route nationale
▬▬▬	Route régionale
▬▬▬	Chemin de fer
▨	Agglomération

0   5   10 km

Fleuve-Saint-Laurent

Source : BDTQ.
Martin Dion, UQAC, 2002.

directement reliés avec l'extérieur par leurs échanges économiques. Il est à noter que Sept-Îles possède une aire de rayonnement plus grande dans sa très vaste région.

On constate ainsi que, mis à part le système polycentrique de Montréal et ses satellites (carte 4.1), il y en a d'autres bien visibles qui doivent être considérés suivant une vision globale de l'espace du Québec. Notons à ce sujet la polycentrie du Centre-du-Québec que nous avons analysée et illustrée au chapitre 3.

5. LES CENTRES D'EXTRACTION ET LEUR FRAGILITÉ

Nous avons vu au chapitre 1 que la plupart des centres d'extraction de ressources naturelles sont des petites localités mono-industrielles (ou mono-activités économiques) typiques du paysage canadien et québécois

Carte 4.4
Territoire quadricentrique de l'Abitibi

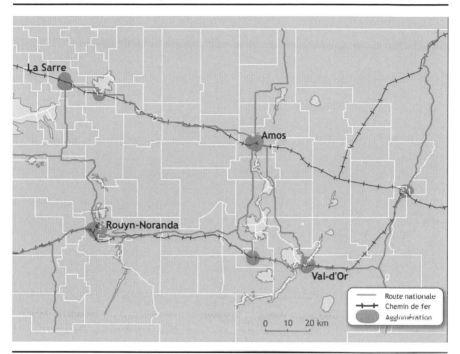

Source : BDTQ.
Martin Dion, UQAC, 2002.

qui en contient des milliers gravitant autour d'une scierie, d'un bâtiment minier, d'un abattoir, d'une meunerie, d'un site enchanteur, d'un poste hydroélectrique, d'un équipement touristique, d'une usine de traitement de poissons, d'une église, etc., ou encore de deux ou trois de ces équipements structurants.

Il faut en effet noter (LeBlanc, 1998) que de très nombreux petits centres d'extraction combinent l'exploitation de deux ressources naturelles, la forêt et l'agriculture, la pêche et la forêt, la pêche et l'agriculture, la pêche et le tourisme-villégiature, les mines et la forêt, l'agriculture et le tourisme-villégiature, etc. Ce sont souvent des centres d'extraction un peu plus importants que les centres mono-industriels, mais pas toujours. D'autres lieux jouissent par contre d'une localisation plus centrale qui les favorise et deviennent des centres réellement plus importants grâce à des activités de transbordement, de transformation ou à des activités commerciales et de service. La localisation d'une papetière et celle d'un port en eau profonde représentent parfaitement ce cas de figure. Parmi ces centres d'extraction plus importants, nous reconnaissons ici Havre-Saint-Pierre, La Tuque, Matane et Saint-Félicien, Dolbeau et Val-d'Or.

Une bonne partie de ces centres d'extraction ont connu un exode important de leur population au cours des dernières décennies. D'abord parce que les activités liées à l'extraction des ressources naturelles ne génèrent pas autant d'emplois qu'auparavant, souvent malgré la hausse de la production, comme dans la forêt et l'agriculture. De fait, comme nous l'avons vu au chapitre 1, les activités d'extraction ont subi de plein fouet les changements structurels consécutifs à l'adoption de nouvelles technologies de production. Depuis 1960, nous avons ainsi assisté à la disparition des petits producteurs mixtes, à la disqualification de la moitié des terres agricoles (surtout en périphérie), à la dissolution de 79 % des fermes et à la rupture de certaines réserves de ressources naturelles. Ensuite, l'accroissement de la mobilité des travailleurs et aussi des consommateurs n'a pas favorisé les petits centres d'extraction devenus moins attractifs pour les commerces et les domiciles. Finalement, les tout nouveaux emplois créés (tourisme, services, produits du terroir) dans ces centres sont souvent faiblement rémunérés et occasionnent ainsi peu de retombées financières dans les circuits économiques territoriaux. Bref, une bonne partie des centres d'extraction localisés en périphérie sont en difficulté économique et sociale qui s'exprime notamment par l'exode migratoire de leur population.

Soulignons aussi que plusieurs de ces centres d'extraction de ressources naturelles prennent de l'importance dans la structure québécoise de peuplement en devenant le dernier échelon de la hiérarchie urbaine, soit des petits centres de services ou pôles tertiaires, c'est-à-dire de petites capitales qui rayonnent chacune sur le territoire plus ou moins vaste qui l'entoure. Il y aurait plus d'une centaine de ces centres de services localisés à bonne distance des agglomérations urbaines et fortement intégrés aux territoires ruraux environnants. En réalité, sur les 168 municipalités dont la population varie entre 2 500 et 5 000 au Québec, 116 sont considérées par Dugas (2001) comme des petits centres de services.

Ces 116 centres de services ont une bonne ou une très bonne croissance démographique, généralement supérieure à la moyenne québécoise. S'y concentrent un certain nombre de services divers bien sûr, mais aussi des attractions sociales, des foyers culturels et des sources d'emplois offerts à des travailleurs de plus en plus mobiles entre lieux de travail et domiciles. Ils diffusent alors ce qu'il est convenu d'appeler le développement (revenus, éducation, culture, produits, etc.) dans le rural qu'ils polarisent. On a constaté que 44 de ces centres possèdent un CLSC, 25 un foyer d'accueil et 17 un hôpital d'envergure régionale. On y retrouve souvent une polyvalente, un hôtel, des restaurants, des services aux entreprises, etc. Ce sont en réalité des petits pôles de rétention de la population rurale en exode à un certain degré.

Quoique variable d'un lieu à un autre, le rayonnement de ces petits centres de services dans leur périphérie est considérable pour des raisons de marchés, de réserve de main-d'œuvre, de collecte de ressources naturelles, d'occasions économiques, etc. Et nous croyons que ce rayonnement pourrait être accru qualitativement, ce qui favoriserait ainsi l'interpénétration des modes de vie, l'intégration des milieux ruraux avec leurs frères urbains et un meilleur équilibre social et économique sur l'ensemble de l'espace du Québec. Il nous semble essentiel de consentir des efforts importants dans l'aménagement du territoire, notamment par un système routier aussi bien entretenu vers la périphérie que vers les capitales régionales, l'entretien et la conservation des cours d'eau, la gestion des terres publiques. Aussi, les autorités doivent préserver et améliorer les services de première nécessité, dans la santé, les loisirs, l'éducation, etc.

6.   LES CENTRES DE PRODUCTION ET LEUR MOUVEMENT

Les centres de production (CP) s'inscrivent comme des lieux plus ou moins importants selon les territoires et plus ou moins étendus comme aires de localisation et de concentration des activités manufacturières (transformation). À l'échelle mondiale, les principaux centres de production définissent des grandes zones ou *urban regions* autour des très grands centres urbains. Le sud de l'Ontario, l'Orange County, la vallée de la Rhur, l'axe Baltimore – Washington ou celui de Cleveland – Pittsburgh représentent des cas types de ces zones. Au Québec, les villes de Québec, de Trois-Rivières et de Montréal sont historiquement les principaux centres de production industrielle. Dans le contexte contemporain, le redéploiement actuel de la production industrielle modifie le paysage.

En matière de production, précisons d'abord que plusieurs petites unités manufacturières existaient jadis en régions périphériques afin de satisfaire les besoins locaux. Les concentrations de population ont en effet favorisé l'apparition de petites fabriques à marché local ou régional. À la faveur de l'intégration sectorielle largement liée à l'intensification capitalistique dans les moyens de production et aux normes et exigences des gros acheteurs, de nombreuses unités ont disparu au bénéfice de plus grosses. Dans ce processus d'augmentation de la taille par intégration, de nombreux territoires périphériques ont perdu leurs petites unités de production.

En réalité, de nombreuses manufactures ont quitté les régions périphériques au profit des régions centrales ou métropolitaines ayant des marchés plus importants. Les nouvelles unités intégrées (consolidées) alimentent ensuite les régions périphériques de leurs produits grâce à la distribution par un excellent système routier. Il semble en effet que la réduction de la distance, par la construction d'infrastructures de transport reliant désormais très bien les périphéries éloignées, a éliminé la contrainte à l'importation plutôt que celle à l'exportation étant donné les différences de volume à transporter. Ce mouvement de concentration, qui pourrait éventuellement être modélisé par phases distinctes, semble subir une accélération actuellement, notamment dans l'agroalimentaire. Ainsi les abattoirs, les boulangeries, les laiteries, les fromageries sont de plus en plus rares en territoires périphériques. Elles suivent la route de l'exode industriel déjà tracée par les meuneries, les ateliers de meubles et de textile. En réalité, nous avons assisté à l'effritement de la classe de petits producteurs industriels localisés sur les divers territoires périphériques du Québec.

Par ailleurs, quelques spécialistes ont constaté qu'au cours des dernières décennies la principale agglomération québécoise de la production, soit Montréal, se déconcentre pour alimenter inégalement des centres industriels plus ou moins importants de sa grande région tels que Saint-Laurent, Boucherville, Lavaltrie, Blainville, etc. (section 3). Cette déconcentration industrielle profite aussi à plusieurs villes de la deuxième couronne entourant ce grand centre urbain, notamment au sud du Saint-Laurent. Soulignons également qu'à Trois-Rivières l'aire industrielle de Bécancour semble jouer ce rôle de pôle industriel en zone périurbaine et que, dans la frange urbaine de Québec, Montmagny et Donnacona tirent certains bénéfices de la déconcentration industrielle.

Notre observation nous amène par ailleurs à constater de nouvelles concentrations d'activités manufacturières dans la région sud-est du Québec, entre Montréal et Québec. Les centres de production de cette zone concentrent progressivement la transformation des matières premières que leur fournissent en partie les régions périphériques. En réalité, le centre géographique du Québec situé à proximité relative de la frontière américaine profite de sa localisation optimale pour produire, non seulement pour le marché québécois, mais aussi pour celui du sud, soit les États-Unis. Magog, Granby, Victoriaville, Sherbrooke, Saint-Jean-sur-Richelieu, Drummondville, Saint-Georges, Thetford-Mines, etc. sont, avec leurs satellites (Warwick, Princeville, Waterloo, etc.) dans leur hinterland, de nouvelles concentrations importantes de production. En outre, plusieurs agglomérations plus petites, comme Lac Mégantic, Bromptonville, Montmagny, Beauceville, Waterloo, Saint-Joseph et Acton Vale, attirent elles aussi des unités de production. Dans ce contexte de concentration relativement éclatée de la production, il devient pertinent d'analyser cette vaste zone centrale de production qui polarise fortement les nouveaux emplois industriels du Québec contemporain.

Pour le moment, constatons que l'exode des fabriques traditionnelles localisées sur les territoires périphériques, la déconcentration industrielle de Montréal et la nouvelle concentration de la production dans le centre géographique du Québec expliquent en grande partie le repositionnement de certaines agglomérations dans la hiérarchie spatiale du Québec.

7. LES CENTRES DE CONSOMMATION ET LEUR POLARISATION

Durant la phase caractérisée par une économie traditionnelle d'auto-subsistance, les territoires périphériques occupés comptaient plusieurs petits centres urbains dont le noyau pouvait être l'église, le magasin général, l'hôtel, une forge, certains services spécialisés et quelquefois une petite usine, un moulin, une fabrique ou un atelier. Avec l'industrialisation, il s'est formé des concentrations plus importantes autour d'activités motrices (papetières, alumineries, usines), mais de nombreux petits centres sont demeurés actifs dans le commerce et les services. La montée de la consommation de masse de l'après-guerre a favorisé largement tous ces centres de consommation petits et grands, grâce à l'apparition de commerces spécialisés dans les vêtements, les sports, la quincaillerie, l'automobile, la coiffure.

La plupart des centres de consommation d'aujourd'hui sont des lieux favorisés par leur position centrale dans l'espace. Les activités de production industrielle de ces centres furent généralement ralenties ou arrêtées en régions périphériques par les différents facteurs vus plus haut. Cependant, leurs activités commerciales et de services furent alimentées par le mouvement de concentration dans la consommation qui a éliminé de nombreux petits commerces localisés sur les rues principales, dans les villages ou dans des quartiers de villes plus importantes, grâce à la croissante mobilité des consommateurs plus exigeants. En effet, depuis la fin des années 1960 de très nombreux petits centres urbains ont vu leurs activités commerciales drainées vers les centres plus importants à la faveur de la concentration des activités de distribution. Pensons notamment à la construction des centres commerciaux, à l'arrivée des Canadian Tire, Sports Experts, Provigo et autres grands magasins de boulevards, à celle de la restauration rapide avec McDonald's et cie, à la concentration dans les services de comptabilité, de notariat, d'ingénierie, etc. Ce mouvement de concentration des activités de consommation progresse encore actuellement dans une autre phase caractérisée par l'établissement de géants commerciaux comme Wal-Mart, Tanguay, Archambault et autres Réno-Dépôt.

Cette concentration sectorielle de la consommation explique largement l'effritement de la classe de petits commerçants et de professions libérales. Dans son aspect spatial, elle explique aussi les difficultés économiques des petits et moyens centres urbains. Par contre, le renforcement de ces centres régionaux de consommation a permis une certaine rétention de la population en exode rural, grâce aux emplois offerts dans le tertiaire bien sûr, mais aussi à la création d'un environnement urbain socialement et culturellement attrayant en régions périphériques.

8. LA NOUVELLE DIVISION SPATIALE DES ACTIVITÉS ÉCONOMIQUES

Notre analyse des centres qui structurent l'espace québécois nous permet d'avancer que le système dual classique centre–périphérie se transforme considérablement, moins dans les relations de domination économique que dans la forme spatiale qu'épouse la répartition des activités économiques. Nous constatons en effet le passage à un système à trois dimensions qui divise de plus en plus clairement les activités d'extraction, les activités de transformation et les activités de distribution.

En réalité, nous avons constaté que l'espace se découpe désormais de plus en plus clairement en petits centres d'extraction de matières premières dispersés en périphérie, en grandes zones de transformation (production) près des très grands centres urbains et en centres régionaux de distribution (consommation) qui concentrent les succursales de chaînes nationales, de nombreux services privés et publics, la restauration spécialisée et les géants de la distribution. Il est à noter que plusieurs centres d'extraction des ressources naturelles polarisent des activités tertiaires et deviennent des petits centres de services qui semblent jouer un rôle particulier dans la structuration de l'espace rural québécois.

Figure 4.1
**Division spatiale des activités économiques
en périphérie du Québec**

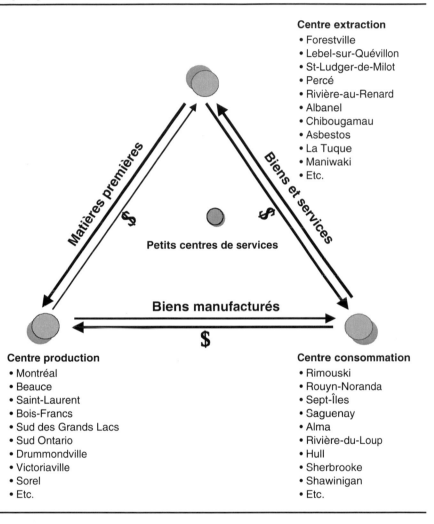

Centre extraction
- Forestville
- Lebel-sur-Quévillon
- St-Ludger-de-Milot
- Percé
- Rivière-au-Renard
- Albanel
- Chibougamau
- Asbestos
- La Tuque
- Maniwaki
- Etc.

Matières premières

Biens et services

Petits centres de services

Biens manufacturés

Centre production
- Montréal
- Beauce
- Saint-Laurent
- Bois-Francs
- Sud des Grands Lacs
- Sud Ontario
- Drummondville
- Victoriaville
- Sorel
- Etc.

Centre consommation
- Rimouski
- Rouyn-Noranda
- Sept-Îles
- Saguenay
- Alma
- Rivière-du-Loup
- Hull
- Sherbrooke
- Shawinigan
- Etc.

Comment se structurent les relations entre ces centres de différentes catégories ? Puisque nous ne disposons d'aucune donnée comptable, il n'est pas simple de saisir et d'analyser les flux économiques qui circulent entre les divers centres concentrant les trois grands types d'activités économiques de mieux en mieux réparties dans le vaste espace. Bien qu'il se fonde sur des faits observés, l'exercice qui suit demeure donc très perfectible.

Pour l'exploitation de leur bassin de ressources, les centres d'extraction reçoivent des investissements, des paiements pour livraison et des salaires versés aux travailleurs. Si les activités minières et hydroélectriques ont toujours été dans le passé largement dominées par les grandes compagnies ou le gouvernement, notons que la forêt et le tourisme subissent maintenant, à un degré déjà élevé, l'arrivée de ce mouvement de concentration de capitaux et que l'agriculture et la pêche sont aussi des activités en pleine intensification capitalistique. Cela signifie que les capitaux investis sur les lieux viennent de plus en plus de l'extérieur et que les rentes générées par l'extraction sont de plus en plus drainées hors des circuits économiques territoriaux. En réalité, le déficit dans les flux économiques entre les centres de production situés près des grands marchés et les centres d'extraction localisés en périphérie s'est accru entre 1975 et 2000, et plus particulièrement durant la période de la hausse des prix pour les ressources naturelles. Par ailleurs, plus mobiles et plus exigeants, les consommateurs localisés dans les centres d'extraction dépensent une part croissante de leur budget (biens durables et semi-durables) hors de leur lieu de résidence, surtout dans les grands centres régionaux de consommation et de distribution, ce qui accentue les fuites. Il y a donc moins de flux monétaires qui circulent dans les circuits économiques des territoires de rayonnement des centres d'extraction.

Du point de vue des centres de production, la demande d'intrants générée par les activités économiques alimente les centres d'extraction par des salaires et des paiements en retour des matières premières livrées. Les investissements consentis alimentent aussi les flux économiques au profit des centres d'extraction, mais les nouvelles technologies implantées limitent par la suite le transfert de salaires tout en augmentant généralement le flux des matières premières extraites.

Par leurs activités économiques (affinage des métaux, pièces automobiles, fourrures, agroalimentaire, meubles, restauration, etc.), les centres de production profitent largement de la richesse créée par l'exploitation des ressources naturelles en périphérie québécoise, même si ce vaste domaine économique représente une fraction moins importante qu'auparavant dans le PIB de cette province. Mis à part les unités de transformation des matières premières devenues possibles grâce à la proximité de ces matières, soulignons que les investissements réalisés en périphérie profitent largement aux grandes firmes de Québec et de Montréal qui obtiennent les mandats (ingénierie, comptabilité, marketing, etc.), ce qui alimente le secteur tertiaire de ces grandes villes[6]. Notons en outre que 23 % des 265 entreprises de 500 employés et plus implantées en régions périphériques du Québec possèdent leur siège social hors de leur lieu de production, à Montréal dans 70 % des cas. En réalité, le quart des quelque 180 entreprises de plus de 500 employés dont le siège social est localisé à Montréal ont installé leur usine en régions périphériques. Même lorsqu'ils sont situés en régions, les sièges sociaux transigent avec les services spécialisés et les industries localisées dans des grands centres. Soulignons à ce sujet que la majeure partie des profits et des épargnes générés en régions transitent par les institutions financières de Québec, Montréal, Toronto et New York, ce qui laisse un secteur financier anormalement anémique en régions périphériques du Québec.

Les centres de consommation bénéficient quant à eux largement des flux économiques générés par la population (consommateurs) des centres d'extraction, des petits centres de services et d'autres lieux localisés sur le territoire. Pensons aux services publics de santé (hôpitaux, CLSC, etc.), aux services culturels (spectacles, musée, etc.), aux services d'éducation (cégep, université, formation, etc.), concentrés dans les centres importants. En outre, la présence de très gros centres commerciaux et des géants de la distribution dans les capitales régionales, accentue le mouvement de concentration de la consommation déjà amorcé. En réalité, les centres de consommation polarisent une bonne partie des achats de biens durables et semi-durables d'une population occupant un très vaste territoire, et les consommateurs qui résident dans ces centres dépensent très peu à l'extérieur.

Cependant, les flux économiques (fuites) hors de ces centres de consommation et dirigés vers les centres de production sont énormes, car les marchés régionaux de consommation sont désormais largement occupés par des succursales de chaînes d'entreprises nationales ou internationales. Limité historiquement aux magasins à rayons, ce mouvement de concentration sectorielle de la distribution et de déconcentration spatiale par la suite sous la forme de succursales s'est étendu d'abord au prêt-à-porter et à l'alimentation dans les années 1970, puis à la restauration rapide et aux services spécialisés dans les années 1980, pour se parachever récemment par l'arrivée des géants de la distribution. Ces succursales régionales localisées dans les centres importants alimentent de profits et rentes leur siège social généralement situé dans un très grand centre urbain.

---

6. À titre d'exemple, lors du méga-investissement industriel consenti à Alma en 1999 et 2000 par la compagnie Alcan, nous avons estimé que 42 % de la somme de deux milliards de dollars seraient réellement injectés sur le territoire limitrophe de cette localité et que 20 % seraient tout de même injectés à Montréal, lieu du siège social d'Alcan et de la compagnie ayant reçu le mandat de la construction.

CONCLUSION

Quatre modèles géo-économiques caractérisent la dynamique spatio-économique dans l'histoire du Québec. En tenir compte nous permet de visualiser comment se présentent les forces spatio-économiques actuelles. Cinq grandes caractéristiques apparaissent clairement. D'abord, malgré la reprise très actuelle de son économie, la région de Montréal ne joue plus son important rôle d'antan dans le développement économique du Québec. Ensuite, le sud du Québec sur l'axe des Appalaches devient une zone d'attraction industrielle qui permet aux entreprises de plus en plus consolidées de minimiser leurs coûts de transport vers les marchés québécois et américains. À ce sujet, la troisième caractéristique spatiale est justement la forte émergence de nouveaux pôles industriels dans cette zone. Puis, phénomène alimenté par l'arrivée des géants de la distribution, nous assistons à une concentration accrue des activités de consommation autour des centres urbains importants. Enfin, dernière caractéristique mais non la moindre, les centres d'extraction des ressources naturelles sont généralement fragilisés par la perte d'emplois dans ces activités et la décapitalisation commerciale consécutive à la fuite de la consommation vers les centres urbains plus importants. Signalons qu'une centaine de petits centres ruraux font exception à la règle en réussissant à maintenir la polarisation d'activités de services.

Mais le point le plus intéressant de notre analyse spatiale est certes l'affirmation d'une nouvelle division spatiale des activités économiques qui, dépassant la dualité classique centre–périphérie, épouse actuellement une forme triangulaire par le recours à trois catégories distinctes de centres qui polarisent certains types d'activités. Il s'agit là d'une tendance majeure de la nouvelle géo-économie du Québec. Nous sommes bien évidemment loin de pouvoir clore le sujet avec cette conclusion. Au contraire, les faits analysés ici plaident plutôt pour un enrichissement de nos connaissances et le renouvellement du cadre général de la dynamique spatio-économique québécoise.

DEUXIÈME
PARTIE

La gestion
à l'échelle
des territoires

Après avoir analysé les principales forces spatiales qui influencent la répartition des activités économiques, sociales et culturelles, nous avons complété la première partie de cet ouvrage en situant la dynamique contemporaine. Nul doute que nous détenons désormais un cadre solide pour saisir et comprendre les principaux enjeux en matière d'aménagement des divers territoires urbains, ruraux, nordiques, régionaux, métropolitains, locaux, périphériques et centraux qui composent le Québec.

Dans cette deuxième partie de l'ouvrage, nous nous pencherons sur la gestion à l'échelle des territoires. Nous établirons d'abord le concept d'aire, son contenu théorique et son application en contexte québécois. Par la suite, nous consacrerons deux chapitres à l'étude de l'organisation des territoires institutionnalisés (local – MRC – régional), selon une perspective historique situant les grands mouvements d'une réforme en évolution. Le Québec est un espace dont les multiples territoires superposés sont fortement construits en matière d'institutions publiques et collectives. Pourtant, la réforme administrative demeure encore importante. Celle qui est en cours actuellement touche principalement les agglomérations urbaines. Ces dernières utilisent un nouveau découpage de l'espace qui modifie substantiellement le paysage de la gestion territoriale.

Dans le dernier chapitre de cette partie, nous analyserons les enjeux actuels de la gestion territoriale sous l'angle de la décentralisation gouvernementale. Principe de gestion largement et régulièrement mis de l'avant depuis plusieurs décennies au Québec et ailleurs, cette dernière propose des modalités spécifiques qui interpellent non seulement les gestionnaires et les décideurs qui œuvrent près des clients mais aussi la société civile organisée. Nous verrons donc où le Québec en est actuellement avec cette modalité de gestion.

5

Les aires et leur contenu

Si la polarisation se réfère à des points précis de l'espace et que la distance représente la marge linéaire entre deux points, le concept d'aire renvoie de son côté à la forme et au contenu d'une surface inscrite entre plusieurs points. L'aire est donc une portion d'espace généralement bien définie et souvent circonscrite par des mesures précises. On désigne en réalité des aires commerciales, des aires récréatives, des aires de reforestation, des aires de pêche, des aires industrielles, des aires de repos.

Ce n'est pas la dimension qui définit l'aire. Elle peut être petite comme l'aire de jeu d'une école primaire ou immense comme l'aire d'inondation du réservoir Manic V. L'aire se définit plutôt par sa forme, c'est-à-dire sa structure interne, notamment les acteurs (agents, utilisateurs, clients, producteurs, etc.) et les activités (agriculture, commerce, multimédia, etc.) qui l'organisent pour lui donner sens et fonctions. Cette structure interne est à son tour déterminée par le sol, le relief, les cours d'eau, le climat, les bâtiments, les équipements de transport et aussi par les établissements humains, les activités économiques, les services, les règles sociales, la dynamique culturelle, le système institutionnel, etc.

Il existe *a priori* de très nombreuses aires distinctes sur le vaste espace québécois. La carte 5.1 illustre les 44 aires dites « naturelles » du Québec, puisque le principal élément considéré dans ce découpage spécifique a été la géographie. Les éléments retenus sont les îles, les massifs, les monts, les basses-terres, les littoraux, les plateaux, les fjords, les chaînes et même les ceintures argileuses (tableau 5.1).

Partant de là, les géographes québécois ont identifié dans les années 1940 et 1950 les principales aires géographiques dites « régions » homogènes biophysiques. Elles s'ajoutaient à l'époque aux nombreux

quadrillages d'aires de gestion publique[1] faits par les différents ministères québécois et canadiens désireux que leur intervention gouvernementale respecte les conditions locales et régionales. On a ensuite
rationalisé cette panoplie d'aires de gestion superposées, enchevêtrées
en effectuant des découpages, des redécoupages et encore des découpages, jusqu'au plus récent qui s'observe actuellement avec la mise en
œuvre de nouvelles aires de gestion appelées « agglomérations urbaines ».
Mise en œuvre qui nécessitera encore inévitablement des redécoupages.
Cette dernière catégorie d'aires s'ajoute progressivement aux autres.

Tableau 5.1
Liste des régions naturelles du Québec

A1	Îles-de-la-Madeleine	B22	Laurentides outaouaises
A2	Versant de la baie des Chaleurs	B23	Basses-terres du Témiscamingue
A3	Massif gaspésien	B24	Ceinture argileuse de l'Abitibi
A4	Monts Notre-Dame		
A5	Chaînons de l'Estrie, de Beauce et de Bellechasse	B25	Basses-terres de la baie James
A6	Montagnes frontalières	B26	Plateau de la Rupert
A7	Mont Sutton	B27	Lac Mistassini
L8	Basses-terres appalachiennes	B28	Monts Otish
L9	Montérégiennes	B29	Plateau lacustre central
L10	Basses-terres du Saint-Laurent	B30	Plateau de la George
L11	Littoral sud de l'Estuaire	B31	Plaine de la Rivière à la Baleine
L12	Basses-terres de la Côte-Nord	B32	Fosse du Labrador
		B33	Plateau de Caniapiscau
L13	Minganie	B34	Plateau hudsonien
L14	Île d'Anticosti	B35	Cuestas hudsonien
B15	Plateau de Mécatina et des Naskapis	B36	Plateau de l'Ungava
		B37	Monts de Povungnituk
B16	Les Laurentides	B38	Côte à fjords du détroit d'Hudson
B17	Massif du Mont Valin		
B18	Basses-terres du Saguenay–Lac-Saint-Jean	B39	Frange côtière de l'Ungava
		B40	Île d'Akpadok
B19	Fjord du Saguenay	B41	Hautes-terres du Labrador
B20	Massif des Laurentides du nord de Québec	B43	Plaine du lac Melville
		B44	Monts Mealy
B21	Massif du Mont-Tremblant		

1. Il y eut quelques décomptes plus ou moins formels. Il semble raisonnable de considérer que
   le Québec comptait, au début des années 1960, quelque 4 000 aires de gestion publique
   distinctes, y compris les municipalités, les aires des commissions scolaires et les zones de
   desserte des services publics.

Bien qu'il ait certes une dominante politico-administrative, le concept d'aire ne sert pas qu'à la gestion publique. Il permet aussi à une entreprise de cerner convenablement un marché, de délimiter précisément l'étendue d'une activité, d'ancrer un schéma d'aménagement, de distinguer une vocation territoriale, d'évaluer le déploiement de certains facteurs de développement, etc.

Carte 5.1
Carte des régions naturelles du Québec

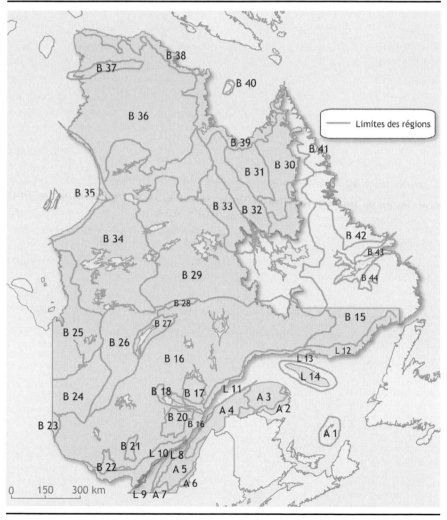

Source: Atlas énergétique du Québec.
Alain Roch, UQAC, 2002.

Le concept d'aire est aussi utilisé par plusieurs sciences qui lui donnent des dimensions, des composantes et des indicateurs pouvant servir la mesure, la comparaison, l'analyse et la modélisation.

1. L'ESPACE VÉCU

Depuis près de quatre décennies, les géographes travaillent à un important renouveau épistémologique et méthodologique pour spécialiser et préciser encore davantage leur domaine de base : géographie humaine, géographie sociale, géographie politique, géographie économique, etc. La géographie (et surtout la géographie francophone) cherche à intégrer l'humain, le social, le politique et l'économique à l'analyse classique de l'espace (relief, eau, climat, etc.). La plupart des sciences sociales furent évidemment interpellées par ce mouvement qui nécessite de nouvelles méthodologies et de nouveaux concepts. De nouvelles notions sont ainsi apparues, telles que la territorialité, la quotidienneté, l'horizon spatial effectif, l'espace vécu.

Cette dernière notion fait référence à l'usage direct de l'espace dans les multiples activités de l'homme et des organisations. L'espace vécu du protagoniste est la portion d'espace qu'il s'est appropriée, qu'il a démystifiée, qu'il a domestiquée. D'une manière générale, les vécus individuels délimitent collectivement, grâce à la proximité et aux complémentarités, des champs plus ou moins uniformes et compacts. Ces dimensions spatiales distinctes qui prennent forme par l'usage collectif deviennent en géographie les « espaces vécus ».

C'est Frémont (1979) qui introduisit cette notion et en définit la plupart des composantes. Simple, modeste, englobante et précise, l'expression est maintenant largement utilisée dans les ouvrages théoriques et pédagogiques. Sa plus grande utilité se révèle dans l'observation et l'analyse de la réalité spatiale des activités quotidiennes des gens. Le vécu offre en effet un critère général nouveau[2] qui permet de délimiter les sous-espaces ou les aires dans l'espace global.

L'espace vécu fait d'abord référence à une combinaison d'interrelations entre des éléments qui, en s'inscrivant dans l'espace, structurent un ensemble, un tout homogène. Cette simplicité de définition lui

---

2. Par rapport aux critères habituels que sont la topographie, la présence de ressources naturelles, les réseaux hydrographiques, etc.

assure une portée universelle. Les éléments considérés peuvent *a priori* être très nombreux, mais il est possible de les classifier en trois catégories : milieu physique (relief, climat, végétation, eaux, sols, etc.), activités économiques (agriculture, pêche, mines, industries, commerces, etc.) et activités socioculturelles (groupes sociaux, organisations politiques, sentiments d'appartenance, solidarité, etc.).

Cette multiplicité des éléments offre évidemment une infinité d'interrelations possibles que les analystes regroupent ici aussi en catégories dans la recherche de la combinaison appropriée. Frémont indique que ce concept de combinaison est habituellement au centre de la méthode géographique et permet de définir et de délimiter les sous-espaces, en l'occurrence les aires, les territoires, les régions.

On constate dès lors que, si la notion d'espace vécu est intéressante à utiliser pour appréhender le phénomène d'aire en économie territoriale, son application n'est cependant pas exclusive et demeure d'ordre général car elle peut servir utilement l'analyse à de multiples échelles, du très local au mondial.

2. LA TERRITORIALITÉ

Les naturalistes offrent à l'économie territoriale la trop peu connue notion de territorialité, qui possède un potentiel fort intéressant pour saisir les interrelations entre les divers éléments socioculturels de l'espace.

Depuis l'ouvrage de Howard (1920), on connaît bien en effet la territorialité animale qui se définit comme « la conduite caractéristique adoptée par un organisme pour prendre possession d'un territoire et le défendre contre les membres de son espèce ». La territorialité humaine, qui exprime quant à elle une relation complexe entre un groupe humain et son environnement, reste encore très peu conceptualisée. On y reconnaît généralement trois critères : le sens de l'identité spatiale, le sens de l'exclusivité et le compartimentage de l'interaction humaine dans l'espace.

L'ouvrage de E.T. Hall (1971) a grandement contribué à définir la territorialité humaine grâce à la notion de proxémie. Dans cette voie, Raffestin (1980) offre une formule qui permet de définir les territorialités en se basant sur une problématique relationnelle entre les individus. Il s'agit de la totalité des relations (forme et contenu) d'un individu ou de plusieurs dans l'extériorité (espace abstrait). L'auteur définit ainsi la territorialité comme un ensemble de relations prenant naissance dans un système tridimensionnel société – espace – temps et visant à

> En travaillant dans une perspective d'innovation, Bernard Planque (1983) nous offre les notions d'horizon spatial potentiel (HSP) et d'horizon spatial effectif (HSE).
>
> Dans une société donnée, l'espace perçu et connu à un moment précis, donc accessible en principe aux acteurs, peut s'exprimer comme le HSP. Ce dernier marque la limite supérieure possible dans le déploiement des activités de chaque acteur. Cet espace connu fait référence à la connaissance géographique au sens large : caractères des terres, localisation des richesses naturelles, répartition et concentration des activités, caractéristiques des ressources humaines, conditions des équipements collectifs, etc. Pour l'acteur, la quantité et la qualité de ces connaissances applicables aux fonctions qu'il exerce, ainsi que le critère d'accessibilité marqueront les limites potentielles de son HSP. Il va sans dire à cet égard que les HSP se sont d'une manière générale élargis au fil de l'histoire grâce à l'amélioration des connaissances et des techniques de maîtrise de la distance.
>
> De son côté, le HSE fait référence à la réalité de l'acteur dans ses activités diverses. Pour son usage propre, l'acteur découpe en fait dans son HSP un sous-ensemble qui lui est directement accessible. Ce découpage se fait selon ses objectifs propres, ses possibilités d'organisation et d'action et sa capacité réelle de mobilité. Le HSE de l'acteur devient l'ensemble des lieux effectivement pris en considération dans ses stratégies. On avance que les moyens techniques et financiers de l'individu représentent la principale contrainte à l'exploitation effective de tout son HSP. On peut dès lors avancer que le HSE des acteurs a tendance, pour des raisons d'optimum, à demeurer de dimension limitée, c'est-à-dire à une échelle correspondant à une courte distance.

atteindre la plus grande autonomie possible compte tenu des ressources de ce système. Puisque tout semble résider dans la relation comme processus d'échange et de communication entre les individus qui composent le système, cette territorialité est alors inévitablement dynamique. Elle serait en fait, selon Raffestin, le résultat des activités de production et de consommation de l'individu dans l'espace et le temps. Elle peut alors se manifester à plusieurs échelles spatiales selon le type de relations isolées et analysées par l'observateur. De fait, les découpages territoriaux institutionnalisés (nations, régions, municipalités, etc.) secrètent chacun leur propre territorialité ou du moins influencent largement leur formation.

Il devient ainsi fort intéressant de noter que la territorialité se mesure. On constate cependant qu'elle ne nous offre aucun critère applicable exclusivement à des aires. Néanmoins, l'accent qu'elle met sur les relations de production et de consommation des individus dans l'espace lui donne nécessairement une dimension limitée aux moyens relationnels d'une époque donnée. L'aire peut alors, à notre sens, correspondre à l'étendue du champ relationnel des individus et des organisations dans leurs activités quotidiennes.

3. LA COMMUNAUTÉ

Parmi les perspectives analytiques applicables pour définir l'aire, l'une des plus connues est certainement le champ de l'organisation et du développement communautaire. Les villes grecques et les petites unités territoriales du Moyen Âge nous offrent, par la littérature, une image historique de la communauté. Même si elle semble quelquefois naïvement idéaliste à l'esprit contemporain, cette image n'en évoque pas moins l'idée d'un retour à une organisation sociétale à petite échelle dont la forme la plus achevée, et sans doute la plus conservatrice, se retrouve dans nos municipalités, nos communes et nos arrondissements.

Il n'existe pas de théorie générale sur le phénomène communautaire. Objet de la sociologie, ce champ fut étudié ces dernières décennies par le travail social, la science politique et, plus récemment, les sciences économiques. Les nombreux travaux sur le sujet forment actuellement un immense corpus théorique qui bénéficie heureusement d'excellents ouvrages de synthèse fort généreux en vocables, notions et principes. Le lien entre communauté et aire y est évident.

En effet, la prise en main collective de la destinée communautaire s'effectue toujours sur des aires bien spécifiques, que l'on désigne sous le terme de « communauté ». Cette notion renvoie généralement à un territoire délimité sur lequel les habitants gèrent collectivement des fonctions diverses (biens et services) dont ils ont le besoin commun. La communauté se situe qualitativement en aval de la simple collectivité, par l'identité, l'intimité, l'interaction, les complicités et la solidarité. Et ce cheminement qualitatif se conquiert grâce à la dynamique humaine ancrée précisément dans l'espace en question qui joue alors un rôle de substrat.

Les ouvrages sur le sujet proposent des techniques, des mécanismes et des procédures pour améliorer l'organisation communautaire. Cette dernière doit reposer sur un solide diagnostic de la situation puis sur un important effort de sensibilisation de la population de l'aire communautaire. Sans entrer dans le détail procédural, ce que nous avons fait ailleurs (Proulx, 1996b), soulignons néanmoins que l'organisation et le développement de l'aire communautaire par ce qu'il est convenu d'appeler l'appropriation (empowerment) et la solidarité se présentent aujourd'hui comme la voie tout indiquée pour contrer les effets de démobilisation sociale de la mondialisation.

4. L'ÉTAT LOCAL

Depuis une quinzaine d'années, certains politologues et économistes britanniques axent leurs recherches sur le phénomène de l'État local. En se référant à un cadre classique offrant une large variété de travaux sur les gouvernements locaux (autonomie, démocratie, financement, administration, etc.), ils préconisent de nouvelles approches largement inspirées par le néomarxisme et le pluralisme. Il s'agit là d'une perspective intéressante pour mieux saisir le fonctionnement politico-administratif interne des aires.

Contrairement au modèle proposé par l'approche administrative classique, l'État local ne se limite pas au gouvernement local et à ses agences. Il englobe l'ensemble des organisations publiques (emploi, santé, postes, transport, éducation, etc.) plus ou moins décentralisées qui interviennent dans une aire ou un espace donné (Cockburn, 1977). La discipline classique de l'économie publique locale offre d'ailleurs un cadre solide pour analyser ce contexte fragmenté et éclaté du secteur public ancré à de petites échelles territoriales. Partant de cette définition large, imprécise mais tout de même inclusive des diverses fonctions publiques, plusieurs chercheurs ont tenté d'offrir à l'État local sa spécificité par rapport à l'État central en défendant l'irréfutabilité de la thèse d'un État dual.

Cet État local possède premièrement une réalité historique, même s'il est parfaitement vrai de dire que le champ local de l'État fut considérablement drainé de ses responsabilités par la construction de l'État-nation en réponse au désir de légitimité, d'efficacité, de cohérence et de meilleure justice sociale. Néanmoins, les aires locales sont toujours fort utiles pour exercer certaines fonctions publiques, même si plusieurs d'entre elles échappent au gouvernement local et sont assumées par des agences déconcentrées de l'État central et des agences semi-décentralisées.

À l'époque moderne, la logique de la présence de l'État à l'échelon local s'appuie sur le principe de « proximité » des citoyens qui doit garantir le respect de leurs goûts, de leurs besoins et de leurs préférences dans les objectifs que le secteur public entend se fixer dans l'exercice de certaines fonctions collectives qu'il assume. On se rapproche des clients pour mieux les servir dans les domaines de l'éducation, de la santé, de l'hygiène, des loisirs, de la sécurité publique, etc. Cette proximité des citoyens, des clients, devient une deuxième spécificité de l'État local par rapport à l'État central.

Tandis qu'au niveau central les représentations se font par l'entremise de quelques grands groupes (patronat, syndicat), les goûts et les préférences de la population s'expriment localement par un mode de représentation démocratique prenant la forme d'une multitude de « petits groupes d'intérêt » (organisations collectives) qui exercent des pressions et effectuent des demandes auprès des autorités locales. Cette pléiade de petits groupes d'intérêt est une autre caractéristique de l'État local.

L'État local se distingue par ailleurs par les fonctions qu'il exerce à son échelle spatiale. Les responsabilités locales peuvent se définir telle une sphère de « consommation collective de biens et services » dont la desserte est assumée par le secteur public qui assure ainsi le niveau et la qualité de vie de la main-d'œuvre. Même s'il existe généralement une autorité locale multifonctionnelle, ce secteur public est généralement éclaté en de multiples agences monofonctionnelles plus ou moins autonomes qui œuvrent dans l'éducation, la santé, la voirie, l'électricité, etc. Le pouvoir local s'exerce plus ou moins largement ainsi, par un système de relations consensuelles que la démocratie participative cherche à bonifier. La rationalité administrative s'impose dans ce contexte hétérarchique en misant sur la bonne volonté de collaboration entre les décideurs publics, laquelle est favorisée par divers mécanismes institutionnels. Ces modalités de consensus territorial constituent une autre spécificité de l'État local.

5. LES APPORTS DES ÉCONOMISTES

Les différentes disciplines de la science économique contribuent de façon intéressante à la modélisation du concept d'aire. Elles lui fournissent des principes, des méthodes d'observation et d'analyse ainsi que deux concepts fort utiles.

Notons d'abord que la discipline de l'économie publique locale offre des principes et des normes au gestionnaire et au décideur d'une aire donnée. Elle leur permet de déterminer rationnellement les clientèles optimales de desserte publique de biens et services collectifs, les économies d'échelle possibles et les solutions optimales des divers problèmes qui peuvent survenir, tels les débordements territoriaux de services, le resquillage, les iniquités fiscales. Bref, d'un côté, cette discipline sert à délimiter la dimension des aires dans un esprit de gestion publique efficace et juste, et, de l'autre, elle offre une logique économique pour la prise de décisions.

Figure 5.1
Concentration d'activités formant une aire

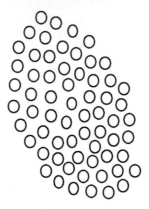

> *Les comptabilités territoriales*
>
> *L'aire peut aussi être observée et analysée par des méthodes de comptabilité territoriale. Des nombreux outils furent mis au point à cet effet au cours des dernières décennies grâce à l'amélioration du caractère désagrégé des comptabilités nationales. D'une manière générale, on en arrive aujourd'hui à beaucoup mieux saisir la présence de ressources naturelles, humaines, construites et financières sur une aire donnée. On en tire, à l'analyse, des éléments tels que les forces, les faiblesses, les menaces, les occasions, les potentialités, etc. Grâce à l'amélioration des techniques de mesure des propriétés écologiques et sociales au cours des dernières années, les aires ou territoires sont de mieux en mieux connus.*

L'aire peut aussi être observée par deux méthodes distinctes. La première, l'analyse appelée *shift and share* permet de mesurer les divers effets de l'évolution de la structure économique de l'aire ciblée et de les comparer avec la structure économique nationale. Divers indices permettent de caractériser l'évolution des structures industrielles. Le coefficient de concentration d'une activité économique (bois d'œuvre, papier, textile, aéronautique, etc.) sert à indiquer comment celle-ci est répartie entre plusieurs aires répertoriées qui couvrent un ensemble. On distingue aussi le coefficient de transformation structurelle au cours d'une période donnée. Le coefficient de spécialisation permet de mettre en évidence la répartition des diverses activités économiques à l'intérieur de chacune des aires considérées. Ces indices servent non seulement à l'élaboration de monographies pour des aires spécifiques, mais aussi à l'explication des effets spatiaux causés par un changement structurel ou conjoncturel à une échelle plus vaste. À titre d'exemple, le fait qu'un important pourcentage des emplois d'une aire donnée soit associé à la forêt explique que le taux de chômage augmente lorsque le prix du bois chute à l'échelle continentale et qu'en conséquence il y ait perte massive d'emplois à l'échelle nationale.

La seconde, les TEI (tableaux d'échanges interindustriels), sert à mesurer et à formaliser les flux de substances (biens, services, monnaie) entre les entreprises industrielles sur une aire bien définie. En saisissant un vaste ensemble de transactions entre les entreprises d'un système, le TEI est ainsi capable de mesurer l'impact d'une variable (investissement, variation de la demande, etc.) sur l'économie de l'aire, c'est-à-dire l'effet multiplicateur. On comprend alors la grande utilité de cet instrument lorsque les données nécessaires sont disponibles pour des aires précises.

Il est à souligner aussi que, depuis le milieu des années 1970, le concept de bassin d'emploi (*local labour market or pool of labour*) offre une perspective d'analyse fort pertinente pour les mesures gouvernementales dites actives qui, de plus en plus sont dispensées aux travailleurs sur des aires spécifiques. Car les travailleurs ne sont pas parfaitement mobiles. Les taux de chômage variables d'une aire à l'autre dans l'espace sont là pour le démontrer. On circonscrit les bassins d'emploi suivant la distance parcourue ou possiblement parcourue par le travailleur (migrations alternantes quotidiennes) dans l'exercice de ses activités professionnelles. L'aire en question représente en fait l'espace géographique à l'intérieur duquel les habitants trouvent normalement un emploi et les activités économiques, la main-d'œuvre nécessaire, en quantité et en qualité, pour occuper les emplois qu'elles procurent. L'aire de recrutement coïncide généralement avec l'aire d'emploi : c'est le bassin d'emploi qui sert à mesurer le chômage, à saisir les disparités de revenus, à jauger les qualifications de la main-d'œuvre et à définir les mesures gouvernementales nécessaires pour solutionner des problèmes spécifiques en un lieu particulier.

Enfin, le concept de district permet de désigner et de qualifier les aires en fonction du type d'activités qui y sont localisées. Nous avons vu qu'il existe en fait des districts commerciaux, des districts d'amusement, des districts universitaires, etc. Mais le plus connu est le district industriel modélisé d'abord au début du siècle et repris récemment par les analystes des célèbres districts italiens. Le district industriel représente une forme d'aire industrielle très achevée sur le plan qualitatif. Nous ne ferons ici qu'un bref exposé de ce concept puisque nous y reviendrons dans un chapitre ultérieur. Pour le moment, considérons simplement le découpage du Québec en aires industrielles sans les qualifier de « districts ». L'espace québécois compte de nombreux parcs industriels (carte 5.2).

Depuis 25 ans, la remontée en importance des PME dans la création d'emplois a suscité beaucoup d'intérêt pour ces concentrations qualitatives d'activités économiques. On cherche à en saisir la dynamique, notamment lors des changements structurels importants. Les chercheurs ont modélisé et offert de nouveaux concepts, dont ceux de milieu innovateur, de région gagnante, de système territorial de production, et de communauté apprenante (Joyal, 2002). En réalité, ces différents concepts ne font que redéfinir de façon plus sophistiquée le concept initial de district industriel, en lui apportant parfois des variantes fort importantes. Redéfinition qui bute malheureusement sur des composantes très pertinentes mais fort difficiles à mesurer et à formaliser, notamment la circulation de l'information, la qualité des ressources humaines, l'apprentissage collectif, l'appropriation par le milieu, etc. Nous reviendrons plus loin sur ce sujet, notamment au chapitre 11.

6. LE DÉCOUPAGE DE L'AIRE

Comment délimite-t-on les aires au départ pour l'observation et l'analyse ? Les concepts révisés ci-dessus sont fort utiles à cet effet. Surtout si l'on ne cherche pas le découpage d'aires universelles pouvant servir à tous les usages. Car l'aire industrielle n'est pas nécessairement la même que l'aire de desserte d'un certain service public ou l'aire de marché d'une entreprise de distribution d'un produit donné. Il demeure néanmoins que le concept d'aire aspire à une certaine généralisation opérationnelle afin de maximiser son utilité. D'où la recherche de référents relativement solides.

On peut alors partir des aires géographiques (vallées, bassins hydrographiques, côtes d'un fleuve, etc.), des aires historiques (paroisses, cantons, pays, comtés, baronnies, etc.), des aires perçues (sentiment d'appartenance, identité, etc.) ou encore des aires institutionnelles (municipalités, comtés, départements, régions, etc.). Ces aires ont la vertu d'offrir des limites assez bien identifiables et souvent même reconnues par les agences nationales de statistiques.

Carte 5.2
Parcs industriels du Québec

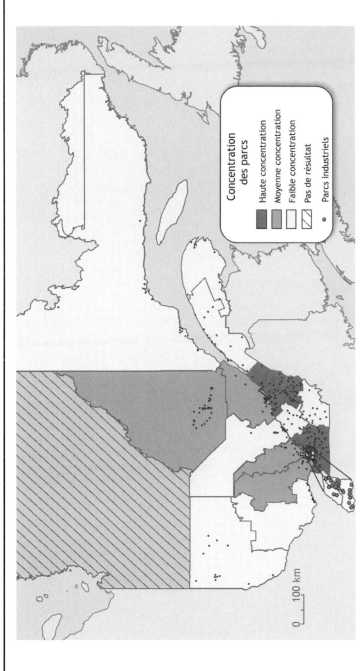

Source : *Québec-Affaires*.
Alain Roch, UQAC, 2002.

Du point de vue strictement économique, il existe quelques méthodes de découpage. On peut utiliser les méthodes décrites ci-dessus, dans la mesure où elles peuvent être opérationnalisées convenablement. Comme nous l'avons vu précédemment, il existe aussi l'aire de marché d'un centre, c'est-à-dire l'aire d'approvisionnement, l'aire de distribution, l'aire d'emploi, l'aire d'influence communément appelée le hinterland. En somme, on peut parler d'aire de rayonnement des centres urbains.

Nous avons vu au chapitre 3 qu'en 1966 une étude du MIC (ministère de l'Industrie et du Commerce) avait divisé le Québec en dix aires spécifiques dites régions économiques idéales ainsi que 25 sous-régions ou aires plus petites. Elles gravitent toutes autour des pôles principaux pour les unes et de pôles secondaires pour les autres. Cette base empirique a ensuite permis, en 1968, de désigner dix régions administratives. Redessinées depuis, elles sont actuellement au nombre de 17 et se subdivisent en 96 aires MRC (municipalités régionales de comté) et trois communautés urbaines (2000). Il existe aussi les aires des agglomérations urbaines qui sont par ailleurs de plus en plus institutionnalisées (2001) sous la forme de villes.

Une fois découpée, l'aire peut être analysée en détail par l'élaboration d'un portrait global communément appelé diagnostic ou portrait de la situation. Utilisant les techniques de l'inventaire, cette pratique

Figure 5.2
Centre et son aire d'influence ou hinterland

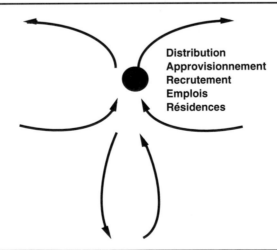

systématique d'observation territoriale remonte aux travaux précurseurs de Vidal de la Blache et de Patrick Geddes. Il existe aujourd'hui des techniques et des outils sophistiqués qui permettent une lecture en profondeur de l'aire. Quatre types de ressources sont distinguées dans le grand détail, soit les ressources naturelles, humaines, construites et financières. On y analyse alors les forces, les faiblesses, les possibilités, les contraintes, les menaces.

7. LES AIRES DE RAYONNEMENT CONTEMPORAIN

La méthode du découpage territorial en aires de rayonnement ou d'influence d'un centre urbain est largement utilisée parce que très opérationnelle. Nous avons vu que le gouvernement du Québec avait réalisé en 1966 un tel exercice de définition des hinterlands. Nous avons cru utile de refaire partiellement cet exercice aujourd'hui pour les nouvelles agglomérations urbaines consolidées et renforcées par la réforme gouvernementale, ne serait-ce que pour tirer quelques conclusions sur les interdépendances et les complémentarités entre ces nouveaux pôles urbains de développement et leurs zones de rayonnement.

Pour ce faire, nous avons effectué une enquête afin de déterminer l'aire de rayonnement des acteurs urbains en fonction de six grandes composantes. Il s'agit de :

- l'aire de recrutement des travailleurs par les entreprises du centre ;
- l'aire d'emploi des résidents du centre ;
- l'aire de desserte de services publics (hôpitaux, CLSC, cégep) ;
- l'aire de collecte des matières premières (bois, céréales, poissons, etc.) ;
- l'aire de marché des commerces spécialisés et des géants commerciaux ;
- l'aire de marché des services spécialisés du secteur privé.

L'exercice nous a livré des résultats intéressants. Appliquées à plusieurs agglomérations, les composantes qui servent de critères pour déterminer les frontières permettent d'illustrer une très grande variété de découpages. Il y a généralement juxtaposition de quelques aires de rayonnement autour de la même agglomération, du même pôle. D'où la difficulté de définir et de retenir l'aire homogène idéale parmi les aires hétérogènes.

On constate ainsi la difficulté d'établir clairement le hinterland ou l'aire de rayonnement relativement intensif pour une agglomération. Les agglomérations urbaines n'ont pas un seul et unique hinterland homogène, à moins que l'on n'utilise qu'un seul critère. Et encore! Mis à part les aires de gestion de programmes publics à partir des directions régionales localisées dans les centres, chaque critère utilisé fait apparaître sa propre aire de rayonnement. En outre, chaque aire de rayonnement varie selon le pourcentage utilisé pour l'application de chaque critère. Ainsi, l'aire de recrutement de 50 % des travailleurs d'un centre urbain n'est généralement pas très étendue, alors que l'aire de recrutement de 10 % des travailleurs devient beaucoup plus vaste, voire même très vaste. Il en est de même pour l'aire de desserte d'un hôpital ou l'aire de marché d'une grande surface.

Chaque agglomération illustre ainsi un rayonnement fort variable. Toute typologie devient alors difficile à établir. Le rayonnement selon la composante desserte de services publics d'un CLSC est beaucoup moins étendu que celui selon la composante collecte des matières premières par une papetière localisée dans une agglomération, quoique ces deux catégories se rapprochent davantage pour les agglomérations sises dans le centre de l'espace québécois. Aussi, l'hôpital, le CLSC et le cégep n'ont pas la même aire de desserte ou de rayonnement, même si ces trois organisations publiques participent à la confection de la même composante de notre enquête. Il est à noter que certaines composantes varient plus que d'autres d'une agglomération à une autre, notamment l'aire de desserte des hôpitaux.

D'une manière générale, les travailleurs ont tendance à habiter pas très loin de leur travail, quoique les migrations alternantes entre domicile et travail se soient allongées considérablement au cours des dernières décennies. La collecte des matières premières définit des zones de plus en plus vastes, en particulier pour le bois. Il en est de même pour les services spécialisés du secteur privé, notamment les services aux entreprises (comptabilité, fiscalité, notariat, etc.). Tandis que les cégeps possèdent des aires de recrutement relativement stables depuis quelques décennies.

Il est à noter que les rayonnements qui diffusent les ressources (recrutement des travailleurs, services publics) sont généralement moins étendus que ceux qui les attirent (collecte de matières premières, marché des géants de la consommation). Il s'agit là d'une donnée très importante dans l'analyse des relations villes–campagnes ou centres–périphéries, en contexte québécois.

Carte 5.3

Aire de recrutement des travailleurs de Chicoutimi selon le %

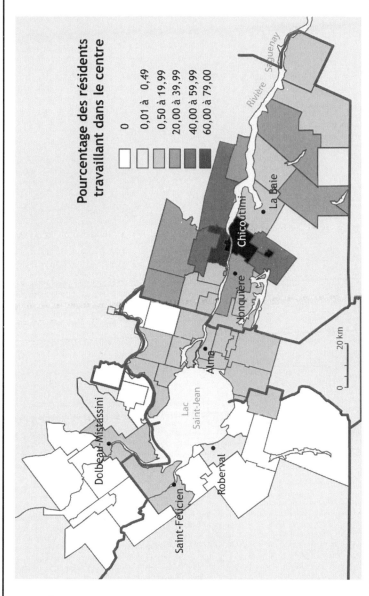

Pourcentage des résidents travaillant dans le centre

0

0,01 à 0,49

0,50 à 19,99

20,00 à 39,99

40,00 à 59,99

60,00 à 79,00

Source : Recensement du Canada, 1996.
Martin Dion, UQAC, 2001.

Carte 5.4
Rayonnement de Sept-Îles pour l'aire d'emploi et la collecte de matières premières

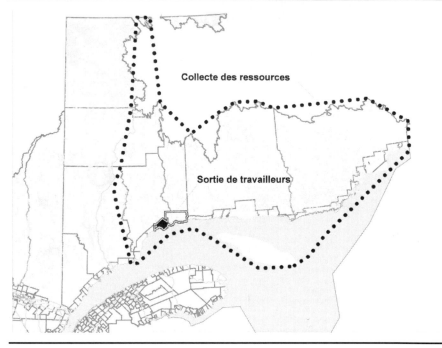

Source : Statistique Canada et Julie Bouchard.
Martin Dion, UQAC, 2001.

Il n'est pas possible d'établir une typologie précise des 31 agglomérations urbaines sur la base de leurs rayonnements. La variété est trop grande. Cependant, deux grandes catégories d'agglomérations ressortent d'une analyse générale et globale. Les agglomérations du Québec central ont une tendance non généralisée à rayonner selon les limites des territoires MRC, elles-mêmes définies à l'époque en fonction d'une certaine réalité de la mobilité. Tandis que les agglomérations du Québec périphérique illustrent une tendance non généralisée à rayonner selon les limites des régions administratives, elles-mêmes aussi définies auparavant en fonction d'une certaine réalité.

De fait, chaque agglomération urbaine du Québec s'avère un cas spécifique et unique sous l'angle de son ou ses rayonnement(s). Les aires de desserte, de gestion ou de collecte de ressources par les organisations localisées dans les centres illustrent une géométrie très variable d'une

Carte 5.5
Collecte de matières premières pour Drummondville et Shawinigan

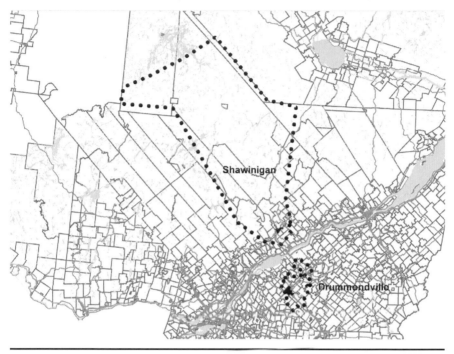

Source: Statistique Canada et Julie Bouchard.
Martin Dion, UQAC, 2001.

agglomération à une autre mais aussi à l'intérieur de la même aire. Ces aires sont tout à fait irrespectueuses des limites officielles des nouvelles agglomérations urbaines, mais un peu plus respectueuses des limites des régions administratives et des territoires MRC, notamment pour ce qui est des organisations publiques.

Il existe finalement plusieurs dimensions extrêmes, notamment dans les aires de collecte des ressources naturelles. La carte 5.5 illustre deux cas fort différents. L'espace québécois se caractérise en effet par une profusion de cas distincts les uns des autres. Soulignons à ce sujet que l'hôpital de Sherbrooke jouit d'une immense aire de rayonnement, alors que l'hôpital d'Alma n'a quant à lui qu'un rayonnement beaucoup plus limité.

CONCLUSION

Nous venons de voir que le concept d'aire devient tout à fait pertinent pour bien saisir le phénomène de la répartition non homogène de la population et des activités dans l'espace. Cette répartition s'effectue en distinguant des sous-espaces. Les activités se concentrent ici plutôt que là afin de former des entités spécifiques et distinctes, incluses à l'intérieur d'un ensemble plus vaste. On peut *a priori* utiliser plusieurs critères pour distinguer et classifier les aires qui composent un espace national donné. On peut aussi découper les aires idéales sur une carte en considérant des critères abstraits et rationnels. Mais dans la réalité, on ne part pas de zéro. Il existe bel et bien déjà de nombreux découpages spatiaux institutionnalisés, bien reconnus et surtout bien défendus par les organisations publiques et collectives qui les occupent. Ce sont des municipalités, des communes, des régions, des districts scolaires, des zones d'intervention touristique, des bassins d'emploi, des parcs industriels, etc. Ainsi, tout redécoupage des aires actuelles sur un espace donné fait généralement face à une réalité du «terrain déjà occupé». C'est donc sur l'analyse de cette réalité dans une perspective temporelle que nous nous pencherons dans le prochain chapitre.

6

Les territoires
de gestion publique I

S'il existe des biens et des services privés offerts par des entreprises à un certain prix, il existe aussi des biens et services tout à fait collectifs puisqu'ils sont desservis d'une manière équitable par le marché. La protection et la sécurité, à titre d'exemple, représentent un service dont la privatisation engendrerait, non seulement des coûts très élevés au niveau individuel, mais aussi des inégalités qui ne supporteraient pas, à un degré élevé, l'application du critère de la justice sociale. Il en va de même pour l'éducation, la justice, l'éclairage et l'entretien des rues ou routes, l'hygiène publique, la santé, etc.

Ces biens et services de nature collective sont pris en charge, à des degrés divers selon les régimes politiques, par le secteur public. Ils doivent alors être desservis sur des aires de dimension optimale afin de répondre à des critères d'efficacité administrative et d'équité fiscale. Cet optimum étant variable selon les dessertes, le principe de la géométrie variable semble s'appliquer très largement.

Nous savons que les collectivités furent d'abord organisées à l'échelle des communautés locales avant que l'État-nation ne s'impose comme échelle d'organisation de la société au XVIIe siècle. Mais les territoires du vécu quotidien de la population furent toujours utilisés par la gestion publique de biens et services collectifs.

En réalité, le modèle communautaire des cités-États grecques et le modèle impérial des grands Empereurs de l'Antiquité ont historiquement structuré l'espace pour gérer un certain nombre de responsabilités publiques. Par la suite, on a assisté à l'émergence de deux modèles distincts d'État, soit l'unité nationale et la fédération de communautés. Le premier type d'organisation de l'État trouve son digne représentant dans la France de la Renaissance, et le second en Helvétie (Suisse)

Figure 6.1
Les huit échelons territoriaux

Planétaire	ONU, OMC, OCDE, etc.
Continental	ALENA, ASEAN, MERCOSUR, ZLEA, etc.
Fédéral	Canada
Provincial	Québec
Macro-régional	Régions administratives
Micro-régional	Municipalités rég. de comté, agglomérations
Local	Municipalités, villes, villages, cantons
Micro-local	Quartiers, T.-N.-O., arrondissements

depuis la fin du Moyen Âge. Ces deux modèles nationaux classiques qui intègrent les communautés locales charpentent leur territoire de gestion publique et maintiennent leur pouvoir politique très souvent en déconcentrant ou décentralisant leur administration à des échelles inférieures. Aussi, les relations entre nations nécessitent-elles des autorités supranationales qui se sont multipliées depuis 1945. Si bien que l'on se retrouve aujourd'hui avec huit grandes échelles territoriales dans l'organisation et la gestion publique. Aujourd'hui, chaque pays possède évidemment sa propre dynamique historique et son propre héritage.

1. L'HISTOIRE DE L'ORGANISATION TERRITORIALE AU QUÉBEC

Sous le régime français, l'organisation territoriale de la Nouvelle-France se résumait à bien peu. Il y avait certes Québec, Montréal et Trois-Rivières qui possédaient une certaine administration locale. Existaient aussi des postes de traite qui jouaient le rôle de point de conquête territoriale et de centre de gestion des intérêts de la Couronne : Sept-Îles, Tadoussac, Chicoutimi, etc. Il y avait de plus quelques lieux-dits, généralement des forts ou des campements amérindiens plus ou moins permanents.

En réalité, les seigneuries représentaient à cette époque les grandes divisions territoriales sur lesquelles les Seigneurs dispensaient quelques services de base à la collectivité. Mis à part les grandes compagnies à qui l'on octroyait d'immenses concessions territoriales, les seigneuries étaient la base concrète sur laquelle reposaient l'occupation et la gestion du sol. Aussi, un système de paroisses religieuses fut graduellement mis en place, d'abord dans la région centrale autour de Québec et ensuite en périphérie, notamment en Kamouraska, en Beauce et dans la région de la baie des Chaleurs. L'Église catholique dispensait alors à sa population divers services collectifs, principalement le culte religieux évidemment, mais aussi des services sociaux, des services de santé et d'éducation. Les bâtiments religieux exerçaient certes à l'époque un attrait très important d'où rayonnait ce que l'on appelle aujourd'hui la culture. Pour le reste, le gouverneur de la Nouvelle-France régissait globalement le bon fonctionnement de la société par l'exercice de fonctions publiques telles que la défense, la justice, l'exploration, l'exploitation des ressources, etc. La Nouvelle-France était en fait une colonie très centralisée lors de l'arrivée des conquérants en 1760.

La gestion des affaires locales ne changea pas très rapidement après la mise en place du régime britannique. Les besoins en ce sens ne se faisaient pas réellement sentir. En 1791, le Bas-Canada fut divisé en comtés électoraux qui allaient dès lors servir de base territoriale pour désigner des représentants à la chambre d'assemblée. Cela permit de satisfaire pleinement tous les besoins démocratiques de l'époque.

Au tournant du XIXe siècle, la multiplication des regroupements humains dans des villages provoqua des pressions en faveur d'une nouvelle organisation des territoires internes du Bas-Canada, distincte de l'organisation centrale. La population s'accroissait alors très rapidement, ce qui créait des concentrations urbaines de plus en plus importantes. Et la vague de colonisation s'étendait de plus en plus sur le vaste espace au fil de l'ouverture de nouveaux territoires de colonisation en Gaspésie, au Saguenay et dans les Laurentides. De plus, l'immigration des loyalistes à cette époque occasionna le découpage et l'occupation de nombreux cantons dans le sud du Québec. Si bien que les autorités démontrèrent leur volonté d'établir un cadre officiel pour l'organisation territoriale de manière à faciliter la gestion de certains services tels que la milice, l'enregistrement, les chemins, la justice. En 1825, certaines paroisses reçurent en ce sens une reconnaissance civile, ce qui occasionna en de nombreux lieux-dits la différenciation entre villages et campagnes (Bérubé, 1993). À ce chapitre du découpage officiel des territoires du Québec, le point tournant fut la rébellion de 1837-1838. Les autorités publiques de l'époque firent alors une importante prise de conscience, notamment à l'égard du manque d'organisation générale de la société civile. Il apparut alors que la solution à ce problème se trouvait dans la création d'administrations territoriales de la forme de celles qui existaient en Europe.

2. LA MISE EN PLACE DU RÉGIME MUNICIPAL

La possibilité d'ériger des municipalités locales et des municipalités de comté au Québec trouve son origine réelle dans deux ordonnances livrées en 1840 et en 1847, et surtout dans l'Acte des municipalités et des chemins du Bas-Canada adopté en 1855. Cette réforme a soulevé à l'époque de très fortes résistances des élites locales. Soulignons que, par nécessité de consensus, les commissions scolaires furent alors reconnues comme des autorités locales distinctes, responsables de la desserte des services d'éducation de base. Malgré leur impopularité auprès de la population locale (Baccigalupo, 1984), furent ainsi rapidement érigées plus de 400 municipalités locales ainsi que plusieurs municipalités de comté sur le vaste espace colonisé du Bas-Canada. Les premières épousèrent généralement le découpage des paroisses traditionnelles, tandis que les secondes s'ancrèrent largement sur les comtés électoraux. Lors de la formation de la Confédération canadienne, il existait déjà plus de 600 municipalités au Québec, offrant un découpage de l'espace national de plus en plus complexe.

Puisque les affaires municipales furent considérées comme de juridiction provinciale par l'Acte de l'Amérique du Nord Britannique (AANB) de 1867, le gouvernement de Québec ne tarda pas à légiférer

Tableau 6.1
Répartition des municipalités au Québec 1841-1911

Année	Cités	Villes	Comtés	MRC	Villages	Paroisses	Cantons	Autres	Total
1841	2	–	–	–	–	–	–	24	26
1845	2	–	–	–	–	113	39	167	321
1855	2	4	61	–	29	277	112	16	501
1871	6	8	64	–	62	302	118	114	674
1891	10	31	67	–	98	397	152	146	901
1901	10	43	69	–	136	439	165	161	1 023
1911	15	57	71	–	171	487	182	175	1 158

Source : Drapeau, J. « Étude chronologique de la constitution et du regroupement des municipalités du Québec », *Municipalité*, n° 17, 1973, p. 12.

à ce chapitre dès 1870 par le Code municipal, ensuite en 1876 par une loi particulière pour les villes et aussi plus tard par des révisions de ces cadres législatifs.

Moins de 50 ans après le véritable coup d'envoi de 1855, la présence de plus de 1 000 municipalités sur l'espace québécois constitua alors la preuve éclatante de la pertinence de ces autorités territoriales. Un succès sans équivoque. L'État central était en ces temps très peu interventionniste. Les municipalités locales et de comté occupaient en conséquence une place très importante, en matière de revenus et de dépenses, dans la gestion publique du Québec. Leurs champs de juridiction étaient nombreux tant dans le domaine économique que dans le domaine social[1]. De surcroît, elles pouvaient compter sur deux instruments de régulation importants, le droit de réglementer et le droit de lever des impôts fonciers. D'ailleurs, la politique gouvernementale du Québec à cette époque était de faire assumer et gérer à cet échelon territorial le plus de responsabilités possible (Gow, 1986). La subsidiarité et la décentralisation étaient en réalité des modalités qui allaient de soi, sans qu'on les nomme ainsi dans les discours politiques.

La réponse des autorités locales ne fut cependant pas à la hauteur des attentes escomptées par Québec. Plusieurs besoins collectifs demeurèrent insatisfaits et plusieurs services publics furent desservis de façon médiocre. Cette irresponsabilité des autorités municipales s'explique par des causes diverses, notamment la faiblesse de l'assise fiscale foncière, l'impopularité des hausses d'impôt, les faibles rémunérations des élus, le manque d'expertise professionnelle dans les corporations municipales et le conservatisme local légendaire.

En conséquence, le gouvernement provincial fut obligé d'inciter les municipalités à faire leurs devoirs. Ce fut en réalité le début d'une longue période d'intrusion du gouvernement québécois dans les affaires à caractère local. Nous distinguons dans cette centralisation trois phases distinctes mais quelquefois concomitantes : la responsabilisation des élus locaux, les interventions keynésiennes, et la redéfinition du rôle de l'État québécois.

---

1. Sécurité publique, transport routier et voirie, hygiène du milieu, santé et bien-être, urbanisme, aménagement et mise en valeur du territoire, loisirs, culture, communautaire et administration générale.

3. LA RESPONSABILISATION DES ÉLUS LOCAUX

La rationalisation de la gestion territoriale par la responsabilisation des élus locaux fut constante et continue au cours du xxᵉ siècle. Le gouvernement du Québec imposa clairement ses volontés dès la fin du xixᵉ siècle par ce que l'on peut désigner aujourd'hui comme une première phase de centralisation. En réalité, il institua des contrôles, des limites et des obligations aux autorités locales.

Québec a d'abord fait le ménage dans ses découpages territoriaux (municipalités, districts électoraux et judiciaires, villes, cités, etc.) par sa Loi sur la division territoriale du Québec adoptée en 1888. Il commença aussi à s'engager plus directement dans les affaires locales. Dès 1887, à titre d'exemple, le nouveau Conseil provincial d'hygiène obligea les municipalités à ouvrir un service public dans ce champ privilégié de responsabilités locales. Une loi à ce propos fut adoptée en 1901 et l'organisme central fut renforcé substantiellement en 1928.

Dans cet esprit de responsabilisation des élus locaux, Québec détermina encore plus clairement les responsabilités municipales par le renouvellement de la Loi des cités et villes ainsi que du Code municipal, respectivement en 1903 et en 1916. On précisa aussi les obligations financières dans certains domaines devenus stratégiques, notamment le bien-être social dans lequel Québec s'impliqua directement en 1921 (Loi de l'assistance publique) en obligeant les municipalités, à l'aide d'incitatifs, à prendre leurs responsabilités. Aussi, un véritable département québécois des affaires municipales fut créé en 1918. Devant la corruption municipale grandissante, le gaspillage souvent scandaleux des ressources publiques et le noyautage régulier du pouvoir local par de petits potentats affairistes, l'encadrement formel des emprunts municipaux est alors devenu une préoccupation très importante pour Québec. C'est pourquoi le ministre des Affaires municipales institua un bureau des inspecteurs-vérificateurs en 1924 ainsi qu'une véritable commission municipale de surveillance et de contrôle en 1932. Dès 1933, cette commission avait déjà plus de 75 municipalités sous sa tutelle. La nécessité de ce mécanisme de contrôle central ne fit alors aucun doute pour la population du Québec.

Dans cette logique, de nombreux organismes furent institués au fil du temps pour réglementer, normaliser, responsabiliser, contrôler et inspecter les activités municipales : de la Commission des services d'utilité publique en 1909 au Bureau des audiences publiques sur l'environnement (BAPE) en 1978, en passant par la Régie des loyers en 1951, l'Office d'habitation en 1967 et une multitude d'autres organismes du même acabit. Bien que l'on ait aboli plusieurs secrétariats très récemment, nous estimons qu'il existe actuellement au Québec environ 125 de ces agences nationales qui interviennent dans les champs d'action typiquement locaux ou supralocaux. Ces interventions s'effectuent notamment par l'application d'environ 150 lois touchant l'encadrement des activités municipales (L'Heureux, 1981).

Québec s'est également impliqué directement dans de nombreux champs ou domaines d'activité. L'agriculture fut dotée d'un véritable ministère dès 1887 afin de compenser l'inaction ou le peu d'action des autorités locales. Pour cette même raison, Québec intervient aussi de plus en plus par des octrois dans certains champs dont le principal fut la santé. À cette époque, le désir de contrer l'important mouvement d'émigration de la population vers les États-Unis a incité le clergé à ne plus résister face à l'intervention de l'État dans ses domaines traditionnels de juridiction, et même plus, à la souhaiter souvent afin d'améliorer qualitativement les divers milieux de vie. Aussi, Québec adopte en 1887 une vigoureuse politique d'exploitation des ressources naturelles, localisées ici et là sur le vaste espace national. On désirait en réalité une gestion plus globale de ces ressources territoriales de plus en plus demandées sur le vaste marché. L'application de cette politique nécessitait un ministère des Terres et Forêts. Il fut institué en 1909.

Il est pertinent de préciser qu'au tournant du siècle les phénomènes d'industrialisation et d'urbanisation causaient un impact important, non seulement sur la société tout entière mais aussi sur les divers territoires du Québec. En conséquence, il fallait faire face aux nouveaux problèmes qu'ils posaient tant à la ville qu'à la campagne. Le travail est alors devenu un champ d'intervention centrale plutôt que locale (1907-1909), étant donné l'importance des enjeux en cause dans ce domaine, à partir de cette époque. Notons que le premier système public mondial de bureaux de placement fut établi par Québec en 1910. En 1912, par ailleurs, la politique québécoise des bonnes routes (Loi des chemins) fut élaborée. Son application concrète déboucha par la suite sur la création formelle d'un ministère de la Voirie en 1923.

4. LA CONTINUITÉ DE LA CONSTRUCTION DE L'ÉTAT

À partir de la crise économique de 1929, les municipalités n'arrivent plus à remplir certains de leurs rôles traditionnels, notamment dans le secours aux indigents et l'aide aux chômeurs. Les nouvelles conditions économiques et sociales dans lesquelles vivent alors les citoyens illustrent clairement la vulnérabilité financière des municipalités, très dépendantes d'un impôt foncier qui par essence est plutôt limité. La grande majorité des maires réclament alors des octrois de Québec (Minville, 1939).

À ce moment-là, dans l'esprit de la nouvelle doctrine keynésienne prônant l'intervention publique pour contrer les déséquilibres du marché, la plupart des États occidentaux se donnaient de plus en plus un rôle de régulation économique et sociale. Le gouvernement québécois élabora ainsi des politiques d'intervention, notamment dans les champs jusqu'alors locaux, tout en obligeant souvent les municipalités à contribuer financièrement. Outre les secours sociaux et l'aide aux chômeurs, le nouveau ministère de la Colonisation (1935), issu du plan Vautrin, institua un fonds de colonisation. L'application de ce plan a eu des impacts considérables sur les territoires du Québec : chemins, ponts, drainage des terres, écoles, chapelles, etc. L'ère de l'aménagement extensif de l'espace québécois était commencée.

Le nouveau rôle régulateur de l'État central nécessita évidemment la centralisation des moyens et des responsabilités (Angers, 1960). Le Québec entre alors dans sa deuxième phase de centralisation gouvernementale très préoccupée par la construction de l'État québécois. Après la parution du rapport de la Commission Édouard Montpetit, toute une série de politiques dites universelles furent initiées par Québec et surtout par Ottawa : santé et bien-être en 1936, pensions de vieillesse en 1936, assistance aux mères nécessiteuses en 1937, assurance-chômage en 1940, instruction obligatoire en 1943, allocations familiales en 1944, protection de la jeunesse en 1951. Les nouveaux champs d'intervention reconnus à l'État québécois, souvent avec des compensations financières du gouvernement fédéral, justifièrent la mise en place d'une bureaucratie gouvernementale de plus en plus importante dans les 19 ministères québécois qui existaient déjà en 1959.

5. LA POLITIQUE D'AMÉNAGEMENT DU TERRITOIRE

Pendant ce temps, l'instauration du crédit agricole et la Loi sur l'électrification rurale de 1936 ont contribué significativement à modifier le cadre de vie sur les divers territoires du Québec. Ce cadre de vie fut aussi largement transformé par la construction d'infrastructures de transport et de communication : ports en eau profonde le long des côtes, aéroports près des centres urbains importants et dans les villes minières excentriques, voies ferrées qui pointent très loin vers les bassins de ressources, réseaux de routes pour relier la plupart des lieux (voir les cartes au chapitre 3). À titre d'exemple, de 1945 à 1960, pas

Tableau 6.2
Chronologie de la répartition des municipalités au Québec

Année	Cités	Villes	Comtés	MRC	Villages	Paroisses	Cantons	Autres	Total
1921	25	82	74	–	263	520	203	219	1 386
1931	28	93	74	–	305	541	198	272	1 511
1941	29	105	76	–	313	554	196	308	1 580
1951	34	129	76	–	330	559	186	360	1 674
1961	56	172	74	–	333	558	171	384	1 748

Source : Drapeau, J. «Étude chronologique de la constitution et du regroupement des municipalités du Québec», *Municipalité*, n° 17, 1973, p. 12.

moins de 2 700 ponts furent construits au Québec, tandis que le bitume fut étendu sur près de 15 000 kilomètres de route, sans oublier la politique du déneigement des routes. La part du budget du Québec consacrée à la voirie équivalait à plus de 20 % à cette époque, ce qui encourageait l'occupation du territoire national. Plus de 350 corporations municipales nouvelles furent érigées entre 1921 et 1961.

Par ailleurs, Québec soulage ses municipalités de leurs obligations financières à l'égard de la Sûreté du Québec (1938), des écoles techniques (1953) ainsi que de l'entretien des prisonniers et des aliénés dans les asiles (1944). Il leur octroie par ailleurs de nouvelles sources de revenu sous la forme de taxes de vente, d'affaires et d'amusement. Par des aides financières conditionnelles, il les sollicite cependant, au tournant des années 1960, à s'impliquer davantage dans la protection contre les incendies, les aqueducs, les égouts, l'épuration des eaux, les parcs industriels ainsi que la production d'électricité. Ce dernier champ d'activité municipale à prendre en main fut un échec en dépit de l'accès potentiel à des subventions importantes. Cela s'explique par le fait que les autres nouveaux champs représentaient déjà une très lourde corvée pour un grand nombre de municipalités.

6. LA REDÉFINITION DU RÔLE DE L'ÉTAT

À la faveur de la Révolution tranquille dans un contexte de forte croissance économique (Parizeau, 1985), les nouvelles recettes engendrées par l'impôt québécois sur le revenu retrouvé en 1954 (cédé à Ottawa pendant la guerre) offrirent de nouvelles occasions d'intervention gouvernementale. L'appareil d'État était alors voué à une croissance presque sans fin, justifiée par les théories administratives classiques.

Nous entrons ainsi dans la troisième phase de centralisation gouverne-mentale au Québec. Selon James Iain Gow, 46 nouveaux ministères, régies, offices et entreprises gouvernementales furent alors mis sur pied. Modernisation étatique oblige. On l'effectua en s'impliquant davantage dans certains champs d'activité publique. On institua des ministères spécifiques dans les richesses naturelles en 1961, l'assurance-hospitalisation en 1961, les affaires culturelles en 1961, le tourisme, chasse et pêche en 1963, l'éducation en 1964, les affaires intergouver-nementales en 1967, les institutions financières en 1967, l'immigration ainsi que le travail et la main-d'œuvre en 1968, la fonction publique ainsi que les communications en 1969, sans oublier les affaires sociales en 1970. Plusieurs de ces champs appartenaient traditionnellement aux municipalités.

Les anciens et nouveaux ministères se dotèrent évidemment de politiques, de programmes et de mesures d'intervention dans leur secteur respectif, ce qui accentua d'autant la centralisation des respon-sabilités publiques au Québec. À titre d'exemple, la part relative des subventions gouvernementales dans le budget total des commissions scolaires passa de 29 % en 1956 à 92 % en 1986. On effectua généra-lement cette centralisation sous le couvert de l'universalisme, de l'équité et de la redistribution dans un esprit de justice sociale. On profita aussi de cette redéfinition positive du rôle de l'État pour lui offrir une importante mission entrepreneuriale, notamment avec la nationa-lisation de l'électricité en 1962. Furent aussi créées en ce sens la SGF (Société générale de financement) en 1962, la Caisse de dépôt et placement en 1965 et plusieurs autres sociétés d'État au cours des années 1960.

7. L'ÉPOQUE DES DIAGNOSTICS

Nous venons de tracer l'origine de l'organisation et de la gestion des territoires au Québec. Malgré la mise en place d'un important secteur public municipal responsable depuis le milieu du XIXᵉ siècle, Québec fut constamment obligé d'intervenir dans les affaires typiquement locales. Car les conditions institutionnelles concrètes ne permettaient pas réel-lement aux autorités locales de se charger naturellement et sponta-nément de ces responsabilités. À la veille d'un vaste mouvement de modernisation du Québec, on questionna notamment la démarche de l'État à l'égard de l'organisation territoriale. Les meilleurs spécialistes disponibles furent alors appelés à poser un diagnostic global de la situation. Leur constat conduisit la société québécoise, en pleine Révolution tranquille, à la prise de conscience qu'il fallait réformer l'organisation de divers territoires qui composent l'espace national.

Du rapport Tremblay de 1956 au rapport Castonguay de 1976, en passant par le rapport LaHaye, le rapport Bélanger, les analyses du BAEQ (Bureau d'aménagement de l'Est du Québec) et de nombreuses consultations *ad hoc*, plusieurs études se sont clairement penchées sur l'organisation des territoires à l'intérieur du Québec. L'époque s'y prêtait bien pour de multiples raisons, notamment le fait généralement reconnu qu'il fallait changer l'ordre des choses dans l'organisation générale de l'espace au Québec (Robert, 1978). Aussi, de nouvelles expertises scientifiques et techniques offraient leurs services à un État désirant à la fois se moderniser et se positionner sur la carte du monde.

Le gouvernement du Québec s'est ainsi doté d'une étude globale de son espace, fort détaillée dans son ensemble. En réalité, dans toute son histoire, le Québec n'a jamais disposé de si nombreuses études pour réfléchir sur l'organisation de ses divers et multiples territoires. En considérant les limites inhérentes à l'exercice de synthèse de ces études, nous nous permettons néanmoins, pour le bénéfice du lecteur, de soulever quelques points principaux (tableau 6.3) du diagnostic territorial auquel les décideurs de l'époque pouvaient avoir accès.

Ces éléments du diagnostic territorial global sont généralement décrits dans le détail par les ouvrages. Soulever ces problèmes cruciaux suscita à l'époque un important débat au Québec. Malgré la diversité

Tableau 6.3
Points principaux du diagnostic territorial

- incompatibilité et incohérence dans l'aménagement du territoire
- centralisation excessive de la gouverne publique
- disparités économiques et sociales entre les différents territoires
- érosion migratoire de plusieurs territoires ruraux
- présence de nombreuses injustices, iniquités et inégalités sur le vaste espace
- incohérence des aires (découpages) utilisées par la gestion publique
- éloignement croissant entre les administrateurs et les administrés
- trop grand nombre de municipalités en zones métropolitaines et rurales
- limites de l'impôt foncier et financement insuffisant des municipalités
- faiblesse des structures de coopération intermunicipale
- manque général d'innovation et d'initiatives locales et régionales

Source : Compilation des rapports La Haye, Castonguay et Bélanger faite par l'auteur.

des perspectives d'analyse et des solutions partielles ou globales préconisées, un large consensus se fit sur la nécessité de mettre de l'ordre dans l'organisation territoriale du Québec par une réforme en profondeur de nos structures politico-administratives locales. On réclamait aussi des instruments à caractère légal pour contrôler l'utilisation du sol. Le temps d'une vaste réforme de l'organisation des territoires était certainement venu.

8.   LA RÉFORME TRANQUILLE

À la fin des années 1960, le désir de réformer l'organisation des territoires était bel et bien présent au Québec. Devant la complexité de la situation cependant, seulement quelques solutions partielles furent appliquées à ce moment-là, avec une vigueur très relative d'ailleurs. Il est important de souligner à ce sujet que le nombre de commissions scolaires fut néanmoins substantiellement réduit. Au début des années 1950, il existait quelque 2 000 commissions scolaires ; les fusions ont permis de réduire leur nombre à 1 057 en 1971 et ensuite, de loi en loi, à quelque 154 en 1995.

Notons aussi que certaines actions structurantes visèrent avec plus ou moins de bonheur des secteurs névralgiques tels que l'habitation, les transports, les parcs industriels, etc. On a par ailleurs créé des directions régionales pour plusieurs ministères ainsi que des conseils régionaux. D'autres interventions ponctuelles se firent pour concrétiser des fusions municipales, consolider des aires métropolitaines (Québec, Montréal, Outaouais) et aussi favoriser diverses améliorations spécifiques en gestion publique territoriale.

Devant les problèmes plus globaux d'urbanisme et d'aménagement, de développement socioéconomique, de distance grandissante entre les gouvernants et les gouvernés ainsi que de manque de coopération intermunicipale, nos gouvernements ont beaucoup tergiversé en soumettant une succession de propositions, d'avant-projets et de projets de loi (Tellier, 1982). Ces hésitations et tâtonnements ont conduit à repousser toujours et encore l'échéance d'une réforme globale. À la fin des années 1970, le gouvernement du Québec se décida finalement à agir avec plus de substance, notamment par la Loi sur le zonage agricole (1978), la Loi sur la démocratie municipale (1978), la réforme de la fiscalité municipale (1978) ainsi que la Loi sur l'aménagement et l'urbanisme (1979).

Après avoir analysé cette vaste réforme territoriale progressive amorcée au cours des années 1960, nous distinguons quatre grandes réponses institutionnelles de l'État québécois au diagnostic (tableau 6.4) : les fusions volontaires, le régionalisme fonctionnel, le régionalisme politique, et la planification territoriale. Ces réponses ont notamment confirmé le phénomène de fragmentation verticale du pouvoir décisionnel (national–local) en instituant formellement deux nouveaux échelons intermédiaires dans les responsabilités publiques.

9. LA RÉPONSE PAR LA FUSION VOLONTAIRE DES MUNICIPALITÉS

Dans un premier temps, on a favorisé les fusions et les regroupements de municipalités, généralement sur une base volontaire, par l'entremise d'incitatifs financiers et d'assistance technique du gouvernement. Des lois spéciales furent aussi adoptées pour former 24 nouvelles municipalités, notamment les villes de Laval, de Bécancour et d'autres cas urgents. Au total, 484 municipalités furent touchées par un regroupement entre 1960 et 1991. Ces consolidations territoriales dites volontaires mais fortement sollicitées par Québec ont occasionné la création de 207 nouvelles entités, permettant de réduire le nombre total de municipalités de près de 16 % (tableau 6.4).

Les objectifs de départ de la réduction du nombre total de municipalités étaient beaucoup plus ambitieux. La comparaison avec le système municipal ontarien, qui compte beaucoup moins de municipalités, incitait certains analystes québécois à souligner que l'on pouvait

Tableau 6.4
Regroupements municipaux 1961-1991

Lois	Nombre de municipalités	Regroupements
De la fusion volontaire, 1965	91	39
Regroupement des municipalités, 1971	212	106
Organisation territoriale, 1989	33	17
Lois spéciales	106	24
Annexions par lois générales	42	21
Total regroupements	484	207

Source : *Modifications territoriales des municipalités: ici et ailleurs*, Ministère des Affaires municipales, Québec, 37 p, 1993.

La réforme actuelle

Au moment d'écrire ce chapitre en 2001, le Québec est en pleine réforme municipale par la création de nouvelles villes à l'échelle d'une douzaine d'agglomérations urbaines (section 2.5). Parmi les 32 agglomérations, soit trois RMR (régions métropolitaines de recensement) et 29 AR (agglomérations de recensement), celles qui sont visées par la réforme représentent les besoins les plus prioritaires : fragmentation en plusieurs entités municipales, iniquités fiscales, désertification des villes–centres et difficultés générales à conclure des ententes intermunicipales. Il est à noter à cet égard que les agglomérations plus petites (Alma, Cowansville, Dolbeau, Lachute, Magog, Sept-Îles, Saint-Georges, Matane, La Tuque et Victoriaville) ne sont formées que de trois municipalités ou moins, ce qui rend la consolidation moins impérative.

Tableau 6.5
Chronologie de la répartition des municipalités au Québec

Année	Cités	Villes	Comtés	MRC	Villages	Paroisses	Cantons	Autres	Total
1961	56	172	74	–	333	558	171	384	1 748
1971	43	221	72	–	278	505	155	388	1 662
1981	21	239	–	13	228	463	125	455	1 544
1991	2	257	–	96	154	344	96	484	1 433
1999	2	255	–	96	101	285	70	595	1 415

Source : Drapeau, J. « Étude chronologique de la constitution et du regroupement des municipalités du Québec », *Municipalité*, n° 17, 1973, p. 12.
Répertoire des municipalités du Québec, 1991, 1999, Ministère des Affaires municipales.

gérer les territoires à faible densité de population sans multiplier les corporations municipales. Aussi, les résultats de la politique québécoise de consolidation des territoires municipaux par le volontariat et des incitatifs furent-ils interprétés par plusieurs comme un échec.

Le tableau 6.5 illustre bien en effet que le nombre total de municipalités n'a pas diminué considérablement par suite de la politique gouvernementale de fusion volontaire. Notons que l'Ontario possédait, en 1991, 793 municipalités capables de gérer les services pour une population totale plus nombreuse qu'au Québec. Si le Québec a de la difficulté à consolider ses instances locales, régionales et supralocales, cela vient en partie du fait que des instances supérieures furent créées pour se charger de certaines responsabilités publiques.

10. LA RÉPONSE PAR LE RÉGIONALISME FONCTIONNEL

Le régionalisme fonctionnel, souvent appelé aussi régionalisation ou déconcentration de l'État, représente la manière habituelle pour un gouvernement central de concevoir et de traiter ses territoires internes. Ces derniers sont ainsi considérés comme le réceptacle des politiques sectorielles et des fonctions administratives que l'État veut localiser en dehors de la capitale nationale. On vise alors explicitement une meilleure pénétration des mesures gouvernementales sur le vaste espace national. On vise aussi, implicitement, un meilleur contrôle central sur les multiples activités effectuées dans les divers territoires. Selon cette conception, il n'y a en principe pas de transfert d'autorité, ou si peu. La rationalité technocratique et la hiérarchie s'imposent pour appuyer les décideurs politiques nationaux et locaux dans leurs interventions. Les analystes qualifient ce régionalisme fonctionnel de centralisme déguisé.

Au Québec, le régionalisme fonctionnel plonge ses racines au début du siècle dans les administrations territoriales mises en place par les ministères de l'Agriculture et de la Voirie. Au cours des années 1950 et 1960, la création de nombreux ministères et la multiplication des interventions publiques ont généré un véritable besoin de régionaliser l'exercice des fonctions publiques de l'État. Pour de multiples raisons[2], les autorités centrales furent en réalité sensibilisées à la nécessité de rapprocher leur gestion de la clientèle. Plusieurs politiques centrales intégrèrent ainsi progressivement les considérations territoriales (locales et régionales) dans leur application. On assista alors à une déconcentration de certaines fonctions de l'État qui créa, dans un premier temps, une multitude de découpages territoriaux. À titre d'exemple, nous avions déjà au Québec, en 1965, plus de 400 bureaux occupant pas moins de 65 territoires régionaux différents. On disposait aussi de plus de 1 000 bureaux locaux de l'État.

Dès 1966, le gouvernement quadrilla officiellement le Québec en dix régions administratives en tenant compte de critères géographiques, historiques, économiques et administratifs. Par suite d'autres redécoupages effectués depuis, les régions sont maintenant au nombre de seize[3]. Les régions devaient servir de territoire uniforme pour la gestion publique de programmes centraux et favoriser par le fait même la régionalisation

---

2. Meilleure réponse aux besoins, goûts et préférences des clients, respect des identités et cultures territoriales, meilleure efficacité dans la desserte des services publics, participation de la population aux processus décisionnels, allégement des effets négatifs de la concentration bureaucratique, amélioration des connaissances à propos des territoires périphériques, etc.
3. Une dix-septième région administrative est actuellement formée, soit les Bois-Francs.

des activités gouvernementales. La création des délégations régionales de l'OPDQ (Office de planification et de développement du Québec) en 1968 et celle des CRD (conseils régionaux de développement) consacrèrent la politique générale de régionalisme fonctionnel. Les missions de planification régionale[4] (1969-1975) terminèrent d'ailleurs leurs travaux en recommandant clairement l'application d'une telle stratégie de régionalisation de certaines fonctions de l'État central. En conséquence, on assista à la déconcentration des fonctions en faveur des directions régionales de la plupart des ministères québécois. Nous disposons actuellement de plus de 200 de ces organisations publiques et parapubliques qui œuvrent dans une vingtaine de domaines publics, notamment la santé et les services sociaux, l'industrie, la main-d'œuvre, les transport, la justice et l'éducation, etc. Aussi, nous avons assisté à la création de 166 organisations régionales collectives (conseils, associations, etc.) qui œuvrent dans une douzaine de secteurs : les loisirs, la culture, le tourisme, l'environnement, etc. Il existe ainsi au Québec un véritable secteur public régional qui représente l'État sur le vaste espace national.

Sur les territoires, la localisation des nouvelles institutions régionales généralement concentrées dans les capitales régionales était justifiée par une politique régionale explicite, axée sur l'application de la théorie des pôles de développement. Faute d'espace, nous ne parlerons pas ici du degré de succès économique de cette stratégie de polarisation des activités publiques. En 1987, le gouvernement du Québec réaménagea les territoires en 16 régions administratives. Il décréta le parachèvement de la régionalisation des différents ministères. L'objectif visé par ce décret fut atteint à environ 40 %, pour obtenir au total un taux moyen d'occupation institutionnelle des régions[5] de 78 %, pour les 27 secteurs d'activité publique régionalisée (tableau 6.6). Actuellement, ce mouvement de régionalisme fonctionnel (1966-1993) semble pratiquement terminé[6]. Néanmoins, le pouvoir régional fut tout de même légèrement réaménagé par la réforme Picotte de 1992. La planification stratégique fut alors retenue comme formule pour l'allocation rationnelle des ressources de l'État central aux régions administratives.

---

4. Ces missions régionales, au Saguenay–Lac-Saint-Jean et en Abitibi en 1969, en Estrie en 1971, en Charlevoix en 1973 et dans certaines zones spéciales par la suite, mobilisèrent une quinzaine de ministères québécois.
5. Voir les quatre rapports d'étape sur la régionalisation (août 1988 – mars 1989 – juin 1990 – juin 1991), Documents internes de l'OPDQ.
6. Il faut noter que le ministère de l'Agriculture a fait, depuis ce diagnostic, d'importants efforts pour que ses directions régionales correspondent aux territoires des régions administratives.

Tableau 6.6
Occupation institutionnelle des régions administratives

Régions	Organisations publiques %	Organisations collectives %
Bas-Saint-Laurent	93,8	100,0
Saguenay–Lac-Saint-Jean	93,8	100,0
Québec	93,8	100,0
Mauricie–Bois-Francs	93,8	100,0
Estrie	93,8	100,0
Montréal	93,8	66,7
Outaouais	100,0	100,0
Abitibi-Témiscamingue	93,8	91,7
Côte-Nord	87,5	91,7
Nord-du-Québec	18,8	8,3
Gaspésie–Îles-de-la-Madeleine	43,8	25,0
Chaudières-Appalaches	43,8	41,7
Laval	31,3	33,3
Lanaudière	25,0	83,3
Laurentides	43,8	75,0
Montérégie	68,8	91,7

Nous avons constaté qu'en 1994, après trente ans de régionalisme fonctionnel explicite, les régions administratives sont institutionnelle-ment construites à un très bon degré. Construction imparfaite toutefois puisqu'il existe de nombreuses inégalités dans la présence des diverses organisations sectorielles dans les régions administratives.

Il existe en réalité un véritable secteur public régional qui sert les intérêts administratifs de l'État central. Mais ce service régionalisé de l'État est fort inégal d'une région administrative à une autre. Reste à le compléter si l'on désire atteindre parfaitement les finalités visées par cette déconcentration de l'État central. Parachèvement fort difficile à réaliser si l'on en juge par les résultats que le dernier décret a générés à cet égard.

11. LA RÉPONSE PAR LE RÉGIONALISME POLITIQUE

Comme l'enseignent les manuels de la science régionale, le régiona-lisme politique est généralement basé sur la solidarité locale et supra-locale qui transforme les collectivités territoriales en communautés. La prise en main du devenir collectif par les citoyens et leurs groupes représente la finalité première de ce régionalisme. Il est ancré sur la décentralisation des responsabilités et des moyens à des échelons territoriaux correspondant à des aires naturelles pour la desserte de services publics. Ces aires sont généralement découpées en fonction de l'identité collective et de l'appartenance aux lieux. Le renforcement de la culture territoriale est ainsi l'assise de ce régionalisme. Le régionalisme politique veut, en principe, donner l'autorité décisionnelle à ceux et celles qui sont dans le champ, près des problèmes, des besoins et des préférences exprimés démocratiquement. Il vise une meilleure efficacité dans le secteur public en rapprochant les gouvernants des gouvernés, ce qui responsabilise de part et d'autre, tout en éliminant les intermédiaires qui alourdissent les relations et occasionnent des coûts. On mise en ce sens beaucoup plus sur le contrôle politique par la base que sur la coordination bureaucratique.

Au Québec, le régionalisme politique s'appuie d'abord sur les municipalités locales qui deviennent à la fois une force et une contrainte à l'organisation territoriale à l'échelon supérieur, soit les agglomérations urbaines et les municipalités de comté devenues les territoires MRC au tournant des années 1980.

À cet égard, notons que, parmi les fusions et les regroupements municipaux effectués depuis trente ans, de nombreuses agglomérations urbaines, petites et moyennes, furent transformées en une seule unité. Outre les cas célèbres de Laval et de Bécancour, furent consolidées les agglomérations de Rimouski, d'Alma, de Beauport, de Gatineau, de Gaspé, d'Amos, de Terrebonne, de Charlesbourg, de Mirabel et plusieurs autres. Soulignons aussi la création des trois communautés urbaines (Montréal, Québec et Outaouais) en 1969. La réforme actuellement en cours transformera profondément ce paysage.

Par ailleurs, le régionalisme politique s'exprime aussi à l'échelon des petites régions. Après l'adoption de la loi 125 sur l'aménagement et l'urbanisme, l'espace québécois habité fut en effet quadrillé (1982) en 95 petites régions appelées officiellement les municipalités régionales de comté (MRC). Le découpage fut effectué en respectant impérativement le sentiment d'appartenance de la population et des groupes (géographie, histoire, architecture, cadre bâti, etc.). Cependant, la tradition de coopération intermunicipale, le désir d'abolir la dichotomie ville–campagne ainsi que le critère du «maximum d'une heure de voiture entre tous les lieux du territoire MRC» furent des références très utiles. Suivant ces critères, les nouveaux territoires microrégionaux (supralocaux) devaient explicitement servir d'assise à l'émergence de solidarités, notamment dans de nouvelles initiatives de développement à encourager par des services publics. Malheureusement, le dynamisme réformateur de cet échelon territorial s'est largement éteint au lendemain du référendum de 1981. Le rapport Gendron, qui a servi de politique régionale en 1983, laissait aux acteurs locaux et régionaux des MRC le choix de s'organiser à leur guise en se servant de la concertation. Avec une telle permissivité, l'État central lançait par le fait même la balle dans le camp des autorités décentralisées. À cette époque, les spécialistes de la question ont largement déploré l'absence d'une politique explicite et irréversible du gouvernement québécois à l'égard de la décentralisation.

En réalité, un véritable secteur public MRC s'est tout de même structuré de 1982[7] à 1992, grâce à l'occupation des 95 territoires par diverses organisations qui y exercent des fonctions. Il s'agit d'un secteur public aux responsabilités fragmentées et au pouvoir éclaté sur les divers territoires. Outre l'aménagement, ces fonctions couvrent trois grands champs de desserte de biens et services : la population, les travailleurs et les entreprises (Proulx, 1992) ; c'est-à-dire que les territoires MRC servent maintenant d'aires de gestion pour plusieurs fonctions publiques et collectives. Il existe cependant une importante inégalité interterritoriale dans l'occupation de ces petites régions.

Nous avons mesuré en 1998 le nombre d'organisations qui occupent (+ ou – 10 %) chaque territoire MRC (tableau 6.7) pour chacun des 25 secteurs d'activité aptes à être occupés par des organisations publiques, parapubliques ou collectives. On constate ainsi que, près de 20 ans d'existence après, les 96 territoires MRC sont occupés à plus de 60 % par un ensemble d'organisations publiques, parapubliques et collectives qui choisissent cette aire de desserte pour l'exercice de leurs fonctions. Depuis cette enquête, la construction institutionnelle s'est poursuivie, notamment dans le domaine du développement économique (CLD). Ce progrès rapide dans l'occupation des territoires MRC démontre bien la pertinence de cet échelon territorial dans la gestion publique au Québec. Et cela est d'autant plus vrai que cette occupation territoriale croissante s'effectue malgré les faibles incitatifs financiers de l'État central. Le pourcentage d'occupation des MRC est tout de même encore assez faible (– de 50 %) pour la majorité (+ de 80 %) de ces petites régions du Québec et s'explique par la faiblesse de l'assise fiscale locale, le manque d'expertise professionnelle et le peu d'élus disposés à prendre en main les dossiers. Des progrès importants demeurent donc impératifs pour renforcer le pouvoir d'action des collectivités territoriales.

---

7. Bien que la Loi 125 ait été votée en 1979, ce n'est qu'à partir de 1982 que les régions MRC furent réellement opérationnelles.

Tableau 6.7
Occupation des territoires MRC par des organisations 1998

Régions MRC	Nombre d'organisations	Régions MRC	Nombre d'organisations
Îles-de-la-Madeleine	13	Val Saint-François	12
Avignon	7	Or Blanc	12
Bonaventure	8	Brome-Missiquoi	7
Pabok	10	Haut-Richelieu	8
Côte-de-Gaspé	10	Jardins-de-	
Denis-Riverin	11	Napierville	13
Matane	20	Haut-Saint-Laurent	9
Matapédia	13	Beauharnois-	
Mitis	11	Salaberry	11
Rimouski-Neigette	8	Vaudreuil-	
Fjord-du-Saguenay	13	Soulanges	15
Lac-Saint-Jean-Est	23	Roussillon	7
Domaine-du-Roy	22	Champlain	13
Maria-Chapdelaine	15	Vallée-du-Richelieu	9
Témiscouata	6	Rouville	4
Basques	13	Haute-Yamaska	9
Rivière-du-Loup	12	Acton	16
Kamouraska	12	Les Maskoutains	8
L'Islet	12	Bas-Richelieu	10
Montmagny	10	La Jammerais	11
Etchemins	14	Laval	4
Beauce-Sartigan	16	Deux-Montagnes	12
L'Amiante	12	Mirabel	2
Robert-Cliche	11	Thérèse-de-	
Nouvelle-Beauce	12	Blainville	6
Bellechasse	11	Les Moulins	12
Desjardins	10	L'Assomption	11
Chutes-de-la-		D'Autray	10
Chaudière	20	Joliette	9
Lotbinière	14	Montcalm	9
Portneuf	20	Rivière-du-Nord	11
Jacques-Cartier	7	Argenteuil	8
Île d'Orléans	6	Pays-d'en-Haut	7
Côte-de-Beaupré	10	Laurentides	12
Charlevoix	12	Matawinie	10
Charlevoix-Est	10	Papineau	11
L'Érable	7	Vallée-de-la-	
Arthabaska	12	Gatineau	11
Drummond	10	Pontiac	10
Nicolet-Yamaska	16	Antoine-Labelle	13
Bécancour	11	Témiscamingue	13

Tableau 6.7
Occupation des territoires MRC par des organisations 1998 *(suite)*

Régions MRC	Nombre d'organisations	Régions MRC	Nombre d'organisations
Francheville	6	Rouyn-Noranda	14
Centre-de-la-		Vallée-de-l'Or	13
Mauricie	13	Abitibi	21
Maskinongé	10	Abitibi-Ouest	16
Mékinac	11	Minganie	11
Haut-Saint-Maurice	7	Sept-Rivières	5
Le Granit	15	Manicouagan	11
Haut-Saint-François	17	Haute-Côte-Nord	8
Coaticook	24	Caniapiscau	5
Memphrémagog	14	Collines-de-	
Sherbrooke	5	l'Outaouais	6

CONCLUSION

Ce premier chapitre sur les territoires de gestion publique nous a permis de constater le vaste mouvement de construction institutionnelle de trois échelles territoriales au Québec. Chaque échelon a suivi sa propre évolution dans le temps. On a vu que les municipalités qui possédaient un champ d'intervention très large lors de la mise en place du régime, en 1845, ne se sont responsabilisées que difficilement au cours du XXᵉ siècle à cause du contrôle et des obligations exercés par l'État québécois. La construction institutionnelle des régions administratives fut de son côté relativement rapide car largement supportée et assistée par l'État. Finalement, les territoires MRC qui sont en pleine construction dépendent beaucoup de l'encadrement et du soutien de Québec.

Chaque échelon possède sa légitimité propre et ses spécificités (Proulx, 1995b). Malgré leur utilité certaine en gestion publique, les différents territoires québécois ne semblent pas posséder l'autonomie financière et décisionnelle nécessaire pour assumer pleinement les responsabilités qui leur sont dévolues. Les acteurs territoriaux manquent d'expertise, de ressources fiscales, de marge de manœuvre légale qui leur permettrait d'assumer réellement leurs responsabilités publiques envers leur collectivité réciproque.

7

Les territoires de gestion publique II

Nous avons vu au chapitre 6 que l'espace québécois a bénéficié d'un mouvement de construction territoriale à trois échelons. Construction qui a débuté réellement avec la mise en place du régime municipal en 1855 et qui se poursuit actuellement dans le sens de l'héritage acquis. Le Québec possède ainsi plus de 200 Directions régionales des ministères, 166 Conseils régionaux, environ 150 CLSC (centres locaux de services communautaires), une centaine de CLD (centres locaux de développement) et de CLE (centres locaux pour l'emploi), une cinquantaine de cégeps, environ 80 SOLIDE (sociétés locales d'investissement et de développement économique), des SADC (sociétés d'aide au développement des collectivités), des centres d'entrepreneuriat, de transfert ou de R&D, des sociétés de gestion des déchets, de transport en commun et autres services collectifs, et aussi des milliers de groupes sociaux et d'intérêt incluant les coopératives, les syndicats, les unions et les cellules qui œuvrent dans le vaste domaine de l'économie sociale.

Dans ce chapitre, nous nous attachons à décrire et analyser cet héritage des quelque 1 400 municipalités, 96 territoires MRC et maintenant 17 régions administratives. Nous nous situons avant la réforme des agglomérations urbaines enclenchée en 2000, et qui n'est pas encore effective au moment d'écrire ces lignes. Nous verrons comment les agglomérations urbaines en renforcement actuel s'inscrivent dans cet héritage. Et nous terminerons l'exercice par un effort de positionnement des organisations qui fera bien ressortir le caractère fragmenté de la gestion publique territoriale au Québec.

1. L'HÉRITAGE DES MUNICIPALITÉS LOCALES

Afin de mieux voir la complexité institutionnelle du Québec, il apparaît pertinent de tracer un tableau global de la situation.

À l'échelon local, le Québec se retrouve en 1991 avec encore un très grand nombre de municipalités. Le tableau 7.1 montre que, parmi les 1 433 municipalités locales du Québec, 44 % ont une population inférieure à 1 000 habitants, 68 % une population inférieure à 2 000 et 78 % une population inférieure à 3 000[1].

Le point important à souligner ici, c'est que les 1 116 municipalités dont la population inférieure à 3 000 habitants n'ont généralement pas l'assise fiscale suffisante pour gérer beaucoup de services et les offrir à leur population, qui pourtant y a droit au nom de la justice sociale. De fait, la capacité de ces municipalités d'assumer des responsabilités en gestion publique est assez réduite, sans compter que plusieurs d'entre elles couvrent un territoire rural très large ou un territoire urbain à forte demande de services. En conséquence, le débat actuel sur la réforme territoriale au Québec pointe cet éternel problème en soulignant inévitablement l'importante faiblesse politico-administrative de notre système municipal.

Tableau 7.1
Municipalités par classe de population au Québec 1991

Classe de pop.	Nombre	% mun.	Pop. totale	% pop.
0 –	10	0,70	0	0
1 – 499	251	17,50	82 234	1,16
500 – 999	368	25,68	269 431	3,76
1 000 – 1 499	214	14,93	260 939	3,64
1 500 – 1 999	130	9,07	225 312	3,14
2 000 – 2 999	143	9,98	347 726	4,85
3 000 – 3 999	81	5,65	282 346	3,94
4 000 – 4 999	41	2,86	183 050	2,55
5 000 – 5 999	73	5,09	498 412	6,95
10 000 – 24 999	73	5,09	1 137 843	15,86
25 000 – 49 999	28	1,95	991 745	13,83
50 000 – 99 999	17	1,19	1 215 589	16,95
100 000 et plus	4	0,28	1 677 860	23,39
Total	**1 433**	**100,00**	**7 173 487**	**100,00**

Source : *Répertoire des municipalités du Québec* ; compilation à partir des données du recensement de 1991.

1. Ces pourcentages changent actuellement en raison de la réforme municipale. Déjà, en 1999, on pouvait constater une légère augmentation des ratios des petites municipalités.

Nous héritons en réalité d'un système municipal fragmenté en de multiples petites unités fonctionnelles[2]. Système qui avait certainement sa raison d'être auparavant, lorsque la distance représentait une contrainte importante dans le découpage des aires de gestion et que le nombre de services collectifs à gérer par nos municipalités était très limité. Aujourd'hui, une réflexion sérieuse s'impose sur l'efficacité économique globale d'un tel système. D'autant plus que les regroupements naturels et spontanés ne se font que très lentement et que le système des ententes intermunicipales a lui aussi ses limites effectives. Devant ce constat, plusieurs spécialistes réclament que nos institutions municipales fassent l'objet d'une réforme encore plus en profondeur qui s'est faite graduellement et volontairement depuis trente ans.

Il est à noter que plusieurs pays européens ont déjà procédé à des réformes de cette ampleur en réunissant de multiples petites municipalités locales dispersées. À titre d'exemple, la Suède, le Danemark, la Norvège et la Belgique, pays qui ont beaucoup en commun avec le Québec mais un territoire de dimension moins vaste, ont largement réduit, par étapes, le nombre de leurs municipalités locales au cours des dernières décennies en utilisant l'échelon supralocal (district – petites régions). Notons en contre-exemple que plusieurs pays européens tels que la France et la Grèce ont conservé un système municipal effrité en petites unités de gestion, tandis que d'autres encore ont opté pour un système municipal à deux échelons de gestion (local, supralocal).

Le tableau 7.2 offre une base comparative plus large en montrant le nombre de municipalités[3] qui existent dans plusieurs pays, ainsi que le ratio entre ce nombre et la population totale (par tranche de 100 000 habitants) du pays observé.

On constate que le Québec se situe au-dessus de la moyenne du Canada et bien au-dessus du ratio de plusieurs pays européens. On peut affirmer que nous possédons comparativement un très grand nombre de municipalités. Ces données nous permettent ainsi d'avancer que les échelons local et supralocal au Québec sont, proportionnellement, très fragmentés en de multiples municipalités. Il est important de souligner cependant que notre vaste espace québécois, faiblement peuplé et aux lieux très dispersés, ressemble beaucoup à celui de plusieurs États américains et des provinces australiennes sur lesquels nous n'avons malheureusement pas de données précises actuellement.

---

2. Près de 80 % des municipalités du Québec ont moins de 3 000 habitants et n'exercent en réalité que quelques fonctions publiques.

3. Les données de ce tableau sont issues de diverses compilations (sources). Elles considèrent sous la même rubrique les municipalités locales (communes) ainsi que les municipalités régionales (comtés, districts, etc.).

Tableau 7.2
Nombre de municipalités par tranche de population

Provinces canadiennes	Municipalités	par 100 000 hab.
Saskatchewan	834	84
Île-du-Prince-Édouard	89	68
Terre-Neuve	295	52
Québec	1 578	23
Manitoba	201	18
Nouveau-Brunswick	118	16
Alberta	352	14
Ontario	828	8
Nouvelle-Écosse	66	7
Colombie-Britannique	178	5
Total Canada	**4 539**	**17** (moyenne)

Certains États européens	Municipalités	par 100 000 hab.
France	36 500	65
Grèce	5 618	56
Luxembourg	118	33
Espagne	8 150	20
Allemagne	8 737	14,4
Italie	8 000	14
Norvège	472	11,2
Danemark	291	5,7
Belgique	569	5,4
Pays-Bas	714	5,26
Suède	303	3,6
Angleterre	457	0,96

Sources : O'Brien, A. (1993), *Municipal Consolidation in Canada and its Alternatives*, Intergovernmental Committee on Urban and Regional Research Press, Toronto.
Ministère des Affaires municipales (1992), « Des expériences de restructuration du territoire », Document de travail non publié.
Delcamp, Alain (1990), *Les institutions locales en Europe*, Presses universitaires de France, coll. Que sais-je ?

2. L'HÉRITAGE DES RÉGIONS ADMINISTRATIVES

À l'analyse de la figure 7.1, il apparaît clairement que les régions administratives sont beaucoup utilisées comme aires de gestion par les différents ministères provinciaux dans l'exercice de leurs fonctions.

Carte 7.1
Carte des régions administratives

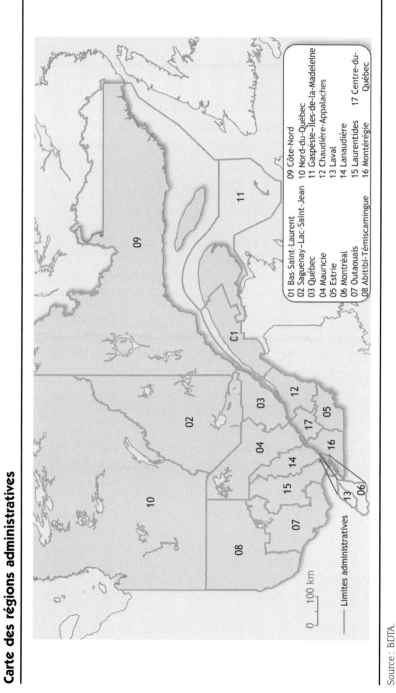

01 Bas-Saint-Laurent
02 Saguenay–Lac-Saint-Jean
03 Québec
04 Mauricie
05 Estrie
06 Montréal
07 Outaouais
08 Abitibi-Témiscamingue
09 Côte-Nord
10 Nord-du-Québec
11 Gaspésie–Îles-de-la-Madeleine
12 Chaudière-Appalaches
13 Laval
14 Lanaudière
15 Laurentides
16 Montérégie
17 Centre-du-Québec

0   100 km

—— Limites administratives

Source : BDTA.
Alain Roch, UQAC, 2002.

On constate toutefois une forte inégalité intersectorielle dans cette occupation. En effet, certains ministères sont fortement régionalisés sous la forme de directions ou de conseils régionaux[4] tandis que d'autres le sont moins. De plus, il apparaît que les régions administratives québécoises sont peu utilisées comme territoire de gestion par le gouvernement fédéral. En effet, la figure 7.1 illustre que seulement cinq agences (bureaux de service) des ministères fédéraux localisent leurs activités dans les territoires des régions administratives québécoises.

Soulignons par ailleurs que la figure 7.1 illustre des dédoublements dans les organisations qui œuvrent à l'échelon des régions administratives. En effet, le secteur de la santé est desservi à la fois par le gouvernement provincial et le gouvernement fédéral. Aussi, les secteurs de l'environnement, de l'industrie, de la culture et des loisirs sont couverts par deux organisations (direction et conseil) du gouvernement québécois. Notons également que le développement régional et la main-d'œuvre bénéficient, en régions administratives québécoises, de trois différentes organisations dispensatrices de services publics. Cette présence simultanée de deux ou trois organisations dans le même secteur d'activité publique préoccupe nos gouvernements sur le maintien et le fonctionnement de nombreuses organisations régionales (directions, conseils, agences). Un effort de rationalisation permettrait que certaines de ces organisations soient relocalisées dans les régions où il en manque.

3. L'HÉRITAGE DES TERRITOIRES MRC

Trois types d'organisations agissent à l'échelon territorial MRC.

Il y a d'abord les 96 corporations MRC, avec chacune son conseil des maires et sa régie interne. Ensuite, des organisations publiques (et parapubliques) de l'État qui étaient déjà présentes auparavant ou qui s'y sont localisées depuis la création de ces territoires régionaux. Nous pensons notamment aux CLSC, aux corporations de développement économique, aux SOLIDE, aux SADC, aux CLD, à plusieurs commissions scolaires, à certains centres de R&D, à des centres d'accueil et aux carrefours jeunesse-emploi. Finalement, plusieurs organisations collectives ont émergé sur ces nouveaux territoires disponibles pour les

---

4. Plusieurs ministères continuent d'utiliser leur propre découpage régional, notamment les neuf districts de la Sûreté du Québec, les onze régions du ministère de la Justice, les dix régions d'Hydro-Québec et les onze régions de la Société québécoise de la main-d'œuvre.

Figure 7.1
Occupation institutionnelle des régions administratives, 1995

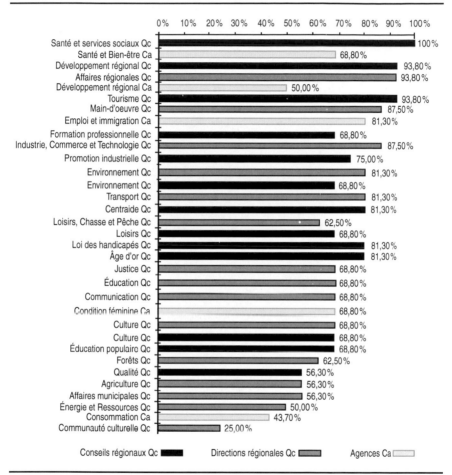

initiatives. Il peut s'agir de diverses organisations sectorielles (industries, tourisme, forêts, etc.), comme d'une multitude de comités, d'associations, de clubs et autres groupes préoccupés par la desserte de biens et services collectifs. Sans oublier les nombreux syndicats, unions et groupes d'intérêt qui choisissent de plus en plus ces territoires MRC comme référence spatiale.

La figure 7.2 illustre dans quel pourcentage les + 96 territoires MRC ont été choisis (en 1998) par une organisation (+ ou – 10 %) pour l'exercice de sa fonction publique.

Carte 7.2
Territoires MRC en 1997

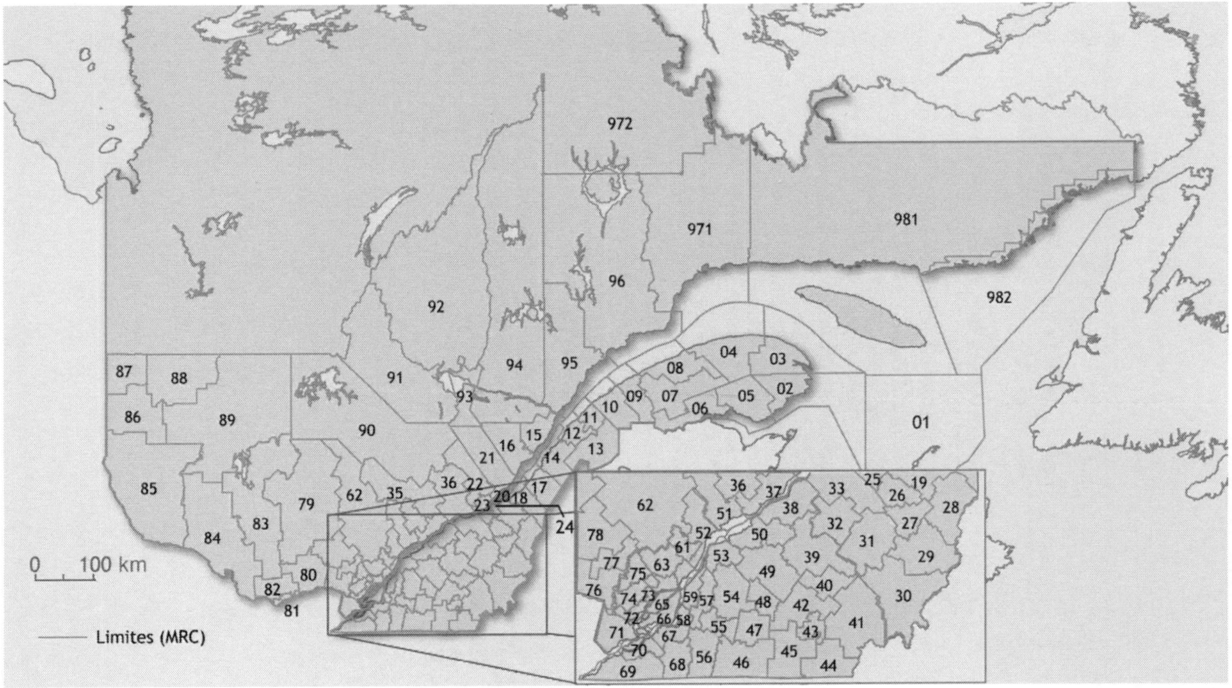

Source: BDTA.
Alain Roch, UQAC, 2002.

Figure 7.2
Occupation fonctionnelle des territoires MRC, 1998

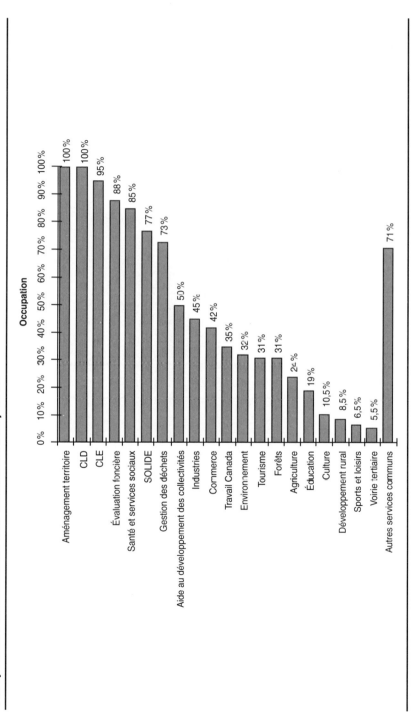

Cette figure nous permet de constater que, de 1982[5] à 1998, les 96 territoires MRC ont été occupés par des organisations qui y exerçaient certaines fonctions publiques. C'est-à-dire que les territoires MRC servent de plus en plus d'aires de gestion pour l'exercice de fonctions publiques. La figure 7.2 illustre cependant une importante inégalité intersectorielle dans l'occupation de ces territoires supralocaux. Il existe aussi certains dédoublements de fonctions dans les secteurs du travail (emploi) et du développement économique (entreprises).

Il est à noter, par ailleurs, que la présence d'un certain nombre d'organisations, notamment dans les secteurs tourisme, culture, industries et pêche, s'avèrent très précaires puisqu'elles sont généralement structurées de manière ponctuelle, selon la conjoncture de la dynamique régionale et de la disponibilité des ressources.

Pour les 21 secteurs illustrés à la figure 7.2, nous constatons qu'après seulement une quinzaine d'années d'existence, de nombreuses fonctions publiques utilisent les territoires MRC comme aire de gestion. Ce progrès rapide dans la construction institutionnelle MRC démontre bien la pertinence de cet échelon territorial dans la gestion publique au Québec. Cela est d'autant plus vrai que ce progrès s'est effectué malgré les très faibles incitatifs financiers de l'État et les difficultés financières des municipalités locales. Le fait que le pourcentage d'utilisation des territoires MRC soit tout de même encore assez faible (− de 50 %) pour un très grand nombre de territoires s'explique en outre par le manque d'expertise professionnelle, la faible disponibilité des élus pour s'occuper des dossiers supralocaux ainsi que le protectionnisme des municipalités de dimension importante.

4. LES AGGLOMÉRATIONS URBAINES

Si 78 % des municipalités du Québec ont une population inférieure à 3 000 habitants, force est de constater aussi qu'environ 80 % de la population du Québec vit dans une agglomération urbaine de plus de 12 000 habitants. Il s'agit là d'une donnée fondamentale dans la problématique de l'organisation territoriale au Québec. Les moyennes et grandes agglomérations urbaines ont donc besoin d'outils spécifiques pour assurer la gestion de certaines fonctions publiques.

---

5. Comme nous l'avons déjà noté dans le chapitre précédent, bien que la loi 125 ait été votée en 1979, ce n'est qu'à partir de 1982 que les régions MRC furent réellement opérationnelles.

Les agglomérations urbaines de Montréal, de Québec et de l'Outaouais disposent déjà depuis 1969 d'une structure communautaire. Elles regroupent à elles seules environ quatre millions d'individus dénombrés par l'entremise des RMR (régions métropolitaines de recensement). Nous avons vu au chapitre précédent qu'il existe aussi 28 autres agglomérations urbaines (tableau 7.3) qui regroupent 150 municipalités, et représentent ainsi environ 20 % de la population du Québec.

Tableau 7.3
Principales agglomérations urbaines du Québec

Agglomérations	Nombre de municipalités	Population
Alma	2	30 191
Baie-Comeau	5	32 823
Chicoutimi	10	160 928
Cowansville	2	12 510
Dolbeau	2	15 023
Drummondville	6	60 092
Granby	4	59 410
Joliette	5	37 525
La Tuque	3	13 050
Lachute	1	11 730
Magog	3	20 426
Matane	3	14 858
Rimouski	10	47 818
Rivière-du-Loup	6	23 457
Rouyn-Noranda	10	38 739
Saint-Georges	3	23 095
Saint-Hyacinthe	6	50 193
Saint-Jean-sur-Richelieu	4	68 378
Saint-Jérôme	4	51 986
Salaberry-de-Valleyfield	3	40 061
Sept-îles	3	25 712
Shawinigan	11	61 672
Sherbrooke	14	139 194
Sorel	6	46 365
Thetford-Mines	7	30 279
Trois-Rivières	9	136 199
Val-d'Or	4	30 041
Victoriaville	3	39 826

Source : Statistique Canada, Recensement 1991.

Carte 7.3
Carte des agglomérations

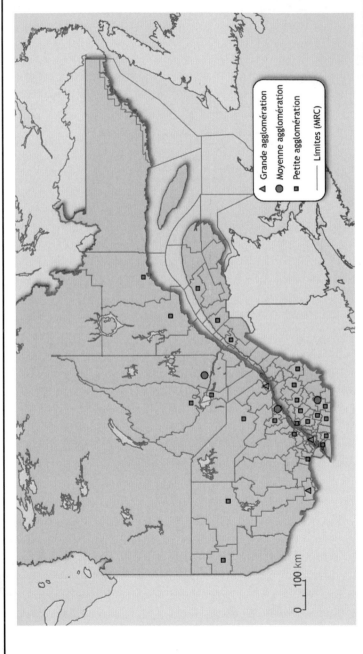

Source: Observatoire socioéconomique des Territoires MRC du Québec, UQAC.
Alain Roch, UQAC, 2002.

Mis à part les trois RMR, ces 28 pôles urbains possèdent chacun une population allant de 12 000 à 160 000 habitants. Mais la majorité de ces agglomérations ont entre 25 000 et 60 000 habitants localisés sur un territoire certes contigu mais toutefois morcelé en divers territoires municipaux. Selon les données de Statistique Canada, 75 % de ces agglomérations urbaines ont vu leur population augmenter entre 1986 et 1991. Ces agglomérations auraient certainement beaucoup d'intérêt à se consolider (Pétrelli, 1995) afin d'éliminer les iniquités fiscales, les incohérences dans la prestation des services, l'étalement urbain coûteux et la perte générale de la qualité de vie. Des gains importants pourraient en effet être obtenus en matière d'aménagement du territoire, de desserte de services et de gestion de l'environnement. Notons aussi que le développement économique pourrait bénéficier de l'intégration des efforts de promotion sur de tels espaces urbains grâce à ce qu'il est convenu d'appeler les économies de proximité ou économies d'agglomération.

Soulignons à cet égard que plusieurs agglomérations furent déjà consolidées au cours des années 1970, notamment Gaspé en 1971, Gatineau en 1975, Jonquière en 1975, Beauport en 1976, Saint-Agapit en 1979 et Drummondville en 1981. Elles forment déjà des noyaux urbains importants. Un effort en ce sens s'avère encore nécessaire au Québec.

Terminons cette section en reportant le lecteur au chapitre 3 s'il veut revoir certaines données et analyses de ces agglomérations urbaines qui polarisent à plus ou moins forte intensité les activités sociales et économiques dans l'espace Québec.

5.   LE POSITIONNEMENT DES ORGANISATIONS

Nos données sur les organisations publiques, parapubliques et collectives qui œuvrent sur les territoires locaux, supralocaux (MRC et communautés urbaines) et régionaux au Québec nous permettent d'enrichir notre analyse de quelques composantes. Nous avons notamment constaté un bon degré de fragmentation des fonctions exercées à chaque échelon territorial local, supralocal et régional.

Suivant les concepts de régionalismes fonctionnel et politique analysés au chapitre précédent, nous pouvons aussi positionner chaque organisation installée dans le Québec infranational selon le diptyque fragmentation–intégration, c'est-à-dire leur caractère monofonctionnel ou multifonctionnel. Nous avons mesuré trois variables pour déterminer dans quelle catégorie ranger les organisations et où les positionner sur notre modèle d'analyse (figure 7.3) : le nombre de fonctions exercées (axe horizontal), l'imputabilité politique des décideurs et l'autonomie financière (axe vertical).

Dans le quadrant supérieur gauche qui représente le régionalisme fonctionnel fragmenté, se localisent les directions (bureaux et agences) des différents ministères québécois et canadiens. Certaines de ces organisations publiques et parapubliques ont un haut degré de pouvoir décisionnel et un certain degré d'autonomie financière, et se rapprochent ainsi de l'axe horizontal. Par ailleurs, d'autres ont une vocation bifonctionnelle ou multifonctionnelle, notamment les Régies régionales de la santé et des services sociaux (RRSSS), qui se localisent ainsi plus près de l'axe vertical séparant la fragmentation de l'intégration territoriale.

Dans le quadrant supérieur droit, se localisent les organisations qui cherchent l'intégration des diverses fonctions exercées par les directions des ministères de l'État. On trouve dans cette zone le SDR (Secrétariat au développement des régions), le DEC (Développement économique Canada) et quelques organisations multifonctionnelles. Notons que le CRD se localise un peu plus près de l'axe horizontal étant donné son degré d'autonomie décisionnelle et financière. La position illustrée à l'extrême de cette zone d'intégration du régionalisme fonctionnel est représentée par la CAR (Conférence administrative régionale).

Dignes représentantes du régionalisme politique fragmenté, les municipalités se localisent toutes dans le quadrant inférieur gauche. Certaines se positionnent plus près de l'axe vertical parce qu'elles exercent un nombre plus élevé de fonctions (aqueduc, voirie, sécurité, loisirs, etc.). C'est le cas des municipalités de dimension plus importante, notamment celles qui furent consolidées récemment grâce aux fusions et regroupements. Plusieurs municipalités sont dépendantes dans une certaine mesure des transferts de l'État (peu d'autonomie financière) et se rapprochent ainsi plus de l'axe horizontal. Précisons aussi que les commissions scolaires sont localisées dans ce même quadrant, très à gauche puisqu'elles sont unifonctionnelles, et assez près de l'axe horizontal vu leur faible autonomie financière.

Les corporations MRC, quelques grandes municipalités et les communautés urbaines représentent finalement la volonté de consolidation des agglomérations pour intégrer les fonctions exercées à l'intérieur du régionalisme politique. Elles se situent ainsi dans le quadrant inférieur droit. Les SADC se localisent aussi dans cette zone bien que leur désir d'intégrer leurs diverses fonctions repose davantage sur le simple volontariat de leurs partenaires. Il en va de même pour les « guichets uniques »,

Figure 7.3
Positionnement des acteurs de l'organisation territoriale

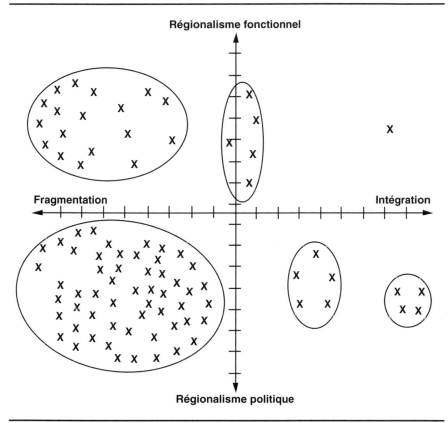

les forums et tous les autres mécanismes collectifs de coordination volontaire élargie, qui se localisent plus vers l'extrême droite dans ce quadrant.

Le cadre d'analyse formalisé par cette figure est fort utile pour comprendre un peu mieux l'organisation des territoires du Québec, sur lesquels œuvrent de nombreuses et diverses organisations publiques, parapubliques et collectives. Il illustre que le vaste secteur public infra-national du Québec est largement fragmenté par un ensemble d'organisations effectuant un nombre limité de fonctions.

CONCLUSION SUR L'HÉRITAGE TERRITORIAL DU QUÉBEC

À quel point les problèmes d'organisation des territoires soulevés au Québec durant les années 1950 et 1960 furent-ils résolus par le vaste mouvement de réforme amorcé durant la Révolution tranquille ? Question tout à fait pertinente mais à laquelle nous ne pouvons pas encore actuellement donner une réponse adéquate.

D'abord, parce que la mesure précise des progrès de chaque élément du diagnostic général posé à l'époque n'a pas été effectuée systématiquement depuis. Nous savons notamment très peu de chose sur l'application réelle des outils d'aménagement du territoire, l'amélioration réelle de la fiscalité municipale, les causes du manque d'initiatives innovatrices, l'efficacité de la régionalisation de fonctions publiques, etc.

Nous nous en tiendrons ici à souligner que la réforme du secteur public territorial, entreprise avec beaucoup d'optimisme au début des années 1960, est demeurée inachevée. Or, les spécialistes s'entendent à considérer que l'entrée du Québec dans le millénaire serait favorisée si l'organisation de ses territoires était plus optimale. Optimum qui pourrait être atteint, en principe, par des territoires renforcés dans leur capacité d'aménagement, de gestion de services, notamment ceux offerts aux travailleurs et aux entreprises. C'est pourquoi plusieurs analystes placent beaucoup d'espoir dans la réforme en cours (2001) d'abord dans les agglomérations urbaines mais inévitablement ensuite dans les autres territoires qui composent l'espace du Québec.

8

La décentralisation gouvernementale

Avec la responsabilisation de l'État qualifié de keynésien (Keynes, 1883-1946), État qui devait assumer de nouvelles charges publiques, le XXᵉ siècle fut une période largement touchée par la centralisation décisionnelle dans la majorité des nations du monde. Le Canada et le Québec se sont inscrits dans cet esprit d'État régulateur de l'économie, redistributeur de la richesse nationale et gestionnaire de biens et services collectifs. Les autorités locales qui détenaient une bonne partie des dépenses effectuées dans le vaste domaine public ont alors vu cette part s'effriter par l'augmentation des interventions de Québec et d'Ottawa dans le transport, l'agriculture, l'éducation, la santé, les loisirs, etc.

Dans ce contexte de centralisation gouvernementale, les arguments en faveur de la décentralisation furent très souvent invoqués par les experts en gestion publique. Car la centralisation et la décentralisation représentent deux modalités distinctes de gestion publique, toutes deux soutenues par la théorie économique, la théorie politique et la théorie administrative. Mais, comme l'a bien démontré François-Albert Angers (1960), la centralisation a reçu beaucoup d'attention des scientifiques qui la prônèrent dans leur désir de trouver des critères pour rationaliser la gestion gouvernementale. Néanmoins, la décentralisation comporte elle aussi des avantages solides qui permettent à d'autres spécialistes d'argumenter régulièrement au Québec pour un retour du balancier centralisateur qui domine la modernisation de l'État depuis l'après-guerre et même avant, avec notamment la création d'un département des affaires municipales en 1918. Ces arguments des experts sont repris régulièrement dans les revendications de la société civile organisée et les autorités locales en quête d'autonomie financière et décisionnelle. Le tableau 8.1 répertorie quelques-uns de ces principaux arguments.

Tableau 8.1
Centralisation et décentralisation

Centralisation	Décentralisation
Unité	Diversité
Société	Communauté
Ordre	Liberté
Intégration culturelle	Respect des identités
Globalité	Particularités
Consolidation	Intégration
Concentration	Déconcentration
Développement par le haut	Développement par le bas

Au début des années 1990, la demande sociale de décentralisation gouvernementale fut très importante au Québec. Même si les interprétations de ce mouvement furent nombreuses (Proulx, 1998), il reste que la décentralisation gouvernementale s'est bel et bien exprimée comme une perspective d'analyse à part entière. Voyons dans ce chapitre ce qu'il en est de cette modalité de gestion publique, dans le contexte québécois en particulier.

1. L'ORIGINE DE CETTE OPTION DE GESTION PUBLIQUE

L'option de la décentralisation[1] s'inscrit dans toutes les tendances en philosophie politique. Le concept possède en effet des composantes qui appartiennent les unes aux idéologies dites de gauche (justice sociale, participation, coopération, etc.) et les autres à celles de droite (traditions, autonomie, efficacité, etc.). La décentralisation trouve d'ailleurs ses racines historiques dans la nuit des temps ; la fameuse république de Platon était de dimension humaine, à l'échelon d'une communauté. Plus près de nous, le concept fut largement crédibilisé par le mouvement d'analyse communautaire du XIXe siècle ; Louis-Joseph Proudhon n'a-t-il pas préconisé d'une manière très articulée l'organisation politique de la France à partir des communes d'abord, en remontant ensuite d'échelon en échelon en s'appuyant sur le principe de subsidiarité.

---

1. La centralisation est principalement une idée d'ordre, tandis que la décentralisation s'avère principalement une idée de liberté.

De fait, depuis le déclin des petites collectivités autonomes du Moyen Âge consécutif à l'intégration du pouvoir monarchique, l'idée d'un retour à une société substantiellement organisée au niveau des communautés de base est revenue constamment hanter et confronter le principe centralisateur[2], moteur de l'organisation de l'État-nation. En conséquence, nous pouvons affirmer que la décentralisation s'inscrit réellement à contre-courant de la vision unitaire, dominante au cours des derniers siècles. Il s'agit d'un paradigme différent. Une solution de rechange radicale pour la gouverne publique, qui fait appel au respect de la diversité culturelle, à la liberté d'action, à la créativité, aux mobilisations nouvelles, à la solidarité communautaire, à l'efficacité de gestion, à la prise en main de la destinée collective, au respect des besoins, des particularités, des goûts et des préférences des citoyens ainsi qu'à la responsabilisation des décideurs.

Devant l'aspect attrayant de ces propriétés reconnues à la décentralisation, on comprend que la plupart des pays démocratiques aient effectué, au cours des dernières décennies, des réformes de leur gestion publique en s'appuyant sur un tel principe. Certains États ont, à l'instar de l'Allemagne de l'après-guerre, privilégié la décentralisation des fonctions publiques à un échelon régional, notamment l'Italie en 1970, la France en 1972 et 1982, l'Espagne en 1979-1980 et la Belgique en 1980. Tandis que d'autres États tels que la Grande-Bretagne et les pays scandinaves ont plutôt priorisé la consolidation des pouvoirs et des responsabilités à un échelon supralocal (districts, petites régions). Finalement, les États (ou provinces) de l'Australie, des États-Unis et du Canada ont, d'une manière générale, favorisé une décentralisation éclatée par secteurs et par échelons territoriaux, respectant ainsi, et même multipliant, les petites structures fonctionnelles locales, supralocales et régionales (municipalités, commissions, agences multiples).

Le degré de décentralisation effective sur le plan opérationnel varie évidemment d'un cas à l'autre. Souvent, on a centralisé des fonctions locales à l'échelon supralocal; d'autres fois, on a créé des institutions dites décentralisées mais sans aucun pouvoir réel; et dans certains cas, on a procédé à une réelle décentralisation avec autonomie financière, élus au suffrage universel et pouvoir réglementaire. Malgré

---

2. La centralisation fut une doctrine dominante pendant la majeure partie du XXe siècle : autorité centrale et respectée, ordre et discipline, unité de commandement, fonctions et tâches bien définies, structure hiérarchique, délégation de l'autorité en échelle (pyramide) et autres principes d'un pouvoir centralisé furent largement défendus. On a de fait rationalisé au maximum les principes d'une approche dite classique en science administrative, largement diffusée grâce à ce qu'il est convenu d'appeler le « taylorisme ».

la diversité de modèles qui oblige à nuancer et à pondérer la terminologie utilisée, il demeure que le programme politique des trois dernières décennies dans le monde occidental a favorisé la mise en œuvre de véritables réformes des institutions publiques locales et régionales basées sur un ajout réel de responsabilités dans la gestion de programmes, de biens et de services.

2. L'ODYSSÉE QUÉBÉCOISE[3]

Dans ce mouvement décentraliste, le Québec ne fut pas en reste, après un processus important de construction de l'État québécois et de centralisation qui a largement marqué le XXe siècle (Lemieux, 1998). Nous avons vu au chapitre 6 que la réforme territoriale effectuée à partir de la Révolution tranquille comportait trois grandes composantes : le renforcement des instances locales, le régionalisme fonctionnel et le régionalisme politique, dans lesquels la décentralisation faisait son œuvre. En réalité, nous distinguons quelques grandes phases dans l'odyssée québécoise en matière de décentralisation.

Le mouvement de décentralisation prit dans un premier temps la forme d'une déconcentration des différents ministères ; il fut ensuite suivi, dans les années 1970, par la mise en place de mécanismes de consultation nommés conseils régionaux. Ce centralisme déguisé fut très important au Québec à cette époque. Il est actuellement fortement ancré et très jaloux de ses prérogatives comme dépositaire de la rationalité administrative en régions. Néanmoins, les élites locales ont progressivement réalisé que ce type de décentralisation ne se traduisait pas vraiment par une augmentation de leurs responsabilités, de leur pouvoir et de leurs ressources financières. Au contraire, il a même permis d'accentuer la centralisation dans plusieurs secteurs d'activité tels que l'éducation, la santé et la culture, et retardé du même coup la véritable décentralisation par la création de nouvelles structures régionales sous le couvert de velléités décentralisatrices.

Avec l'arrivée du Parti québécois à la gouverne nationale en 1976, la volonté affirmée et concrétisée de décentralisation a atteint son apogée, notamment grâce au Livre vert (six fascicules) du nouveau Secrétariat à l'aménagement et à la décentralisation (SAD) et ensuite au Livre blanc (non édité) sur la décentralisation. Ces documents de

---

3. Voir deux analyses fort intéressantes sur le sujet, soit celles de Lisette Jalbert et de Pierre Graveline.

réflexion gouvernementale proposaient différents axes d'une réforme s'appuyant sur la valorisation des acquis déjà décentralisés, soit les municipalités locales. On désirait clairement créer une assise supra-locale de consolidation et de décentralisation. Un riche débat eut lieu au Québec à cette époque.

Dans la pratique, la loi 105 sur la démocratie locale, la loi 57 sur la fiscalité municipale et la loi 125 qui créa les territoires MRC (chapeautés chacun par un conseil de maires) se sont inscrites dans le sens de la décentralisation. L'aménagement du territoire fut décentralisé, comme première responsabilité d'une liste qui se voulait longue en principe. En pratique, cette volonté concrète s'est lentement éteinte au tournant des années 1980, notamment après l'échec du référendum sur la souveraineté du Québec. Soulignons que la classe politique du Québec de cette époque était fort consciente, comme le souligne le rapport Gendron en 1983, que l'œuvre réformatrice d'inspiration décentralisatrice n'était pas terminée. C'est-à-dire que la réforme territoriale butait alors sur l'étape cruciale de la décentralisation gouvernementale. Elle avait cependant bel et bien atteint à ce moment-là ses limites de faisabilité politico-administrative.

Partant du fait que la réforme territoriale ait été freinée par la conjoncture politique (Brochu et Proulx, 1995), les analystes de l'époque ont largement déploré l'absence d'une politique explicite et irréversible du gouvernement québécois à l'égard de la décentralisation. Faiblesse stratégique qui a, semble-t-il, inévitablement conduit à ce que l'œuvre entreprise avec vigueur en 1976 demeure malheureusement inachevée. On s'en remettait dorénavant à l'éventuelle responsabilisation croissante des décideurs locaux et régionaux pour que des changements s'opèrent graduellement à moyen terme. Nous sommes alors rentrés dans la troisième phase, celle appelée le hiatus.

C'est évidemment parce que la réforme territoriale était inachevée que la réflexion continua au cours des années 1980, même si la volonté gouvernementale n'y était plus vraiment. Les congrès annuels des unions municipales[4] permirent ainsi d'illustrer notamment que le milieu municipal avait d'importantes réticences face au principe général de décentralisation dans lequel ils percevaient des aspects douteux, plutôt centralisateurs finalement. On considéra alors comme prudent de prendre un certain recul et de se doter d'outils de réflexion. C'est

---

4. Union des municipalités du Québec (UMQ) et Union des municipalités locales et des municipalités régionales de comté du Québec (UMRCQ) devenue FQM (Fédération québécoise des municipalités).

ainsi que Vincent Lemieux fut appelé en 1985 à présider un comité de travail sur les pouvoirs des municipalités et des MRC. De fait, ce comité devait remettre ses recommandations à la commission d'étude présidée par l'honorable Jacques Parizeau, laquelle produisit d'ailleurs en 1986 un rapport très substantiel où elle faisait le point sur la situation. La réflexion continua tout de même par la suite, ici et là, de manière ponctuelle. Elle se fit aussi plus organisée à l'occasion du colloque organisé en 1987 à l'Université du Québec à Chicoutimi par le GRIR (Groupe de recherche et d'intervention régionales). L'impasse de l'effort de décentralisation apparut clairement cette année-là, notamment lors du dévoilement de la nouvelle politique régionale du nouveau gouvernement au pouvoir. En matière de décentralisation, cette politique ne préconisa qu'un simple réaménagement des régions administratives, certes bienvenu mais largement insuffisant pour faire réellement progresser la réforme territoriale. Cette politique prévoyait par ailleurs le parachèvement de la régionalisation des différents ministères dont nous avons vu, au chapitre 6, que l'objectif ne fut atteint qu'à 40 %.

La question locale et régionale refit surface de manière surprenante en 1989 avec la publication de l'ouvrage *Deux Québec dans un* de l'ex-Conseil des affaires sociales du Québec. L'effet de réveil à la cause du Québec périphérique fut très important. Tout près de 40 % des mémoires livrés à la Commission Bélanger-Campeau en 1990-1991 insistèrent sur les enjeux cruciaux du Québec périphérique, notamment dans l'optique d'une volonté de véritable décentralisation vers les autorités locales et régionales. L'option de la décentralisation gouvernementale fut par la suite radicalement mise à l'ordre du jour par le Forum national sur la décentralisation en 1992. Nous pouvons ainsi désigner cet éveil général de nouveau décentralisme. Le sujet devint alors très chaud, d'autant plus que la réforme du ministre Picotte[5], présentée comme décentralisatrice, ne le fut guère en somme. Néanmoins, l'espoir demeura vivace puisque, à cette époque bien précise, les RRSSS (Régies régionales de la santé et des services sociaux) ainsi que les SQDM (Sociétés québécoise de la main-d'œuvre) furent remodelées, l'une avec plus de pouvoirs et l'autre avec plus de moyens.

---

5. Par cette réforme, les Conseils régionaux de développement se sont vu carrément imposer un moratoire sur les Sommets régionaux, un mode de composition de leur conseil, un nouveau rôle de gestion des programmes élaborés à Québec, une technocratisation accrue de la dynamique du développement par l'entremise des ententes-cadres, la déviation de leur rôle traditionnel d'animation socioéconomique ainsi qu'une démarche de planification « stratégique » par nature dirigiste, indicative, descendante, peu mobilisatrice et peu innovatrice.

À ce moment-là, le Parti québécois fit de la décentralisation gouvernementale une option privilégiée pour sa future gouverne. Ce n'est donc nullement par hasard si les revendications locales et régionales ont occupé une place importante dans la campagne électorale de 1994. Simples promesses électorales, ont prétendu certains analystes ! Il demeure que le passé de la gouverne péquiste démontre son engagement profond envers la décentralisation des responsabilités vers les autorités locales et supralocales. Le nouveau gouvernement au pouvoir ne désirait aucunement éviter la question. Si bien qu'il déposa, début septembre, un Livre blanc afin de susciter la réflexion collective sur des propositions concrètes à l'intérieur d'un Québec souverain. La décentralisation des pouvoirs fait clairement partie du projet de société défendu par le gouvernement du Parti québécois.

3. LA CONJONCTURE ACTUELLE S'Y PRÊTE BIEN

Mis à part le fait que la réforme territoriale est demeurée inachevée au Québec, plusieurs conditions sociales, politiques, administratives et économiques permettent à l'option de la décentralisation gouvernementale de trouver de nombreux appuis sur la grande scène politique du Québec. Retenons ici les principaux :

- La souveraineté du Québec amènerait des responsabilités publiques nouvelles qu'il faudrait gérer efficacement sur tous les territoires de l'espace national par l'entremise d'organisations publiques efficaces et démocratiques.

- Les difficultés financières périodiques de l'État-nation mettent sérieusement en question le mode de gestion centralisé qui cumule souvent des déficits importants et illustre un certain nombre d'inefficacités administratives tout à fait évidentes.

- Le chômage structurel, persistant malgré la reprise de la production, discrédite considérablement la capacité de régulation économique de l'État-nation.

- Les disparités régionales persistent dans les indicateurs du développement, malgré près de 40 ans de politiques régionales issues des centres.

- La très forte démobilisation du citoyen face au domaine public produit, de toute évidence, des citoyens-clients plutôt que des citoyens-acteurs.

- Il est démontré scientifiquement que les petites organisations monofonctionnelles sont généralement moins complexes, plus flexibles et plus efficaces que les grandes organisations multi-fonctionnelles.

- Il est toujours nécessaire de favoriser d'abord et avant tout la création de milieux de vie épanouissants pour les individus, stimulants pour les travailleurs et innovateurs pour les entreprises.

Ces quelques éléments de la conjoncture actuelle du Québec servent de toile de fond aux revendications en faveur de la décentralisation gouvernementale. Pour ce qui est des diverses interprétations dans le débat sur la décentralisation gouvernementale, nous croyons que chacune pourra éventuellement être démontrée jusqu'à un certain point. L'État central en profitera certainement pour se décharger de certaines responsabilités lourdes à remplir sur le terrain. La décentralisation servira certainement aussi de drapeau politique et de slogan électoral.

4. LA SYNTHÈSE SUR LA DÉCENTRALISATION

La décentralisation gouvernementale préconise rien de moins finalement que le renouvellement de notre façon de vivre en société et de nous administrer collectivement par un nouveau partage des responsabilités publiques, des pouvoirs décisionnels et des ressources financières entre les communautés locales, supralocales et régionales[6]. En réalité, il s'agit d'un large appel à la population, à la participation à la vie collective, à de nouvelles mobilisations sociales, à la créativité populaire, à la prise en main individuelle et collective, à l'invention de micro-projets, à de nouvelles solidarités, à un esprit de concertation, etc.

Car la décentralisation possède en principe plusieurs vertus démocratiques et économiques (Proulx, 1996a). En rapprochant les gouvernants (décideurs) des gouvernés (clients), elle accroît la responsabilisation de part et d'autre, permet l'allégement des pesanteurs bureaucratiques, stimule l'émergence et la différenciation de leaders et crée les conditions de proximité qui favorisent la créativité et l'innovation face aux problèmes vécus, aux besoins réels et aux possibilités d'intervention sur le

---

6. Elle vise principalement la prise en compte des disparités spatiales dans les goûts et préférences des clients du secteur public.

terrain. Lorsqu'ils sont pilotés par des organisations décentralisées, les solutions, les services et les actions sont ainsi, en principe, plus aptes à satisfaire les clients (population, travailleurs, entreprises)[7]. En ces temps de restrictions gouvernementales dans les services publics, on comprend que la décentralisation gouvernementale ait le potentiel de soulager les nombreuses insatisfactions des payeurs de taxes.

Soulignons que les vertus de la décentralisation seront bénéfiques à leur pleine capacité si les vices de cette modalité de gestion publique sont éliminés. Nous pensons notamment aux effets néfastes que représentent la formation de potentats locaux (Joyal, 2002), les disparités de services entre territoires riches et territoires pauvres, et les incohérences dans les interventions publiques dispersées et éclatées. Toute réforme décentralisatrice conduirait inévitablement à la réorganisation des échelons territoriaux dans le Québec infranational d'une manière plus efficace sur le double plan de la gestion et du développement, en gains de démocratie et en efficacité économique.

5. COMMENT DÉCENTRALISER ?

Pour les analystes qui ont suivi de près le débat sur la décentralisation gouvernementale au Québec depuis 35 ans, un constat d'imprécision apparaît clairement. On s'entend facilement pour revendiquer l'application d'un principe aux multiples vertus. Il devient fort difficile cependant de s'entendre précisément sur le contenu et les modalités d'application d'une politique spécifique de décentralisation gouvernementale. Les preuves de ces difficultés dans la précision des responsabilités, des pouvoirs et des ressources financières à décentraliser sont nombreuses. Citons ici les principales : les tergiversations de plusieurs ministres réformateurs pendant les années 1960 et 1970, la non-publication des fascicules n° 5 « Le réaménagement des pouvoirs » et n° 7 « Le régime fiscal des comtés » de la série intitulée *La décentralisation : perspective communautaire nouvelle* éditée par le Conseil exécutif en 1978, la non-publication du Livre blanc sur la décentralisation en 1979, l'abandon des régions par le ministre Gendron en 1983, et les nombreux piétinements politiques sur la question depuis ce temps.

---

7. Ces organisations décentralisées favorisent aussi la représentation des divers intérêts collectifs exprimés localement, tout en améliorant la rapidité et la flexibilité décisionnelle.

Parlant d'imprécision, il est intéressant de constater que, malgré les nombreuses revendications des élites locales et régionales en faveur de la décentralisation gouvernementale depuis Bélanger-Campeau, peu de projets articulés furent soumis au débat politique par les principaux défenseurs de ce choix de société. Les récents exercices de planification stratégique régionale nous ont offert peu de contenu à cet égard. Il en fut de même avec les 600 mémoires traitant du sujet, déposés aux Commissions régionales sur l'avenir du Québec. L'important Forum sur la décentralisation qui eut lieu au Saguenay–Lac-Saint-Jean en 1994-1995 (Proulx, 1995b) n'aboutit à aucune offre globale et articulée à l'égard de cette modalité de gestion publique. Bref, malgré des efforts intéressants de confection, notamment par la CSN et les unions municipales, le gouvernement du Québec n'a pas encore reçu de modèle précis et articulé de décentralisation gouvernementale de ceux qui la revendiquent.

6. QUELLES RESPONSABILITÉS FAUT-IL DÉCENTRALISER ?

La science économique (l'économie publique) offre plusieurs critères rationnels pour encadrer les décisions politiques sur le partage des ressources et des responsabilités entre les échelons territoriaux. Des normes existent bel et bien à l'égard de l'équité fiscale, des économies d'échelle, des externalités, de la redistribution de la richesse, de l'efficacité économique, de la cohérence administrative, etc. Leur application relève cependant de contextes politiques souvent complexes dans lesquels une telle approche normative n'a pas toujours préséance. En outre, la diversité des situations territoriales sur le vaste espace national oblige les spécialistes à effectuer des analyses au cas par cas. En tenant compte de ces limites de l'approche normative, nous pouvons néanmoins formuler un certain nombre de principes généraux sur une vision globale de la décentralisation au Québec.

Tout d'abord, il est important de préciser que l'on reconnaît généralement trois grands buts ou finalités que tous les États du monde essaient d'atteindre par leurs interventions dans l'économie de marché. Il s'agit du maintien de l'ordre social (sécurité, justice, liberté, etc.), de la régulation de l'économie (profitabilité du secteur privé, emploi, inflation, taux de change, etc.) et de la desserte de biens et services collectifs (besoins de base de la population, cadre et qualité de vie, reproduction de la main-d'œuvre, etc.). Le vaste secteur public divise ces buts en trois grandes sphères de responsabilités.

La première sphère touche les dépenses sociales, notamment dans la défense, les communications et les allocations diverses. Nous pensons aux allocations de chômage, aux pensions diverses, à la sécurité sociale, etc. La deuxième sphère regroupe les investissements sociaux. Nous pensons tout de suite à la construction d'infrastructures de transport et d'équipements multiples dans les loisirs, la santé, l'éducation, le tourisme, etc. Il faut aussi inclure dans cette sphère les investissements dans le capital humain (formation, perfectionnement, mesures actives, etc.) et dans les moyens de production (technologies, machineries, bâtiments industriels, R&D, centrales électriques, etc.). Finalement, la troisième sphère de responsabilités dans laquelle l'État intervient largement est celle de la consommation sociale. Il s'agit des services et des biens desservis dans les domaines de l'éducation, de la santé, de la culture, du transport en commun, de l'eau, etc.

Notons que certaines interventions publiques peuvent s'inscrire à la fois dans deux sphères d'activité ou viser deux finalités de l'État. À titre d'exemple, l'éducation est un service et un investissement public permettant la reproduction de la main-d'œuvre évidemment, mais aussi la régulation socioéconomique et la justice sociale. En outre, plusieurs interventions effectuées comme des dépenses ou des investissements sociaux se présentent en partie sous la forme concrète d'un bien ou d'un service consommé.

D'une manière générale, les dépenses sociales et les investissements sociaux représentent des biens et services publics dits purs. Généralement indivisibles, ils ne peuvent être sous l'entière responsabilité de petits territoires. D'une part, leur desserte génère des effets de débordement trop importants pour être financés localement. Pensons à cet égard à la défense, à la recherche scientifique, aux autoroutes, à la santé, aux universités, etc. Ces biens et services publics purs ont, d'autre part, des effets importants sur la redistribution de la richesse collective. Soulignons notamment la sécurité sociale, les allocations de chômage et le contrôle de la masse monétaire. Pour ces deux raisons liées à l'indivisibilité, le financement public de ces biens et services doit se faire sur une échelle assez large. En conséquence, nous pouvons avancer que les dépenses sociales et les investissements sociaux sont largement des responsabilités typiques de l'État central. Si leur financement doit être central idéalement, la desserte de biens et services dans ces sphères publiques peut cependant être décentralisée au niveau de l'aire optimale selon d'autres critères, notamment l'efficacité de gestion et la démocratie dans l'expression des goûts et des préférences des clients.

Sont par contre décentralisables totalement, tant dans le financement que dans la desserte, les responsabilités à l'égard des biens et services publics dits impurs. Leur production est tout à fait divisible par territoires de dimension réduite. Elle est même fortement souhaitable afin de respecter les goûts et besoins des citoyens. Tel est le cas des écoles primaires et du transport en commun. Les effets de débordement territorial sont alors très limités, comme dans le cas de l'aqueduc, des égouts et de la collecte des ordures. Chaque groupe de citoyens peut choisir de consommer ce qu'il préfère de ces biens et services, notamment dans les loisirs et les sports. Finalement, on reconnaît à ce type de biens et services divisibles une utilité qui diminue avec la distance du centre de desserte et de gestion. C'est le cas notamment des services communautaires, des services à l'emploi et de plusieurs services aux entreprises. Ce sont ces biens et services publics impurs, rangés largement dans la sphère de la consommation sociale, qui appartiennent traditionnellement aux autorités publiques décentralisées puisqu'ils répondent bien au théorème de la décentralisation exposé ci-dessus.

7. UN RETOUR SUR NOTRE HÉRITAGE INSTITUTIONNEL

Notre observation du vaste appareil public infranational québécois nous a permis d'illustrer la fragmentation des responsabilités publiques dans une quarantaine de secteurs d'activité localisés à trois échelons territoriaux. Cette fragmentation verticale et horizontale des fonctions publiques territorialisées devient notre héritage institutionnel.

Nous présumons que cette fragmentation résulte d'un véritable choix de société dans la gestion publique québécoise. Choix de gestion qui a orienté tout le mouvement de modernisation de l'appareil d'État depuis près de 40 ans. En réalité, la déconcentration administrative des ministères et les regroupements de fonctions municipales qui étaient jadis nécessaires au Québec furent effectués de manière déconcentrée. Des gouvernements territoriaux auraient pu être créés à un seul échelon. Cette option n'a pas été retenue. Le choix de la non-concentration des fonctions publiques au sein d'une seule instance politique et administrative par territoire local, supralocal et régional fut certes rationnel. Il répondait à une logique de gouvernance territoriale bien identifiée dans ses vertus et ses vices par les spécialistes de la science politique, de l'administration publique et de l'économie publique territoriale. Notons par ailleurs que ces mêmes spécialistes reconnaissent aussi les vertus et les vices (forces et faiblesses) de la formule opposée, soit l'intégration territoriale des fonctions publiques. Et le choix implicite ou explicite du Québec fut bel et bien la fragmentation administrative dans la gestion des diverses fonctions publiques exercées dans le vaste champ infranational.

Suivant cette analyse, le débat sur l'organisation territoriale au Québec fait inévitablement ressortir la question du dilemme entre la fragmentation et l'intégration des fonctions actuelles et éventuelles exercées par les municipalités locales, les territoires MRC et les régions administratives. Il ne s'agit évidemment pas de la seule question pertinente à poser actuellement. Néanmoins, le diptyque fragmentation–intégration s'avère une composante scientifique majeure pour éclairer la problématique de la réforme locale et régionale en cours.

8. LES VERTUS ET LES VICES DE LA DÉCENTRALISATION DÉCONCENTRÉE

Les écrits scientifiques, notamment sur l'économie publique locale (Boynes, 1992), les travaux de l'école de Berkeley « *on Managing Decentralization* » et les réflexions de l'OCDE sur le sujet (Greffe, 1992), nous enseignent que la fragmentation verticale et horizontale dans la gestion publique déconcentrée de fonctions décentralisées possède plusieurs vertus relatives à la démocratie et à l'efficacité économique.

En matière de démocratie, la fragmentation de la gestion publique en un ensemble de petites organisations œuvrant dans différents secteurs et à quelques échelons territoriaux aide à protéger la liberté individuelle en rapprochant les gouvernants des besoins collectifs des gouvernés. Il s'agit là d'un puissant argument des politologues pluralistes qui a largement influencé les réformes locales et régionales des dernières décennies. D'une part, les organisations monofonctionnelles, généralement de dimension réduite (petites clientèles), sont plus accessibles et permettent aux clients d'avoir une meilleure visibilité des coûts et des bénéfices réels engendrés par les services publics. Du coup, une telle transparence facilite la responsabilisation non seulement des clients, mais aussi des décideurs publics face à l'exercice des fonctions publiques. En conséquence, le principe du respect des goûts, des préférences et des besoins des citoyens par la sphère publique s'en trouve gagnant. D'autre part, un ensemble de petites organisations fragmentées permet une meilleure représentation des multiples intérêts divers présents dans la collectivité territoriale. Les diverses instances décisionnelles mises en place (conseils, commissions, comités, etc.) offrent en effet de nombreuses tribunes pour l'expression des besoins et des préférences sur une diversité de sujets clairement ciblés. Mis à part l'implication et la mobilisation des citoyens qui sont, de toute évidence, favorisées par la présence de ces tribunes, la fragmentation des fonctions publiques encourage aussi l'émergence de leaders dans les collectivités territoriales et leur diversité non seulement idéologique mais aussi en matière d'innovation dans les initiatives de développement.

Pour ce qui est de l'efficacité économique dans la sphère publique, les ouvrages sur le sujet soutiennent largement que les ressources allouées par les programmes et la desserte des biens et des services sont généralement mieux gérées par de petites organisations. D'une part, les petites organisations monofonctionnelles (univocationnelles) sont moins complexes et administrativement moins lourdes que les organisations multifonctionnelles, ce qui permet non seulement de réduire les coûts de la hiérarchie et de la bureaucratie, mais aussi de conserver la flexibilité d'action, la rapidité décisionnelle, la créativité dans les solutions et la capacité d'adaptation rapide aux changements et à la turbulence du monde moderne. D'autre part, les petites organisations fragmentées, à divers échelons et dans différents secteurs, s'intéressent par essence aux problèmes et aux besoins spécifiques là où ils se posent, car leur mission est spécifique. Globalement, cela stimule la recherche de solutions appropriées, applicables selon une variété de modalités. Le client ne s'en trouve ainsi que mieux servi face aux coûts engendrés par la gestion publique des ressources collectives.

Pour clore cette analyse de la fragmentation, soulignons qu'un système de gestion publique fragmenté en de multiples petites organisations (décentralisation déconcentrée) possède aussi certains vices (ou faiblesses). Premièrement, les critiques de la fragmentation administrative dans le secteur public considèrent qu'elle ne favorise pas autant qu'on le voudrait l'implication et la mobilisation des citoyens. En effet, lorsque leur clientèle est réduite, les nombreuses petites organisations voient souvent leur instance décisionnelle (conseil, comité, commission, assemblée, etc.) affligée de nombreux sièges vacants. Ce phénomène, ajouté à celui de la présence simultanée de certains leaders dans plusieurs instances différentes fait généralement en sorte que seulement quelques individus monopolisent le débat public, ce qui crée un système décisionnel très élitiste[8]. De plus, les analystes mettent en évidence que, sur le grand nombre de petites organisations fragmentées qui existent sur un territoire donné, plusieurs utilisent mal les modalités

---

8. Soulignons aussi à cet égard qu'au Québec, plusieurs petites organisations locales et régionales de gestion publique prétendue décentralisée ne possèdent pas d'instance décisionnelle pouvant permettre la participation.

favorisant la transparence de leur gestion. On reproche par ailleurs à la fragmentation des organisations en gestion publique de favoriser les inégalités entre les bassins de clientèle.

Du côté de l'efficacité économique finalement, la fragmentation (déconcentration) favorise inévitablement les actions dispersées et disjointes dans la vaste sphère publique. Car, même si la complémentarité des missions existe clairement en principe, les multiples petites organisations qui exercent une fonction donnée sur un certain territoire ont souvent leurs propres objectifs qui répondent à leurs intérêts organisationnels particuliers. Il en résulte un certain nombre de mauvaises allocations des ressources publiques[9], dont les plus connues sont les chevauchements, les incohérences, les duplications, le manque de convergence, ainsi que la compétition exacerbée pour l'obtention de ressources, d'expertise, de responsabilités et d'informations disponibles dans la vaste sphère publique infranationale. Enfin, la fragmentation fonctionnelle laisse souvent de petites organisations monofonctionnelles avec peu de ressources et d'expertise pour effectuer leur mission spécifique.

Bref, la fragmentation des fonctions répond beaucoup mieux au théorème de la décentralisation gouvernementale quand il existe des mécanismes assurant l'intégration territoriale.

9. LES VERTUS ET LES VICES DE LA DÉCENTRALISATION CONCENTRÉE

Les écrits scientifiques sur l'organisation territoriale, notamment la critique sévère de la fragmentation fonctionnelle par les politologues libéraux, nous enseignent que l'intégration territoriale des fonctions (concentration) dans la gestion publique décentralisée possède un grand nombre de vertus. Elles sont généralement soulignées en opposition aux vices de la fragmentation fonctionnelle (déconcentration) décrits ci-dessus. Ces vertus sont en réalité majoritairement des gains d'efficacité économique.

Premièrement, une bonne intégration territoriale permet d'éliminer, en partie, les incohérences et les chevauchements entre les fonctions publiques, de réduire considérablement la duplication des tâches

---

9. Il est à noter que ces mauvaises allocations sont très souvent liées au fait que plusieurs organisations fonctionnelles œuvrent dans le même secteur, qu'elles soient ou non localisées au même échelon territorial.

et d'accroître les économies d'échelle. L'énergie ainsi épargnée en ressources financières et humaines peut donc être réinjectée pour offrir de meilleurs services aux clients, pour financer de nouveaux outils de développement, pour se doter de nouvelles expertises, pour exercer de nouvelles fonctions et tâches ou tout simplement pour réduire les taxes et les impôts.

Par ailleurs, un bon degré d'intégration des fonctions génère un meilleur arrimage entre les divers objectifs visés par les multiples organisations publiques, parapubliques et collectives qui œuvrent sur le territoire. Cela conduit non seulement à une meilleure convergence des actions, mais aussi à la solidification des consensus collectifs sur les grandes priorités territoriales à défendre.

On reconnaît aussi à l'intégration territoriale des fonctions publiques des vertus en matière de solidarité communautaire. Les efforts consentis à l'intégration ont en effet des effets importants, souvent peu visibles, connus sous l'appellation d'économies externes positives. Ce sont des effets positifs générés par une organisation donnée et qui bénéficient à d'autres organisations sans qu'elles en paient les coûts. En contrepartie, les bénéficiaires produisent aussi, par leurs activités, des effets positifs dans leur environnement. On donne habituellement comme exemples d'économies externes positives les effets des services collectifs desservis par le secteur public : bassin de main-d'œuvre qualifiée, cadre de vie, services spécialisés, qualité de vie, etc. Outre ces services formels dont les effets débordent, il y a aussi plusieurs autres moyens de générer des effets externes positifs. Pensons notamment à la mobilité des ressources humaines entre les institutions, aux échanges de services, aux transferts de savoir-faire, au partage des équipements, à la circulation d'information utile aux décideurs, etc., qui peuvent accroître l'esprit communautaire et la solidarité par un processus cumulatif conduisant à plus d'efficacité globale.

Par ailleurs, bien que l'intégration territoriale des fonctions publiques soit souhaitable, il demeure qu'elle possède aussi ses vices ou ses faiblesses. Premièrement, il y a la perte possible des vertus démocratiques (accessibilité, transparence, responsabilisation, mobilisation, leadership, etc.) et économiques (initiatives, flexibilité, rapidité, créativité, adaptation, etc.) de la fragmentation territoriale. Deuxièmement, la quantité d'efforts déployés pour favoriser l'intégration territoriale des fonctions publiques peut entraîner un ratio coûts–bénéfices négatif, si la volonté effective de collaboration entre les organisations est trop faible. Puisque ces effets négatifs sont généralement évitables en grande partie, l'intégration territoriale demeure souhaitable sous certaines conditions spécifiques, notamment celles visant à préserver les vertus de la fragmentation des fonctions. Il s'agit de trouver le modèle d'intégration approprié à chaque contexte institutionnel territorial.

Il existe dans les écrits scientifiques plusieurs modèles articulés pouvant en principe servir l'intégration territoriale des diverses fonctions publiques exercées dans le Québec infranational. En mettant de côté les petites variantes entre chacun, nous disposons en réalité de deux grands types de modèles : le modèle de la consolidation par une structure centrale et le modèle de la coordination volontaire entre des petites organisations autonomes par l'entremise de certains mécanismes institutionnels appropriés.

10. L'INTÉGRATION TERRITORIALE PAR UNE STRUCTURE CENTRALE

Le modèle d'intégration des fonctions publiques par la consolidation d'une structure centrale (concentration) est souvent préconisé, notamment après une première analyse rapide de la fragmentation (déconcentration). On propose tout simplement de concentrer les fonctions gérées dans une seule organisation centrale par échelon territorial. Ce modèle de consolidation s'appuie sur les théories dites classiques en administration publique. Il répond par ailleurs à des désirs spontanés de cumul du pouvoir inhérents à la nature humaine. Ses origines pratiques remontent aussi loin que les grandes conquêtes et les grands travaux de l'Antiquité. Ses principes sont simples et fort bien connus : unité de commandement et de direction, autorité forte, centralisée et respectée, division poussée du travail, fonctions et tâches bien définies, structure hiérarchique pour l'ordre et la discipline du fonctionnement interne, chaîne de communication et de délégation de l'autorité en échelle (pyramide), subordination des intérêts individuels aux intérêts généraux, culture de l'esprit impersonnel, et discipline et obéissance des travailleurs.

Basé sur l'ordre, la hiérarchie et la rationalité dans une structure administrative centrale, forte et consolidatrice, ce modèle possède évidemment plusieurs vertus. Il fut d'ailleurs largement utilisé pour organiser systématiquement la bureaucratisation tant du secteur privé que du secteur public au cours du XXe siècle. Les très nombreuses études de cas effectuées sur cette modalité d'intégration territoriale permettent aux analystes de formuler quelques critiques très précises. On souligne notamment son manque de flexibilité dans les comportements, ses incitations réduites à l'émulation et aux efforts exceptionnels, ses pauvres communications internes et externes, sa trop faible capacité d'adaptation aux changements et sa performance administrative qui se dégrade au fil du temps. Ces effets négatifs s'ajoutent à la perte des vertus démocratiques et économiques de la fragmentation des fonctions publiques, notamment l'implication des citoyens, la responsabilisation des décideurs et l'efficacité des petites unités administratives, etc. L'expérimentation récente de structures centrales de consolidation territoriale démontre par ailleurs que les problèmes d'intégration des diverses fonctions publiques demeurent tout de même importants sur les territoires. C'est-à-dire que les difficultés de coordination entre les départements d'une grande organisation multifonctionnelle sont souvent aussi importantes que celles qui existent entre les petites organisations unifonctionnelles autonomes.

Ainsi, la consolidation territoriale par une structure centrale n'aurait pas d'effets magiques sur les vices de la fragmentation fonctionnelle à moyen et long terme. Cela étant, la principale critique à l'égard de la structure centrale de consolidation territoriale des fonctions publiques pointe son malheureux manque de créativité dans un domaine où les changements sociaux, culturels et économiques très rapides en demandent pourtant beaucoup. Dans le contexte institutionnel actuel des localités, des territoires MRC et des régions administratives du Québec, déjà occupé par une multitude de petites organisations monofonctionnelles qui exercent dans une quarantaine de secteurs (fragmentation verticale et horizontale), le modèle dit « classique » d'intégration territoriale des fonctions par une organisation centrale consolidatrice nous apparaît peu souhaitable et aussi très difficilement applicable. Nous devrions plutôt nous limiter à une consolidation par grand secteur (ou vocation) comme la santé, l'éducation, le développement économique, les services à l'emploi, la culture, etc., afin d'obtenir des organisations monofonctionnelles de taille optimale.

11. L'INTÉGRATION TERRITORIALE PAR LA COORDINATION VOLONTAIRE

Le modèle de la coordination volontaire des fonctions décentralisées sur un territoire local ou régional est né de la nécessité de renouveler le modèle classique de consolidation par la concentration qui se révèle non opérationnel globalement et généralement peu efficace.

Ses principes de base sont assimilables à la théorie générale des systèmes. En ce sens, l'ensemble des relations entre les éléments interdépendants (petites organisations unifonctionnelles) du vaste système d'organisation territoriale est considéré comme la composante essentielle : relations d'échanges de ressources, relations d'échanges d'information, relations de réciprocité, relations de partenariat, relations consensuelles, relations conflictuelles, relations de pouvoir ; etc. De fait, chaque petite organisation de gestion publique se trouve, selon cette approche, en constante relation avec les autres unités de son environnement. L'intégration territoriale peut, en conséquence logique, s'effectuer en intervenant subtilement sur ce système de relations.

Ce modèle relationnel est largement proposé dans les écrits scientifiques sous la forme de concepts tels que la coopération, le consensus communautaire, l'apprentissage collectif, le partenariat, l'interaction, la solidarité, la concertation, la coordination volontaire, etc. On constate ainsi qu'il s'agit plus du choix normatif d'agir sur les valeurs de collaboration entre les organisations plutôt que sur les structures de consolidation comme telles. En réalité, on fait appel à la culture organisationnelle territoriale plutôt qu'à une structure formelle spécifique. Les composantes de cette culture organisationnelle territoriale sont fort nombreuses, généralement immatérielles, intangibles et ainsi difficilement mesurables dans leur évolution à court terme sur un territoire donné. Nous y reviendrons au prochain chapitre.

Ce modèle d'intégration territoriale n'exclut aucunement la présence de certaines structures formelles pour animer la culture organisationnelle, c'est-à-dire activer la coordination volontaire des fonctions publiques exercées sur le territoire. De telles structures de coordination volontaire existent dans les régions du Québec : les CAR, les CRD les CR (conseils régionaux), les conseils MRC, les CLD, les SADC, les commissions et les multiples comités, associations et clubs. Tous ces mécanismes institutionnels permettent d'animer les relations entre les acteurs et la culture organisationnelle territoriale pour coordonner et intégrer les diverses fonctions publiques exercées de manière fragmentée aux trois échelons territoriaux et dans une quarantaine de secteurs d'activité.

12. LES INNOVATIONS INSTITUTIONNELLES RÉCENTES EN COORDINATION

Au chapitre de l'animation de la culture organisationnelle territoriale, plusieurs innovations institutionnelles furent mises en œuvre au cours de la décennie 1990 pour stimuler les efforts de coordination volontaire.

Nous pensons notamment aux conférences socioéconomiques régionales, souvent appelées sommets, lesquels comportent de fait plusieurs étapes de concertation telles que les colloques MRC, les tables sectorielles et le forum régional avant de se conclure par un sommet. Par ailleurs, nous avons vu que les territoires MRC furent particulièrement dynamiques du point de vue de la coordination volontaire ; ce sont eux qui ont permis l'émergence de comités, de colloques, de forums, de caucus et autres tables de réflexion et d'action collectives. Et que dire des nombreux sommets locaux et MRC qui se sont déroulés dans tout le monde rural du Québec ! Toutes ces innovations institutionnelles de coordination volontaire sont de fait venues seconder des procédures plus formelles de planification territoriale pour la confection de plans d'urbanisme, de schémas d'aménagement du territoire, de plans sectoriels (industries, culture, éducation, santé, etc.) et de plans de développement locaux et régionaux.

Chaque municipalité locale, chaque territoire supralocal et chaque région administrative a usé de son imagination pour enrichir le processus d'organisation de son territoire. Certaines formules furent fort innovatrices, notamment les états généraux tenus dans différents secteurs d'activité et les forums territoriaux et autres événements de ce type conduisant une collectivité à la prise en main de son devenir. À cet égard, la planification stratégique régionale, la planification territoriale des SADC et des CLD ainsi que la révision des schémas d'aménagement des territoires MRC furent des exercices formels qui ont permis l'application de toutes sortes de mécanismes innovateurs pour stimuler et influencer la culture organisationnelle territoriale. Elles ont permis aussi de créer de nouvelles affinités, de nouvelles convergences, de nouveaux consensus, de nouvelles coordinations, de nouveaux partenariats, de nouvelles économies externes positives, de nouvelles solidarités, etc. Ces retombées positives associées globalement à de la « synergie territoriale » ne sont sûrement pas suffisantes dans leurs effets concrets, mais elles représentent tout de même un excellent apport pour l'organisation territoriale des fonctions dans le Québec infranational. Cela explique sûrement en grande partie pourquoi l'analyse des diverses fonctions exercées par les quelque 257 organisations publiques, parapubliques et collectives au Saguenay–Lac-Saint-Jean a détecté très peu de chevauchements et de doubles emplois (Proulx, 1996c).

Parmi ces retombées « synergétiques », signalons la multiplication accélérée des ententes intermunicipales depuis 1990. En effet, la figure 9.1 illustre que, de cinq à dix qu'elles étaient avant 1990, les ententes nouvelles contractées annuellement ont littéralement explosé depuis et transformé radicalement la faible tradition de coopération

Figure 8.1
Ententes intermunicipales au sein des 30 agglomérations urbaines

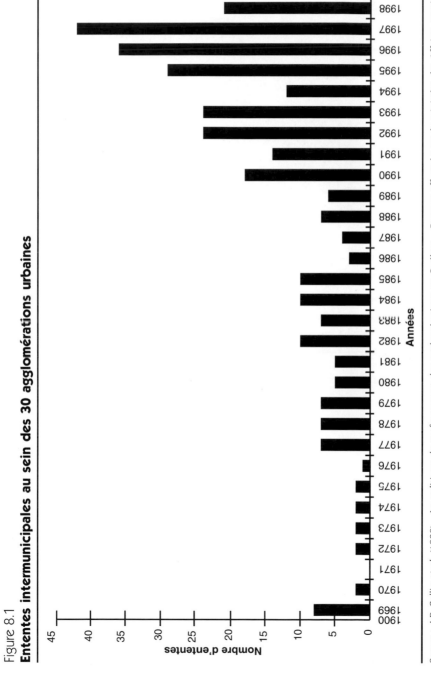

Source : J.P. Collin *et al.* (1999). « La politique de renforcement des agglomérations au Québec », *Rapport effectué pour le ministère des Affaires municipales*, Québec, 182 pages.

intermunicipale. On distingue trois catégories de modalités institution-nelles de coopération (Proulx, 1999) : les ententes touchant la fourniture de services, la délégation de compétences et la mise en place d'une régie. Elles servent à gérer collectivement la desserte d'eau potable, la lutte contre les incendies, la collecte des eaux usées, les loisirs, les déchets, la voirie, etc.

Bref, les 30 plus importantes agglomérations urbaines du Québec bénéficient en 1999 de plus de 568 ententes intermunicipales, dont la majorité furent contractées après 1990. Ce nombre d'ententes est très variable d'une agglomération à une autre. En considérant leur potentiel initial, plusieurs territoires, comme Rimouski-Neigette et Manicouagan, ont signé un très grand nombre d'ententes. Il ne s'agit là que de la pointe de l'iceberg, car nous avons constaté par ailleurs que de nombreuses ententes formelles existent dans le secteur de la santé et des services sociaux (hôpitaux, CLSC, centres) et dans celui de l'éducation (cégeps, polyvalentes, universités, centres R&D, etc.). La plupart de ces ententes utilisent une aire de gestion qui leur est propre, donc variable d'une entente à l'autre, et généralement de dimension locale plutôt que régio-nale. En outre, il y a un très grand nombre d'ententes informelles, notamment dans les secteurs de l'environnement, des loisirs, de la culture et du communautaire. Leur décompte précis est impossible à effectuer, mais nos enquêtes exploratoires sur deux territoires MRC nous permettent de les estimer. Nous constatons qu'il s'agit d'une véritable toile d'araignée d'ententes et de conventions de toutes natures. Cet important phénomène d'innovation institutionnelle participe considéra-blement à l'efficacité et à la cohérence du vaste domaine public local.

Sur le territoire de la MRC du Fjord-du-Saguenay, les ententes interorganisationnelles représentent désormais une véritable modalité de fonctionnement dans plusieurs secteurs d'activité publique. Nous avons recensé 55 de ces ententes dans le seul secteur de la santé et des services sociaux, alors qu'il n'existe officiellement que 24 ententes intermunicipales. Sur le territoire de la MRC Domaine-du-Roy, il n'y a que 122 ententes et partenariats dans le monde municipal, dont 51 sont tissés entre des entités rurales. On a noté pas moins de 33 ententes dans la santé et des services sociaux, et 21 dans le tourisme. Aussi, des centaines d'ententes touchent l'éducation, notamment les mesures visant l'adaptation au marché du travail.

Bien que le phénomène échappe largement à la mesure tradition-nelle puisqu'il n'y a pas de comptabilité formelle au sein des organisations, nous constatons une très forte innovation institutionnelle supralocale dont la forme, le contenu et les aires couvertes s'inscrivent sous le signe de la diversité afin de répondre aux besoins, aux problèmes et aux préférences des acteurs.

Dans cet esprit d'innovations institutionnelles, l'appareil bureaucratique de Québec a cru pertinent de mettre de l'avant certaines modalités d'encadrement des acteurs locaux, supralocaux et régionaux (Proulx, 1996a). D'abord, la formule des ententes cadres État–région fut consolidée en 1988 afin d'assurer le respect des priorités, des normes et des limites financières des divers programmes québécois d'allocation des ressources. Ensuite, nous avons assisté à l'abandon par le gouvernement de la démarche des conférences socioéconomiques régionales (sommets), procédure de planification sûrement imparfaite mais tout de même inédite dans l'implication des acteurs du développement (politisation). Comme formule de remplacement, la planification stratégique fut imposée en 1992 aux régions administratives, qui conservaient cependant, heureusement, une bonne marge de manœuvre dans le choix de la procédure à utiliser. Ce type de planification indicative doit permettre de définir les grands axes régionaux qui serviront à canaliser les initiatives de développement vers le haut afin de les accorder aux priorités d'allocation des ressources du gouvernement. On a à cet égard promis une flexibilité accrue des divers ministères dans la modulation de leurs programmes en fonction de la réalité régionale.

On décida aussi, dans la même veine, de renforcer la CAR[10] de chaque région administrative en élevant les 16 délégués régionaux du SDR (Secrétariat au développement des régions) au statut de sous-ministre adjoint. Ce désir de promouvoir une meilleure coordination interministérielle en région est certes fort louable. Sur cette lancée, le gouvernement octroya des responsabilités de gestion de programmes d'allocation des ressources financières à nos traditionnelles structures d'animation socioéconomique régionale, les CRD. En retour, l'État imposa que la composition du conseil respecte le ratio tiers-tiers-tiers[11]. En acceptant cette perte d'autonomie, ces structures au statut précaire se sont vues en retour accréditées par l'État.

---

10. Ce qui permet d'asseoir à la même table de coordination les directeurs et délégués régionaux des différents ministères québécois qui œuvrent dans une région donnée.
11. Selon la nouvelle directive gouvernementale, les conseils régionaux de développement (CRD) doivent maintenant être composés d'un tiers d'élus (députés et locaux), un tiers des ministères, agences et institutions publiques et parapubliques et un tiers de représentants des divers secteurs socioéconomiques.

Ces récents changements institutionnels effectués par l'État ne sont bien évidemment pas suffisants pour asseoir la réorganisation territoriale qui apparaît nécessaire actuellement au Québec. Si on les ajoute aux initiatives des acteurs sur le terrain, ils illustrent cependant un certain progrès dans le bon sens. C'est un petit pas de plus vers des changements institutionnels.

CONCLUSION

Il est très souvent admis, en science régionale, que les territoires locaux, supralocaux et régionaux à succès économique exemplaire jouissent généralement d'arrangements institutionnels optimaux. Dans la mutation économique en cours depuis les années 1975-1980, le Québec infranational doit indubitablement relever cet enjeu institutionnel. La décentralisation gouvernementale fait ainsi appel à de nouvelles modalités de gestion publique. Elle remet directement en cause le vaste appareil politico-administratif. Question incontournable à laquelle il devient impératif de répondre dans le contexte actuel de positionnement du Québec dans l'économie–monde.

Le gouvernement du Québec est bien évidemment directement visé par cette question. Il doit élaborer ses politiques en tenant compte de l'enjeu de la décentralisation, et en le situant dans le contexte plus large des arrangements institutionnels optimaux pour l'organisation de ses territoires locaux, supralocaux et régionaux. L'appareil politique doit alors avoir un courage exemplaire. Car on imagine facilement les résistances qui peuvent s'exercer dans l'appareil administratif. Après des décennies de centralisation gouvernementale, l'appareil bureaucratique possède des réflexes paternalistes fort bien ancrés. Aussi, les élites locales et régionales, bien appuyées par la population, devront-elles, au cours des prochaines années, réclamer publiquement cette rédécentralisation gouvernementale du Québec. Ces élites décisionnelles pourraient d'ailleurs en prendre l'initiative, notamment en amorçant elles-mêmes la recherche collective de nouveaux arrangements institutionnels. Cela illustrerait clairement leur détermination à prendre en main leurs affaires publiques.

Le développement des territoires

Si les deux premières parties de cet ouvrage ont présenté les connaissances théoriques et empiriques nécessaires pour saisir et analyser la composition des territoires en contexte québécois, les prochains chapitres porteront davantage sur les facteurs culturels, sociaux et économiques qui influencent leur evolution et leur développement. Nous traiterons en fait de développement territorial.

Nous verrons d'abord les principaux modèles de croissance et de développement issus largement mais non exclusivement de la science économique. Ensuite, nous brosserons un tableau comparatif de l'évolution historique de quelques régions centrales et périphériques en situant bien les diverses étapes charnières traversées avec plus ou moins de bonheur selon les régions. Cet exercice d'analyse économique des territoires nous amènera à analyser en détail le concept de « territoires de soutien », auquel nous offrirons alors une perspective opérationnelle en contexte québécois. Le chapitre 12 sera d'ailleurs entièrement consacré au rôle de l'interaction qui est actuellement au cœur des questionnements.

Enfin, dans les deux derniers chapitres, nous verrons quelles sont les interventions publiques possibles pour stimuler le développement des économies et des communautés territoriales, quelles sont les stratégies territoriales disponibles, pourquoi elles sont utiles et comment les intervenants peuvent déterminer les options qui leur semblent prioritaires. Cet exercice nous conduira à conclure en parlant de politique territoriale de manière générale, mais surtout sur son application concrète en contexte territorial québécois.

9

Les modèles pour expliquer le développement territorial

Longtemps avant Adam Smith et son célèbre ouvrage de 1776 sur les causes de la richesse des nations qui est reconnu comme le fondement de la science économique, on s'interrogeait déjà sur les facteurs et les mécanismes qui agissent sur la prospérité des sociétés et des communautés. Car cette prospérité est inégale dans le temps mais aussi dans l'espace. Puisque le roi Salomon exploitait des mines dans la lointaine Afrique, que les Sumériens réalisaient de très vastes travaux de drainage et d'irrigation et que les Phéniciens commerçaient partout en Méditerranée jusqu'au-delà de Gibraltar, il va sans dire que les sages de l'Antiquité appliquaient déjà des réponses appropriées pour stimuler l'économie. Lorsque les rois et les princes commencèrent à s'entourer de «conseillers économiques», les facteurs de la création de richesse furent de mieux en mieux compris. Pour les uns, la véritable richesse est issue de la terre, alors que pour les autres, elle vient des métaux précieux. L'exploitation de ressources naturelles (bois, rivières, animaux, mines, terres fertiles, etc.) devint alors le principe premier du développement économique et social.

Ce principe trouve ses fondements philosophiques dans le mythe de Prométhée qui raconte que l'homme déroba un jour aux Dieux le feu et le génie et qu'il s'en sert depuis dans sa maîtrise croissante des forces de la nature. L'agriculture et l'élevage sont alors apparus afin de créer des surplus et de libérer les hommes pour d'autres tâches que la cueillette et la chasse. Ainsi débutèrent la science et les arts dans la construction, la fabrication, la navigation. Et les techniques se développèrent grâce à la division du travail qui a permis sa spécialisation croissante. L'homme a ainsi appris à transformer de mieux en mieux les ressources naturelles. Cette transformation en biens et en services permet d'engendrer de la richesse, laquelle permet de construire des villes, des temples, des aqueducs, des routes, des mausolées, etc.

1. LA LOI DES AVANTAGES COMPARÉS

Pour exploiter d'une manière optimale les ressources naturelles dont un territoire est doté, la communauté qui l'occupe a besoin de principes de gestion. C'est ainsi qu'est apparu au cours des années 1980 le principe d'un développement durable qui stipule que l'on ne doit jamais tirer d'un stock de ressources un flux supérieur à celui qui permet de maintenir la réserve au même niveau. Si ce principe avait été appliqué dans le passé, il resterait évidemment d'immenses pinèdes dans la vallée du Saint-Laurent et de la morue dans le golfe du même nom. Quoiqu'il en soit, il s'agit désormais de veiller à l'application de ce principe de durabilité et de bien d'autres, notamment celui du pollueur-payeur.

Parmi les principes de gestion des ressources d'une collectivité, la loi des avantages comparés offre un puissant argument de rationalité en proposant notamment de faire des échanges avec d'autres collectivités afin d'obtenir des biens coûteux à produire en matière de ressources. Pour bien saisir ce principe, nous devons d'abord considérer les avantages absolus. Si la collectivité A produit un meuble en 100 unités de ressources et un sac de charbon en 20 unités, le rapport d'échange sera de cinq sacs pour un meuble. Supposons qu'une collectivité B mette 1 000 unités de ressources pour fabriquer un meuble et 100 unités pour obtenir un sac de charbon, le rapport d'échange dans cette collectivité est alors de dix sacs de charbon pour un meuble. La collectivité A détient alors un avantage absolu sur B pour chacun de ces deux biens et ne pense pas nécessairement économiser en échangeant.

Or, par son analyse des avantages comparés, Ricardo (1823) montre que ces deux collectivités ont tout de même intérêt à spécialiser leur production dans le domaine où elles sont avantagées en matière de coût et à échanger ce bien en question afin d'obtenir l'autre à un coût moindre que celui de leur propre production. Car si la collectivité A se spécialise dans les meubles pour lesquels elle est comparativement avantagée et la collectivité B se spécialise dans le charbon pour lequel elle est le moins désavantagée, chaque partenaire commerciale va économiser des unités de ressources. En effet, l'exportation de 10 sacs de charbon ne coûte que 1 000 unités de ressources à la collectivité B mais lui permet d'obtenir de la collectivité A, deux meubles compte tenu du taux d'échange dans cette collectivité. Ces deux meubles que l'on peut ainsi importer auraient demandé 2 000 unités de ressources dans la collectivité B. Celle-ci a donc gagné 1 000 unités de ressources grâce à l'échange et à la spécialisation de la production.

Ainsi, selon ce principe érigé en loi, chaque territoire doté de certaines ressources doit en réalité se spécialiser dans les options de production qui l'avantagent ou du moins le désavantagent moins que d'autres options. Pour les régions périphériques du Québec, cela signifie qu'un territoire donné doit produire du bois d'œuvre plutôt que du bois de chauffe, de l'électricité plutôt que du charbon, des pommes de terre plutôt que des tomates. En vendant ces produits sur le marché international, la région peut ainsi se procurer des tomates, du charbon et du bois de chauffe, biens pour lesquels ses coûts de production sont comparativement très élevés.

Ce principe fut largement utilisé dans la région du Québec dont l'économie se révèle très spécialisée et très ouverte à l'échange. On constate cependant que, dans le cas des ressources maritimes, cette loi fut appliquée avec trop peu de réserve, ce qui a compromis la production à moyen terme. Ainsi, aussi valable soit-elle, la loi des avantages comparés ne peut être appliquée sans restriction aux ressources naturelles, à moins que la ponction effectuée dans la réserve de ressources soit bien justifiée. C'est le cas notamment lorsque la richesse engendrée par une production intensive permet la mise en place des équipements d'une structure industrielle efficace dans la collectivité, et assure du coup la croissance et le développement à long terme. Car, si la Révolution industrielle a modifié substantiellement l'importance des causes de la richesse en complexifiant le fonctionnement de l'économie, la présence de métaux précieux chère aux mercantilistes et la dotation en terres mise en évidence par les physiocrates demeurent de puissants leviers pour capitaliser ou recapitaliser les activités selon les besoins.

2. LE MODÈLE CLASSIQUE DE LA CROISSANCE ÉCONOMIQUE

Depuis Keynes (1936), la théorie macroéconomique a permis de considérer les relations entre plusieurs facteurs de la croissance économique (exportation, revenu, consommation, investissement, dépenses gouvernementales, etc.). Keynes et ses collègues ont démontré l'importance du rôle de la demande globale et aussi de l'investissement. Car la capacité de production d'une économie est une fonction de l'accumulation du capital. Le modèle de base est illustré par la figure 9.1, où P : la production ; E : l'emploi ; Y : les revenus ; C : la consommation ; Ep : l'épargne ; I : l'investissement et DG : la demande globale.

Les keynésiens préconisent l'intervention de l'État sur les facteurs de leur modèle, notamment par des mesures fiscales pour stimuler la consommation ou attirer des investissements afin de soutenir le système de production tout en générant des revenus dans les circuits économiques. Il est à noter que, mis à part les impôts et les taxes, d'autres ressources fuient hors des circuits économiques du système modélisé, notamment les profits des entreprises dont le siège social est à l'extérieur, l'importation et l'épargne non investie.

Figure 9.1
Processus de la croissance économique

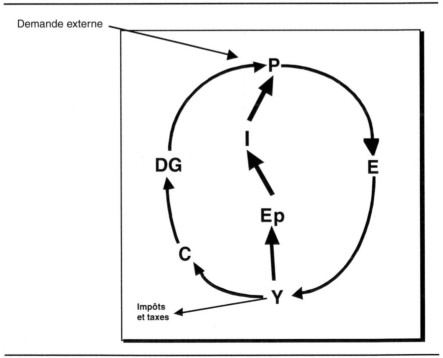

Deux coefficients sont calculés à partir des variables de la croissance économique illustrées à la figure 9.1.

1) *Le rapport S entre l'épargne et le revenu, c'est-à-dire la propension moyenne à épargner :*

$$\frac{EP}{y} = S$$

Pour qu'une économie maintienne un taux de croissance soutenu dans le temps, il faut que les revenus nouveaux moyens générés par le processus de croissance produisent suffisamment d'épargne pour maintenir le niveau d'investissement ou d'apport en capital.

2) *Le rapport B entre le capital (K) et la production, c'est-à-dire le coefficient technique de production :*

$$\frac{K}{P} = B$$

Ces deux coefficients permettent de calculer le taux de croissance d'une économie, soit :

$$\frac{S}{B} \cdot Y$$

Où B est inversement proportionnel au taux de croissance. En réalité, il faut hausser la capacité de production pour croître et il faut croître suffisamment pour générer l'épargne nécessaire à l'investissement (apports en capital). Plus il faut de capital K pour hausser la capacité de production P, plus le taux de croissance sera faible avec l'épargne Ep disponible. Ce qui est exactement le cas actuellement dans la majorité des territoires périphériques du Québec très dépendants de l'apport massif en capitaux extérieurs.

3. LA CROISSANCE ÉQUILIBRÉE OU DÉSÉQUILIBRÉE

Au tout début des années 1950, les théoriciens de la croissance et du développement économique furent interpellés par les Nations Unies qui détenaient désormais des preuves irréfutables[1] des inégalités spatiales de revenus, d'emplois et de développement. Par l'analyse des différents systèmes économiques, on divisa alors le monde en trois parties selon le degré de développement des pays. Pour mieux saisir et comprendre les déséquilibres spatiaux, les spécialistes lancèrent une importante vague de recherche sur les déterminants[2]. Deux positions opposées furent alors explicitement défendues.

---

1. Grâce aux nouvelles comptabilités nationales généralisées et beaucoup plus précises.
2. Plusieurs de ceux-ci sont connus depuis longtemps.

Pour un groupe d'experts, la croissance souhaitée est fondamentalement inégale dans l'espace, fait inévitable *a priori*. Les rééquilibres nécessaires s'effectuent à terme par la libre mobilité naturelle des facteurs (capital, travail). Et les effets négatifs tels que les zones en retard, en désertification ou en déclin peuvent être atténués par la politique sociale qui devient possible grâce à la richesse nationale créée et encouragée dans les zones en croissance soutenue.

Les tenants de l'autre position considèrent que les déséquilibres spatiaux se perpétuent et même s'aggravent avec le temps, selon un processus circulaire de cause à effet que nous verrons en détail plus loin. Il semble que les forces de rééquilibre du marché aient d'importantes faiblesses. Ce qui offre à la politique économique un enjeu explicite à relever. À ce sujet, certains affirmèrent que la croissance pouvait non seulement être diffusée dans l'espace par des mécanismes appropriés à partir de zones fortes, mais devait aussi être impulsée directement dans les zones nécessiteuses par des mesures particulièrement bien ciblées sur les déterminants transférables afin de créer l'équilibre.

De cette deuxième thèse, pro-interventionniste, naîtront des politiques visant l'impulsion de foyers de prospérité en des points précis de l'espace (lieux de déséquilibre) par l'entremise d'investissements exogènes massifs (infrastructures, industries, équipements, dumping de ressources naturelles) afin d'y faire « décoller » le processus vertueux de la croissance et du développement. À la figure 9.2, ces politiques se situent dans le premier quadrant en haut à gauche.

Après une vingtaine d'années d'expérimentation dans les pays sous-développés ou dans les territoires retardés des pays développés, ces impulsions exogènes dites par le haut ou *top down* appliquées par les organisations internationales et par les gouvernements nationaux furent largement remises en cause pour n'avoir pas ou peu atteint les objectifs escomptés. Une deuxième controverse apparut alors. Certains dénoncèrent la mauvaise utilisation des politiques par insuffisance de vigueur, de durée dans le temps ou de diversité intersectorielle dans les mesures et actions. Les fuites de capitaux hors des zones d'intervention représentent certes l'effet le plus pervers pour les circuits des économies territoriales. D'autres critiques illustrèrent que les conditions[3] territoriales initiales et préalables à la réception d'une intervention massive se révélaient primordiales pour le succès de l'impulsion. On dénonça à

---

3. Conditions de nature matérielle, immatérielle et institutionnelle.

Figure 9.2
Principaux paradigmes de la théorie du développement

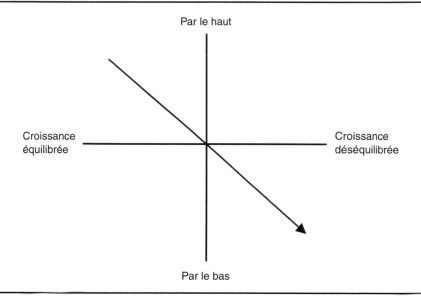

ce sujet la construction de «cathédrales dans le désert» qui créent superficiellement de la croissance économique sans insuffler le développement socioculturel si nécessaire à la pérennité de cette croissance.

C'est ainsi que, au tournant des années 1980, les experts de la croissance recommandèrent de miser davantage sur l'amélioration des conditions endogènes[4] du développement désormais considéré dans ses dimensions sociales, culturelles et économiques. On déplaça les objectifs de la politique publique. La satisfaction des besoins de base de la population (éducation, santé, habitation, etc.) fut tout de suite réclamée. Bien justifié théoriquement (Friedmann et Weaver, 1979 ; Stöhr et Taylor, 1981), le choix des impulsions endogènes dites par le bas ou *from below* a alors été largement accrédité par la nouvelle montée en importance des PME dans la création des nécessaires emplois que plusieurs grands investissements industriels éliminaient désormais par leurs avancées technologiques. L'entrepreneuriat et la formation des travailleurs devinrent alors des facteurs de développement à part

---

4. Les conditions endogènes du développement étaient jusqu'alors presque exclusivement limitées au taux d'épargne.

entière. En outre, la pratique de l'organisation communautaire désormais très répandue illustrait clairement les bienfaits de l'appropriation collective de responsabilités à l'égard du développement. Tous ces nouveaux facteurs endogènes liés à la qualité du capital humain s'ajoutent aux facteurs endogènes initiaux (ressources naturelles, épargne, productivité, patrimoine, etc.) pour devenir un objet spécifique de la politique publique de développement territorial.

Or, ces potentiels endogènes de croissance sont très souvent inégalement répartis dans l'espace[5]. Par conséquent, leur valorisation exclusive d'une manière universelle nous ramène inévitablement dans la sphère de la croissance déséquilibrée (figure 9.2). Selon ces considérations, on doit encore et toujours s'en remettre aux interventions massives exogènes pour assurer le rééquilibre spatial, surtout si les conditions endogènes améliorées sur les divers territoires peuvent favoriser les effets durables de ces impulsions «descendantes». D'où la nécessité d'une politique de développement hybride qui à la fois mise sur les conditions endogènes d'une manière universelle et impulse de manière exogène en des lieux et territoires bien ciblés. La question qui se pose est celle des facteurs à privilégier et des mesures appropriées.

4. LA THÉORIE DE LA BASE EXPORTATRICE

En droite ligne avec le modèle keynésien exposé ci-dessus, l'intuition majeure de la théorie de la base exportatrice est que l'économie d'un territoire national ou régional donné ne possède pas l'ensemble des variables internes de propension au développement. Il doit faire appel à l'externe. Les économies sont inévitablement ouvertes et dépendantes. La croissance et le développement dépendent de la demande externe ou des flux monétaires exogènes qui y sont liés.

En contexte québécois, cette intuition est très facilement vérifiable, car les territoires périphériques possèdent une économie fortement dépendante de l'extérieur et mue traditionnellement par les marchés extérieurs : fourrures, bois d'œuvre, pulpes, pâtes et papiers, mines, aluminium, etc. En réalité, les régions doivent exporter afin de

---

5. Même avec un niveau d'éducation et de santé standardisé par des normes nationales, plusieurs lieux et zones sont soumis à un exode important des ressources humaines de grande qualité attirées ailleurs par un ensemble de considérations sociales, culturelles et économiques, notamment les salaires.

pouvoir maintenir leur niveau d'activité économique qui génère beaucoup de fuites sous la forme d'importations et d'épargnes investies ailleurs par les banques.

Le modèle de la base exportatrice distingue deux activités économiques majeures sur un territoire donné : les activités de base liées au marché extérieur et les activités induites liées au marché local. L'importance relative de la base économique et du secteur induit varie selon la taille des économies territoriales. Généralement, plus un territoire est grand, plus le secteur induit occupe une place importante. Sur les territoires mono-industriels de petite taille comme Baie-Comeau ou La Tuque, l'activité économique de base représente environ 50 % des activités. En Beauce, elle représente environ 30 % des activités économiques. Alors que sur les grands territoires métropolitains, l'activité économique de base ne compte que pour environ 20 % des activités totales.

La base exportatrice est importante sur un territoire (espace) local, régional ou national, pour trois raisons :

1. Les marchés externes constituent des débouchés moins contraignants et plus importants que le marché local. Il est plus facile, en principe, d'engendrer une nouvelle activité d'exportation sur un territoire, étant donné la taille des marchés.

2. L'expansion des exportations sur un territoire suscite des revenus, de la consommation et une expansion concurrente des importations, donc un potentiel de substitution des importations par de nouvelles productions territoriales.

3. L'expansion de la base amène une augmentation rapide de la demande locale et donc du potentiel du secteur induit représenté par la consommation de biens et de services produits sur le territoire.

Cette troisième raison suscite beaucoup d'intérêt car elle évoque la possibilité de la multiplication des effets initiaux engendrés par un apport financier nouveau appelé « injection initiale ». En effet, le multiplicateur est défini comme le ratio entre la valeur de l'augmentation des activités totales sur le territoire et la valeur de l'injection initiale. Ce ratio varie selon la taille et la structure de l'économie, et aussi en fonction du temps. De fait, toute variation initiale des flux monétaires entraîne une réaction en chaîne dont l'importance diminue à chaque tour dans les circuits économiques territoriaux, mais dont l'impact sur les activités économiques est cumulatif. Aussi, pour conserver l'effet multiplicateur d'une injection initiale venant d'une nouvelle demande

---

L'effet multiplicateur

Le multiplicateur économique territorial est un outil utilisé pour mesurer les impacts économiques d'une variation de la production causée par une nouvelle demande ou un nouvel investissement. La nouvelle injection de monnaie (multiplicande) dans les circuits économiques du territoire d'accueil produit un effet plus grand que la somme initiale. Car de nouveaux emplois et de nouveaux revenus viennent alimenter, dans un second, troisième, quatrième, etc. tour du processus de croissance (figure 9.1), la demande globale de l'économie territoriale. Il y a diminution des effets à chaque tour puisque la propension marginale à consommer (PmC) ne représente qu'une fraction des revenus nouveaux générés. Aussi, faut-il considérer les fuites hors circuits que sont les importations évidemment très importantes en périphérie des grands centres urbains. Les besoins de consommation non satisfaits (PmC) et la diversification économique deviennent ainsi des conditions dont il faut tenir compte pour saisir l'effet multiplicateur d'une nouvelle demande externe ou d'un nouvel investissement dans une économie territoriale.

---

exogène ou encore d'un investissement, un territoire donné doit-il limiter les fuites de consommation à l'extérieur, c'est-à-dire hausser la propension à consommer localement.

On tire de cette théorie des stratégies territoriales de promotion de l'exportation, d'attraction des investissements, de limitation des fuites hors circuits et de protection générale de l'économie territoriale.

5. LE PROCESSUS CUMULATIF

Comme nous l'avons décrit ci-dessus, le développement économique s'alimente de lui-même s'il possède les conditions territoriales endogènes et exogènes nécessaires. Or, ce processus de cumul est fondamentalement inégal dans l'espace, puisque les territoires sont, dès le départ, inégalement dotés en ressources naturelles dont l'exploitation pourrait permettre l'exportation. Nous avons vu que, selon certains analystes de l'école classique en science économique, la mobilité des travailleurs et des capitaux assure le rééquilibre entre les territoires, chacun cheminant vers son optimum propre. C'est-à-dire que les territoires qui s'appauvrissent voient leurs travailleurs exclus de l'emploi. D'une part, cette réserve de travailleurs libres devient un facteur attractif pour les investissements nouveaux dans des activités de production. D'autre part, les travailleurs migrent vers les territoires en demande de travail.

Or, Gunnar Myrdal (1956) a fort bien démontré que la mobilité des facteurs n'entraîne pas le rééquilibre entre les territoires. Selon lui, certaines différences interterritoriales non seulement se perpétuent, mais aussi s'accroissent avec le temps. Le développement commence à certains endroits mieux dotés en ressources et en compétences, c'est-à-dire en capacités de produire en fonction de la demande. Le cumul de facteurs étant alimenté par les effets positifs du développement (emplois, salaires, épargnes, investissements, production), des effets entraînants se produisent suivant une démarche cumulative de causes à effets que Myrdal nomme la causalité circulaire.

Le processus cumulatif tend à spécialiser les zones les plus pauvres en ressources (peu d'épargne) dans les productions les moins sujettes aux progrès de la technique et les zones riches, dans les productions qui nécessitent du capital, soit le progrès de la technique. Deux facteurs permettent de perpétuer ce processus :

- L'abandon des zones pauvres par les facteurs de production (travailleurs, capital) rend sans cesse plus difficile le maintien d'activités productrices qui se déplaceront spontanément vers les territoires riches (effets de drainage).

- Au fur et à mesure que ces activités rentables des territoires riches font progresser les techniques relatives aux productions dans lesquelles les territoires pauvres se spécialisent, elles obtiennent un avantage dans des domaines nouveaux et privent ainsi les territoires pauvres des dernières productions qui restaient jusqu'à maintenant à leur portée.

Cet effet cumulatif ou boule-de-neige (figure 9.3) touche autant le développement que le sous-développement.

Très souvent illustré dans l'évolution récente des économies nationales et territoriales (urbanisation–industrialisation), ce modèle permet de mettre en évidence les problèmes : l'exode des jeunes, l'appauvrissement général des habitants, le vieillissement de la population, la dégradation sociale, la démobilisation des individus, l'apathie et le défaitisme, la sclérose du leadership, etc. Néanmoins, on a constaté qu'il peut aussi être favorablement influencé par de nouveaux comportements de localisation des entreprises, des dynamiques endogènes fortes, des événements sociopolitiques, etc.

Le modèle de Myrdal a généré par extension le modèle centre–périphérie qui démontre l'exploitation des territoires périphériques par les territoires centraux industrialisés ou en industrialisation. Selon cette perspective, les territoires devenus centraux grâce à une accumulation historique de facteurs sont définis suivant le contrôle qu'ils exercent sur

Figure 9.3
Processus dichotomique du développement

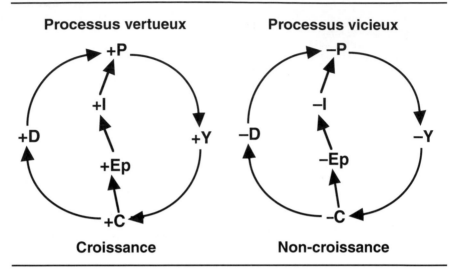

les facteurs des territoires périphériques. En effet, non seulement les échanges non réciproques entre villes et campagnes rendent les territoires périphériques dépendants des centres, mais ils ont aussi pour effets pervers de faire cheminer (drainage) les facteurs, notamment l'épargne et les compétences, de la périphérie vers le centre.

Ce modèle conduit aussi à la théorie de la dépendance selon laquelle les périphéries sont dépendantes des centres pour leur développement et demeurent souvent dans un état de sous-développement désiré ou encouragé par les centres. Ce constat de dépendance débouche sur des stratégies radicales comme la fermeture de l'espace exploité ou moins radicales comme l'exploitation systématique des avantages comparés ou l'appropriation des leviers économiques de l'espace en question.

6. LE PRINCIPE DU DÉVELOPPEMENT PAR ÉTAPES

À la fin des années 1950, Walter Rostow (1960) nous a offert une théorie de la croissance très intéressante mais qui fut aussi très contestée par la suite. Son modèle illustre l'évolution des économies sur une longue période, dans le même esprit que les travaux effectués sur les cycles longs par d'autres économistes de cette époque, travaux qui, soit dit en passant, demeurent très pertinents actuellement. Au lieu de s'attarder au rôle précis de certains facteurs qui influencent les cycles conjoncturels relativement courts, ce théoricien s'attache plutôt à comprendre et expliquer les processus temporels et les structures qui conduisent les économies dans la croissance et le développement.

Selon la théorie de Rostow, le développement économique est de nature diachronique et se réalise par grandes étapes distinctes, par grands changements structurels qui s'effectuent par ruptures plus ou moins radicales. L'auteur cherche les lois qui gouvernent le passage de l'une à l'autre étape en analysant rigoureusement l'histoire économique des systèmes économiques développés du monde occidental. Chaque étape ne commence pas au même moment dans toutes les économies. Ainsi, l'industrialisation n'a pas débuté en même temps dans tous les pays. Et toutes les économies ne sont évidemment pas rendues à la même étape à la même période de leur évolution.

Pour l'auteur, les disparités spatiales importantes dans le degré de développement, appelées divergences, sont typiques des premières étapes du développement d'une économie. La convergence entre les territoires d'un même espace économique apparaît dans les étapes subséquentes, en diminuant de beaucoup les disparités. Il note aussi que certaines étapes sont franchies grâce aux forces endogènes de l'économie, alors que d'autres sont tirées ou impulsées de l'extérieur du système économique par des facteurs exogènes. Rostow illustre également que, parmi ces forces endogènes et exogènes, se retrouvent des facteurs sociaux, culturels et politiques qui croisent les facteurs plus strictement économiques. Suivant cela, l'investissement dans une économie répond non seulement à des impératifs de profit mais aussi à des considérations de nature plus humaniste ou qualitative.

Ce principe du développement par étapes fut repris par d'autres analystes pour illustrer le fonctionnement et l'évolution des économies régionales d'un même pays. Il fut largement popularisé par les travaux de Fernand Martin (1968) à l'échelle des villes et de Jean-Claude Perrin (1974) à l'échelle des régions. Ensuite, Coffey et Polèse (1985) ont intégré le rôle de l'entrepreneur au modèle initial qu'ils ont appliqué aux économies locales.

Sur un territoire donné, la dynamique de production franchit un certain nombre de grandes étapes (entre trois et huit selon les auteurs) qui comportent toutes trois éléments dominants correspondant aux trois grands secteurs de l'économie. Retenons ici six grandes étapes distinctes et leurs composantes principales :

1) la société traditionnelle d'autosubsistance : agriculture, élevage, artisanat, etc. ;

Figure 9.4
Étapes du développement économique

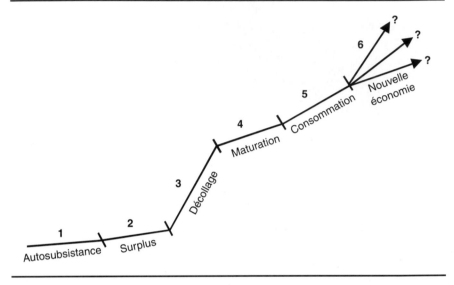

2) la création des conditions préalables au démarrage industriel : surplus de production, outillage et mécanisation, libération de main-d'œuvre, éducation des enfants, entrepreneuriat, besoins plus importants, petites fabriques à marché local, etc. ;

3) le démarrage industriel : production massive, profits réinvestis, services aux entreprises, industries exportatrices, sous-traitance, hausse des revenus, nouvelles techniques, etc. ;

4) la marche vers la maturité économique : substitution des importations, transformation, valeur ajoutée, diversification, spécialisation, multiplication des services pour le marché local ;

5) l'ère de la consommation de masse : grands magasins, centres commerciaux, grandes surfaces commerciales, services spécialisés, restauration rapide, services pour l'exportation ;

6) la nouvelle économie à anticiper : nouvelles technologies informationnelles, production flexible, production à contenu écologique, demande de produits différenciés, bio-alimentaire ; etc.

Ces étapes marqueraient l'évolution de presque toutes les économies, ce qui est maintenant fortement contesté. Il ne s'agit pas, selon les analystes, d'une synchronie de petites étapes progressives évoluant selon la conjoncture. Le passage de l'une à l'autre des grandes étapes illustrées nécessite une certaine rupture diachronique avec la situation initiale, rupture qui se répercute dans le social, le culturel et la politique tout en influençant directement l'économie. Les analystes parlent alors plutôt de bifurcations, de déviances, de comportements originaux ou marginaux et même de chaos et de chocs. Bref, il ne s'agit pas d'un passage naturel et facile. Il faut nécessairement beaucoup de leadership et beaucoup d'entrepreneuriat pour que le saut d'une étape de développement à une autre s'effectue convenablement.

Afin de faciliter la rupture nécessaire, les spécialistes proposent des interventions économiques dans les infrastructures de transport (des ports, des aéroports, des autoroutes, etc.) et dans les équipements (des incubateurs, des centres de R&D, des guichets d'information, etc.) Ils préconisent également qu'on offre des services aux travailleurs et aux entreprises et qu'on agisse directement sur les processus de production. En outre, ils recommandent fortement d'attirer des technologies dans les secteurs porteurs du changement structurel nécessaire au système économique en question. Et chaque collectivité territoriale doit être interpellée, semble-t-il, pour trouver les outils qui lui sont essentiels pour effectuer le saut qualitatif vers sa prochaine étape de développement.

7. LE PRINCIPE DES INDUSTRIES INDUSTRIALISANTES

Le modèle du développement par étapes distinctes sur un territoire donné (figure 9.4) touche un point particulièrement névralgique dans l'évolution d'une économie territoriale, soit la rupture que représente le décollage industriel. Beaucoup d'analystes ont ainsi montré que, une fois que l'économie territoriale a décollé, le passage naturel d'une étape à l'autre se fait beaucoup plus facilement. On comprend alors que l'option de faire « décoller » une économie devient très séduisante pour les gouvernements nationaux, les grands fonds, les banques et les institutions internationales.

Il est ainsi postulé que l'attraction d'une industrie dite de base sur un territoire donné a un effet d'entraînement qui rend possible l'épanouissement d'une série d'unités de production. L'industrie qui se localise dans un lieu entraîne l'apparition d'autres entreprises pour sa fourniture en biens et services, pour la transformation de sa propre production et pour diverses opérations de sous-traitance. Ce phénomène fut d'abord connu comme celui de « l'industrie industrialisante », puisque l'industrie initiale permet une certaine industrialisation du territoire de localisation.

Par la suite, les chercheurs s'intéressant aux échanges interindustriels ont proposé le concept de *clusters* ou «grappes d'industries» qui engendrent dans le même secteur d'activité des interrelations de qualité suffisamment fortes pour générer un processus autonome de croissance sur leur territoire de localisation. Ce principe fut repris et amélioré récemment par les travaux de M. Porter (1981). On comprend désormais beaucoup mieux le champ concurrentiel à saisir stratégiquement, dans lequel doit s'insérer la firme productrice (figure 9.5).

Figure 9.5
Modèle d'analyse du champ concurrentiel de Porter

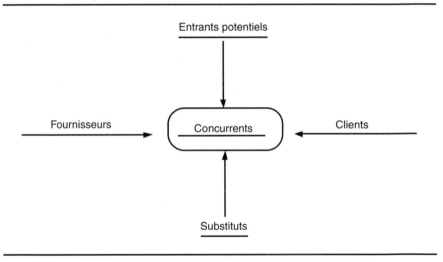

Les cinq forces de la concurrence à comprendre dans leur caractère évolutif sont : les concurrents, les clients, les fournisseurs, les entrants potentiels et les substituts. Il faut en saisir les indicateurs qui peuvent permettre d'analyser les forces, les faiblesses, les possibilités, les contraintes et les menaces qui poussent le secteur en question de sa structure initiale vers sa structure potentielle. L'entreprise concurrentielle fait en principe une lecture très détaillée de cet environnement sectoriel et s'intègre dans la grappe par une stratégie appropriée.

Aussi valable soit-il pour l'analyse des complexes industriels du nord-est de l'Amérique du Nord, de l'Allemagne, du Japon, etc., le modèle de Porter est moins utile dans les économies territoriales des régions périphériques comme celles que nous avons au Québec. Pour saisir la dynamique des industries industrialisantes sur ces territoires, le concept de «filière» largement élaboré par des analystes français

Figure 9.6
La filière de production dans le bois

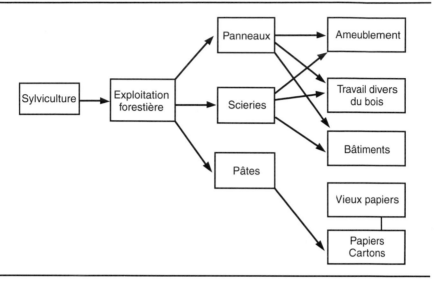

apparaît plus approprié. La filière industrielle regroupe l'ensemble des activités intégrées de l'amont (matières premières) vers l'aval (commercialisation) qui concourent à la production d'un bien donné. L'intégration s'effectue par des articulations mercantiles, bien sûr, mais aussi technologiques, financières, informationnelles, etc. qui touchent non seulement les prix mais aussi les habitudes de coopération, les complicités professionnelles, les conventions partenariales, les institutions communes, etc. En comparaison avec la grappe industrielle, la filière de production fait plus appel à l'interaction qu'à la stratégie.

La filière de production est constituée de trois éléments déterminants :

1) une succession d'opérations de transformation dissociables, séparables et liées entre elles par des enchaînements de techniques et de technologies ;

2) un ensemble de relations commerciales et financières qui s'établissent entre tous les stades de la transformation : flux d'échanges amont–aval ;

3) un ensemble d'actions économiques qui président à la mise en valeur des moyens de production et qui participent à définir un « espace de stratégies ».

L'analyse de sa filière de production permet à une entreprise de situer le segment où elle se trouve puis de concevoir en conséquence une stratégie ou une tactique qui l'amènera vers d'autres segments pour atteindre une spécialisation plus cohérente. Pour le territoire, des moyens d'intervention peuvent faire progresser la ou les filières vers l'aval afin que l'économie « décollée » sur le plan industriel chemine vers sa maturité économique. Les segments en amont sont eux aussi à considérer dans un esprit de développement durable. Dans le contexte très actuel, une organisation de R&D, un fonds de capital, un service de planification des affaires, une boîte de génie conseil, etc., peuvent jouer un rôle entraînant dans les filières industrielles en processus de structuration.

8. LE DÉVELOPPEMENT ENDOGÈNE

Au cours des années 1970, un large sentiment de désenchantement face aux modèles explicatifs du développement émergea chez les praticiens. D'une part, les échecs et les demi-échecs furent nombreux, malgré tous les efforts remarquables des autorités supérieures pour effectuer le décollage industriel des pays sous-développés et des zones retardées des pays développés. D'autre part, dans plusieurs pays ou territoires émergents, les effets bénéfiques du développement ne touchaient qu'une partie de la collectivité, laissant le reste de la population sans aucun bénéfice ou, pire encore, avec des retombées négatives importantes. À la vue de ces conséquences évidemment non désirées par les interventions exogènes, les spécialistes conclurent qu'il fallait s'intéresser davantage aux conditions endogènes du développement.

La première condition endogène signalée par les experts est sans contredit la satisfaction des besoins de base de la population du territoire à développer : la nourriture, le logement, l'hygiène, l'éducation, la santé, etc. S'il n'assure pas à la population ces conditions préalables, le développement ne peut pas s'enraciner malgré des investissements massifs et des rentrées monétaires générées par l'exportation. Voilà le message de Seers principalement (1969) et de Ghai et Alfthan (1977).

Ainsi était lancé un vaste mouvement de recherche sur le capital humain et la capacité d'apprentissage du développement (Proulx, 1994). Un important débat paradigmatique fit rage au tournant des années 1980. La discipline de l'économie régionale et urbaine en fut la pionnière, notamment avec les contributions de Stöhr et Taylor (1981) et de Planque (1983). Ce mouvement du « développement par le bas » devait rapidement conduire la science économique à réviser les facteurs de l'endogénéité au-delà du classique taux d'épargne nécessaire à l'investissement minimal (Solow, 1994), pour mieux saisir quelles conditions matérielles et immatérielles pouvaient assurer le développement d'une économie sur un territoire donné (Romer, 1986).

Nous reviendrons plus loin sur ce développement endogène, notamment sur les conditions territoriales optimales pour le soutenir. Pour l'instant, précisons seulement que sa théorisation a été considérablement servie par la montée en importance des PME dans la création d'emplois et l'échafaudage du facteur entrepreneurial. L'entrepreneur comme capital humain fut non seulement réhabilité par les sciences sociales du développement, mais aussi modélisé dans son rôle central de coordonnateur des multiples intrants qui servent à l'innovation et à la production.

CONCLUSION

Plusieurs modèles participent à la construction de la théorie de la croissance et du développement qui se veut universelle. Ils lui offrent les moyens de décrire, d'analyser et même de prévoir le phénomène étudié. Nous n'en avons vu que les principaux dans ce chapitre, ce qui laisse de la matière pour d'autres chapitres : les modèles portant sur la localisation des activités, les économies d'agglomération et autres économies externes, la distance et d'autres moins importants. Nous nous sommes concentrés sur le modèle central, dit keynésien, auquel se greffent de nombreuses contributions qui décrivent une composante spécifique, une condition particulière ou une contrainte à contourner.

Aussi pertinentes soient-elles, aucune de ces contributions théoriques ne possède un caractère tout à fait universel, si ce n'est le modèle de base du processus cumulatif. Dans certains cas de développement ou de sous-développement, un facteur spécifique explique largement le phénomène. Dans un autre cas, il s'agit d'un autre facteur. Et souvent deux, trois, quatre facteurs jouent en concomitance un rôle dans le développement, parfois même en s'opposant les uns les autres. Ainsi, pour expliquer le déplacement du développement de Québec vers Montréal au XIXᵉ siècle et de Montréal vers Toronto dans la deuxième partie du XXᵉ siècle il faut avoir recours à plusieurs composantes et à plusieurs modèles. Pour comprendre l'effritement de l'important entrepreneuriat qui existait à Sept-Îles au début des années 1980, on doit utiliser un modèle qui ne s'applique pas nécessairement à la forte émergence entrepreneuriale de Saint-Georges-de-Beauce à la même

époque. Autre exemple de la complexité du phénomène du développement, le Bas-Saint-Laurent drainé de ses ressources «périphériques»
possède des poches de développement ici et là, dont certaines
s'expliquent mal par les modèles existants. Et que dire des territoires
industriels du Saguenay et de Shawinigan qui arrivent difficilement à
franchir l'étape de la maturité économique alors que le décollage
industriel fut puissant et fructueux en matière de conditions endogènes
pour le développement. Nous reviendrons sur ce sujet dans le prochain
chapitre.

10

L'évolution économique des territoires non métropolitains[1]

Il est généralement admis au Québec que les territoires périphériques n'ont pas atteint la maturité économique associée à la diversification industrielle par la transformation des matières premières, la substitution des importations et l'exploitation de nouvelles occasions manufacturières. Les régions centrales seraient, semble-t-il, plus matures et les régions métropolitaines auraient atteint un degré de maturité élevé leur permettant actuellement de mieux passer à l'étape de la nouvelle économie. Cette vision générale de l'évolution des économies régionales nous apparaît réductrice ou du moins incomplète. Elle ne permet pas de bien saisir toutes les subtilités spatiales et les différences interterritoriales de l'économie québécoise contemporaine dans ses grandes et petites tendances.

Il est clair que le développement industriel du Québec s'est effectué de manière différente dans le temps et l'espace pour les territoires centraux et périphériques. Grâce à sa position géographique et à son assise économique initiale, notamment les chantiers navals de Québec, la vallée du Saint-Laurent a certes connu une industrialisation précoce vers 1800 avec l'exploitation de ses riches forêts de pins et de divers feuillus pour le marché britannique en forte demande. Cela lui octroya pour tout le siècle un avantage économique considérable vis-à-vis du reste de l'espace québécois que l'on dit périphérique. Cet avantage lui a permis d'obtenir dans ses centres urbains importants les premiers

---

1. Ce chapitre fut rédigé en collaboration avec Mélanie Desmeules, étudiante à la maîtrise en études régionales et assistante de recherche.

tissus manufacturiers du Québec. Les territoires centraux du Québec tels que les régions de l'Estrie, de la Beauce, de la Mauricie et de l'Outaouais, ont vu ensuite leur économie progresser sous l'impulsion de grandes compagnies américaines et également du capital local, dans le cas précisément de la Beauce et de l'Estrie. Ce grand capital à la recherche de ressources naturelles et d'énergie hydroélectrique a aussi, dès la fin du siècle, investi les régions telles que la Mauricie, le Saguenay– Lac-Saint-Jean, le Bas-Saint-Laurent, la Côte-Nord, l'Abitibi-Témiscamingue et, dans une moindre mesure, Charlevoix et la Gaspésie, en propulsant leur démarrage industriel. Que s'est-il produit par la suite qui puisse nous aider à saisir ce qui se passe aujourd'hui ?

Après avoir tracé ce schéma historique général, il nous apparaît pertinent de mieux comprendre ce qui varie dans le développement des différentes régions du Québec. Nous tracerons donc dans ce chapitre un portrait général de l'évolution économique de dix régions centrales et périphériques en nous basant sur l'analyse des grandes périodes charnières de leur développement industriel. Par l'analyse des facteurs d'évolution économique régionale et la présentation de schémas com- paratifs, nous verrons sur quels éléments chacune de ces régions peut compter dans sa marche vers la maturité et quels sont ceux qui lui font défaut.

Une méthodologie s'appuyant sur la recherche d'éléments histo- riques et d'indicateurs économiques et sociaux nous a permis de structurer les différentes phases du développement économique des régions périphériques[2] et centrales[3] du Québec. Les monographies de l'Institut québécois de recherche sur la culture (IQRC), produites par des historiens régionaux, ont servi de base à l'analyse documentaire pour la période de 1850 à 1975. Pour 1975 à 2000, les mêmes données historiques, trop fragmentaires pour cette période, furent enrichies par des indicateurs de l'analyse des secteurs de l'activité économique du Centre de recherche industriel du Québec (CRIQ).

Le cadre d'analyse adopté est principalement inspiré du modèle de la croissance économique de Rostow (1960). Les critères utilisés pour chaque période sont tirés de son ouvrage *Les étapes de la crois- sance économique* et bonifiés par l'agrégation d'indicateurs tirés des monographies régionales. Le modèle rostowien ne permet toutefois pas d'expliquer totalement les tendances du développement économique des régions périphériques du Québec. Il a néanmoins servi à modéliser

---

2. Régions situées à plus de 150 kilomètres des grands centres métropolitains québécois.
3. Régions situées à environ 100 kilomètres des grands centres métropolitains.

et à saisir les grands points de rupture dans le développement économique régional, notamment les phases du décollage industriel, de la maturation économique et de l'entrée dans l'ère de la consommation de masse. Le recours à d'autres modèles explicatifs, comme ceux de la base exportatrice, de la dépendance et du développement endogène, a été nécessaire pour compléter la grille d'analyse.

1. LA PÉRIODE PRÉINDUSTRIELLE 1850-1890

L'économie du Québec préindustriel repose sur quelques productions du secteur primaire : les fourrures, l'agriculture, la pêche et le bois. La structure industrielle est évidemment peu diversifiée. L'occupation des terres, qui a atteint son seuil de saturation dans la vallée du Saint-Laurent, ainsi que la forte industrialisation des États-Unis poussent 400 000 Canadiens français à y émigrer massivement, entre 1850 et 1900. En réponse à ce mouvement d'émigration, le gouvernement ouvre de nouveaux territoires de colonisation en périphérie de la zone colonisée du Québec de l'époque, soit au Saguenay–Lac-Saint-Jean (1840), dans les Laurentides (1850) et au Témiscamingue (1885).

2. LE PRÉDÉMARRAGE EN RÉGIONS

Les richesses forestières en Outaouais et en Mauricie attirent les entrepreneurs dès la première décennie du XIXe siècle au Saguenay–Lac-Saint-Jean à partir de 1850. Les grandes forêts de pins n'ont jamais été exploitées. Une économie agro-forestière se développe dans ces régions, fruit de la recherche de complémentarités entre une agriculture plus ou moins autosuffisante et les incertitudes de l'industrie forestière. La population grandissante de colons-agriculteurs fournit une main-d'œuvre peu coûteuse pour effectuer les travaux forestiers saisonniers. L'extension de l'industrie forestière, par la construction de chantiers plus vastes, rend possible la transformation du bois de sciage en divers produits. Quelques conditions du décollage industriel sont alors visibles dans ces régions : surplus de production, exportation, main-d'œuvre abondante et disponible, structuration d'un réseau d'activités commerciales. L'implantation des grandes compagnies de pâtes et papiers et la généralisation de la sous-traitance dans la coupe du bois freinent, à la fin du siècle, les mouvements internes de consolidation économique.

Dans le Bas-Saint-Laurent–Gaspésie, des éléments préindustriels se sont implantés très tôt dans les secteurs de l'exploitation forestière et morutière. En Gaspésie, de petits entrepreneurs de pêche indépendants se multiplient lentement, de même que de petites entreprises forestières artisanales qui comblent les besoins locaux. De 1830 à 1890, le Bas-Saint-Laurent se dote de plusieurs conditions favorables au démarrage industriel. Ainsi, le chemin de fer et la formation d'une main-d'œuvre ouvrière et agricole amènent l'implantation d'usines. La multiplication des élites locales montre l'émergence d'un esprit entrepreneurial dans la population. L'agriculture accède au marché et le commerce de gros et de détail s'étend sur une plus grande échelle. À partir de 1860, on passe du stade artisanal aux débuts d'une industrie manufacturière (petites industries locales). Rien ne laisse alors présager le marasme économique dans lequel cette région sera plongée cinquante ans plus tard.

Les conditions nécessaires au prédémarrage industriel sont inexistantes dans les régions de Charlevoix et de la Côte-Nord. Du milieu du XIXe siècle au début du XXe, la société charlevoisienne vit de l'agriculture et de l'élevage d'autosuffisance familiale. La filature de la laine, la pêche locale, la chasse, l'exploitation de la forêt à des fins d'autosubsistance et le développement de spécialités locales (dindons, pommes de terre) procurent des revenus d'appoint aux colons-agriculteurs. Quelques entrepreneurs de pêche à la morue sont actifs en moyenne Côte-Nord, mais leurs installations sont situées de l'autre côté du fleuve, en Gaspésie. Le peuplement agro-forestier permet tout de même le développement d'une petite industrie de sciage.

Sur le territoire de l'actuelle Abitibi-Témiscamingue, on n'observe que peu de conditions au prédémarrage. Les besoins du marché international en bois poussent l'ouverture d'une nouvelle région, le Témiscamingue, qui se colonise pour les besoins de l'exploitation de l'agriculture et de la forêt.

À partir de 1850, l'agriculture commerciale prend de plus en plus de place à côté de l'agriculture de subsistance en Estrie. On voit l'unité familiale s'effacer progressivement devant la montée de l'unité de production intensive. Aussi, il y a extension de l'activité forestière dans la région après 1854, grâce au nouveau Traité de réciprocité entre le Canada et les États-Unis. D'importantes conditions préindustrielles se mettent alors en place : la montée de l'élevage, la disponibilité de capitaux locaux, la diversification de la production (meubles et objets en bois, potasse, perlasse, etc.), l'éducation, l'émergence d'élites locales, la main-d'œuvre salariée et le surplus de production.

Figure 10.1
Période préindustrielle (1890)

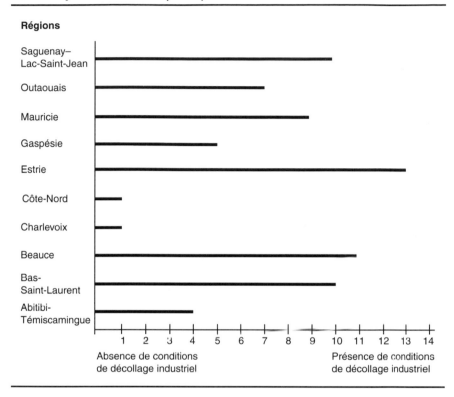

Régions

Saguenay–Lac-Saint-Jean

Outaouais

Mauricie

Gaspésie

Estrie

Côte-Nord

Charlevoix

Beauce

Bas-Saint-Laurent

Abitibi-Témiscamingue

1 2 3 4 5 6 7 8 9 10 11 12 13 14

Absence de conditions
de décollage industriel

Présence de conditions
de décollage industriel

L'arrivée du chemin de fer et la mécanisation du travail en forêt marquent, en Beauce, le début de la grande exploitation forestière qui assure la subsistance de la population. Le territoire agricole est en expansion. Un premier phénomène d'urbanisation renforce le développement de réseaux commerciaux dans cette région. La diversification progressive de l'économie amène la Beauce au seuil de la modernité. Des conditions du prédémarrage se développent. L'agriculture et l'élevage se diversifient. D'autres occupations font leur apparition dans l'artisanat, les professions libérales et les services. Les entreprises artisanales en sont au stade des petites manufactures. Par contre, vu son éloignement des grands centres de consommation et son manque de ressources énergétiques, la région n'attire pas les entreprises industrielles du domaine de la transformation.

3.   LA PÉRIODE DE DÉMARRAGE INDUSTRIEL 1890-1945

L'ère de la grande industrie s'ouvre au Québec durant la dernière décennie du XIXe siècle avec une forte demande pour les pâtes et papiers. Le potentiel hydroélectrique devient fort attrayant. Nous assistons au début d'une véritable division spatiale des activités économiques. Les territoires ne représentent alors que des réservoirs de matières premières exploitables et exploitées par les intérêts étrangers en retour cependant du versement de salaires élevés aux travailleurs. La transformation de cette matière s'effectue près des grands marchés tels que Montréal, l'est américain, le sud des Grands Lacs, etc., plutôt que sur les lieux d'extraction. Le démarrage industriel du Québec s'effectue alors par impulsion exogène dans les territoires périphériques et centraux. Les régions qui connaissaient auparavant un développement de style endogène perdent leur avantage devant l'entrée massive de capitaux américains. Finalement, les produits finis arrivent massivement dans toutes les régions du Québec grâce au pouvoir d'achat grandissant de la classe ouvrière.

Durant la crise économique des années 1930, la nouvelle industrie lourde souffre plus que l'industrie légère traditionnelle, productrice de biens de première nécessité. La colonisation des terres à la périphérie des régions périphériques étend l'écoumène à un point jamais atteint auparavant.

Durant la Seconde Guerre mondiale, la mécanisation de l'exploitation forestière entraîne une restructuration de l'industrie des pâtes et papiers. Le retour à la croissance s'effectue avec l'entrée du Canada dans la guerre. L'industrie lourde est alors en plein essor. L'industrie des produits chimiques, l'affinage des métaux non ferreux, la production de dérivés du pétrole et du charbon et la fabrication d'appareils électriques diversifient le secteur secondaire. Mais, dans l'ensemble, la guerre n'a pas changé en profondeur le profil de la structure industrielle du Québec. L'industrie légère des biens de consommation courante (alimentation, vêtements, textiles) domine encore l'économie du Québec, notamment dans la vallée du Saint-Laurent.

4.   LE DÉMARRAGE INDUSTRIEL EN RÉGIONS

À partir de 1896, l'industrialisation intensive du Saguenay–Lac-Saint-Jean s'effectue. L'économie régionale est propulsée mais devient très dépendante de la conjoncture internationale. De nouveaux secteurs se forment rapidement, comme l'hydroélectricité, les pâtes et papiers et l'électrochimie qui sont à la fine pointe de la technologie. Certaines fermes commerciales apparaissent aussi. L'agriculture régionale demeure cependant fragile et inadaptée devant la conjoncture internationale.

Le début de la phase industrielle de Charlevoix se situe entre 1890 et 1929. Le sciage, les pâtes et papiers et l'exploitation minière (fer, mica) représentent à cette époque les seules activités industrielles dans la région. En 1927, Clermont devient la première ville industrielle de Charlevoix avec la transformation de l'usine Nairne en papetière.

En Gaspésie, la naissance de l'exploitation forestière se fait par l'ouverture de petites scieries familiales, mais il n'y a pas de véritable démarrage industriel dans ce secteur. Dans le Bas-Saint-Laurent, la situation est tout autre. De 1890 à 1905, c'est la grande période de démarrage et d'expansion industrielle dans les scieries. Mais la surexploitation de la ressource forestière, de 1900 à 1930, amène une crise dans l'industrie forestière et bloque du même coup les effets d'entraînement de ce démarrage industriel sur d'autres secteurs de l'économie. L'industrie forestière ne s'en remettra pas.

Le marasme des pêcheries nord-côtières empêche le démarrage industriel de la région. La mécanisation du travail en forêt, au cours des années 1920, ne propulse pas la région dans un épisode de démarrage industriel. Un petit entrepreneuriat forestier se développe par l'adoption du système de sous-traitance dans la coupe de bois, comme c'est le cas en Abitibi-Témiscamingue. Dans cette région, l'implantation de l'industrie minière et forestière, dans les années 1900 à 1930, favorise l'extension des marchés pour les produits agricoles locaux. Plus au nord, la région de l'Abitibi s'ouvre à la colonisation et à l'exploitation des ressources forestières et minières. Durant la crise économique, on assiste à l'effondrement de l'industrie du bois de sciage qui se relèvera un peu par la suite. Les produits exportés proviennent principalement de l'industrie minière.

De 1890 à 1945, le capitalisme régional et l'industrie s'implantent en Estrie et en Beauce. Jusqu'en 1920, dans ces deux régions, le développement s'effectue plus de l'intérieur que de l'extérieur. Le rôle prépondérant de l'entrepreneur et les investissements d'une bourgeoisie régionale bien dotée en capitaux permettent un développement industriel précoce. Un tournant majeur survient durant les années 1920 quand ces régions entrent dans la modernité industrielle et sont intégrées à l'économie continentale. Les conditions d'exploitation et de mise en marché sont désormais contrôlées par les grandes entreprises forestières. Les élites régionales perdent le contrôle sur les grands leviers

Figure 10.2
Période industrielle (1945)

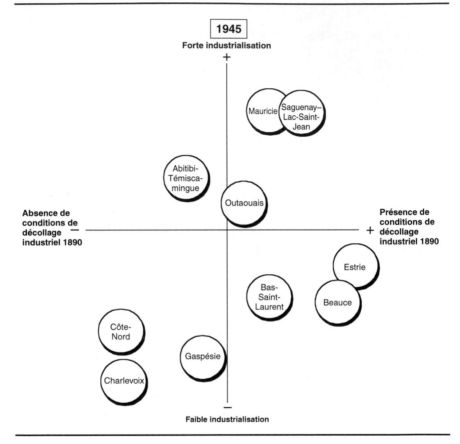

économiques. L'arrivée massive du capital américain, par les industries, permet en retour le démarrage industriel partout. L'assujettissement des populations régionales aux industries étrangères est alors total.

À partir de 1890, en Mauricie, l'industrie des pâtes et papiers prend un tournant majeur. Une nouvelle demande provoque l'arrivée de la grande industrie, qui transforme cette région rurale en région industrielle. Entre 1889 et 1923, sept usines de pâtes et papiers importantes ouvrent leurs portes en Mauricie qui devient alors la première région productrice de bois du Québec. Trois-Rivières est désormais la capitale mondiale de l'industrie papetière. De 1886 à 1945, on assiste également à une phase de spécialisation industrielle dans les pâtes et papiers en Outaouais.

5. L'ÈRE DE CONSOMMATION DE MASSE 1945-1975

La reprise de la production durant la guerre crée une prospérité économique qui s'étendra le long des trois décennies suivantes. Jusqu'aux années 1970, l'économie du Québec est donc en croissance rapide. La demande de biens de consommation explose du fait d'une augmentation des salaires et de l'offre de nouveaux biens ménagers. La société québécoise et ses divers territoires entrent dans l'ère de la consommation de masse de biens et de services.

La situation économique des territoires périphériques n'est à l'époque pas plus marginale que celle des territoires centraux du Québec. Ainsi, il n'y a que peu de maturation dans les régions périphériques et pas beaucoup plus dans celles dites centrales, malgré un démarrage industriel bel et bien effectué, à divers degrés, depuis des décennies. Toutes les régions demeurent très dépendantes des investissements extérieurs dans des secteurs liés aux ressources naturelles. Les régions périphériques ne font que moderniser leurs secteurs d'activité traditionnels (forêts, pêches, mines, etc.) sans profiter d'une extension de leurs marchés. L'industrie manufacturière reste marginale dans la plupart des régions du Québec. Sa croissance la plus importante a lieu entre 1935 et 1955. Par la suite, la part du secteur manufacturier diminue dans la production intérieure brute (PIB), même les industries légères traditionnelles, à l'exception des aliments. La concurrence étrangère, la vétusté des équipements et la tertiairisation de l'économie expliquent cette baisse de la croissance de la production manufacturière. Ainsi, les entreprises québécoises profitent peu de cette pression sur la demande satisfaite par des biens importés. Un mouvement inverse s'enclenche cependant dans l'industrie lourde qui augmente sa part dans la structure industrielle du Québec grâce à la production métallique et à la fabrication de produits finis pour la machinerie et l'industrie du transport. Se forment alors une classe commerçante et une classe de grands industriels, mais pas de classe de manufacturiers.

Ainsi, la nouvelle division spatiale de l'économie issue de l'industrialisation confine les régions périphériques dans un rôle de régions-ressources à fort pouvoir de consommation. Les régions localisées à proximité des grands marchés s'accaparent les tâches de production et leurs bénéfices en matière de valeur ajoutée.

6. LA CONSOMMATION DE MASSE EN RÉGIONS

De 1945 à 1975, la région du Saguenay–Lac-Saint-Jean vit à l'heure de la relance économique, mais sans maturation dans la diversification et la transformation des matières premières. Elle reste dépendante des emplois liés aux ressources naturelles et à leur première transformation, et de ceux des activités commerciales et de services. Bien qu'elle soit tributaire de la grande industrie pour son développement et la bonne marche de son économie, la région devient un modèle de consommation de masse.

Dans Charlevoix, l'avenir économique de la région constitue une préoccupation très importante au cours des décennies de l'après-guerre. La petite économie polyvalente, dirigée vers les besoins locaux, disparaît avec l'entrée de la région dans l'ère de la consommation de masse, ce qui laisse un vide difficile à combler. Dans les années 1960, seule l'industrie forestière fournit des emplois à la population. L'usine Donohue, à Clermont, est le seul « complexe » industriel d'envergure dans la région. De 1945 à 1975, un secteur refait surface dans Charlevoix : le tourisme.

Les régions du Bas-Saint-Laurent et de la Gaspésie ne développent pas de conditions favorisant la maturation de leur économie réciproque. En Gaspésie, par exemple, la mécanisation et la motorisation permettent l'essor de l'industrie forestière, mais ce secteur demeure fragile en raison de sa dépendance à l'égard de la demande extérieure. Le territoire gaspésien est dans l'ensemble mal intégré à l'économie continentale. Il n'y a pas de signe de maturation au Bas-Saint-Laurent, car la région a raté la révolution industrielle québécoise, sauf dans l'industrie du sciage, en épuisement de ses réserves. L'économie régionale reste dans un état de fragilité structurelle.

La Côte-Nord, quant à elle, entre dans une ère de forte prospérité économique avec l'exploitation des gisements miniers de 1945 à 1975. Dans les pâtes et papiers, par contre, la restructuration du secteur ouvre une période d'instabilité dans les années 1950. La région ne franchit pas l'étape de la maturation économique, malgré des essais de diversification. De son côté, l'Abitibi-Témiscamingue demeure trop dépendante de facteurs exogènes pour pouvoir assurer seule de l'intérieur son développement économique. Les conditions ne sont pas réunies pour accéder à la maturité économique.

Vers 1950, on observe des signes d'essoufflement de l'économie régionale de l'Estrie. L'épuisement des gisements miniers et la rupture des réserves forestières, de même que le peu de modernisation de la

Figure 10.3
Vers la maturation économique (1975)

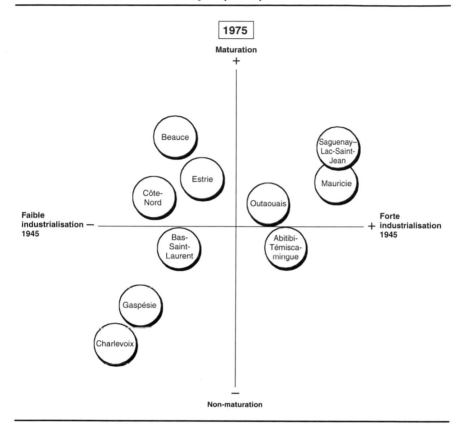

structure industrielle, expliquent la stagnation de l'économie régionale. Au cours de la décennie suivante, on assiste à la fermeture des usines ouvertes durant la première période de l'industrialisation. L'industrie manufacturière se restructure vers des secteurs d'avenir : technologie de pointe, appareils électriques, matériel de transport, etc. L'économie se tertiairise sous la forte poussée de la consommation. La société régionale entre aussi dans l'ère de la consommation de masse sans passer par une phase de consolidation et de maturation économique.

Durant les années 1960, la Beauce devient de plus en plus sensible aux cycles économiques du monde occidental. L'ensemble des activités sont tributaires des marchés extérieurs, comme l'approvisionnement des matières premières pour faire fonctionner certaines industries (bois). Le virage technologique à effectuer impérativement dans les activités manufacturières commande une transformation en profondeur de l'économie. Une deuxième étape de l'industrialisation de cette région s'enclenche avec la diversification et la restructuration de l'activité manufacturière. De nouveaux entrepreneurs diversifient l'économie avec des activités comme la transformation de matières plastiques, l'usinage de métaux en produits finis et semi-finis, la production de matériel de transport et la construction préfabriquée. Les Beaucerons deviennent progressivement des entrepreneurs à succès. Des organismes de promotion locaux et régionaux stimulent cette deuxième phase de l'industrialisation qui participe à la relative maturation de l'économie régionale.

En Mauricie, le travail en forêt se modifie beaucoup à partir des années 1950, avec la mécanisation et la motorisation. Au cours des années 1970, les changements dans l'industrie forestière freinent l'expansion et la maturation de l'économie, maturation que l'on aurait pu envisager dans cette région. Ici aussi on passe directement de la phase de démarrage industriel à celle de la consommation de masse.

En Outaouais, la maturité économique n'est pas encore un objectif réalisable à cette période, du fait d'une trop grande dépendance de la région à l'égard de la demande extérieure et des capitaux étrangers. À partir des années 1950, la région se désindustrialise. En quelques décennies, la structure de l'économie se transforme profondément : l'industrie manufacturière stagne, le secteur primaire est en déclin et l'économie des services prend désormais la plus grande place. L'administration publique fédérale devient le moteur principal du développement de la région.

7. LES CHANGEMENTS STRUCTURELS 1975-2000

La période 1975-2000 se caractérise par des changements structurels majeurs dans les activités de production. Modernisation, rationalisation, innovation et concentration sont les maîtres-mots utilisés pour décrire le mouvement de changements technologiques qui a d'abord commencé dans l'agriculture dans les années 1960, pour s'étendre ensuite dans la forêt au cours des années 1970, avant de se généraliser dans d'autres secteurs (mines, papetières, pêches, agroalimentaire). Nourrie par des investissements importants, l'intensification capitalistique conduit inévitablement à une restructuration des unités de production qui se répercute négativement sur le nombre d'emplois. D'une manière générale, on produit davantage de matières premières en régions périphériques, mais l'emploi qui y est lié, au mieux, stagne (forêt) ou diminue (mines, aluminium, agriculture, pêche, papetières) ; des pertes d'emplois à salaire élevé affectent considérablement les circuits économiques régionaux et entraînent l'émigration dans un contexte démographique déjà affecté par la dénatalité et le vieillissement de la population. Certaines ressources naturelles sont en rupture de stocks (poissons, cuivre) ou en affaiblissement de la demande internationale (fer, amiante). En outre, le mouvement de rationalisation et de concentration favorise la délocalisation de certaines productions hors de certaines régions, notamment dans l'agroalimentaire. Heureusement de nouvelles productions émergent justement dans l'agroalimentaire, mais aussi dans les métaux, le plastique, la transformation du bois.

Les activités de distribution subissent aussi des changements structurels majeurs au cours de cette période avec l'arrivée des centres commerciaux, des grands magasins de boulevard et de restauration rapide. Si la vague de consommation de masse profite de ces nouveaux modes de consommation, les économies régionales voient leur création d'emplois ralentie par cette concentration sectorielle de la distribution (meubles, articles de sport, jouets, accessoires d'automobile, merceries, etc.), d'autant plus qu'elle s'accompagne d'une forte intégration dans les services spécialisés tels que l'ingénierie, la comptabilité, le notariat, etc. Ce mouvement de concentration dans le tertiaire se répercute dans les villes et villages en dévitalisant la rue principale et en entraînant l'effritement des élites commerçantes locales. Les capitales régionales bénéficient cependant de la localisation des grandes unités de distribution sur des aires désormais très vastes. Notons par ailleurs que ces changements structurels régionaux se situent dans un contexte de retrait des investissements publics majeurs, puisque les infrastructures (ports, aéroports, routes) et les équipements (hôpitaux, polyvalentes, cégeps, universités, centres culturels, etc.) nécessaires sont déjà largement construits. La récession du début des années 1980 affecte durement les régions périphériques. Les taux de chômage atteignent alors des sommets jamais vus et ne baissent que très lentement par la suite.

8. LES CHANGEMENTS STRUCTURELS EN RÉGIONS

De toutes les régions périphériques, c'est le Saguenay–Lac-Saint-Jean qui présente en 2000 le plus d'indicateurs d'une certaine maturité économique. Vis-à-vis des autres régions centrales du Québec, son retard relatif sur le plan économique s'explique par la faible performance industrielle du haut Lac-Saint-Jean. En réalité, le nombre d'industries de première transformation augmente de 1975 à 2000, dans le secteur des matières premières (bois, aluminium). La spécialisation de l'économie se poursuit dans les industries primaires et un peu dans les secteurs secondaires. Ainsi, l'ouverture des nouvelles usines de première fusion de l'aluminium, l'extraction de niobium, la production de papiers spécialisés et de panneaux ainsi que la récolte des bleuets fournissent des produits pour l'exportation tout en procurant de la valeur ajoutée au marché local. La diversification de l'économie régionale se fait davantage dans l'agroalimentaire, l'usinage des métaux, la construction, la machinerie, les textiles, le plastique, l'électronique. Cette croissance de nouveaux sous-secteurs est possible grâce à des investissements dans la R&D, l'animation économique, l'amélioration des moyens de transport, l'éducation et la formation de la main-d'œuvre, la prospection d'occasions d'affaires et le soutien public général au développement régional.

Dans Charlevoix, la situation économique s'améliore quelque peu. Un certain potentiel de développement existe si l'on se fie aux indices élevés d'entrepreneuriat et aux indices moyens dans la R&D. Par contre, le faible niveau de développement endogène indique que la région est encore loin de remplir les conditions nécessaires à sa maturité économique.

Paradoxalement, les régions de la Gaspésie et du Bas-Saint-Laurent possèdent de bons indicateurs pour ce qui est de la maturation économique amorcée pendant cette période. Les nouvelles politiques de gestion des ressources et la diversification de la pêche (mollusques, crustacés) permettent la poursuite de la pêche en Gaspésie. Souvent liés à la R&D et aux nouvelles technologies, apparaissent par ailleurs de nouveaux secteurs dynamiques tels que les aliments, le tourisme, les produits métalliques, la transformation du bois, etc., qui sont maintenant d'un apport économique considérable. Le Bas-Saint-Laurent atteint un niveau de diversification industrielle relativement élevé. Même si elle mise beaucoup sur le tourisme, la Gaspésie reste toujours dépendante des fluctuations des réserves et du marché pour les ressources maritimes.

Sur la Côte-Nord, la période 1975-2000 contraste beaucoup avec la précédente. Surspécialisée, l'économie de la région est très peu diversifiée et très concentrée dans l'espace, soit à Baie-Comeau et à Sept-Îles. On constate le peu de progrès aussi bien dans les industries traditionnelles (mines, bois), qui regroupent la majorité des emplois, que dans les industries nouvelles. L'industrie secondaire dépend beaucoup de l'industrie primaire pour son approvisionnement en matières premières. Ainsi, tout problème vécu par l'industrie primaire risque de se transmettre à l'échelon secondaire.

Figure 10.4
Maturité et restructuration économique (2000)

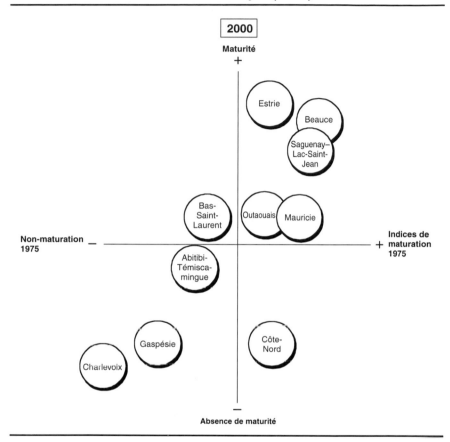

La situation de l'Abitibi-Témiscamingue ne change pas beaucoup au cours des années 1975-2000. Le développement est plus restreint et moins de firmes s'implantent dans la région que par le passé. Il n'y a en fin de compte que très peu de diversification dans les industries secondaires, sauf pour les nouvelles entreprises du bois et de l'alimentation. On constate une timide émergence dans l'industrie des produits métalliques (usinage), ce qui ajoute un peu d'exportation.

Le dynamisme endogène de l'économie beauceronne se manifeste clairement pendant la période analysée, notamment sous la forme de nouvelles petites et très petites entreprises. La structure des activités économiques se modifie alors sensiblement. Les secteurs les plus actifs demeurent liés aux ressources de la région. Le bois travaillé compte pour plus du tiers des entreprises de la région. La fabrication de produits métalliques, l'habillement et les textiles ainsi que les aliments sont aussi des secteurs très actifs. Les services professionnels, scientifiques et techniques, la machinerie, l'imprimerie et l'édition, et les produits en matières plastiques sont quant à eux en forte émergence. L'exportation est à la hausse, supportée par une R&D appropriée au sein de la majorité des entreprises.

Comme pour la Beauce, l'économie de la Mauricie dégage une dynamique particulière avec 550 entreprises manufacturières. Ici aussi, la structure des activités économiques se modifie au cours de la période étudiée, mais le secteur le plus actif demeure encore lié aux activités économiques traditionnelles de la région. Ainsi, le bois et la fabrication de meubles regroupent près du quart des entreprises. Quelques secteurs nouveaux, comme les services professionnels, scientifiques et techniques et la fabrication de produits métalliques, prennent une place de plus en plus importante dans l'activité économique régionale. Mais les secteurs à savoir faible, comme les aliments, le textile ou le papier, occupent une part non négligeable du nombre d'entreprises de la région, soit environ 20 %. L'économie régionale profite finalement d'un taux moyennement élevé d'entreprises exportatrices s'appuyant sur la R&D.

Pendant cette période, en Outaouais, la restructuration économique semble bien enclenchée grâce à la création d'entreprises nouvelles, notamment au cours des douze dernières années. Il s'agit pour la plupart de très petites, de petites et de moyennes entreprises qui sont largement concentrées dans la région métropolitaine de Hull. Le reste de l'Outaouais est peu industrialisé, hormis les usines traditionnelles dans le bois. Le secteur des services professionnels, scientifiques et techniques est en très forte émergence pour répondre à la demande de la capitale fédérale. L'économie régionale profite donc de la présence d'entreprises à savoir élevé et faisant de la R&D. Les autres secteurs fortement présents sont l'imprimerie et l'édition, les aliments, la fabrication de produits métalliques, la production de minéraux non métalliques et les produits chimiques. Le secteur des produits électriques et électroniques et de la téléphonie, qui semblait prometteur jadis dans cette région, se révèle fort décevant en 2000.

De toutes les régions analysées, l'Estrie est celle qui possède le plus grand nombre d'entreprises. Le renforcement des échanges avec la Nouvelle-Angleterre amorce la renaissance de cette région qui s'appuie sur la forte émergence de PME. Au cours de la période étudiée, l'économie subit une transformation importante, superposant la vocation manufacturière au secteur tertiaire, ce qui diversifie l'économie régionale. Les secteurs d'activité dans lesquels on dénombre le plus d'entreprises demeurent ceux du bois et des meubles, suivis par la première transformation des métaux, la fabrication de produits métalliques, les textiles et l'habillement, et les aliments. Dans le domaine industriel, de nouveaux créneaux et de nouveaux marchés se créent. Les PME occupent plus de la moitié de la scène manufacturière et assurent ainsi un développement régional soutenu et une moins grande vulnérabilité aux fluctuations mondiales de l'économie. Enfin, le développement de l'ensemble de la région ne s'effectue pas à un rythme homogène. Certaines MRC, Sherbrooke en particulier, attirent plus d'entreprises sur leur territoire, ce qui nous montre qu'il y a encore des améliorations à apporter pour passer à une phase plus vigoureuse de développement régional.

9. LES TRAJECTOIRES RÉGIONALES ALÉATOIRES

La lecture des trajectoires historiques régionales que nous avons décrites et analysées permet d'effectuer les constats suivants :

- Le Saguenay–Lac-Saint-Jean a connu un progrès léger tout le long de son développement économique. Sa maturité est relativement avancée grâce au soutien important du secteur public et aux investissements extérieurs massifs, mais elle reste fragile et pourrait tout aussi bien régresser que progresser dans l'avenir.

- Dans le Bas-Saint-Laurent, l'économie a connu un progrès relativement important, compte tenu d'une phase creuse dans les années 1930 et 1940.

- Charlevoix ne démontre aucune maturité, son économie ne se développe que lentement, tout le long de son développement historique, dans le secteur primaire principalement.

- La Gaspésie, la Côte-Nord et la Mauricie sont actuellement en régression. Ces régions ne sont pas sur la voie de la maturité économique.

- En Abitibi-Témiscamingue, une phase de stabilité a succédé, depuis 1975, à une phase régressive. Son économie est peu épanouie malgré les investissements industriels extérieurs.

- En Outaouais, les progrès sont plutôt lents et la situation a eu tendance à se stabiliser depuis l'après-guerre. Cette région centrale n'a pas atteint une véritable maturité économique et se comporte davantage comme une région périphérique.

- Enfin, en Estrie et en Beauce, l'économie a progressé substantiellement au cours des cinquante dernières années. Leur maturité économique pointe, mais seulement dans certains secteurs comme la transformation du bois, la fabrication de produits métalliques et la machinerie.

D'une manière générale, nous constatons que la progression du développement s'appuie sur des conditions structurelles imprévisibles et difficilement maîtrisables. Elle est donc aléatoire. Les trajectoires en dents de scie illustrées par la figure 10.5 s'expliquent entre autres par les changements technologiques, les investissements massifs, la découverte de gisements, les ruptures de stock, les variations de la demande. Ces facteurs sont tous liés à la forte intégration des économies régionales au marché mondial fluctuant. Lors d'une rupture ou d'un virage structurel, l'évolution économique d'une région semble marquée beaucoup moins par les étapes qu'elle a déjà franchies que par les nouvelles conditions structurelles imposées et subies plus ou moins brusquement et de manière imprévisible.

10. LA NON-LINÉARITÉ DU DÉVELOPPEMENT

Les trajectoires régionales exposées illustrent aussi la non-linéarité du développement économique des régions périphériques et centrales du Québec. Certaines régions (Saguenay–Lac-Saint-Jean, Mauricie, Abitibi-Témiscamingue, Côte-Nord, Outaouais) ont connu un démarrage industriel important dès 1890, tandis que d'autres (Gaspésie, Estrie, Beauce, Bas-Saint-Laurent), ont dû attendre 1945 pour voir leur économie connaître un véritable démarrage après une période plus creuse.

Quelle que soit la période du démarrage, il fut suivi de trajectoires fort différentes d'une région à l'autre. Dans le cas de l'Outaouais et du Bas-Saint-Laurent, la phase de démarrage a été suivie par une phase de consolidation de l'économie. Pour le Saguenay–Lac-Saint-Jean, la Côte-Nord, la Mauricie, l'Abitibi-Témiscamingue et la Gaspésie dans une moindre mesure, le décollage plus ou moins puissant fut suivi par une phase de recul plus ou moins radicale. Alors que, pour les autres régions, la maturation économique s'est poursuivie après le décollage tardif. Notons que, grâce à un important soutien du secteur public, la Maurice et le Saguenay–Lac-Saint-Jean rebondissent depuis 1975.

Ces quelques constatations nous montrent que le développement économique des régions périphériques et centrales n'est pas linéaire, comme le prévoit la théorie, mais plutôt marqué d'avancées et de

Figure 10.5
Trajectoires régionales

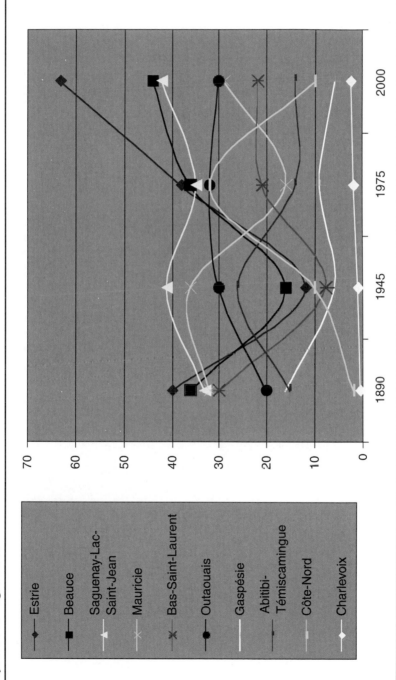

reculs, de sauts aléatoires et de ruptures diachroniques. Aucune des régions, depuis sa phase de prédémarrage, n'a connu un développement économique linéaire, si ce n'est Charlevoix.

11. LE DYSFONCTIONNEMENT DU MODÈLE ROSTOWIEN

Au Québec, les ruptures spatiales du développement diachronique sont réelles mais sont aléatoires et non linéaires. Il y a certes des bonds en avant mais considérablement imprévisibles. Et il y a aussi des stagnations, des reculs, des blocages causés par des chocs extérieurs inattendus[4] ou par la faiblesse ou l'absence de conditions internes de développement.

En outre, les étapes du développement économique ne sont pas toujours découpées très clairement les unes des autres. Elles atteignent différents niveaux selon les secteurs d'activité économique et selon les sous-régions constitutives des régions étudiées. À titre d'exemple, dans une même région, les pratiques traditionnelles et artisanales dans l'agriculture et l'exploitation forestière côtoient les nouveaux équipements industriels sophistiqués des entreprises en expansion. Aussi, les divers secteurs économiques ne réagissent pas de la même manière dans une même région et pour une même période de temps. Les indices positifs de maturation économique se concentrent souvent dans une sous-région, la plus vigoureuse au plan industriel. Ces différences interterritoriales, ces chevauchements d'étapes et ces concentrations limitent la pertinence d'utiliser les régions québécoises pour analyser l'évolution économique des structures. Une échelle plus fine serait certes plus appropriée.

Au fil de l'histoire, les régions centrales disposaient d'activités économiques traditionnelles qui généraient des surplus. Ces régions auraient dû, en théorie, en l'espace de 50 à 75 ans, connaître un fort décollage industriel. Or, dans les régions de la Beauce, de l'Estrie et de l'Outaouais, ce ne fut pas le cas. Seule la Mauricie, moins pourvue en surplus, a connu un fort développement industriel, mais qui s'est révélé à long terme insuffisant pour l'atteinte de la maturité économique. Il

---

4. Nouveaux compétiteurs sur le marché, nouveaux produits substituts, nouveaux clients, changements technologiques, etc.

en est de même pour les régions périphériques. Notons que le Bas-Saint-Laurent qui disposait de surplus a bénéficié d'un décollage impulsé de l'extérieur mais moins puissant que les trois autres, soit le Saguenay–Lac-Saint-Jean, la Côte-Nord et l'Abitibi-Témiscamingue.

Dans la plupart des régions du Québec qui furent analysées, nous avons vu que la phase de démarrage industriel a été peu suivie d'une période de consolidation de l'économie régionale. Nous faisons plutôt face à des redémarrages périodiques impulsés par des investissements massifs exogènes peu prévisibles. Il semble à l'évidence que ces économies n'arrivent pas à conserver ni à cumuler les facteurs de leur maturité économique qui assureraient leur développement sur une longue période. Cependant les interventions publiques dans les conditions internes de soutien au développement semblent jouer favorablement pour mieux maîtriser les facteurs externes. Aussi, la gestion rigoureuse des réserves de ressources, le support technologique et la recherche de nouveaux gisements nous semblent-ils être des champs à ne pas négliger par les autorités publiques. Surtout que les variations de la demande et les grandes mutations technologiques sont clairement imposées de l'extérieur et difficilement maîtrisables par les moyens de régulation dont disposent actuellement nos gouvernements.

CONCLUSION

Selon le modèle du développement par étapes de Rostow, l'économie régionale québécoise suit, avec une marge temporelle, l'évolution normale des pays développés, passant de l'exploitation des ressources naturelles à l'industrie légère, puis au stade de l'industrie lourde basée sur ses ressources naturelles et ensuite à la tertiairisation des activités. Cependant, cette évolution régionale se révèle aléatoire, non linéaire et disparate selon les régions.

Les trajectoires régionales, en matière de développement économique, quoique différentes sur un plan historique, se recoupent sur certains points :

- développement économique s'effectuant par fractures, le plus souvent lors de la venue d'industries et d'entreprises étrangères ;
- caractère aléatoire de l'évolution des économies régionales ;
- non-linéarité du développement, affecté d'avancées et de reculs au gré des fluctuations du marché et des stocks des ressources exploitées ;

- instabilité du développement économique qui dépend des besoins et des demandes des compagnies étrangères et dépendance des économies régionales face à leurs ressources naturelles ;
- difficulté à se diversifier.

En comparant son histoire économique avec celle des pays industrialisés qui ont atteint la maturité économique, on constate que le Québec est loin de posséder les caractéristiques nécessaires à sa pleine maturation économique. Son développement dépend toujours de la demande et des investissements externes. Ses économies régionales subissent des soubresauts périodiques, génèrent de la richesse mais n'arrivent que difficilement à cumuler les facteurs de leur maturité économique. Néanmoins, certaines régions parmi celles retenues pour notre étude sont plus avancées que d'autres, notamment la Beauce, l'Estrie et le Saguenay–Lac-Saint-Jean.

Cela nous permet d'avancer que des rebondissements économiques sont prévisibles dans les régions du Québec au cours des prochaines décennies, grâce à des investissements exogènes tout à fait aléatoires. Cependant, la maturité économique est problématique dans les régions étudiées, sauf dans le cas de la Beauce et de l'Estrie. Dans le cas du Saguenay–Lac-Saint-Jean, du Bas-Saint-Laurent et de la Mauricie, dans une moindre mesure, le soutien du secteur public semble participer favorablement à l'évolution récente de la structure économique.

ANNEXE
LES INDICATEURS ROSTOWIENS CHOISIS
SELON LES ÉTAPES DU DÉVELOPPEMENT ÉCONOMIQUE

1. Société traditionnelle d'autosubsistance
   Agriculture
   Élevage
   Artisanat

2. Conditions préalables au démarrage industriel
   Surplus de production
   Outillage et mécanisation
   Petites fabriques à marché local
   Entrepreneuriat
   Besoins plus importants
   Libération de la main-d'œuvre
   Éducation

3. Démarrage industriel
   Production intensive
   Industries exportatrices
   Sous-traitance
   Réinvestissement des profits (local)
   Nouvelles techniques

4. Marche vers la maturité économique
   et ère de la consommation de masse
   Transformation
   Diversification
   Spécialisation technique des activités
   Services pour le marché local
   Consommation de masse
   Substitution des importations
   Services spécialisés pour les entreprises

5. Nouvelle économie (indicateurs du CRIQ)
   Nombre d'entreprises (en 2000)
   Nombre d'entreprises créées depuis 1975-2000
   Nombre d'emplois (production et autres)
   Entreprises exportatrices
   Entreprises avec R&D
   Entrepreneuriat
   Services spécialisés (nombre d'entreprises)
   Diversification industrielle
   Éducation

GRILLE DE PONDÉRATION MULTICRITÉRIELLE 1850-1890

Régions Critères / Secteurs d'activité	Saguenay–Lac Saint-Jean Économie agro-forestière (sciage)	Bas-Saint-Laurent Économie agro-forestière (sciage)	Gaspésie Pêche	Côte-Nord Pêche Bois	Témiscamingue Économie agro-forestière (bois)	Outaouais Économie agro-forestière (bois)	Mauricie Économie agro-forestière (bois)	Estrie Agriculture Élevage Sciage Commerce Potasse	Beauce Agriculture Élevage Sciage Commerce	Charlevoix Agriculture Élevage Productions locales
Société traditionnelle d'autosubsistance	5	5	5	2	4	4	4	5	5	5
Surplus de production	5	3,5	5	1	5	4	5	2,5	2,5	1
Outillage et mécanisation	2	3	2	2	3	4	4	4	4	1
Petites fabriques à marché local	4	4	3	1	3	3	2	5	5	3
Entrepreneuriat	2	3	2	1	1	1	3	5	5	1
Besoins plus importants	4	4	3	3	4	4,5	4	5	5	1
Libération de la main-d'œuvre	4	5	3	2	5	5	5	3	3	4
Éducation	4	4	1	1	1	4	3	5	4	1

LÉGENDE: 0 Pas du tout 1 Peu 2 Présence visible 3 Présence moyenne 4 Présence très visible 5 Présence maximale

GRILLE DE PONDÉRATION MULTICRITÉRIELLE 1890-1945

Critères / Régions	Saguenay–Lac-Saint-Jean	Bas-Saint-Laurent	Gaspésie	Côte-Nord	Abitibi-Témiscamingue	Outaouais	Mauricie	Estrie	Beauce	Charlevoix
Secteurs d'activité	Agriculture Pâtes et papiers Aluminium (électrochimie) Hydroélectricité	Sciage Agriculture Pêche	Pêche Sciage	Sciage Pêche	Sciage Mines	Pâtes et papiers Agriculture	Pâtes et papiers	Sciage	Sciage	Sciage Pâtes et papiers Mines Agriculture
Production massive	5	4	1	1	5	5	5	4	4	1
Industries exportatrices	5	4	5	5	5	4	5	3	3	?
Sous-traitance	4	4	3	3	4	4	4	1	1	?
Réinvestissement des profits (local)	2	2	1	1	2	3	3	4	4	1
Nouvelles techniques	5	2	1	3	3	3	3	4	4	1

LÉGENDE: 0 Pas du tout 1 Peu 2 Présence visible 3 Présence moyenne 4 Présence très visible 5 Présence maximale

GRILLE DE PONDÉRATION MULTICRITÉRIELLE 1945-1975

Régions / Critères	Saguenay–Lac-Saint-Jean	Bas-Saint-Laurent	Gaspésie	Côte-Nord	Abitibi-Témiscamingue	Outaouais	Mauricie	Estrie	Mauricie	Charlevoix
Secteurs d'activité	Aluminium Forêts Pâtes et papiers Hydroélectricité Services Tourisme de masse	Forêts Agriculture Pêche Services Tourisme de masse	Pêche Forêts Mines Services Tourisme de masse	Forêts Pâtes et papiers Mines Pêche Services Tourisme de masse	Mines Forêts Pâtes et papiers (Domtar) Services	Services (Baisse dans les forêts, l'agriculture, les pâtes et papiers) Industries électrique et électronique	Forêts Pâtes et papiers Services	Agriculture Pâtes et papiers Services Mais baisse dans les mines	Agriculture Construction Forêts Services Mais baisse dans les mines	Agriculture Sciage Tourisme de masse
Transformation	5	2	2	2	3	3	5	5	5	1
Diversification	4	3	2	2	2	1	3	4	5	2
Spécialisation technique des activités	5	4	4	4	4	1	4	3	3	1
Services pour le marché local	3	3	2	3	3	3	3	4	4	1
Consommation de masse	5	5	4	5	5	5	5	5	5	4
Services spécialisés pour les entreprises	3	3	2	3	3	2	3	4	5	2

LÉGENDE : 0 Pas du tout   1 Peu   2 Présence visible   3 Présence moyenne   4 Présence très visible   5 Présence maximale

GRILLE DE PONDÉRATION MULTICRITÉRIELLE 1975-2000

Régions / Critères	Saguenay–Lac-Saint-Jean	Bas-Saint-Laurent	Gaspésie	Côte-Nord	Abitibi-Témiscamingue	Outaouais	Mauricie	Estrie	Beauce	Charlevoix
Secteurs d'activité	Matières premières (bois, Al) Secondaire (Al) Tertiaire	Matières premières (forêt, pêche)	Matières premières (pêche)	Matières premières (mines, bois, pêche)	Matières premières (bois, mines) Secondaire (métaux)	Tertiaire (services professionnels) Matières premières (bois)	Matières premières (bois) Secondaire (meubles, métaux)	Matières premières (bois) Secondaire (meubles, métaux) Tertiaire	Matières premières (bois) Secondaire (métaux, textiles, …)	Matières premières
Nombre d'entreprises (en 2000)	3,5	4	2	1	2	2	4	5	4	1
Nombre d'entreprises créées depuis 1975/2000	4,5	4	4,5	4,5	4	4,5	4	4,5	4	?
Nombre d'emplois (production et autres)	4	4	2	2	3	2	4	5	4	?
Entreprises exportatrices	3	3	1	1	1	2	3	5	5	?
Entreprises avec R&D	3	3	1	1	2	2	3	5	3	1
Entrepreneuriat	4	3	2	2	2	3	3	5	5	3
Services spécialisés (nombre d'entreprises)	4	3	1	1	2	4	4	5	2	1
Diversification industrielle	4	3	1	2	2,5	3	3	5	4	1
Éducation	4	3	1	1	3	4,5	4	4	3	1

LÉGENDE : 0 Pas du tout 1 Peu 2 Présence visible 3 Présence moyenne 4 Présence très visible 5 Présence maximale

11

Les territoires de soutien aux activités économiques[1]

Nous avons vu au chapitre 10 que la théorie de la croissance et du développement bénéficiait actuellement d'un renouveau d'intérêt pour la compréhension des facteurs endogènes. Cet intérêt envers l'endogénéité est venu, d'une part, de la déception à l'égard des effets de la politique de développement qui, en de nombreux lieux, demeurent faibles en raison des conditions peu appropriées pour valoriser les impulsions issues de l'extérieur (demande, investissements), dits exogènes. Les échecs un peu partout répétés des programmes des gouvernements centraux ou des organismes internationaux ont remis en question la théorie du développement. Plusieurs spécialistes ont ainsi analysé en détail le rôle réel de l'épargne (Kaldor, 1956) afin de mieux saisir les conditions de son cumul et de sa transformation en investissements. Certains préconisèrent alors de créer des instruments légaux, sociaux, économiques et politiques pour limiter les fuites de ressources hors des circuits économiques des territoires dont on veut promouvoir le développement. D'autres experts ont focalisé sur la productivité, notamment sur le rôle de l'éducation qui offre aux travailleurs les moyens de base essentiels à leur apprentissage continu. D'autres encore, dans la tradition de Marshall (1907) et Pigou (1922), ont mis en évidence le rôle des économies externes. À ce sujet, nous avons vu au chapitre 3 que la polarisation des activités favorise les économies d'agglomération.

---

1. Ce chapitre fut rédigé en collaboration avec Nathaly Riverin, professeure à l'École des Hautes Études commerciales, Montréal.

En matière de développement socioéconomique, on constata, d'autre part, que de nombreux territoires ont des taux positifs beaucoup plus importants que leurs territoires limitrophes. Il semble que les facteurs exogènes de développement collent mieux ici que là. Une panoplie de monographies furent réalisées sur les « territoires à succès », à commencer par les célèbres cas de la Silicone Valley, de la Route 128, de la zone de Batam, de la Baden-Wurtemberg, du Shenzhen et des districts de la troisième Italie. Ces études ont permis de dégager des facteurs endogènes anciens et nouveaux tels que l'apprentissage collectif. Des classifications et des typologies furent effectuées, qui illustrèrent bien la variété des situations.

D'une manière générale, les facteurs endogènes s'imbriquent dans des aires de dimension limitée en générant ce qu'il est convenu d'appeler des économies de proximité dont profitent les activités qui y sont localisées. La production de ces économies externes grâce aux effets de proximité demeure une question largement ouverte, notamment pour ce qui est des rendements croissants.

1. LES FONDEMENTS THÉORIQUES ET EMPIRIQUES

L'origine de la théorisation des « territoires à succès » remonte au tout début du siècle avec les travaux d'Alfred Marshall sur les districts industriels. Districts ou aires d'entreprises industrielles agglomérées qui existaient déjà à l'époque de Marshall et qui existent encore aujourd'hui, illustrent en premier lieu que l'industrialisation n'est pas exclusivement liée à la forte urbanisation et aux grands centres urbains. En réalité, il semble que les rendements d'échelle croissants dans l'industrie ne conduisent pas nécessairement à la constitution de vastes aires de production telles que celles de Tokyo, de Sao Paulo ou de Détroit. C'est-à-dire que sur des territoires spécifiques en dehors des grandes agglomérations peuvent se créer des économies externes dont bénéficient les processus de production. Pour Marshall, il existe cinq types d'économies externes qui peuvent se retrouver en de nombreux lieux, soit :

- la réduction des coûts de transaction favorisée par la proximité ;
- les échanges d'information facilités par la contiguïté des unités interdépendantes ;
- les relations de confiance iet de réciprocité entre les unités ;

- une atmosphère industrielle qui favorise le cumul de savoir-faire et l'émulation ;
- une certaine mobilité des compétences qui stimule l'innovation.

Il existe de fait de petites et moyennes concentrations spatiales d'activités économiques et sociales sur des aires plutôt périphériques aux très grands centres urbains. En contexte contemporain, celles-ci sont souvent le fruit d'une industrialisation plus tardive, s'inscrivent davantage dans une relève industrielle basée sur la production en petites séries, d'une nature flexible, de produits à cycle de vie court qui nécessitent une innovation constante. On retrouverait actuellement près de 200 de ces aires-districts dans le centre de l'Italie, qui concentrent des entreprises spécialisées dans un produit ou un métier. À titre d'exemple, Val Vibrato, près de l'Adriatique, possède 1 600 PME sur un espace de 30 km², Capri concentre sur 30 km² 2 500 entreprises et l'aire de Prato contient 9 000 entreprises. Il existe aussi des districts industriels en France (Vendée, pays d'Aix, Choletais, etc.), en Espagne (Pais Vaisco, Alicante, Genora, etc.), en Allemagne (Lubeck, Baden Wurtemberg, etc.), en Grande-Bretagne (Cambridge, Silicone Glen, etc.), et dans certains pays en développement (Sialkot, Campinas, El Porvenir, Fès, Hsinchu, Nyala, etc.). Certains pays n'ont pas de districts industriels au sens où on l'entend généralement en Europe, mais possèdent des cas spécifiques qui illustrent le succès relativement phénoménal de certains territoires. C'est le cas des États-Unis avec leurs parcs scientifiques, leurs zones technologiques et leurs aires industrielles planifiées.

Au Québec, nous n'avons pas vraiment d'aires de concentration d'activités qui répondent clairement à la définition du district industriel. Cependant, il existe plusieurs « territoires à succès » qui concentrent des activités florissantes et surtout qui s'élèvent au-dessus des autres territoires limitrophes sur le plan des indicateurs économiques disponibles. Il s'agit bien sûr de la Beauce, quoique cette région ne soit pas homogène et contienne elle-même plusieurs territoires dynamiques mais aussi d'autres territoires qui se comportent moins bien. Les Bois-Francs répondent aussi à la définition de territoire à succès, notamment autour de Drummondville, de Victoriaville et de Plessiville. L'axe des Laurentides à partir de Montréal jusqu'au mont Tremblant représente lui aussi un corridor fertile en activités économiques. Dans le Bas-du-Fleuve, les zones de Montmagny, de La Pocatière et de Rivière-du-Loup concentrent beaucoup d'entreprises sur des aires dynamiques localisées dans une région qui l'est beaucoup moins.

Ce qui caractérise avant tout le district industriel, selon Courlet et Pecqueur (1997), c'est l'organisation d'ensemble et notamment l'existence de réseaux de petites entreprises qui, par la spécialisation et la sous-traitance, se répartissent entre elles la main-d'œuvre nécessaire à la fabrication d'un bien. Tout est question d'organisation territoriale du processus de production en phases, en composantes et en produits : division du travail et coordination des fonctions. Pour ce faire, il y a nécessité d'une formation sociale homogène sur le territoire, du point de vue des comportements culturels et des aspirations.

Ce modèle n'existe pas toujours à l'état pur et de nombreuses variantes impures viennent alimenter la définition du district industriel. Certaines aires de concentration d'activités sont lâches et dispersées alors que d'autres sont denses ou même très denses. Certains territoires soutiennent des activités spécialisées dans un seul secteur, notamment en Europe, alors que d'autres se diversifient davantage. S'il y a forte complémentarité entre les producteurs et de très nombreuses aires de concentration, il y a aussi de très fortes concurrences sur d'autres.

Ce qui nous amène finalement à considérer qu'il n'y a pas de théorie bien intégrée à propos des « territoires de soutien ». Dans les ouvrages scientifiques, on retrouve plusieurs vocables pour désigner ces phénomènes de concentration d'activités sur des aires spécifiques. Chaque vocable se présente comme un concept porteur en illustrant des caractéristiques spécifiques. Plusieurs auteurs tels que Becattini ont conservé l'appellation de district. Sous l'égide du GREMI[2], d'autres auteurs préfèrent utiliser l'expression « milieu » en référence aux effets « d'atmosphère » issus de la contiguïté des entreprises sur un même espace, effet dont on ne peut toutefois mesurer convenablement les causes et les retombées. Certains auteurs formalisent le concept de « système local de production », tandis que d'autres préfèrent clamer qu'il existe des « régions qui gagnent ». Sans aucunement épuiser la terminologie, terminons cette section sur les fondements théoriques et empiriques en signalant qu'un vaste mouvement très actuel tente de conceptualiser les « territoires en cumul de savoirs », les « communautés cognitives », les « cités intelligentes » et autres *learning regions* en référence au processus d'apprentissage collectif de plus en plus reconnu pour être au centre de la modélisation en théorie du développement régional.

Bref, il existe une littérature très riche, une profusion de concepts et une très grande variété de méthodes d'investigation utilisées pour modéliser des phénomènes qui ne sont pas du tout simples à saisir mais scientifiquement fort stimulants.

---

2. Groupe de Recherche Européen sur les Milieux Innovateurs.

De nombreux auteurs ont fait des efforts de classification et de catégorisation desdits « territoires à succès ». Nous ne les réviserons pas tous ici, évidemment. Certaines nomenclatures sont très générales et peuvent ainsi loger tous les cas de la littérature. Alors que d'autres sont si ciblées qu'elles ne comprennent qu'un nombre limité de cas, notamment les technopoles ou les grandes concentrations d'activités très spécialisées. Nous avons retenu ici trois typologies qui nous sont apparues intéressantes. Après les avoir exposées succinctement, nous présenterons la nôtre.

2. LE MODÈLE DE BECATTINI

Même si certains auteurs italiens ressortent clairement comme des précurseurs, comme M. Brusco (1982) et S. Bellandi (1990), Giacomo Becattini représente la figure la plus connue, en langue française, du mouvement de recherche et de formalisation des NDI (nouveaux districts industriels). Son approche est celle d'un économiste industriel qui refuse d'analyser l'industrie suivant une définition simplement fondée sur la similarité des besoins en intrants ou des technologies utilisées, puisque ceux-ci ne sont justement pas homogènes dans le temps et l'espace. Comportant une forte connotation sociologique, sa propre définition de l'industrie possède une importante dimension territoriale, notamment dans ses composantes historiques, culturelles et institutionnelles. Selon Becattini (1992), ces composantes attribuent un important degré de cohérence d'ensemble aux comportements individuels. Puisque cette cohérence globale est difficilement saisissable et mesurable par ailleurs, l'analyste se réfère à « l'atmosphère industrielle » de Marshall.

Sur un espace géographique et historique donné, le nouveau district industriel est, d'une manière générale, une entité socio-territoriale qui se caractérise par la présence active d'une communauté d'entreprises et de travailleurs. Il s'agit généralement d'une branche industrielle organisée telle une filière de production spatialisée. À l'inverse de ce qui se passe dans d'autres types d'environnements, comme les villes manufacturières, il tend à y avoir dans les districts une « osmose parfaite entre la communauté locale et les entreprises » (Becattini, 1992, p. 37). La division de plus en plus systématique du travail et l'autosuffisance atteinte dans la production conduisent à un surplus croissant de produits finaux écoulés à l'extérieur du district. Le système de production offre généralement des produits distinctifs sur le marché, et le marketing axé sur les créneaux fait partie intégrante de leur processus d'élaboration. Il y a ainsi intégration territoriale de la filière de production, non seulement en amont mais aussi en aval.

Ces éléments de définition n'épuisent aucunement la description et l'analyse des NDI. Ces territoires contiendraient chacun un système de valeurs relativement homogènes propagées par un corpus d'institutions agissant non seulement sur l'éthique du travail mais aussi sur l'esprit entrepreneurial et l'innovation. Selon notre lecture, ces institutions représentent certes le point principal dans la magie des NDI. Parmi elles, la présence «d'entrepreneurs purs» (*impannatori* italiens) est pointée comme étant une ressource importante d'animation, d'alimentation, de cohésion et de progrès. Il s'agit d'opérateurs qui ne possèdent ni usine ni entreprise, mais qui travaillent sur des projets de produits bénéfiques pour les diverses unités localisées dans le district. En outre, la mobilité des travailleurs à la recherche de l'attrait supplémentaire dans la variété des activités professionnelles présentes serait relativement élevée. Cet utilitarisme bénéfique pour l'ensemble n'entrave pas cependant l'esprit collectif qui naît du sentiment de destinée commune puisque la population du district se réfère réellement à l'intérêt supérieur de la communauté.

Ancrée sur une définition relativement large mais déjà complexe, le modèle de Becattini permet une variété de formes organisationnelles de production. D'autant plus que le contexte de la concurrence demeure énigmatique. Plus simplement, on en déduit que le territoire–district est une forme particulière d'organisation sociale, culturelle et économique. Par l'entremise d'institutions spécifiques, la proximité des agents (fournisseurs, producteurs, clients) génère des économies externes qui soutiennent la profitabilité des unités imbriquées. À ce chapitre, le processus d'interaction et d'apprentissage collectif se révèle clairement vertueux. Tout le monde en convient, mais comment ?

3. LA TYPOLOGIE DE MAILLAT

Tête d'affiche du GREMI (Groupe de recherche européen sur les milieux innovateurs) fondé par Philippe Aydalot en 1984, Denis Maillat a effectué de nombreuses études quelquefois sur de nouveaux facteurs, d'autres fois dans un esprit de synthèse mais toujours selon une perspective évolutionniste. Il définit le territoire-milieu en cinq composantes générales :

- un espace géographique ;
- une culture technique ;
- un collectif d'acteurs ;
- une logique d'organisation ;
- une dynamique d'apprentissage.

Cet auteur nous a aussi offert une typologie des divers milieux en fonction de deux grandes caractéristiques générales, soit la logique d'interaction qui est à l'œuvre et la dynamique d'apprentissage. La figure 11.1 illustre quatre cas de figure qui peuvent ainsi être mis en évidence en combinant ces deux critères.

Figure 11.1
Typologie des milieux selon Maillat, 1995

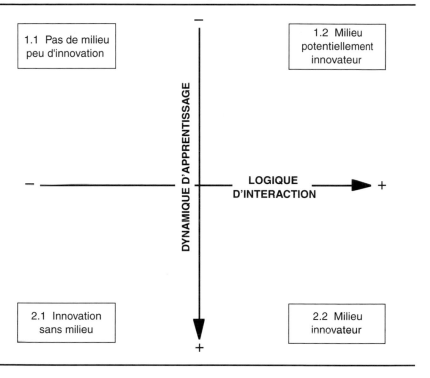

Dans la case 1.1, il y aurait peu d'interaction, une faible capacité d'adaptation du milieu et ainsi peu d'innovation. Ce type correspond généralement à des territoires qui sont essentiellement composés de succursales ou d'unités de production de grandes entreprises. Il n'y a alors pas vraiment de milieu. L'interaction et l'apprentissage s'avèrent intenses dans la case 2.2. Il s'agit là de véritables milieux innovateurs, comme l'Arc jurassien suisse ou la Silicon Valley. Dans la case 1.2, on trouve les milieux où l'interaction est forte mais l'apprentissage faible. Ce sont en fait des territoires style «districts industriels» dans le sens classique du concept, qui sont, selon Maillat, des milieux potentiellement innovateurs. Finalement, dans la case 2.1 se rangent les milieux dont l'interaction est faible mais l'apprentissage élevé. Il s'agit dans ce cas de territoires du type technopole, comme on en trouve beaucoup au Japon, où l'innovation existe mais est peu supportée par le milieu.

Selon cette classification, chaque territoire donné trouve par observation le type de milieux auquel il correspond. L'analyse territoriale peut en outre utiliser des mesures spécifiques de l'interaction ou de l'apprentissage pour progresser, pour passer d'un type qualitatif à un autre.

4. LA NOMENCLATURE DE MARKUSEN

Après avoir effectué une recherche empirique de grande envergure, Anne Markusen (2000) nous offre de son côté une approche des NDI (nouveaux districts industriels) qui s'avère fort intéressante. En ne limitant son analyse ni aux districts italiens ni aux parcs technologiques américains, sa nomenclature peu restrictive englobe ainsi plusieurs cas de figure qu'elle regroupe sous quatre types de districts ou de territoires de concentration.

Le premier type renvoie évidemment aux « NDI marshalliens » dans leur variante italienne actuelle. Les secrets de l'industrie sont en principe dans l'atmosphère que l'on peut traduire ici par « institutions ». Les travailleurs sont liés (appartenance) davantage au district qu'à l'entreprise, selon Becattini. Il y a très peu de migration de la main-d'œuvre hors district mais une mobilité relativement forte entre les entreprises. Des efforts concertés de coopération entre les entreprises semblent améliorer la compétitivité du lieu et aussi, par conséquent, son caractère attractif. Ce type assez classique de districts n'explique évidemment pas tous les cas de « territoires à succès » pouvant être qualifiés de NDI dans l'Italie contemporaine. D'ailleurs, selon Markusen, l'évolution récente des NDI italiens remet déjà en question la validité du modèle formalisé dans les années 1980.

Le deuxième type comprend les districts « moyeu-et-rayon » qui sont formés d'une ou de plusieurs grandes entreprises clés, spécialisée(s) dans une ou quelques industries. Il s'agit alors de territoires mono-industriels ou pluri-industriel. Ces unités motrices s'entourent de fournisseurs et d'activités connexes, dispersées autour d'elles comme les rayons d'une roue autour du moyeu, du centre de gravité. Les compagnies Boeing à Seattle, Volvo à Malmö et Bombardier à La Pocatière représentent l'exemple parfait de ce type de territoires. La production locale est très largement sinon totalement vendue à l'extérieur. Les relations interindustrielles internes au district sont clairement dominées par le ou les donneurs d'ordres. Il n'y a généralement que très peu de coopération entre les PME concurrentes qui sont fortement dépendantes du ou des moyeu(x) non seulement pour les commandes mais aussi pour l'innovation technologique. Selon notre lecture, les économies territoriales mono-industrielles dispersées autour de bassins de ressources dans la périphérie canadienne représentent, à échelle réduite bien sûr, ce type de districts industriels.

Le troisième type de districts est constitué des plates-formes satellites. Il s'agit d'une congrégation de filiales d'entreprises nationales ou multinationales, comptant plusieurs succursales, qui s'établit souvent à l'écart des grandes agglomérations, généralement sous l'égide gouvernementale, afin de stimuler le développement de certains territoires. Il s'agit d'un pur parachutage économique : pensons aux technopoles japonais ou aux zones franches dans les Caraïbes. Il y a peu de relations entre les différentes firmes présentes sur ces territoires et aussi très peu d'effets cumulatifs et entraînants sur le développement.

Finalement, le quatrième type regroupe les districts conçus et mis en place par et pour les activités de l'État. Ce sont, concrètement, des bases militaires, des laboratoires d'armement, des universités, des complexes pénitentiaires ou des concentrations de bureaux gouvernementaux. Ces districts sont fortement dépendants des budgets publics et généralement très peu liés à leur environnement immédiat. Leur dynamique de croissance est de nature purement bureaucratique et politique.

Largement inspirée de l'expérience du nouveau monde, cette nomenclature de NDI se révèle particulièrement intéressante pour le Québec et le Canada. Dans son analyse, Markusen identifie quelques autres composantes qui participent à la création d'économie externe, notamment la mise en commun du marché local du travail et la disponibilité de fournisseurs spécialisés. Elle souligne par ailleurs la grande diversité des formes territoriales des différents districts et aussi la variété des natures industrielles, des configurations institutionnelles et des résultats sociaux. Il existe en pratique de multiples forces qui charpentent les NDI, notamment les stratégies des grandes entreprises, les cycles de profit et les priorités gouvernementales selon les régimes politiques. Au sujet de ces forces, elle souligne que les chercheurs s'intéressent beaucoup actuellement aux relations internes entre les acteurs des districts, mais pas suffisamment, selon elle, aux relations des territoires avec le reste du monde qui lui semblent pourtant beaucoup plus importantes.

5. UN EFFORT DE MODÉLISATION

À quelques reprises, depuis dix ans, nous avons fait une recension relativement complète des nombreux écrits sur le sujet des « territoires à succès » ou des nouveaux districts industriels (Proulx, 1992, 2001). Dans un important effort de synthèse, nous avons élaboré un schéma intégrateur qui se veut descriptif et prescriptif, et dont la forme octogonale illustre les huit grandes composantes générales dans lesquelles plusieurs facteurs jouaient un rôle plus ou moins important (Proulx, 1994).

Les composantes d'un milieu innovateur

1. *Satisfaction des besoins de base de la population : santé, éducation, nourriture, loisirs, habitation, sports, transport en commun, activités valorisantes, etc.*

2. *Présence d'agréments environnementaux : parcs récréatifs, faible taux de pollution, qualité des éléments naturels, sports et loisirs de plein air, proximité entre travail et habitation, ensoleillement, etc.*

3. *Équipement et infrastructures d'aménagement du territoire : transport et communication, terrains, bâtiments, aires industrielles, aires commerciales, hôpitaux, écoles, garderies, centres communautaires, centres de loisirs, centres culturels, centres d'entreprises, etc.*

4. *Éducation, formation et perfectionnement des compétences : maison d'enseignement, climat de travail, santé-sécurité au travail, culture technique, cercles d'apprentissage, cercles de qualité du travail, fidélité des travailleurs, mobilité des compétences, etc.*

5. *Accès à l'information sur : les possibilités, les concurrents, la conjoncture économique, les programmes publics, les modalités d'exportation, les brevets d'invention, les réglementations, les technologies disponibles, les nouvelles techniques, etc.*

6. *Animation socioéconomique, plans de possibilités, services techniques, appuis aux initiatives, mise en communication d'acteurs et d'éventuels partenaires, événements culturels, valorisation des savoir-faire, etc.*

7. *Entrepreneuriat : climat propice aux affaires, culture entrepreneuriale, atmosphère industrielle, saine compétition, services d'aide à la gestion, formation des entrepreneurs, visibilité des modèles à succès, recrutement des jeunes entrepreneurs potentiels, etc.*

8. *Financement : capital de risque, programmes d'aide financière, attitudes des institutions financières, fonds populaires, services bancaires, etc.*

Figure 11.2
L'octogone des milieux innovateurs

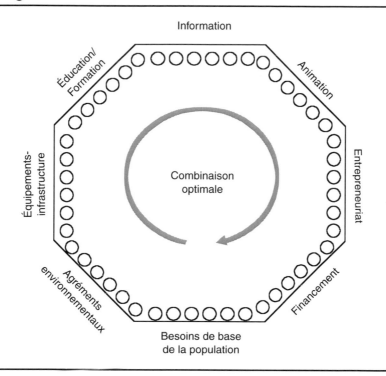

Besoins de base
de la population

Par ce schéma, nous visions d'abord et avant tout à aider les acteurs du terrain à avoir une vision globale de leur territoire avant d'entreprendre la recherche collective de la combinaison appropriée (prescription) de facteurs favorables au développement optimal de leur milieu. On remarque dans ce schéma la présence de trois composantes classiques : les besoins de base, les agréments environnementaux et les équipements-infrastructures, composantes que nous avons tout de même incluses avec les autres plus contemporaines étant donné leur pertinence renouvelée.

Ce modèle général possède les défauts de ses qualités, notamment celui de ne pas offrir la recette gagnante des facteurs à succès, laquelle doit selon nous être recherchée collectivement, à l'échelle de chaque territoire, par les divers acteurs.

Innovation et territoires

Dans l'analyse scientifique de l'innovation, le modèle interactif se superpose progressivement au modèle linéaire classique. L'innovation est certes encore considérée comme un processus découpé en étapes distinctes, de la recherche fondamentale en amont jusqu'à la commercialisation en aval. Mais l'observation de la réalité illustre que, au-delà des relations régulées par le marché et la hiérarchie, les interactions multiples et diverses entre les étapes deviennent très importantes sinon essentielles, notamment dans le contexte actuel où les petites innovations incrémentielles représentent un très fort pourcentage de celles qui apparaissent régulièrement dans les produits et procédés. Elles s'inscrivent sous la forme de retours, de croisements, de sauts, de cumuls et d'itérations. Selon une telle perspective, les impulsions pour stimuler l'innovation ne sont pas confinées aux deux extrémités du processus linéaire (technologie, demande) mais se produisent aussi à d'autres étapes ou segments de la démarche d'innovation.

Dans le modèle linéaire, le territoire joue un rôle de soutien à l'innovation par la proximité de la recherche fondamentale (technologie) et la taille des marchés (demande). Les processus d'innovation fermentent alors dans les grands centres urbains pour être ensuite diffusés dans l'espace. Or, puisqu'il considère l'importance du jeu social des acteurs à toutes les étapes de l'innovation, le modèle interactif offre un tout nouveau rôle au territoire. Celui-ci devient le creuset d'interactions spécifiques, souvent hors marché et hors hiérarchie, grâce à la proximité des divers acteurs. La socialité quotidienne devient en réalité source d'interactions utiles au processus d'innovation.

---

6. LE DÉVELOPPEMENT LOCAL

Depuis plus de vingt ans, on a beaucoup palabré sur le pouvoir local, la mobilisation locale, la prise en main par le milieu, les initiatives par la base, le leadership communautaire et autres conditions d'un développement de nature endogène que d'aucuns appellent le développement local (Joyal, 2002). En réalité, le local est non seulement devenu un terrain de prédilection pour la recherche empirique, mais aussi un domaine de théorisation du développement. Les contributions scientifiques se multiplient et apportent des contributions souvent fort originales sur des acquis déjà classiques. Les modèles explicatifs de cas particuliers s'accumulent. Des composantes théoriques s'enrichissent considérablement, sans toutefois que les spécialistes en arrivent à formuler une véritable théorie du développement local, comme le reconnaît d'entrée de jeu André Joyal dans son dernier ouvrage sur le sujet. D'où la déduction de prescriptions et de recommandations, nombreuses par ailleurs, qui ne possèdent aucunement de caractère général. Cette défaillance s'explique largement par la variété des situations locales et la diversité des grilles d'analyse.

Car l'analyse des localités peut adopter les nombreuses perspectives qu'offrent les diverses sciences humaines et sociales. Cette richesse analytique permet aux chercheurs d'avoir une vision plus large du développement local et des conditions dans lesquelles il s'inscrit. Mais l'effet pervers de cette variété réside cependant dans la difficulté d'isoler clairement quelques composantes d'un modèle relativement fermé du développement local, ce qui alimente la critique. Néanmoins, nous disposons d'un corpus de connaissances de mieux en mieux articulé, mais encore éclaté en de multiples jalons. Parmi ces derniers, le domaine de l'organisation et du développement communautaire offre notamment des techniques fort utiles pour les animateurs du développement local. Dans leur volonté de comprendre comment l'espace se transforme en territoire par l'entremise de l'action humaine, les géographes ont saisi et exposé des lois qui nous aident à mieux comprendre comment procède le développement. En sciences administratives, quelques perspectives d'analyse nous permettent d'éclairer le développement, notamment l'approche par la planification. Quatre perspectives distinctes sont aussi avancées par les sciences économiques. D'abord, l'économie spatiale traditionnelle, révisée dans les premiers chapitres de cet ouvrage, offre ses concepts de dotation en facteurs, de centralité, de distance, d'aires et d'interaction. L'économie publique locale offre elle aussi des principes et des normes relatifs à la gestion locale de biens et services collectifs qui supportent les efforts de développement. Ensuite, deux concepts relativement nouveaux sont présentés : le bassin local pour l'emploi (*local labour market*) et le district industriel (et ses variantes) que nous avons vu ci-dessus. Nous ne pourrions terminer cette recension des perspectives d'analyse locale sans souligner la richesse des apports de la science politique, notamment l'approche néomarxiste qui préconise une vision globale du pouvoir local éclaté à mobiliser suivant une vision commune.

De par la richesse et la variété des perspectives d'analyse locale (Proulx, 1995a), on comprend facilement qu'il soit aventureux d'établir un modèle relativement fermé du développement local. Pourtant, plusieurs contributions substantielles ont effectué des percées fort intéressantes en ce sens, notamment dès le début des années 1980 (Pecqueur, 2001). Quand on tente d'isoler les facteurs typiquement locaux ou endogènes, le rôle de l'entrepreneur apparaît clairement. La montée en importance des PME dans les économies occidentales lui a même octroyé une très grande crédibilité. Ce facteur fut anobli même dans les modèles qui s'inscrivent comme solutions de rechange aux modèles économiques dominants. Avec ses variantes telles que le leadership, les forces vives et les porteurs de ballon, l'entrepreneur est devenu le facteur par excellence du développement local.

7. EN SYNTHÈSE

Plus récemment, nous avons refait la recension des ouvrages devenus très nombreux sur le sujet. Nous avons répertorié des territoires très dynamiques sur tous les continents, avec une nette dominante européenne. Presque tous les pays possèdent des poches territoriales beaucoup plus dynamiques que l'ensemble national. Les caractéristiques de ces systèmes de production fortement concurrentiels indiquent une grande variété de types qu'il n'est certes pas simple de classifier convenablement. Nous pouvons cependant noter ce qui apparaît dans tous les territoires à succès :

- systèmes de production avec une forte concentration de PME dans un secteur ;
- systèmes de production basés sur les savoir-faire locaux ;
- présence d'un fort dynamisme entrepreneurial ;
- présence d'un marché flexible ;
- production très liée au marché international ;
- composantes institutionnelles décentralisées ;
- présence d'un fort sentiment d'appartenance et d'intérêt collectif ;
- présence d'une atmosphère ou d'une culture industrielle.

Notre analyse plus détaillée nous a permis de classifier les cas selon des catégories de systèmes fournies par les ouvrages sur le sujet. Deux dimensions caractérisent les territoires à succès répertoriés : le niveau d'industrialisation et le niveau d'avancement technologique. Elles nous permettent d'élaborer le tableau 11.1.

Sans entrer dans le détail de la définition de chaque type de systèmes de production, ce qui fut fait par ailleurs (Proulx et Riverin, 1997), il faut dire qu'il existe une bonne variété de territoires à succès qui pourraient être analysés en fonction du pays et du continent où ils se situent, de leur proximité d'une grande ville, des infrastructures de

Tableau 11.1
Territoires à succès sur la planète

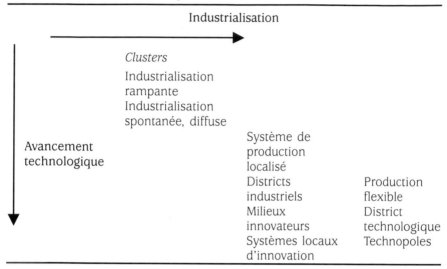

	Industrialisation →		
Avancement technologique ↓	*Clusters* Industrialisation rampante Industrialisation spontanée, diffuse		
		Système de production localisé Districts industriels Milieux innovateurs Systèmes locaux d'innovation	Production flexible District technologique Technopoles

transports disponibles, des caractéristiques générales de la main-d'œuvre disponible, etc. Plus on ajoute des critères, plus le nombre de types s'alourdit jusqu'à l'impossibilité de classification. Chaque territoire répertorié pour ses qualités concurrentielles possède ses caractéristiques propres qui en font un cas sinon unique, du moins original.

Néanmoins, le tableau 11.1 nous permet de considérer une vingtaine de catégories de territoires à succès selon deux critères majeurs. Le *cluster* représente la forme de concentrations territoriales d'entreprises industrielles la moins avancée sur le plan technologique et en matière de structure industrielle. Par contre, le technopole s'inscrit comme le territoire le plus industrialisé et le plus technologique. On constate au centre du graphique la présence du système de production localisé tel qu'il est modélisé en Europe. Ce type et ses variantes représentent bien les territoires qui nous sont plus familiers dans le paysage industriel, notamment les parcs industriels, les zones franches et autres espaces découpés et ciblés pour y favoriser la fertilisation industrielle par des mesures publiques appropriées visant à soutenir l'innovation et la production.

8. LE RÔLE DE SOUTIEN DU TERRITOIRE

À la lumière de la littérature sur le sujet, il apparaît que le territoire n'est pas neutre dans le déploiement des activités économiques et sociales. Le territoire n'a pas qu'un contenu statique en matière de ressources naturelles, de bassins de main-d'œuvre, de marchés, de fournisseurs d'intrants, de concurrents, de concentrations humaines, de centres urbains, etc. Il possède aussi un contenu dynamique. Dynamisme qui n'est pas nécessairement inné, mais plutôt appris au fil du temps selon des circonstances encore mal comprises. Dynamisme qui transforme le territoire, semble-t-il, en lui donnant vie et sens.

Le territoire peut en réalité jouer un rôle relativement actif ou au contraire demeurer relativement passif. Pour saisir ce rôle de soutien du territoire, il y a plusieurs modèles prescriptifs et surtout de nombreuses recettes gagnantes. Nous vous faisons grâce de leur comparaison même si l'exercice ne serait pas dénué d'intérêt pédagogique. En synthèse cependant, nous avons tenté de regrouper les propriétés actives et passives d'un «territoire à succès» selon un modèle très simple qui considère celles qui sont issues du territoire (endogènes) et celles qui relèvent d'une intervention exogène.

Figure 11.3
Propriétés d'un territoire « à succès »

Activité	
Besoins de base	Programme d'aide aux entreprises
Entrepreuriat	Dotation de fonds K
Qualité de K humain	Création de conseils
Cumul des savoir-faire	Renforcement de l'autonomie
Coordination des fonctions	Formation / Perfectionnement
Apprentissage collectif	
Endogénéité	**Exogénéité**
Dotation en ressources naturelles	Investissements
Parcs industriels	Infrastructures
Concentration d'activités	Équipements
Fournisseurs / Concurrents	Consommation
Main-d'œuvre	Fiscalité
Agréments environnementaux	Subventions
Démographie	Demande externe
Passivité	

En contexte québécois, les propriétés passives sont les modalités générales et universelles consacrées à l'organisation des territoires. Il s'agit largement des conditions de base de nature matérielle. Ce sont l'environnement naturel présent et ses ressources exploitables, les infrastructures de transport et les divers équipements (éducation, santé, loisirs, etc.), les bâtiments, les diverses entreprises y compris les concurrents et les fournisseurs, les services spécialisés, le bassin de main-d'œuvre, la fiscalité, les programmes de subvention, la demande interne et externe, etc. Ces propriétés sont présentes à un certain degré, généralement assez élevé au Québec, afin d'offrir un cadre général de support à la profitabilité des activités économiques.

Les propriétés actives permettent de dynamiser et de rendre vivantes les propriétés passives. Qu'on pense à la qualité des ressources humaines, notamment à l'entrepreneuriat bien sûr mais aussi à la valorisation des compétences dont l'apprentissage s'avère essentiel pour la compétitivité. Il va sans dire que la formation, le perfectionne-ment ainsi que l'animation socioéconomique pour la mobilisation du leadership deviennent elles aussi des fonctions très pertinentes. L'ani-mation permet en outre l'aiguillage des divers promoteurs sur les ressources disponibles. Aussi, la R&D est une composante qui active les processus de production grâce à l'innovation générée sous la forme de produits ou de procédés. On considère par ailleurs que la dynamique des relations dans la concurrence entre les entreprises, c'est-à-dire le «réseautage», représente une condition très importante. Bref, les pro-priétés actives sont généralement des composantes immatérielles et institutionnelles qui s'inscrivent dans un processus d'apprentissage collectif et de construction territoriale.

9.   LE POSITIONNEMENT DES TERRITOIRES DU QUÉBEC

Nous postulons au départ que, en contexte québécois, chaque territoire qui participe à la composition de l'espace national possède, par ses conditions intrinsèques, un certain potentiel de développement à valo-riser par des outils déduits de notre connaissance cumulée sur les pro-cessus. Nous avons d'abord positionné chaque territoire MRC et chaque communauté urbaine en fonction du nombre d'entreprises manufactu-rières en activité sur le territoire. Trois classes furent déterminées sta-tistiquement afin de positionner nos territoires selon leur propre phase de développement. La carte 11.1 illustre ces différentes phases.

Ensuite, nous avons déterminé pour chaque territoire cinq indices correspondant à cinq facteurs mesurables liés aux efforts de soutien au développement territorial tel qu'illustré par les ouvrages recensés ci-dessus. Grâce aux données de la CSST, l'entrepreneuriat fut mesuré en considérant la croissance nette des entreprises en 1992-1997, évaluée en pourcentage du bassin d'entreprises en activité en 1992. La formation professionnelle fut mesurée suivant le nombre de travailleurs en enseignement par 1 000 habitants, sur chaque territoire considéré en 1996. Du côté de l'animation socioéconomique, l'indice fut mesuré grâce à des enquêtes téléphoniques qui nous ont permis de déterminer le nombre de comités et de commissions formels présents sur chaque territoire en 1998. Quant aux divers comités et clubs informels, ils ont servi à estimer le facteur du réseautage. Finalement, le nombre d'employés en R&D par 1 000 habitants sur le territoire fut notre mesure du potentiel d'innovation et, par extension, de développement.

Tous ces indices traités individuellement sur une échelle de cinq et ensuite cumulés sur une échelle attribuée pour chaque territoire MRC nous permettent de considérer le potentiel dit endogène pouvant permettre au développement de ce territoire de passer d'une phase à l'autre. Nous sommes évidemment conscients du caractère imparfait de cette mesure. On constate *a priori* que le potentiel moyen de développement se situe à 15/25 pour l'ensemble des territoires MRC, et laisse apparaître d'importantes différences interterritoriales.

Les 35 territoires en phase 1 possèdent peu d'entreprises manufacturières, soit 42 et moins. Il s'agit de territoires largement dominés évidemment par le secteur primaire. On les retrouve en Gaspésie, sur la Côte-Nord, dans Charlevoix, en Outaouais, dans une partie de l'Abitibi et dans l'arrière vallée du Saint-Laurent. Le tableau 11.2 présente la liste des territoires et leur potentiel de développement. Ces territoires sont généralement bien pourvus en capacité innovatrice, en entrepreneuriat et en animation socioéconomique, mais faiblement dotés en réseautage. L'Abitibi (88) et Coaticook (44) se situent en tête de peloton pour le potentiel de développement mesuré par nos indices. On constate par ailleurs qu'une dizaine de territoires MRC positionnés en cette première phase de développement sont tout près de la seconde phase (plus de 30 entreprises manufacturières) et que plusieurs parmi eux possèdent largement le potentiel pour effectuer le saut, soit Abitibi-Ouest, Abitibi, Matane et Coaticook selon notre indice d'activité ou d'endogénéité.

Les territoires MRC en phase 2 accueillent entre 42 et 149 entreprises manufacturières. L'industrialisation de ces 45 milieux est bien en cours. Bien que certains de ces milieux soient localisés en périphérie, comme Domaine-du-Roy, on retrouve des territoires en deuxième phase

Carte 11.1
Phases de développement des territoires MRC du Québec

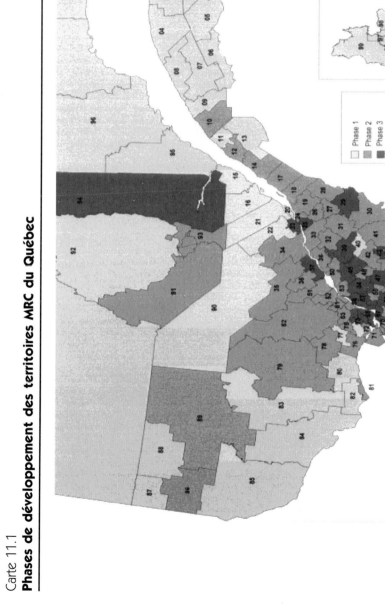

Tableau 11.2
Les territoires MRC en phase 1

No	Appellation	Manufac.	R & D	Entrepren.	Formation	Animation	Réseau	Indice
98	Minganie	7	3,0	5,0	4,0	3,0	3,0	18
6	Avignon	10	3,0	3,0	3,0	2,0	2,0	13
84	Pontiac	10	3,0	2,0	3,0	3,0	2,0	13
20	Île d'Orléans	11	3,0	3,0	3,0	3,0	2,0	14
95	Haute-Côte-Nord	12	3,0	3,0	3,0	4,0	2,0	15
82	Colline-de-l'Outaouais	12	3,0	5,0	5,0	2,0	3,0	18
22	Jacques-Cartier	13	3,0	5,0	4,0	2,0	3,0	17
90	Haut-Saint-Maurice	13	3,0	4,0	2,0	2,0	2,0	13
2	Pabok	13	3,0	4,0	2,0	3,0	2,0	14
83	Vallée de la Gatineau	17	3,0	4,0	2,0	3,0	2,0	14
15	Charlevoix-Est	19	3,0	4,0	2,0	3,0	3,0	15
4	Denis-Riverin	19	3,0	3,0	2,0	4,0	2,0	14
99	Territoire nordique	19	3,0	3,0	5,0	–	–	–
21	Côte-de-Beaupré	24	3,0	4,0	3,0	3,0	3,0	16
3	Côte-de-Gaspé	24	3,0	4,0	5,0	3,0	2,0	17
1	Îles-de-la-Madeleine	24	3,0	5,0	3,0	4,0	3,0	18
85	Témiscamingue	22	5,0	3,0	3,0	3,0	3,0	17
5	Bonaventure	26	3,0	3,0	3,0	3,0	2,0	14
16	Charlevoix	27	3,0	4,0	2,0	3,0	3,0	15
11	Les Basques	28	3,0	4,0	3,0	4,0	3,0	17
82	Papineau	28	3,0	4,0	3,0	2,0	4,0	16
7	La Mitis	30	3,0	3,0	3,0	3,0	2,0	14
77	Pays-d'en-Haut	30	3,0	2,0	3,0	2,0	2,0	12
96	Manicouagan	30	3,0	3,0	3,0	3,0	3,0	15

Tableau 11.2
Les territoires MRC en phase 1 (suite)

No	Appellation	Manufac.	R & D	Entrepren.	Formation	Animation	Réseau	Indice
87	Abitibi-Ouest	31	3,0	4,0	3,0	4,0	4,0	18
40	Asbestos	33	3,0	3,0	3,0	3,0	3,0	15
97	Sept-Rivières	33	3,0	4,0	4,0	3,0	3,0	17
9	Matapédia	35	3,0	4,0	3,0	4,0	2,0	16
88	Abitibi	36	3,0	4,0	3,0	5,0	4,0	19
8	Matane	36	3,0	3,0	3,0	4,0	5,0	18
74	Mirabel	36	5,0	3,0	3,0	1,0	2,0	14
92	Maria-Chapdelaine	39	3,0	3,0	2,0	4,0	4,0	16
69	Haut-Saint-Laurent	40	3,0	3,0	2,0	3,0	3,0	14
13	Témiscouata	40	3,0	4,0	3,0	2,0	3,0	15
44	Coaticook	41	3,0	3,0	3,0	5,0	5,0	19
	Moyenne	**25**	**3,1**	**3,6**	**3,0**	**3,1**	**2,8**	**16**
	(Variance)	**104,2**	**0,2**	**0,61**	**0,7**	**0,8**	**0,8**	**5**

de développement dans la partie Bas-du-Fleuve du Bas-Saint-Laurent, dans toute la large vallée du Saint-Laurent, en Beauce, en Estrie, dans Lanaudière et dans les Laurentides. Le tableau 11.3 nous permet de constater que ces territoires illustrent un indice moyen de potentiel de développement inférieur à la moyenne québécoise. Il apparaît que la formation professionnelle et l'entrepreneuriat font baisser leur indice global. Notons aussi que plusieurs de ces territoires sont sur la voie vers la troisième phase de leur développement en possédant déjà plus de 100 entreprises manufacturières. Parmi ceux-ci, l'Assomption, Centre-de-la-Mauricie et Lac-Saint-Jean-Est possèdent, selon notre indice d'activité, un excellent potentiel pour effectuer le saut.

Les territoires MRC en phase 3 possèdent plus de 149 entreprises manufacturières. Ces 18 territoires sont en réalité en industrialisation avancée. Ils sont très largement localisés dans la zone périurbaine et la frange urbaine de Montréal et de Québec et dans le centre-du-Québec, y compris Francheville et Beauce-Sartigan. Un seul territoire périphérique se situe dans cette phase, soit Fjord-du-Saguenay. Le tableau 11.4 illustre que, dans l'ensemble, ces milieux sont mieux pourvus en R&D, en formation et en entrepreneuriat. Champlain, La Jemmerais et Chutes-de-la-Chaudière se positionnent très bien dans cette catégorie pour leur fort potentiel de développement.

Cet exercice de positionnement des territoires MRC suivant les cinq indices d'avancement industriel et de potentiel actuel mesurés nous permet d'effectuer une analyse territoriale du soutien au développement en nous appuyant sur des faits concrets. Si l'on considère l'évolution industrielle désirée dans la majorité des territoires, sauf dans les milieux touristiques, plusieurs territoires MRC apparaissent avoir les conditions actives aptes à les faire progresser d'une phase à l'autre de développement. Nous vérifierons dans quelques années quel aura été le cheminement réel de chaque territoire.

Malgré la qualité de notre diagnostic et de notre pronostic, les résultats que nous venons d'exposer ici comportent une lacune en ce qui a trait au potentiel qualitatif des territoires MRC. Aussi, le facteur du financement ne fut pas pris en compte puisque nous considérons que le capital est parfaitement mobile. Il pourra éventuellement être considéré comme une variable explicative.

Tableau 11.3
Les territoires MRC en phase 2

N°	Appellation	Manufac.	R & D	Entrepren.	Formation	Animation	Réseau	Indice
76	Argenteuil	42	3,0	1,0	3,0	2,0	3,0	12
86	Rouyn-Noranda	43	3,0	4,0	4,0	3,0	4,0	18
89	Vallée-de-l'Or	44	3,0	4,0	3,0	3,0	3,0	16
35	Mékinac	45	3,0	2,0	3,0	3,0	3,0	14
28	Lac Etchemin	49	3,0	2,0	2,0	4,0	3,0	14
48	Acton	50	3,0	4,0	1,0	3,0	5,0	16
38	Bécancour	52	3,0	3,0	2,0	3,0	3,0	14
68	Les Jardins de Napierville	53	3,0	3,0	1,0	3,0	4,0	14
12	Rivière-du-Loup	53	3,0	4,0	4,0	3,0	4,0	18
78	Les Laurentides	54	3,0	2,0	3,0	3,0	3,0	14
14	Kamouraska	55	3,0	3,0	4,0	4,0	2,0	16
79	Antoine-Labelle	58	3,0	1,0	2,0	3,0	3,0	12
17	L'Islet	65	3,0	3,0	2,0	3,0	3,0	14
91	Le Domaine-du-Roy	68	3,0	3,0	4,0	3,0	5,0	18
51	Maskinongé	69	3,0	3,0	2,0	3,0	2,0	13
63	Montcalm	70	3,0	3,0	1,0	3,0	3,0	13
27	Robert-Cliche	71	3,0	3,0	2,0	3,0	3,0	14
10	Rimouski-Neigette	73	3,0	3,0	5,0	3,0	2,0	16
41	Le Haut-Saint-François	77	3,0	3,0	3,0	5,0	3,0	17
53	Le Bas-Richelieu	81	4,0	2,0	2,0	3,0	2,0	13
50	Nicolet-Yamaska	82	3,0	3,0	3,0	5,0	2,0	16
62	Matawinie	87	3,0	3,0	2,0	3,0	2,0	13
55	Rouville	88	3,0	3,0	2,0	1,0	3,0	12
30	Le Granit	89	3,0	3,0	2,0	3,0	4,0	15

Tableau 11.3
Les territoires MRC en phase 2 (suite)

No	Appellation	Manufac.	R & D	Entrepren.	Formation	Animation	Réseau	Indice
45	Memphrémagog	89	3,0	2,0	3,0	4,0	3,0	15
33	Lotbinière	90	3,0	3,0	2,0	3,0	4,0	15
70	Beauharnois-Salaberry	92	3,0	3,0	2,0	3,0	3,0	14
18	Montmagny	92	3,0	3,0	3,0	3,0	2,0	14
26	Nouvelle-Beauce	92	4,0	3,0	2,0	3,0	3,0	15
52	D'Autray	93	3,0	4,0	2,0	3,0	3,0	15
34	Portneuf	94	3,0	3,0	2,0	3,0	5,0	16
24	Desjardins	95	3,0	4,0	4,0	3,0	3,0	17
42	Le Val-Saint-François	95	3,0	2,0	3,0	4,0	2,0	14
93	Lac-Saint-Jean-Est	99	3,0	3,0	4,0	5,0	2,0	17
19	Bellechasse	101	4,0	3,0	2,0	3,0	2,0	14
81	CUO	103	3,0	3,0	4,0	–	–	–
61	Joliette	112	3,0	3,0	4,0	3,0	2,0	15
72	Deux-Montagnes	117	3,0	2,0	3,0	2,0	4,0	14
31	L'Amiante	118	3,0	3,0	3,0	3,0	3,0	15
46	Brome-Missisquoi	120	3,0	3,0	2,0	2,0	2,0	12
60	L'Assomption	122	3,0	4,0	4,0	3,0	3,0	17
36	Le Centre-de-la-Mauricie	123	5,0	3,0	2,0	3,0	3,0	16
71	Vaudreuil-Soulanges	123	3,0	3,0	4,0	4,0	3,0	17
32	L'Érable	129	4,0	3,0	1,0	2,0	3,0	13
75	La Rivière-du-Nord	143	3,0	2,0	3,0	3,0	2,0	13
	Moyenne	**83,6**	**3,1**	**2,9**	**2,7**	**3,1**	**3,0**	**15**
	(Variance)	**718,39**	**0,16**	**0,51**	**0,99**	**0,57**	**0,72**	**4**

Tableau 11.4
Les territoires MRC en phase 3

Nº	Appellation	Manufac.	R & D	Entrepren.	Formation	Animation	Réseau	Indice
25	Chutes-de-la-Chaudière	149	3,0	4,0	5,0	5,0	4,0	21
64	Les Moulins	155	3,0	4,0	3,0	3,0	3,0	16
29	Beauce-Sartigan	175	3,0	3,0	3,0	4,0	4,0	17
56	Le Haut-Richelieu	176	3,0	3,0	3,0	2,0	3,0	14
57	La Vallée-du-Richelieu	181	4,0	3,0	4,0	2,0	4,0	17
67	Roussillon	183	3,0	3,0	3,0	2,0	3,0	14
73	Sainte-Thérèse-de-Blainville	199	3,0	3,0	4,0	2,0	2,0	14
39	Arthabaska	208	3,0	3,0	3,0	3,0	3,0	15
37	Francheville	216	3,0	3,0	4,0	1,0	3,0	14
54	Les Maskoutais	217	3,0	3,0	3,0	3,0	2,0	14
47	La Haute-Yamaska	221	3,0	3,0	3,0	3,0	2,0	14
94	Le Fjord-du-Saguenay	225	4,0	3,0	4,0	4,0	2,0	17
43	Sherbrooke	254	3,0	3,0	5,0	2,0	2,0	15
59	La Jemmerais	256	5,0	4,0	4,0	3,0	3,0	19
49	Drummond	322	3,0	3,0	3,0	3,0	2,0	14
58	Champlain	350	5,0	3,0	3,0	2,0	5,0	18
65	Laval	502	3,0	3,0	3,0	1,0	2,0	12
23	CUQ	761	3,0	3,0	4,0	–	–	–
	Moyenne	**263,9**	**3,3**	**3,2**	**3,6**	**2,6**	**2,9**	**16**
	Variance	**22 590,69**	**0,47**	**0,15**	**0,50**	**1,12**	**0,86**	**7**
	MOYENNE	**102,0**	**3,1**	**3,1**	**2,9**	**3,0**	**2,9**	**15**

10. LE PROCESSUS D'ORGANISATION TERRITORIALE

Le développement territorial à succès emprunte toujours des modalités organisationnelles particulièrement optimales (Blakely, 1994). Voilà une vérité largement vérifiable dans les pays développés et qui, au fil des résultats de recherche, s'inscrit progressivement comme une véritable loi scientifique en théorie du développement. Diverses expressions sont utilisées pour saisir et modéliser ces modalités. On recommande généralement au pouvoir public d'agir sur les relations entre les différents acteurs qui, dans un processus continu d'apprentissage, participent à l'organisation de leur territoire dans un esprit de progrès et de développement.

La politique urbaine, locale et régionale de plusieurs pays focalise actuellement sur cet enjeu crucial. De l'aménagement du territoire, qui fut au cœur des efforts publics de développement après 1945, au management territorial, qui a atteint son apogée pendant les années 1970 et 1980, nous passons maintenant aux interventions sur les processus continus d'organisation territoriale (Proulx, 1997). Les interventions appropriées sont à définir par la politique territoriale que nous verrons au chapitre 14.

Selon notre analyse, cette organisation collective et progressive des territoires se résume essentiellement à quatre grandes dimensions : les principes d'organisation territoriale, la culture organisationnelle territoriale, la procédure de planification territoriale et les arrangements

Figure 11.4
Processus continu d'organisation territoriale

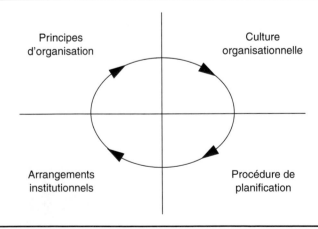

Principes d'organisation

Culture organisationnelle

Arrangements institutionnels

Procédure de planification

institutionnels optimaux. Cette dernière dimension est à la fois l'aboutissement et le point de départ du processus cumulatif conduisant, par surplus d'organisation, au développement territorial.

11. LES PRINCIPES DE L'ORGANISATION TERRITORIALE

Les principes de l'organisation territoriale font actuellement l'objet d'observation et d'analyse très sérieuses par les spécialistes. Les diverses réformes locales et régionales effectuées ou en cours servent de laboratoires pour mieux comprendre les effets d'un facteur nouvellement expérimenté. À titre d'exemple, la décentralisation gouvernementale appliquée dans plusieurs pays a permis d'enrichir nos connaissances sur cette option de gouverne publique. La prise en main collective (*empowerment*) apparaît elle aussi comme une problématique centrale. On observe la riche praxis afin d'en arriver éventuellement à la formulation de modalités précises d'organisation territoriale.

Quels sont les principes essentiels d'une société décentralisée (à un bon degré) dans ses diverses communautés territoriales ? Déjà définis en détail ailleurs (Proulx, 1996a), ces principes d'organisation territoriale sont :

- la claire distinction des responsabilités de chaque organisation publique ;
- l'imputabilité politique des décideurs publics ;
- les sources autonomes de financement des organisations ;
- la mobilisation et l'implication des citoyens dans les processus décisionnels ;
- l'efficacité économique à rechercher continuellement dans la gestion ;
- la capacité d'intégration territoriale et interterritoriale des fonctions exercées ;
- l'activation de réseaux d'information entre les acteurs.

Ces sept principes se traduisent évidemment en mesures bien précises afin de créer les conditions préalables idéales pour la prise en main collective de l'organisation générale sur un territoire donné. Il en est de même pour les propriétés de la culture organisationnelle dont voici la description.

12. LA CULTURE ORGANISATIONNELLE TERRITORIALE

La culture organisationnelle territoriale représente la deuxième dimension du processus continu d'organisation territoriale devant conduire à
des arrangements institutionnels plus optimaux pour le développement
culturel, social et économique. Elle s'intéresse précisément aux comportements collectifs des acteurs. Dimension encore très mal connue
puisque les indicateurs sont difficiles à mesurer et les composantes fort
délicates à formaliser. Néanmoins, nous pouvons proposer d'une manière
non exhaustive quelques propriétés qui participent à la richesse ou à la
pauvreté de la culture organisationnelle sur un territoire :

- le respect des processus identitaires sur le territoire ;
- la mobilisation et l'actualisation du potentiel humain latent ;
- les valeurs traditionnelles de coopération (concertation, coopération, etc.) ;
- la valorisation du rôle des élus et du leadership ;
- un bon taux de renouvellement des décideurs ;
- l'allégement de la partisanerie politique et de l'esprit clanique ;
- l'élimination du corporatisme exacerbé et des confrontations
  stériles ;
- la circulation de l'information relative aux décisions ;
- la solidité des consensus collectifs et de la solidarité communautaire.

Présentes à divers degrés sur un territoire, ces propriétés doivent
être dynamiques et évolutives afin que le processus organisationnel soit
continu et progressif sur le territoire. Pour le progrès et l'évolution, la
planification nous offre sa méthode scientifique et ses procédures à
utiliser selon les circonstances du territoire à organiser d'une manière
optimale.

13. LA PROCÉDURE DE PLANIFICATION TERRITORIALE

La procédure de planification territoriale que nous proposons s'appuie
sur les ouvrages scientifiques bien sûr, mais aussi sur la pratique en
territoires québécois depuis les années 1960 (Proulx, 1996b). Elle
compte cinq étapes, conduisant à l'étape ultime appelée le Sommet
territorial (figure 11.5).

Figure 11.5
Procédure de planification territoriale

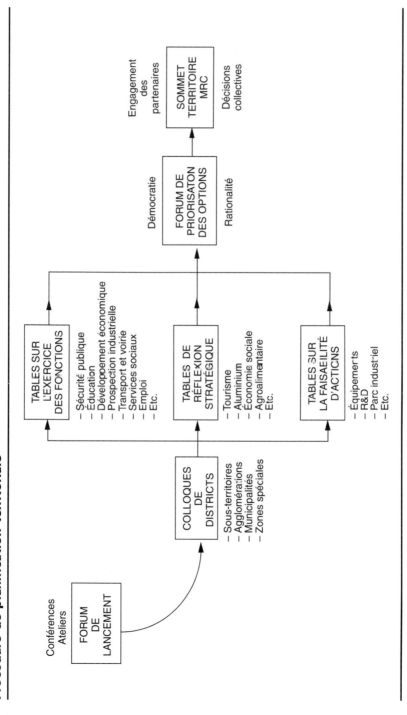

La démarche commence par un important Forum territorial qui permet de mobiliser tous les intervenants (société civile, secteur privé, secteur communautaire, État) dans une opération de réflexion collective. Le territoire doit alors s'associer aussi des experts professionnels, des universitaires et autres spécialistes afin d'enrichir sa vision territoriale. Pensons notamment à des enjeux tels que la fiscalité, l'entrepreneuriat, l'emploi, l'aménagement, la formation, le tourisme, la R&D, etc. Des ateliers de travail doivent être mis en œuvre. Des thèmes majeurs sont ainsi collectivement éclairés dans un esprit de prospective, tout en conservant les éléments très pratiques. Ce forum se termine généralement par une plénière qui permet de faire la synthèse du débat et d'identifier clairement les véritables enjeux territoriaux (problèmes, besoins, fonctions, menaces, contraintes, opportunités, etc.).

Par la suite, la procédure de planification prévoit la tenue de colloques pour les districts (sous-territoires). Ces colloques ou forums locaux servent à soulever les enjeux spécifiques à des zones particulières sur le territoire. Ils permettent aux acteurs locaux de dire quels sont leurs besoins, leurs problèmes, leurs préférences, leurs ressources, leurs contraintes ainsi que leurs possibilités d'action. Une liste de projets et de recommandations à traiter collectivement sortira de ces colloques afin d'alimenter la démarche territoriale globale.

Viendront alors les tables de travail sur les différents enjeux. Dans le cas des territoires du Québec, nous pensons notamment aux nouvelles fonctions publiques à exercer sur les territoires, notamment dans l'éducation, la sécurité publique, l'emploi, le développement économique et le transport. Certains enjeux touchent par ailleurs des secteurs ou des thèmes stratégiques pour le territoire : la santé, le tourisme, les loisirs, l'environnement, l'agroalimentaire, la forêt, etc. Tandis que d'autres enjeux pointent plutôt des actions concrètes pour lesquelles il devient pertinent d'effectuer le montage de la faisabilité multicritère. Dans ce cas, il s'agit d'actions plus ou moins structurantes pour le territoire : les services à domicile, le transfert d'expertise, une halte routière, la prospection d'entreprises, un centre communautaire, des partenariats de R&D, etc. Les diverses tables de réflexion permettent aux experts, aux élus, aux groupes, aux décideurs, aux revendicateurs, aux clients, aux entrepreneurs actuels ou potentiels, etc., de se mobiliser, d'exprimer leur volonté d'agir et de travailler ensemble sur des enjeux précis et concrets. Ils décrivent en détail certaines problématiques, effectuent des inventaires de ressources, mesurent les coûts, les bénéfices et les impacts, pour évaluer les options possibles pour leur territoire. En matière de mobilisation des acteurs et de montage de dossiers, les tables de réflexion sont le cœur de la planification territoriale.

Par la suite, les options ficelées sous la forme de dossiers concrets (fonctions, stratégies, actions) sont traitées collectivement dans un esprit de comparaison et de sélection. Un deuxième forum, différent du premier, devient alors nécessaire. Il doit idéalement s'appuyer sur une mécanique articulée de priorisation démocratique des options suivant des critères rationnels. Ce forum permet en réalité aux décideurs du territoire de mettre en place un mécanisme formel pour effectuer des choix, générer des consensus collectifs et établir fermement des priorités territoriales parmi les options offertes. Priorités dans la réalisation concrète desquelles les différents partenaires devront éventuellement s'engager.

Pour effectuer ces engagements concrets[3], la procédure de planification territoriale devra finalement aboutir sur un Sommet territorial. Dans la préparation de ce sommet, le milieu entre clairement dans le domaine de la tactique. La tactique est l'art d'utiliser les conditions du champ et les éléments de la conjoncture pour conduire les bons projets (coûts, bénéfices, impacts) à une décision d'exécution. La sensibilisation, le démarchage, la mobilisation et la manifestation font partie des tactiques très bien connues à cet égard.

L'objectif de l'utilisation de ces tactiques réside généralement dans le contournement, la domestication ou l'appropriation des formules juridico-politiques à l'œuvre officiellement[4], mais insuffisamment flexibles pour réaliser des projets innovateurs, hors normes par essence. Pour chaque projet dont la faisabilité est sans équivoque, il s'agit généralement de trouver les arrangements institutionnels adéquats à sa réalisation : le partenariat, l'association, le réseautage et l'alliance. En ce sens, la mise en place d'un véritable système de conventions territoriales entre les divers partenaires représente une modalité largement préconisée actuellement par les spécialistes de la planification territoriale.

CONCLUSION

Afin de maximiser le développement sur les divers territoires qui composent l'espace national, il est fortement recommandé d'agir sur l'organisation systématique de territoires actifs en fonction d'une vision

---

3. Sur des fonctions publiques (gestion des déchets, éducation, sécurité, emploi, développement économique, etc.) ; des actions (prospection d'industries, promotion touristique, équipement culturel, parc communautaire, etc.) ; et des stratégies sectorielles ou territoriales (concentration, dispersion, accroissement, réduction, diversification, etc.).
4. Dans le cas du Québec, nous pensons évidemment à la programmation des différents ministères et aussi à la formule des ententes-cadres Québec–régions.

globale. Tous les territoires n'ont évidemment pas le potentiel pour devenir un véritable district industriel ou un milieu innovateur, mais ils peuvent tous, tout de même, améliorer leur soutien aux activités de production et ainsi progresser dans la mise en œuvre du développement. Comme le signalent plusieurs analystes, il faut passer d'une vision géographique à une vision organisationnelle du développement. Le territoire doit ainsi exercer de nouvelles fonctions stratégiques pouvant nourrir les relations entre les divers acteurs afin qu'ils progressent collectivement dans leur apprentissage collectif du développement.

Nous avons proposé une procédure de planification territoriale capable de mobiliser les acteurs, de canaliser les efforts dispersés actuellement et de dynamiser le processus d'organisation sur les territoires. Procédure qui nous apparaît, dans les circonstances, la plus appropriée à notre contexte québécois. Elle devrait aboutir à terme à une coalition entre les différents partenaires de l'aménagement, de la gestion publique et du développement culturel, social et économique qui puisse tenir compte de tous les sous-territoires et de tous les intérêts sectoriels.

12

Les territoires
d'interaction

Dans les premiers chapitres de cet ouvrage, nous avons considéré cinq phénomènes fondamentaux qui structurent l'espace en le transformant : 1) le bassin de ressources qui favorise la dispersion de la structure de peuplement ; 2) le point, ou lieu, qui, par diverses forces d'agglomération et de polarisation, devient village et ville ; 3) la distance qui s'avère la relation linéaire entre deux points ; 4) les aires, qui sont des portions d'espace découpées et délimitées par un groupe de points ; et 5) l'interaction entre plusieurs points, qui s'intéresse aux flux circulant entre des nœuds (villes, organisations, individus, etc.). Ces nœuds en interaction plus ou moins dense sont nombreux *a priori* et offrent une multitude de formes et de contenus difficilement saisissables par les instruments de mesure offerts par les sciences humaines et sociales.

Il y a en effet très longtemps que l'on cherche à saisir et à maîtriser l'interaction. Pour la régulation et le fonctionnement harmonieux de cette interaction, on a établi des règles basées sur la hiérarchie sociale qui ont atteint un très haut degré de sophistication dans certains pays tels que l'Inde et le Japon. Des lieux d'interaction furent aussi créés dès le début de l'humanité, sous la forme de place de marché. Dans un esprit de démocratisation, les philosophes grecs ont compris l'importance de l'interaction dans la dynamique sociale en créant une agora dans leurs cités. Et les Romains ont construit un vaste réseau de routes dans leur Empire afin de favoriser la fluidité des interactions de toute nature. Quant à l'époque moderne, elle a permis la multiplication des moyens d'interaction, du télégraphe à Internet en passant par l'aviation. Bref, l'interaction représente une composante fondamentale dans le fonctionnement des communautés et des sociétés.

Toutes les sciences sociales cherchent à saisir l'interaction entre les éléments qui forment les systèmes. Les chercheurs utilisent soit une perspective micro-analytique qui focalise sur les acteurs, soit une perspective macro-analytique qui s'intéresse aux autres grandes composantes sociales, politiques ou économiques. Les nomenclatures qu'offrent ces deux grandes grilles d'analyse de la réalité sont ainsi très souvent déterminées par le fonctionnement de l'interaction. Fonctionnement qui, dans la réalité, crée des groupes, des clans, des oligopoles, des coalitions et toutes sortes d'autres systèmes formant le pont entre les unités micro et macro. D'ailleurs, le désir de modéliser les liaisons entre les unes (acteurs, consommateurs, producteurs, citoyens, etc.) et les autres (communautés, classes, société, etc.) a donné naissance à la perspective systémique qui a beaucoup influencé la recherche scientifique et la modélisation depuis quatre décennies, en offrant notamment un très riche vocabulaire issu des sciences naturelles applicables tant bien que mal aux sciences sociales.

Ces modèles d'interaction sont néanmoins encore très limités dans leur capacité de répondre aux critères de scientificité. Car les chercheurs sont confrontés aux difficultés de la saisie du phénomène d'interaction dont les caractéristiques sociales sont peu compatibles avec le besoin de généralisation de la démonstration scientifique. Des avancées importantes eurent lieu cependant, notamment par l'entremise des travaux de recherche sur la proximité qui se multiplient depuis une décennie (Gilly et Torre, 2000). On constata notamment que l'espace n'est pas neutre et qu'il participe clairement, mais à degrés variables, à supporter l'interaction.

1. ESPACE – INTERACTIONS – TERRITOIRES

Toute interaction se produit nécessairement dans l'espace. En réalité, on peut représenter et modéliser le territoire comme un ensemble d'interactions spatiales.

Pour les analystes spatiaux, le territoire est ainsi, à diverses échelles, à la fois un objet construit par des interactions de nature économique, culturelle, sociale, politique, administrative, et un objet construisant l'action économique, sociale, politique, culturelle, administrative. L'espace devient matrice de contacts et d'interactions pour se transformer en territoires. Et, en retour, le territoire supporte l'interaction nécessaire aux activités sociales, culturelles, politiques et économiques. Cette construction territoriale de l'espace par l'interaction et l'action est une question centrale en sciences sociales, question pour laquelle nous disposons de beaucoup de vocables mais encore de trop peu de faits.

Si les géographes ont eux-mêmes initié la recherche du lien entre l'espace (substrat) et le territoire (construit) qui s'effectue par l'interaction, la science économique, la sociologie, l'anthropologie et la science politique ont pris le relais. D'une manière générale, on postule que si cette interaction est régulée dans un esprit de circulation de l'information, il y aura plus d'innovation, de dynamisme social, culturel et économique et ainsi de développement territorial. Ceci étant accepté, il ne reste désormais qu'à mieux comprendre et influencer l'interaction qui devient un facteur universel et central dans l'analyse scientifique des territoires.

Le problème est alors principalement méthodologique. Comment saisir et modéliser le phénomène ? Mis à part l'interaction entre producteurs et consommateurs par l'entremise du marché, plusieurs concepts et propriétés intéressants furent alors offerts, non seulement le principe classique de la gravité, mais aussi d'autres plus récents tels que la densité, la connectivité, la transitivité. On a en outre expérimenté de nouveaux instruments de mesure pour l'observation, notamment les matrices de contacts, les diagrammes d'interaction. Des modèles ont été proposés à l'analyse, notamment la grappe ou *clusters*, les étoiles sociométriques, le réseau-égo, le réseau-clique, le maillage. Et des théories ou jalons de théorie ont émergé de cette complexité, notamment la célèbre théorie des coûts de transaction, la théorie des conventions, la théorie de l'agence et des incitations, la théorie de la gouvernance et la bien nommée théorie de la régulation. Si bien que nous disposons d'un cadre général pour comprendre non seulement le phénomène de l'interaction mais aussi les modalités de coordination de cette interaction.

Les territoires ont toujours servi d'assise à la coordination et à l'intégration des activités économiques. Ainsi sont historiquement apparus des places de marché, des lieux de transaction, des rues commerciales spécialisées, des districts économiques et des centres d'affaires.

2. LE RÔLE INTÉGRATEUR DES TERRITOIRES

Par leur concentration sur un même territoire contigu, les entreprises réalisent des économies externes dites d'agglomération ou de proximité. Ces économies sont largement générées par la réduction des coûts de transaction ainsi que par une meilleure maîtrise de l'incertitude et des besoins des donneurs d'ordres, notamment dans un contexte d'innovation (Williamson, 1975). Grâce à la proximité entre les entreprises agglomérées, les gains d'efficacité économique s'accumulent : bassin commun de main-d'œuvre qualifiée, mobilité des ressources humaines, intégration technologique, services communs spécialisés, qualité de vie, échanges de services, transferts de savoir-faire, partage de certains équipements, circulation d'information, etc. Ce sont là des économies externes positives qui alimentent le processus cumulatif des facteurs favorisant le développement.

Dans le secteur public, une bonne coordination territoriale permet d'éliminer, en partie, les incohérences et les chevauchements dans l'exercice des diverses fonctions publiques. Cela permet aussi de réduire considérablement les doubles emplois dans de nombreuses tâches et d'accroître par ailleurs les économies d'échelle. Les ressources financières et humaines ainsi épargnées peuvent être réinjectées afin d'offrir de meilleurs services aux clients, de financer de nouveaux outils de développement, de se doter de nouvelles expertises, d'exercer de nouvelles fonctions stratégiques ou tout simplement de réduire les taxes et les impôts.

On reconnaît aussi à la coordination territoriale des divers acteurs des vertus liées à la solidarité communautaire. Phénomène fondamentalement collectif, cette solidarité n'est généralement possible que lorsque les groupes sociaux et d'intérêt sont interpellés par les processus décisionnels. Une vision communautaire des enjeux collectifs ainsi que leur prise en main par de nouveaux acteurs représentent l'apport positif le plus immédiat. Une coordination élargie et renforcée génère aussi un meilleur arrimage entre les divers objectifs visés par les multiples organisations de toute nature qui œuvrent sur le territoire. Cela conduit non seulement à une meilleure convergence des actions, mais aussi à la solidification des consensus collectifs sur les grandes priorités territoriales à concrétiser.

Pour supporter cette interaction naturelle qui conduit concrètement à la coordination et à l'intégration des divers acteurs, les gouvernements établissent politiquement des découpages territoriaux. Nous avons vu au chapitre 6 que de tels découpages politico-administratifs furent aussi établis au Québec. Sur la base de l'héritage seigneurial et paroissial, l'espace national a d'abord été découpé en trois villes (avant 1760), en comtés (1791), puis en paroisses au statut civil (1825), avant que soient formellement reconnus les territoires des municipalités (1855) et des régions administratives (1968). Plusieurs redécoupages territoriaux eurent lieu au fil du temps, notamment ceux de 1888, de

1935 et de 1987 qui ont été plus marquants. Si bien que les quelque 1 350 municipalités locales et les 17 régions administratives sont devenues deux assises territoriales officielles pour la gestion publique de programmes, de biens et de services.

Entre ces deux échelons territoriaux de gestion publique, depuis trois décennies, il se construit progressivement une échelle supralocale. Cette construction s'appuie largement sur les élites locales pour qui il est nécessaire techniquement et financièrement de mettre en commun les biens et les services collectifs. D'abord instaurée par les anciens conseils de comté, cette pratique supralocale fut ensuite établie davantage avec la création de trois communautés urbaines en 1969 (Montréal, Québec et Outaouais). Elle fut cependant ralentie au cours des années 1970 par les insuccès dans les mécanismes institutionnels mis au point pour l'intégration de certaines agglomérations urbaines, notamment au Saguenay. Par contre, les fusions et regroupements municipaux ont intégré leurs fonctions publiques dans plusieurs agglomérations.

La construction supralocale a été fortement stimulée en 1979 par le découpage des territoires MRC et la mise en place d'un conseil des maires pour chacune de ces petites régions. On a alors assisté à un lent progrès du dynamisme organisationnel de ces territoires au cours des années 1980, suivi de son accélération au tournant des années 1990. Dynamisme organisationnel fortement inégal cependant d'un territoire MRC à un autre. Finalement, la réforme en cours dans la mosaïque québécoise permet de faire des agglomérations urbaines renforcées des territoires supralocaux de coordination.

3. LES ACTEURS TERRITORIAUX

Les acteurs d'un territoire donné sont par essence tous les individus aptes à s'activer dans des tâches et des fonctions spécifiques. Dans la réalité, les organisations privées, publiques et collectives représentent la forme primaire des unités qui servent la mise en œuvre des actions. Une organisation active nous indique la présence d'au moins un acteur : le décideur. Utilisons ici un modèle de classification des acteurs inspiré par celui de John Friedmann (1992).

Ce spécialiste de l'analyse de l'appropriation par le milieu *(empowerment)* divise en quatre grandes sphères la pratique sociale à l'échelon d'un territoire :

- l'État : l'appareil législatif, judiciaire et exécutif ;

Figure 12.1
Les acteurs territoriaux

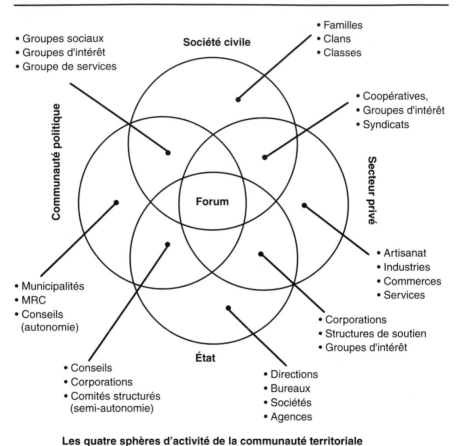

Les quatre sphères d'activité de la communauté territoriale

- la société civile : les citoyens, les propriétaires, les ménages, les familles, les clans, les ethnies, les classes sociales, etc. ;

- l'économie incorporée : les corporations privées et leurs intérêts collectifs ;

- le communautaire : les mouvements sociaux et les organisations politiques indépendantes.

Ces quatre sphères d'activité ne permettent pas un découpage étanche des organisations ni des acteurs qui œuvrent sur un territoire, dont plusieurs appartiennent à deux sphères à la fois et même parfois à trois. Ainsi, nos sphères d'acteurs s'entrecoupent les unes les autres. La figure 12.1 nous permet de situer les acteurs qui sont *a priori* interpellés par la planification ou l'organisation territoriale.

Ce schéma quadrisphérique offre une grille de classification et d'analyse fort intéressante pour les acteurs (organisations) qui interviennent dans un territoire donné. Pour l'appliquer aux territoires du Québec, il faut évidemment avoir une certaine connaissance de chaque organisation privée, publique et collective pour pouvoir les ranger chacune dans la bonne sphère. Les organisations unidimensionnelles privées, publiques et collectives sont relativement faciles à classer. Cependant, plusieurs organisations bidimensionnelles ou tridimensionnelles nécessitent un peu plus d'attention. Il faut alors en connaître certaines propriétés minimales telles que le statut, la territorialité, la structure organisationnelle, le financement, la mission, les fonctions, les objectifs, le processus décisionnel, etc. Nous avons effectué une enquête sur les propriétés des organisations (Proulx, 1996c) qui nous a permis d'appliquer à la réalité du Québec le modèle présenté à la figure 12.1.

L'espace de croisement entre les quatre sphères est de toute évidence le lieu central qui touche à la fois les quatre grandes sphères d'acteurs territoriaux. Lieu intéressant pour animer le territoire, l'interaction élargie permet de mobiliser les principaux acteurs dans un esprit de développement culturel, social et économique du territoire en question. Comment s'effectue la coordination?

4. LA COORDINATION TERRITORIALE DE L'INTERACTION

Si l'on reconnaît facilement que les territoires servent d'assise à l'interaction, à la coordination et à la régulation des actions économiques, sociales, administratives, etc., grâce notamment aux effets de proximité, il demeure toutefois que la modélisation de cette interaction bienfaitrice n'est pas du tout évidente. On identifie facilement les territoires, mais on saisit fort mal les relations formelles et informelles entre les acteurs, les organisations et les activités, malgré les progrès récents réalisés en ce sens.

Les ouvrages sur le sujet nous offrent ainsi plusieurs modèles généraux assez bien articulés pouvant en principe servir la coordination territoriale des diverses actions exercées. En mettant de côté les nombreuses variantes, on peut considérer trois grandes catégories de modélisation de la coordination territoriale de l'interaction : le marché qui

Figure 12.2
Mécanismes de coordination territoriale

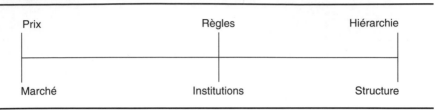

indique les prix par l'offre et la demande, la consolidation dite wébérienne de nature directive (structure centrale hiérarchique) et les mécanismes institutionnels (lois, règles, alliances, conventions, etc.) ayant un caractère normatif.

Nous pouvons représenter ainsi la coordination territoriale comme un axe dont les deux extrêmes sont le marché (prix) et la consolidation autoritaire (structure hiérarchique). Dans la zone centrale se positionne un ensemble de mécanismes relationnels plus ou moins structurants largement connus sous l'appellation d'institutions. Voici comment fonctionnent en réalité ces trois mécanismes de coordination territoriale.

5. LA COORDINATION PAR LE MARCHÉ

En analyse spatiale, le phénomène de la concentration des activités est structuré par les forces du marché. Aux États-Unis, la présence de 380 pôles d'activité qui ensemble produisent plus de 60 % du PIB de ce pays illustre parfaitement l'importance des territoires dans la coordination par les forces du marché. En contexte québécois, les 31 agglomérations urbaines de plus de 10 000 habitants correspondent bien à ce phénomène d'intégration économique territoriale. Intégration que l'on retrouve aussi quelquefois sur des territoires non polarisés tels que les Bois-Francs, la Beauce, la Vallée-du-Richelieu, le corridor des Laurentides et certaines zones de la Montérégie, de l'Outaouais et du Bas-du-Fleuve. Par territoires non polarisés, nous entendons ceux où l'économie de proximité n'est pas nécessairement une économie d'agglomération classique, mais plutôt une économie externe de localisation qui s'accommode facilement de distances limitées entre les facteurs de production.

On sait que la coordination des acteurs est le problème central de l'activité économique. Comme elle combine de multiples facteurs, de plus en plus nombreux par ailleurs, l'activité de production de biens et services est en effet, par nécessité, une véritable action collective. Elle est largement régulée par les mécanismes de fixation des prix (offre–demande) sur le marché. Comme ce dernier fonctionne imparfaitement, un ensemble de lois et de règles le gouvernent pour limiter ses excès et permettre l'atteinte de l'équilibre entre producteurs et consommateurs.

Figure 12.3
Coordination des acteurs par le marché

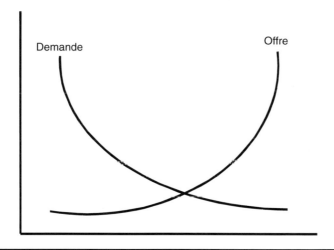

Mais les entreprises, notamment les donneurs d'ordres, utilisent aussi des procédures administratives comportant des règles hiérarchiques. En outre, d'autres mécanismes plus ou moins formels de coordination des acteurs participent à nourrir les activités économiques.

La coordination sectorielle est connue depuis toujours par les économistes. Les relations des entreprises avec leurs fournisseurs et leurs clients se structurent par secteurs, divisés en branches plus ou moins nombreuses. Ces sous-groupes de transaction dense offrent des découpages économiques naturels qui soutiennent et définissent les modalités de coordination entre les actions.

Dans les faits, les échanges entre les entreprises s'intensifient largement à l'intérieur des différents segments en amont et en aval des filières de production que nous avons vus au chapitre 9. Afin de réaliser des économies de proximité, les divers acteurs de ces filières (grappes) se localisent souvent en contiguïté sur le même espace pour former des districts industriels. La fourrure à Montréal et le meuble dans Maskinongé illustrent plus ou moins bien ce phénomène au Québec. On comprend ainsi que la stratégie gouvernementale à l'égard de ces filières a pour objet d'assister les forces du marché dans les segments en difficulté afin d'accentuer la coordination, la création de richesses et le développement. Les filières du secteur pharmaceutique bénéficient actuellement de telles interventions. Certains territoires cherchent par ailleurs à se transformer en districts dans la foulée des cités du multimédia ou de l'optique, des technopoles de Laval ou de Saint-Hyacinthe et des milieux de la Côte-Sud, de l'Estrie ou du Lac-Saint-Jean.

Les forces du marché possèdent leur territorialité propre qui s'inscrit concrètement dans les échelles territoriales du Québec. La coordination par le marché ne génère évidemment pas que des effets bénéfiques pour les territoires. On observe en effet de nombreuses inefficacités spatiales : les iniquités fiscales entre les municipalités locales, l'étalement urbain excessif, la désertification de plusieurs zones bâties, les incohérences d'aménagement, les inégalités dans la desserte de services publics, etc. Ces imperfections du marché dans l'organisation des territoires doivent être compensées par d'autres modalités de coordination entre les divers acteurs. On fait ainsi encore appel à l'interaction, mais cette fois-ci par l'entremise des interventions gouvernementales.

6. LA COORDINATION PAR UNE STRUCTURE CENTRALE

Dans la partie droite de la figure 12.2 se situent les mécanismes de coordination par les structures administratives. On sait que le XXe siècle fut une période d'expérimentation extensive de la centralisation décisionnelle. Certains systèmes de production ont atteint des dimensions gigantesques, tant dans le secteur privé que dans le secteur collectif et le secteur public. À l'échelle des territoires, ce sont les mégacités telles que l'actuel grand Toronto, les grands chantiers comme celui de la Baie James ou les villes de compagnies telles que Fermont qui illustrent le mieux la consolidation des fonctions par une structure centrale.

Le modèle de coordination des fonctions par leur intégration au sein d'une structure centrale qui consolide le territoire est souvent préconisé. On propose tout simplement de concentrer le maximum de fonctions dans une seule organisation centrale régie par un organigramme qui régule les relations fonctionnelles.

Figure 12.4
Coordination des acteurs par l'organigramme

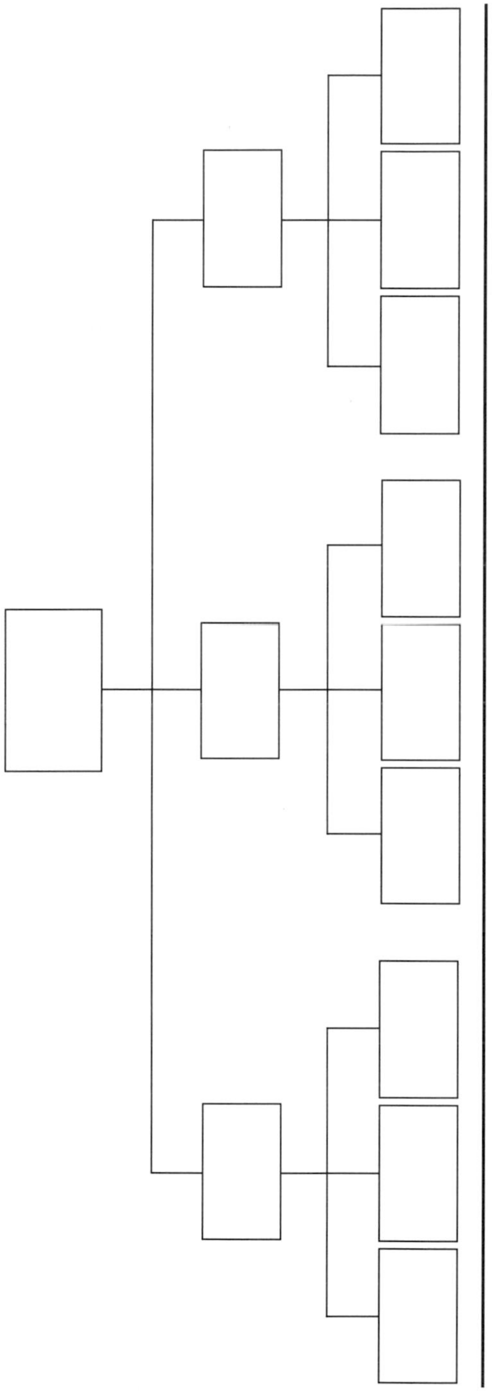

Ce modèle tire sa crédibilité des théories dites classiques d'administration publique. Il répond par ailleurs à des désirs spontanés de cumul du pouvoir, inhérents à la nature humaine des gestionnaires. Les origines pratiques de ce modèle remontent aussi loin que les grandes conquêtes et les grands travaux de l'Antiquité. Ses principes sont simples et fort bien connus :

- l'unité de commandement et de direction ;
- l'autorité forte, centralisée et respectée ;
- la division poussée du travail ;
- les fonctions et les tâches bien définies ;
- la structure hiérarchique pour l'ordre et la discipline du fonctionnement interne ;
- la communication et la délégation de l'autorité en échelle (pyramide) ;
- la subordination des intérêts individuels aux intérêts généraux ;
- la culture de l'esprit impersonnel ;
- la discipline et l'obéissance des travailleurs.

Fondé sur l'ordre, la hiérarchie et la rationalité dans une structure administrative centrale, forte et consolidatrice, ce modèle possède évidemment plusieurs vertus. Les très nombreuses études de cas dont il a fait l'objet permettent néanmoins aux analystes de formuler quelques critiques générales. Comme faiblesses, on souligne notamment :

- le manque de flexibilité face aux clients ;
- peu d'incitation à l'émulation et aux efforts exceptionnels ;
- les faibles communications internes et externes ;
- la trop faible capacité d'adaptation aux changements ;
- la gestion administrative qui se dégrade au fil du temps.

Les effets négatifs de cette modalité d'intégration territoriale s'ajoutent à la perte des vertus démocratiques et économiques associées à la fragmentation des fonctions, notamment la réduction de l'implication des citoyens, la perte de responsabilisation des décideurs, la perte d'efficacité des petites unités administratives, etc. Aussi, l'expérimentation de structures centrales de consolidation territoriale montre que, à l'intérieur de l'organigramme, les problèmes d'intégration des diverses fonctions publiques demeurent tout de même importants. En effet, les difficultés de coordination entre les départements d'une grande organisation multivocationnelle sont souvent aussi importantes que celles qui existent entre les petites organisations univocationnelles autonomes et indépendantes (chapitres 6 et 7).

À l'échelle territoriale québécoise, la nécessité de réduire le nombre de municipalités qui fut décrétée dès le début des années 1960 s'est traduite en 1965, 1971, 1989, 1996 et 2001 par des politiques incitant les municipalités à se regrouper volontairement et par quelques lois spéciales dans les cas urgents comme Laval et Bécancour et, plus récemment, pour accélérer le processus de fusion dans la région de Montréal notamment. Les objectifs étaient *a priori* élevés vu l'émiettement municipal de l'époque (1 680 municipalités). Plusieurs analystes disaient qu'il était souhaitable de réduire de moitié le nombre des corporations. Entre 1960 et 1996, 261 municipalités furent consolidées par regroupements, fusions et annexions, ce qui permet d'en abolir 334. Compte tenu que 74 nouvelles municipalités furent érigées au cours de cette période, il s'agit d'une réduction de 20 % de l'ensemble des corporations municipales du Québec. La politique gouvernementale de mai 1996 a par ailleurs annoncé que 679 municipalités localisées dans de très petites, petites, moyennes ou grandes agglomérations urbaines seraient appelées à se consolider en 206 entités. Les données compilées sur cet enjeu en septembre 1998 ont permis de constater qu'à cette époque, seulement 96 municipalités furent regroupées dans 46 entités. Avec la loi 170 de l'an 2000 sur le renforcement des régions métropolitaines de recensement et la loi 124 de l'an 2001 touchant plusieurs agglomérations de recensement, ce sont plus de 200 municipalités qui se retrouvent ainsi fusionnées au sein d'une douzaine de nouvelles villes. On constate alors que ces deux dernières législations, qui appartiennent à ce qu'il est convenu d'appeler la réforme Harel, s'inscrivent comme des éléments majeurs de la politique territoriale traditionnelle.

Il est ainsi très clair que la consolidation supralocale dans une structure centrale progresse depuis 40 ans en contexte québécois. Un progrès relativement limité néanmoins si l'on considère les besoins diagnostiqués et les objectifs de départ, mais un progrès qui s'est accéléré au tournant du siècle par une volonté gouvernementale très ferme d'agir après 40 ans de piétinements. Il est à noter que pendant ces quatre décennies, *a contrario*, le nombre de commissions scolaires est passé de 1 728 à moins de 80, grâce à des mesures coercitives importantes. Les commissions scolaires ont toutefois subi une perte d'autonomie énorme par suite du processus intégrateur, alors que les municipalités ont réalisé d'importants gains en cette matière, ce qui leur a donné une meilleure emprise sur l'exercice de leurs responsabilités. Par ailleurs, il faut noter l'existence de regroupements récents à l'intérieur de certains champs fonctionnels à l'échelle supralocale. Tel est le cas dans les secteurs de la santé, de l'emploi, du développement économique, de la voirie, du transport en commun, etc., où l'on retrouve maintenant des organisations univocationnelles consolidatrices.

7. LA COORDINATION PAR LES INSTITUTIONS

Il existe d'autres formes de coordination territoriale que les forces du marché et les structures hiérarchiques. Une forme intermédiaire ayant une importante dimension territoriale soutient la densification des relations entre les acteurs : relations d'échanges de ressources, relations d'échanges d'information, relations de réciprocité, relations de partenariats, etc. Établies largement sur une base volontaire et permissive, ces relations sont favorisées et régulées par un ensemble d'institutions qui subissent les contraintes du marché et des structures hiérarchiques tout en les dépassant ou en les contournant. Le territoire devient alors le substrat de ces relations interactives que l'on désigne très souvent par l'expression « contexte institutionnel » ou tout simplement « institutions » en référence à la perspective institutionnaliste largement utilisée en sciences sociales.

Ce modèle relationnel de coordination est largement proposé dans les écrits scientifiques sous la forme de concepts tels que la coopération, les conventions, le consensus communautaire, l'apprentissage collectif, le partenariat, la solidarité, la concertation, etc. Ces expressions nous permettent de constater qu'il s'agit de la volonté d'agir sur les valeurs de collaboration entre les acteurs plutôt que sur les structures comme telles. En réalité, comme nous l'avons vu au chapitre précédent, on fait appel à la culture organisationnelle territoriale plutôt qu'à une structure formelle spécifique de consolidation. Nous reviendrons au chapitre 14 sur cet aspect culturel de l'organisation territoriale qu'il devient pertinent d'encourager par la politique territoriale.

Pour le moment, signalons à cet égard que, au Québec, la coopération fait partie des traditions. Elle est une composante relativement importante du mode de fonctionnement de la société québécoise. Il ne faut donc pas se surprendre que, dès les années 1930, l'État ait choisi sa cousine, la concertation, comme modalité de prise de décision. Du célèbre « Lac-à-l'Épaule » de Jean Lesage en 1962 jusqu'au Sommet de Montréal en 1996, en passant par les divers forums sectoriels, la concertation n'a jamais cessé d'influencer les modalités décisionnelles au Québec. Des états généraux, des sommets économiques, des conférences socioéconomiques, des forums furent animés afin d'alimenter les grands décideurs nationaux, sectoriels et territoriaux en opinions, idées et recommandations des partenaires socioéconomiques. Notamment à l'échelle supralocale où les groupes communautaires, les conseils de MRC, les chambres de commerce et les conseils métropolitains représentent des formes concrètes de promotion de la concertation. La concertation a si bien fait son œuvre dans la coordination des acteurs que le gouvernement décida en 1997 de mettre en place des CLD pour la soutenir encore davantage.

La concertation

Depuis plus de deux décennies, le gouvernement du Québec prône la concertation dans ses énoncés de politique publique. Elle se présente comme une formule de mise en dialogue d'acteurs traditionnellement opposés afin de faciliter leur compréhension mutuelle, l'allégement des tensions et la mise en œuvre de stratégies conjointes d'action. La notion de concertation permet d'appliquer l'idée de « dialogue institutionnalisé » proposé dès les années 1940. La conceptualisation de cette formule originale ne possède toutefois qu'une légère base théorique pour le moment.

Au Québec, la concertation fait partie du vécu traditionnel puisque la formule coopérative plonge ses racines dans l'histoire aussi loin qu'à l'époque de la Nouvelle-France. Sous les pressions de l'Église catholique, des syndicats et du mouvement coopératif, elle fut expérimentée formellement dès les années 1930 pour assister l'État dans la prise de décisions importantes. Oubliée par la gouverne très centralisée des années 1950, elle revint en force avec le « Lac-à-l'Épaule » organisé par le Premier ministre Jean Lesage en 1962. Lors de ce mini-congrès tenu sur le site de ce lac, les acteurs décidèrent de faire de la nationalisation de l'électricité l'enjeu des élections à venir. Puisque cette nationalisation fut un véritable succès, l'expression « lac-à-l'épaule » fut consacrée pour illustrer cette forme de concertation entre un nombre limité d'acteurs. Et la concertation gouvernementale est devenue largement utilisée sous forme de conseils, de tables, de forums, de sommets, etc.

À l'échelle supralocale, en dehors du conseil des maires, plusieurs événements eurent lieu au cours des années 1980 et 1990 : les forums, les colloques, les tables sectorielles ou thématiques, les sommets, les dîners collectifs et autres. De nombreux comités ont aussi émergé et se sont structurés en fonction d'enjeux collectifs. En 1998, une enquête effectuée dans les territoires MRC nous avait permis de constater la présence de 180 comités permanents et de 162 comités temporaires qui utilisent l'échelle supralocale pour promouvoir leurs intérêts ou leurs activités dans l'aménagement, la forêt, le tourisme, les fonds d'investissement, etc. Ces 342 comités représentent un progrès institutionnel considérable, en particulier depuis 1992. Deux ans après la création des CLD, soit en 1999, une autre enquête nous a permis de constater que les dirigeants de ces centres siègent à plus de 300 conseils d'administration répartis dans les territoires MRC, notamment les carrefours jeunesse emploi, les chambres de commerce, etc. De plus, quelque 350 comités furent créés ou renouvelés (économie sociale, travailleurs autonomes, entrepreneuriat jeunesse, etc.) afin d'assurer le bon fonctionnement des 93 CLD étudiés. On a constaté aussi la mise sur pied, en 1998-1999, de plus de 250 petits événements d'interaction.

Tableau 12.1
**Événements d'interaction
1998-1999**

Événements	Nombre
Place aux jeunes	41
Foires et salons	40
Rencontres thématiques	41
Semaines thématiques	18
Galas méritas	14
Séminaires/formation	23
Concours	11
Forums	21
Tables de concertation	9
Événements spécifiques	9
Autres/divers	47

Source: Enquête et compilation de Natacha Jean, 1999.

Nous constatons que le réseau territorial de chaque MRC s'active progressivement et se densifie à intensité variable selon les territoires par l'entremise de comités, conseils, tables et événements divers qui agissent en amont. Mis à part leur mission de gestion, les CLD représentent à l'évidence de véritables multiplicateurs de contacts, d'interactions, de réseautage et de concertation sur leur territoire respectif.

L'interaction dans un esprit de concertation territoriale permet de mobiliser les partenaires sur une base volontaire, de les impliquer dans les processus décisionnels collectifs et de les faire prendre position vis-à-vis de l'application concrète de décisions dans des actions. On l'utilise largement, notamment à l'intérieur des fonctions publiques subdivisées telles que l'éducation (primaire, secondaire, collégial, universitaire, etc.) ou la santé (hôpitaux, CLSC, centres d'accueil, etc.), mais aussi pour favoriser la coordination territoriale entre ces grandes fonctions ou missions décentralisées de l'État. Ce qui nous conduit à la mesure de l'interaction. Car, il faut bien le confesser, la mesure de l'interaction reste pour les sciences sociales un problème méthodologique encore non résolu de manière satisfaisante.

8. LA MESURE DE L'INTERACTION SUR UN TERRITOIRE

Du côté du marché, les relations entre offre et demande sont bien modélisées, notamment l'élasticité. Très formalisées par la question de la fixation des prix, les subtilités de l'interaction marchande échappent largement à l'analyse néoclassique. On a alors mis au point des méthodes de calcul du volume des transactions sur un territoire donné, généralement national mais aussi local et sectoriel. Par addition du chiffre d'affaires des commerçants, on peut ainsi connaître le niveau de consommation effectuée en un lieu précis. En le mettant en relation avec l'achalandage (nombre d'entrées), on peut établir des ratios d'interactions fructueuses ou infructueuses. On établit aussi les impacts économiques et sociaux d'un événement d'interaction tel qu'un festival, une foire ou un fête foraine sur le marché local.

L'analyse économique des coûts de transaction a généré beaucoup de travaux de recherche. Elle a permis de saisir des phénomènes très intéressants, notamment qu'une large partie de l'interaction entre les organisations se situe hors du marché. On a aussi largement expérimenté la saisie des échanges interindustriels à l'aide de matrices entrées – sorties dits TEI (tableaux d'échanges interindustriels). Des phénomènes intéressants sont alors apparus, notamment les effets qu'un investissement ou une variation de la demande engendrent dans un système industriel. En outre, des *clusters* ou « grappes spatialisées » émergent de la connectivité entre les opérateurs et de la densité de leurs relations.

Les géographes ont eux aussi apporté leur contribution dans cet effort de saisie et de modélisation de l'interaction. Ils ont évidemment mis au point des méthodes pour saisir les flux de transport. Après avoir mesuré les substances transitées entre les lieux, ils signalèrent l'importance de la distribution spatiale des fonctions urbaines, des activités socioéconomiques et du pouvoir formant une hiérarchie entre les villes. Ils démontrèrent par ailleurs que la diffusion des innovations à partir des grands centres urbains s'effectue en fonction de la hiérarchie urbaine vers les plus petits centres ou encore suivant le principe de la radiation autour des lieux (chapitre 3).

Signalons pour terminer que de très vastes enquêtes furent effectuées pour comprendre des systèmes d'interaction. À cet égard, l'école de Lund en Suède consacra l'expression de « systèmes de contacts » grâce à un programme de recherche original sur la communication entre les acteurs dans des territoires bien délimités. Ces travaux devenus célèbres stimulèrent la recherche sur l'interaction, notamment en analysant les réseaux téléphoniques, la poste, les réunions de petits groupes, les dîners d'affaires, etc. Devant les faibles résultats obtenus, force est de constater que l'interaction demeure toujours un phénomène mal connu.

Pour combler cette faiblesse méthodologique, les anthropologues et les psychosociologues proposèrent le concept de réseau, qui est devenu très populaire en sciences sociales et en étude des territoires depuis le début des années 1980 (Proulx, 1995a).

9. LES RÉSEAUX TERRITORIAUX

Le terme « réseau » est une métaphore maintenant largement utilisée en sciences sociales pour désigner l'écheveau des relations humaines. Il est donc tout à fait approprié pour représenter l'interaction. L'expression désigne une nouvelle approche analytique de la complexité des systèmes socioéconomiques. Cette approche devient, de toute évidence, un champ d'intérêt méthodologique très pertinent.

Dans le langage scientifique et parascientifique courant, le terme « réseau » sert généralement à désigner un ensemble de lignes entrelacées reliant différents points. Presque toutes les sciences utilisent le terme et toutes les sciences sociales sont largement représentées dans la multitude d'ouvrages portant sur les réseaux. Signifiant différents phénomènes selon les circonstances et les contextes, le terme n'est que peu souvent défini clairement. Il n'existe actuellement aucune théorie qui puisse permettre la convergence des divers apports empiriques et théoriques. Même dans le sens restreint du phénomène qui nous intéresse, soit l'interaction sur un territoire, la conceptualisation de la notion de réseau avance sur plusieurs fronts à la fois, ce qui rend hasardeux et subjectif tout choix d'une définition précise à titre universel. Nous optons ainsi pour une définition peu restrictive en définissant le réseau comme « la structure *a priori* de l'interaction et des relations entre des nœuds ou acteurs, sur un territoire ».

Dès lors, le terme « réseau » utilisé pour exprimer la structuration de l'interaction humaine prend la connotation de support établi à partir d'une interaction réalisée au préalable. Il s'agit alors d'une possibilité d'interaction. D'où la distinction sémantique qui doit être faite entre le réseau et l'activité résiliaire. Distinction, par ailleurs, qui existe généralement dans les ouvrages américains et anglosaxons (*network and networking*). Au Québec, le *networking* se traduit par le réseautage. Il ne faut donc pas confondre la structure et son activation, soit le réseau et le réseautage.

Outre les nœuds de réseau et le réseautage, trois attributs doivent être distingués dans les réseaux. Ils utilisent des procédés d'interaction (téléphone, poste, télématique, colloques, bars, rencontres organisées, coin de rue, etc.) pour s'activer, véhiculent des substances (amitié, ordres, traites, normes, avis, conseils, documents, monnaie, etc.) par cette activation, des propriétés relationnelles (densité, connectivité, endogénéité, plexité, transitivité, etc.) qualifient et quantifient leur activité.

Comme nous ne voulions pas faire de choix arbitraire en privilégiant la définition d'un auteur ou d'un autre, nous tiendrons compte ici de tous les types de réseaux qui répondent à la définition générale donnée plus haut. Nous tenterons cependant de retenir la catégorie qui semble la plus appropriée pour saisir et modéliser l'interaction qui se déploie sur un territoire donné.

10. SOCIALITÉ – UTILITÉ – FORMALITÉ

Nous distinguons trois grandes catégories de réseaux décrits dans les ouvrages. Il s'agit des réseaux naturels, des réseaux fonctionnels et des réseaux utilitaires. À l'intérieur de chacune, existent de nombreuses sous-catégories identifiables selon les substances qu'elles véhiculent[1].

Le tableau 12.2 montre les principales caractéristiques de ces grandes catégories de voies relationnelles potentielles tissées et pouvant s'activer entre les acteurs d'un territoire. Afin de ne pas laisser croire

---

1. Ces trois catégories ont la qualité de ne pas être trop restrictives, c'est-à-dire qu'elles sont plus universelles et offrent un cadre pouvant contenir à peu près toutes les sous-catégories de réseaux présentés dans les ouvrages sur le sujet.

Tableau 12.2
Trois grandes catégories de réseaux

Naturels	Utilitaires	Fonctionnels
– voies relationnelles spontanées	– voies relationnelles privilégiées	– voies relationnelles officielles
– socialités	– utilités	– formalités
– sociogramme	– utilitogramme	– organigramme
– informel	– formalisant	– formel
– anarchique	– hétérarchique	– hiérarchique
– circulation libre de l'information	– sélection de l'information	– circulation limitée de l'information
– tous azimuts	– objectifs tacites	– objectifs précisés
– affinités/socio-affectivité	– tâches à effectuer	– fonctions à exécuter
– horizontalité	– transversalité	– verticalité
– acteurs sans rôle	– rôles flexibles	– rôles de l'acteur fixés
– décisions collectives	– groupes *ad hoc* décident	– noyau dirigeant qui décide
– spontanéité	– conscience globale	– rationalité d'intérêt
– relations socio-affectives	– relations en définition	– relations structurées
– acteur sans position	– positions relatives	– acteur à position fixée
– personnalités déterminantes	– rôles déterminants	– statuts déterminants
– interaction sociale	– interaction utilitaire	– interaction routinière

qu'il y a une évolution logique du réseau naturel au réseau utilitaire et ensuite au réseau fonctionnel, comme le tableau semble le proposer mais ce qui n'est pas vérifié scientifiquement, nous avons suivi un ordre différent pour le décrire.

11. LES RÉSEAUX NATURELS

La vie sociale la plus banale (ou la plus complexe), c'est-à-dire la socialité inhérente à l'être humain, provoque tout naturellement des rapprochements entre les individus, des liaisons plus ou moins denses, des ententes multiformes, qui prennent plus ou moins de consistance dans la durée de leur existence, le nombre de gens qu'ils regroupent et l'activité qu'ils mettent en œuvre. Ce sont les réseaux primaires ou naturels[2].

Connus et mesurés depuis longtemps, ils forment la base de la société. Souvent appelés réseaux sociaux dans les ouvrages, ils permettent aux individus de s'épanouir selon leurs besoins sociaux, culturels et parfois économiques, en fonction de leur propre perception de l'environnement. Les réseaux naturels font ainsi partie de la dynamique sociale de base. En leur permettant de s'exprimer socialement, ils font notamment ressortir les « acteurs-étoiles » (leaders) que les sociomètres désignent sous le nom « d'étoiles sociométriques ».

La connaissance des réseaux naturels peut être utile à la population d'un territoire local pour diverses raisons, dont l'identification des décideurs (leaders) en émergence et la mesure des possibilités d'interaction. Toutefois, ces réseaux ne sont que rarement perceptibles pour l'observateur. Les statistiques n'en connaissent rien. Néanmoins, ils existent bel et bien comme première forme de regroupements d'individus suivant leurs affinités, leur socio-affectivité, leurs liens familiaux, l'amitié, la collégialité, des mobiles idéologiques, des tâches informelles à effectuer, l'appartenance culturelle, etc., et sont reconnaissables à une certaine densité dans les relations humaines. Notons que les organisations collectives formelles (groupes sociaux, groupes d'intérêt, syndicats, groupements de services, coopératives) apparaissent souvent comme l'aboutissement institutionnel et formel de ces relations informelles et souvent anarchiques que l'on nomme réseaux naturels.

---

2. Ils sont appelés naturels tout simplement parce qu'ils apparaissent naturellement au gré des relations sociales des individus. Les ouvrages les qualifient quelquefois de réseaux primaires pour faire référence aux groupes primaires en sociologie.

Pour ces réseaux, la proximité joue un rôle important mais non exclusif. En effet, les ouvrages nous enseignent qu'ils sont largement ancrés au niveau local. Cependant, la mobilité des individus acquise ces dernières décennies ainsi que l'efficacité actuelle des moyens de communication à distance offrent aux réseaux naturels un potentiel inédit d'extension et de fluidité. Néanmoins, on s'entend sur le fait que les occasions de contacts spontanés et de socio-affectivité naturelle pour les individus se produisent en grande partie dans l'espace où ils vivent quotidiennement. Les relais naturels qui servent leur activation sont : les coins de rue, les restaurants, les bars, les locaux communautaires, les centres commerciaux, les centres sportifs, les centres culturels, les parcs, les terrains de golf, les courts de tennis, etc.

Dans une société pluraliste, comme le sont actuellement les sociétés occidentales, la multiplication des contacts, la variété des valeurs chez les individus ainsi que la volonté (nécessité) de se solidariser avec ses semblables, expliquent sans doute qu'il existe de nombreux réseaux naturels. On les détecte intuitivement en observant la réalité quotidienne de la communication entre les individus. Pour le reste, leur dénombrement peut se faire à l'occasion d'une étude spécifique et très détaillée du phénomène, qui demande évidemment une vaste enquête de nature quantitative ou qualitative.

Le réseau naturel est identifiable grâce à l'étroitesse (face à face) et à la densité des relations qui unissent les acteurs (nœuds) échantillonnés. Le mobile des interactions isolées par l'observation qualifie le réseau. Un minimum de règles de conduite (ententes tacites, valeurs communes, etc.) et un minimum d'organisation (lieux de rencontre, bottins téléphoniques, etc.) assurent la cohérence et le développement du réseau.

En se basant sur les mobiles visibles et les points de rencontre habituels, il est possible d'identifier, à titre d'exemple, quelques acteurs qui créent les réseaux naturels d'un territoire :

- les parents participant aux rencontres de consultation scolaire ;
- les clients réguliers d'une brasserie ;
- les buveurs du café matinal au restaurant du carrefour principal ;
- les compagnons de travail supporteurs d'une équipe de hockey ;
- les jeunes entrepreneurs ;
- les femmes au foyer dans un immeuble ou un pâté de maisons ;
- les écolos du milieu ;
- les joueurs de cartes à la salle des Chevaliers de Colomb ;

- les commerçants d'une même tendance politique ;
- les parents des jeunes musiciens ;
- les joueurs de billard au bistrot ;
- les amateurs de théâtre.

Cet inventaire n'a absolument rien d'exhaustif. Il vise tout simplement à montrer que ces réseaux naturels sont une forme de regroupement entre la famille et les organisations formelles publiques, privées ou collectives. D'ailleurs, certains analystes ont montré le rôle potentiel et effectif des réseaux naturels pour prendre la relève des organisations publiques débordées, par suite du désengagement actuel de l'État au niveau de la gestion de services collectifs.

12. LES RÉSEAUX FONCTIONNELS

Les réseaux fonctionnels possèdent une nature officielle et formelle. Ils canalisent des substances relationnelles entre des nœuds (acteurs) positionnés selon leur rôle et leur statut dans les fonctions à accomplir dans la société. Tous les acteurs, aussi bien privés que publics ou collectifs, possèdent leurs réseaux fonctionnels, dont ils sont soit le centre (réseaux clientèle, réseaux matières premières, réseaux de bénéficiaires, etc.), soit un simple nœud (réseaux d'organismes publics, réseaux d'une filière de production, réseaux de groupements sociaux, etc.), ou encore les deux à la fois.

Largement développés par les procédures modernes de planification et de gestion, les réseaux fonctionnels permettent l'intégration de l'acteur dans l'environnement en y imposant un certain ordre interactionnel et relationnel. Les ressources financières, les normes, les données précises, les ordres, les factures, etc. sont les principales substances qui transitent par ces réseaux. Elles adoptent généralement une formule bien codée et n'ont que rarement besoin d'ajustements de sens qui nécessiteraient le dialogue entre les acteurs. Nous en avons identifié deux catégories principales pouvant se situer sur un territoire.

D'une part, il y a les réseaux fonctionnels de nature verticale. Généralement hiérarchiques, ils servent à maintenir la cohésion entre les diverses composantes d'une même organisation (entreprise, ministère, etc.) qui sont fonctionnellement, souvent spatialement, différenciées. Ceux-ci épousent en général l'organigramme de l'organisation en question. Ils servent à imposer les stratégies élaborées à la tête du réseau, à véhiculer vers le bas un ensemble d'information technique (normes, règles, statistiques, avis, etc.) et à assurer la distribution des ressources financières. Ils permettent aussi de faire remonter les demandes, les dossiers et l'information venant des exécutants sur le terrain. Cette catégorie de réseaux fonctionnels inclut aussi les réseaux hautement formalisés servant à l'exécution de multiples tâches par diverses organisations dans le cadre d'une opération globale précise. Le réseau PERT[3] (*Programme Evaluation and Review Technique*) est sûrement l'un des plus connus du genre.

D'autre part, il y a les réseaux fonctionnels horizontaux ou transversaux. Ceux-ci sont généralement de nature marchande et adoptent souvent une forme contractuelle ou du moins si formelle que le résultat est le même. Ils assurent une certaine régularité dans les transactions régulières nécessaires aux diverses organisations. Enfin, ils véhiculent des substances telles que des bons de commande, des contrats, des factures, des virements monétaires, des avis techniques, des conseils professionnels, etc.

Les réseaux fonctionnels apparaissent comme l'ossature de fonctionnement des multiples organisations qui interviennent sur chaque territoire. En ordonnant et formalisant l'interaction afin d'assurer le bon fonctionnement, tant des organisations que du système global, ils tendent de ce fait à fermer celui-ci sur lui-même. De plus, leur régularité, leur formalisation et leur orientation opérationnelle ne leur donnent pas toujours, selon les analystes, la flexibilité nécessaire à la créativité.

13. LES RÉSEAUX UTILITAIRES

La troisième grande catégorie de réseaux regroupe les voies relationnelles privilégiées, construites suivant des mobiles particuliers, des cibles tacites, des tâches non officielles, etc. afin de compléter le travail ou d'améliorer l'efficacité du tissu de réseaux fonctionnels souvent trop rigides ou trop conservateurs dans leur topologie ou dans les substances qu'ils transitent.

Les réseaux utilitaires sont connus scientifiquement depuis la célèbre description de Bavelas (1950). Toutefois, ils ne sont analysés dans un cadre territorial que depuis la fin des années 1970. Un grand

---

3. Il s'agit, en français, d'une technique sophistiquée pour l'ordonnancement et le contrôle de programmes spécifiques.

nombre de contributions théoriques et empiriques se sont intéressées à ce sujet ces dernières années et ont multiplié les sous-catégories en leur réservant divers qualificatifs :

- réseaux d'appuis politiques ;
- réseaux de supports moraux ;
- réseaux d'entraide communautaire ;
- réseaux de tactique ;
- réseaux d'échanges ;
- réseaux de créativité, etc.

Nous signalons notamment l'existence d'un important courant de recherche sur les réseaux d'innovation. Ils ne sont régis ni par la socialité, ni par la hiérarchie, ni par le marché, bien que ces principes de régulation de l'interaction soient souvent présents.

Nous les qualifions de « réseaux utilitaires » pour faire référence aux utilités[4] implicites qui supportent leur structuration. Comme ils possèdent un caractère informel, ils sont inévitablement régis par la socialité et la socio-affectivité. Cependant, ils en débordent largement en véhiculant de l'information privilégiée qui permet aux acteurs (nœuds) d'améliorer leurs connaissances sur leur rôle, leur position et l'exercice de leur fonction dans la société. Ils ont une nature dynamique et fluctuante, se structurent largement au coup par coup selon les circonstances et visent des objectifs généralement non atteints par les réseaux fonctionnels du système où ils se déploient.

Selon les analystes, les réseaux de ce type apparaissent comme un facteur essentiel d'une société innovatrice, mais leur existence et surtout leur activation deviennent problématiques dans cette même société encadrée par les réseaux fonctionnels. Bien que nous devions relativiser l'optimisme des ouvrages qui abondent de plus en plus sur ce phénomène, il reste tout de même que ces réseaux se multiplient actuellement et représentent, à l'évidence, une tendance majeure de l'avenir. Étant donné l'importance de l'information dans la dynamique économique contemporaine, les réseaux dits utilitaires émergent rapidement, s'épuisent rapidement et doivent se multiplier et se renouveler rapidement. D'où la pertinence d'observer et d'analyser le processus dynamique (réseautage) si l'on désire bien saisir le phénomène interactionnel.

---

4. L'utilité est un principe fort important en science économique. Selon l'analyse néoclassique, l'utilité naît d'une impérieuse nécessité de survie sociale, culturelle, administrative, économique.

Dans notre questionnement sur le rôle et le fonctionnement de l'interaction dans les territoires, ce sont les réseaux utilitaires entre les acteurs (organisations) qui attirent spécifiquement notre attention.

CONCLUSION

Parmi les cinq phénomènes fondamentaux scientifiquement reconnus pour structurer l'espace, le bassin de ressources naturelles, le lieu, la distance, l'aire et l'interaction, cette dernière est certes la moins formalisée. Pourtant, en tenir compte dans l'analyse spatiale procure un éclairage fort intéressant pour saisir les territoires, leur contenu et leur dynamique. Aussi pertinente soit-elle comme perspective, les analystes butent cependant sur la difficulté qu'ils ont à mesurer l'interaction. Les instruments habituels tels que l'analyse des coûts de transaction ou les TEI (tableaux d'échanges interindustriels) demeurent utiles mais limités toutefois. Les chercheurs se tournent alors vers de nouvelles méthodes qui semblent particulièrement peu nombreuses à pouvoir générer de nouveaux faits. Nous sommes envahis de concepts « interactionnels », mais manquons dramatiquement de faits sur l'interaction, si ce n'est des formes, des volumes et des contenus très généraux.

On comprend alors la grande popularité de l'approche par les réseaux qui a transcendé les sciences sociales au cours des deux dernières décennies. Plus qu'une métaphore riche en capacité déductive dans un monde où les communications prennent une dimension universelle grâce aux moyens techniques nouveaux, le réseau s'inscrit comme un grand espoir de pouvoir enfin mesurer et classifier les relations entre les acteurs. Nous avons vu que les ouvrages sur le sujet nous permettent d'établir une première classification très générale. Dans le prochain chapitre, nous irons plus loin en établissant des catégories plus fines et surtout en offrant une méthode pour l'investigation.

13

Les stratégies territoriales

Bien avant que l'École de Harvard popularise très largement, au début des années 1990, la nouvelle approche stratégique dans toutes les sphères d'intervention au Québec et ailleurs, les diverses échelles territoriales infranationales avaient déjà élaboré des stratégies dans leur procédure de planification. C'est que la stratégie possède des origines lointaines, elle fut utilisée notamment par les militaires, les industriels, les princes, les scientifiques.

Dans sa définition la plus simple et la plus précise, la stratégie est l'art de faire converger des moyens pour atteindre les buts et les objectifs fixés. On sait que l'acteur décide et agit en général sous la pression des circonstances, dans l'incertitude, dans la turbulence de la conjoncture et selon une perspective de court terme. La stratégie lui offre une perspective afin d'orienter ses actions pour répondre convenablement aux vrais problèmes, aux besoins, aux carences, aux occasions et aux contraintes. Attributs qui sont identifiés *a priori* par une vision globale du territoire d'action. La stratégie n'est pas une action ou une finalité. Instrument intermédiaire entre ces deux composantes, la stratégie représente plutôt la capacité de regrouper les actions spécifiques pour les faire converger vers une finalité ou un but général.

Tel territoire décide, par exemple, de consolider son secteur tertiaire moteur. Les stratèges d'un autre territoire misent plutôt sur la valorisation du patrimoine naturel ou sur la structuration de segments en aval dans une petite filière de production. Tandis qu'un autre encore adopte une stratégie de partenariats technologiques.

La stratégie impose des choix, souvent entre des options diamétralement opposées, telles que l'épargne ou l'endettement, la fragmentation ou l'intégration, la concentration ou la dispersion. Bien qu'il existe de nombreuses stratégies possibles, on peut distinguer au préalable des grandes catégories de décisions stratégiques :

- la concentration des ressources disponibles en un petit nombre de points ;
- la dispersion des ressources disponibles en plusieurs points ;
- l'augmentation des ressources disponibles dans les points existants ;
- la réduction des ressources disponibles en des points ciblés ;
- la conservation (épargne) des ressources disponibles ;
- la diversification ou la spécialisation des activités de production ;
- le changement des techniques de production.

Ces catégories font référence à des choix cruciaux, même relativement radicaux. Mais, dans sa réalité quotidienne, les orientations que le stratège doit prendre sont souvent beaucoup moins compromettantes. Ce qui dilue évidemment l'impact du choix stratégique qui, par essence, détermine la voie spécifique dans laquelle on engage inexorablement les actions.

Pour les territoires qui composent un espace national, précisons qu'il existe deux grands types de stratégies. D'abord, il y a les traditionnelles et encore très actuelles stratégies nationales à l'égard des territoires tels que Montréal, la Gaspésie, le Moyen-Nord, la Cité du multimédia, etc. Plus récemment, on fit appel à des stratégies élaborées par les acteurs présents dans chacun des territoires.

Ces deux sources de stratégies territoriales n'aboutissent pas nécessairement aux mêmes résultats, qui ne convergent d'ailleurs pas toujours parfaitement. L'État peut ainsi privilégier l'octroi de nombreux droits de coupe du bois sur un territoire qui, lui, mise plutôt, par ses décideurs, sur une stratégie de développement durable. Si les stratégies territoriales servent à orienter les stratégies nationales à l'égard des territoires, l'inverse se présente très souvent dans la réalité.

1. LES STRATÉGIES QUÉBÉCOISES À L'ÉGARD DES TERRITOIRES

L'histoire de l'Amérique est une vaste odyssée d'exploration, d'aménagement et de développement de territoires et de villes. Si les gouvernements ne furent pas toujours très interventionnistes à l'image de la célèbre opération dans la *Tennessee Valley* ou de la récente Commission de développement de la région des Appalaches, ils furent toujours présents pour définir les orientations et guider les actions, que ce soit avec les arpenteurs, les forces de l'ordre, les communautés religieuses, l'immigration ou les banques.

Le Québec ne fut pas en reste. Cet espace a aussi suivi un parcours spécifique de développement territorial. Le gouvernement du Québec a mis de l'avant une ou des stratégies territoriales, même si elles ne s'appuyaient pas toujours sur une politique très explicite et que les politiques sectorielles n'ont pas suivi la stratégie préconisée. En réalité, les gouvernants furent relativement interventionnistes face à un si grand espace à explorer et à exploiter dans ses divers territoires. Ils ont alors dirigé les multiples acteurs vers des buts et des objectifs généraux afin de maximiser les retombées de toute nature et de minimiser les coûts en matière de ressources. Des mesures incitatives, coercitives et indicatives furent adoptées. Notre analyse historique de ces interventions indique que cinq grandes stratégies territoriales furent mises de l'avant, et souvent appliquées de manière concomitante.

La première stratégie, encore et toujours d'actualité, fut l'octroi de bassins de ressources naturelles, stratégie traditionnelle qui possédait certes, au Québec, de la matière pour son application (chapitre 1). Grandes et petites concessions territoriales furent ainsi offertes, selon diverses formules : de vastes étendues à des compagnies, des seigneuries à des nobles, des droits de coupe à des forestiers, des lots à des colons et même des systèmes hydrographiques complets à des industriels. Ces octrois souvent très importants de ressources en retour de redevances souvent peu importantes étaient justifiés dans le passé et le sont encore aujourd'hui par le désir de créer de la richesse nationale et de faire démarrer les processus de croissance économique en divers lieux et zones du vaste espace à occuper. Cette finalité visant l'occupation et l'exploration territoriales a marqué l'histoire économique du Québec.

La deuxième stratégie québécoise à l'égard des territoires fut la construction d'infrastructures de transport et de communication (ports, routes, aéroports, etc.) et d'équipements publics dans l'éducation, la défense, la santé, les loisirs, l'eau, le communautaire, etc. (chapitre 2). Cette stratégie gouvernementale d'aménagement plonge aussi ses racines très loin dans l'histoire et fut appliquée progressivement, notamment au XIXᵉ siècle avec la construction de canaux, de chemins et de voies ferrées. Au début du XXᵉ siècle, elle se poursuivit avec le programme «de bonnes routes» et la création d'un ministère des Transports. Des ressources importantes y furent allouées. Pensons notamment à la construction de ponts, de réseaux électriques, d'hôpitaux et d'écoles ainsi qu'à l'aménagement de rivières. Cette stratégie territoriale demeure relativement importante aujourd'hui, mais les ministères responsables allouent la majeure partie des ressources de leur politique à l'entretien des infrastructures et équipements actuels.

La troisième stratégie visa la gestion publique de biens, services et mesures gouvernementales à l'échelle des territoires du Québec (chapitres 6 et 7). Pour ce faire, on a découpé des aires de gestion afin d'asseoir des gestionnaires nommés ou élus dans chaque domaine public. À partir de l'héritage colonial des trois villes initiales, on a établi des paroisses, des comtés, des cantons, des municipalités, des communautés urbaines, des régions administratives et des MRC (municipalités régionales de comté) en leur attribuant des responsabilités de gestion. Lois, codes, ententes, vérifications et encadrements divers ont permis de maintenir un certain ordre dans cette gestion publique éclatée entre les échelles territoriales et les multiples agences localisées à chaque échelle. Des efforts de rationalisation de cette gestion territoriale furent effectués pour favoriser la démocratie, l'efficacité, la justice sociale, la cohérence administrative. On a alors mis de l'avant la décentralisation, la responsabilisation, la concertation, le regroupement, le renforcement et d'autres principes de gouvernance territoriale.

La quatrième stratégie préconise la concentration territoriale des activités en certains lieux ciblés suivant le phénomène naturel de polarisation (chapitre 3). On a historiquement fondé des lieux et favorisé leur croissance en considérant leur rayonnement. Pensons notamment à Montréal, à Amos, à Trois-Pistoles, à Chicoutimi, à Sept-Îles. En 1966, on identifia les pôles de croissance primaires, secondaires et tertiaires sur lesquels allaient porter des actions précises de la stratégie de développement territorial : l'établissement de réseaux de transport en étoiles, la localisation des grands équipements publics et des agences gouvernementales régionalisées et l'attraction d'importants investissements privés.

Finalement, la cinquième stratégie territoriale qu'appliqua le Québec vise l'interaction entre les acteurs territoriaux[1] du développement (chapitre 12). Le bon fonctionnement des regroupements fut donc encouragé, celui notamment des coopératives, des chambres de commerce, des clubs et des associations. On créa des conseils locaux et régionaux ainsi que des comités formels pour faire en sorte que le secteur public puisse mieux exprimer les besoins collectifs et de la société civile et prendre ses responsabilités à cet égard. On a en outre formé de très nombreux animateurs communautaires, industriels, ruraux, culturels, commerciaux et autres. On a aussi soutenu des événements divers, du festival d'été jusqu'aux carrefours de l'innovation, en passant par les multiples tables, commissions, forums, colloques, sommets. La dernière politique à l'égard des territoires a aussi encouragé l'interaction en créant des structures d'animation économique (CLD) chapeautées par un conseil dans tous les territoires MRC et dans les arrondissements des agglomérations urbaines. Ces CLD représentent de véritables multiplicateurs (Jean et Proulx, 2001) de contacts, d'interactions et de flux d'information sur leur territoire respectif.

Terminons cette rubrique en signalant que la prochaine politique territoriale du Québec suivra inévitablement ces stratégies. Peut-être un nouveau champ stratégique apparaîtra-t-il? Le Québec détient des bassins de ressources à octroyer afin de créer de la richesse à court et à long terme. Il possède un vaste espace à aménager et à entretenir par des infrastructures et des équipements de qualité. Des agglomérations urbaines sont aussi à renforcer dans leurs rôles de pôles de développement capables de diffuser dans leur hinterland respectif des effets positifs compensant les effets de drainage. Les découpages territoriaux sont aussi un enjeu important, notamment en matière d'harmonisation entre les agglomérations urbaines redessinées, leur frange rurale, les territoires MRC et les régions administratives. Finalement, Québec devra aussi relever le pari de l'interaction en cherchant des formules encore plus précises que le « réseautage », actuellement valorisé tous azimuts.

---

1. Les acteurs furent aussi mis en interaction à l'échelle nationale. Pensons notamment aux associations, aux unions et aux autres grands groupes qui œuvrent dans différents domaines d'activité territoriale tels que le tourisme, les municipalités, le développement économique, le commerce, etc. Leurs congrès annuels et autres rendez-vous sont de véritables multiplicateurs d'interactions, d'échanges et de réseautage. Soulignons aussi les Commissions sur la fiscalité, sur Montréal, sur Québec, sur l'aménagement du territoire, etc. Et que dire finalement des TQM, TQR, Rendez-vous de la ruralité, colloques, forums et autres événements qui favorisent l'interaction et la concertation entre les acteurs nationaux et territoriaux!

Afin d'améliorer le contenu de ces stratégies québécoises à l'égard des divers territoires, deux sources d'inspiration apparaissent importantes : les stratégies territoriales elles-mêmes ainsi que les expériences étrangères, notamment celles ayant cours sur des espaces comparables à celui du Québec. Voyons un peu dans les deux prochaines sections ce qu'il en est de ces deux sources.

2. LES STRATÉGIES ADOPTÉES PAR ET POUR LES TERRITOIRES

Nous avons vu précédemment que les échelles supralocales et régionales élaborent depuis très longtemps des stratégies de planification territoriale. En considérant les quatre grands éléments du contenu de la planification définis par la théorie (la vision, le cadre, les décisions, les interactions) et les huit importants exercices de planification territoriale faits au Québec depuis les années 1960 (Proulx, 1996), on constate même que la dimension stratégique fut très présente. Si les acteurs territoriaux n'ont certes pas négligé la vision globale de leur territoire, le montage d'actions et l'interaction, il demeure en effet que le cadre stratégique fut généralement dominant dans les processus de planification.

Le premier exercice de planification territoriale effectué dans la Gaspésie–Bas-Saint-Laurent et au Saguenay–Lac-Saint-Jean a permis, dans les deux cas, de définir un cadre d'orientation répondant à l'important désir d'actions concrètes exprimé par une population largement mobilisée. Au Saguenay–Lac-Saint-Jean, l'opération Enquête–Participation n'a cependant généré que trois stratégies (bleuets, scieries, emploi), tandis que le plan du BAEQ (Bureau d'aménagement de l'Est du Québec) définit plusieurs orientations. Ces premiers balbutiements de planification territoriale au Québec furent aussi les plus radicaux, et dérangèrent beaucoup l'ordre établi. Le gouvernement institua alors des mécanismes institutionnels de régulation territoriale, soit les délégations régionales.

Ces agences gouvernementales créées en 1969 entreprirent alors des opérations baptisées missions de planification qui visèrent à encadrer les acteurs territoriaux par des études de terrain et la mise sur pied de tables de concertation. Plusieurs stratégies furent élaborées, dont une quinzaine pour encadrer les actions au Saguenay–Lac-Saint-Jean. La grande stratégie adoptée partout au Québec fut la mise en place de nouvelles institutions à l'échelle des régions administratives nouvellement formées.

Par la suite, les schémas régionaux furent certainement une opération de planification territoriale très bien articulée, avec de nombreuses études pour alimenter une vision, des tables de concertation et des efforts systématiques pour faire émerger des actions bien attendues par le nouveau FDR (fonds de développement régional). L'intégration nationale des opérations régionales fut parfaite. Des orientations décidées sur les territoires, cinq grandes stratégies furent préconisées à l'échelle nationale pour favoriser le développement régional du Québec.

Après la création des territoires MRC par la loi 125 de 1979, les nouveaux conseils des maires procédèrent à un exercice de planification spatiale. Devenu leur responsabilité première, cet exercice leur permit de déterminer, sous la forme d'un schéma d'aménagement, les grandes orientations de l'affectation du sol. Si la procédure utilisée focalisait davantage sur le cadre stratégique, il demeure que la vision territoriale et l'interaction entre les décideurs de l'aménagement furent des dimensions non négligées. L'étape la plus faible du processus fut sans doute le montage de la faisabilité d'actions structurantes pour les divers territoires.

Au cours des années 1980, la concertation québécoise s'est inscrite dans les territoires infranationaux sous la forme de conférences socio-économiques, particulièrement à l'échelle des régions administratives. La double génération de ces exercices de planification a permis d'enrichir considérablement la vision globale des enjeux et de susciter de nombreuses actions et initiatives sur le terrain grâce à une forte mobilisation. Aucunement dominantes dans le processus, des stratégies territoriales furent aussi élaborées pour encadrer des actions qui, dans le désordre typique d'une mobilisation élargie, tiraient souvent à hue et à dia.

Au tournant des années 1990, le Saguenay–Lac-Saint-Jean a organisé un forum régional baptisé Congrès progressif sur l'éthique de société. En matière de vision globale, cet exercice proposa de nouvelles normes et encouragea de nouveaux comportements collectifs. Relativement indépendant du corporatisme ambiant dans les procédés classiques de concertation, ce congrès représentait un véritable mécanisme institutionnel pour favoriser l'apprentissage collectif. Il fut répété plus ou moins formellement à quelques reprises, mais n'a pu atteindre un statut de forum permanent.

On a plutôt préféré s'en remettre à une planification stratégique formelle préconisée par ailleurs pour tout le Québec. Misant alors plus sur le cadre formel pour encadrer les actions, la procédure utilisée à l'échelle régionale au cours des années 1990 fut néanmoins empreinte d'interaction et de vision résultant du passé récent. Cependant, les actions structurantes tant souhaitées par les nouveaux stratèges régionaux furent très rares, conséquence sans doute d'une mobilisation affaiblie du secteur collectif (groupes sociaux, unions, coopératives, conseils) non compensée par une mobilisation accrue du secteur privé. Si dynamique lors de son émergence au cours des deux décennies précédentes, le secteur public régional s'est ainsi enfoncé dans une léthargie par trop encadrée qui le fait fonctionner sans beaucoup d'innovation.

Par contre, de nombreux plans d'action ont aussi marqué cette dernière décennie. D'abord, dans le secteur privé, grâce à un entrepreneuriat multiforme (travailleurs indépendants, femmes, économie sociale, PME, etc.) stimulé à planifier ses affaires. Ensuite, les organisations locales de développement (SADC, CLD, SOLIDE, CLSC, commissions, comités, etc.) ont travaillé au montage de la faisabilité planifiée de nombreuses actions individuelles ou collectives, sectorielles ou globales. Finalement, les municipalités ont continué de concevoir systématiquement leur plan d'urbanisme dans un esprit d'actions concrètes. Ce mouvement de planification des actions s'inscrit inévitablement dans le cadre stratégique formulé par ailleurs, très permissif et peu contraignant finalement.

3. LA VISION GLOBALE DES TERRITOIRES

La plupart des pays possèdent sinon un plan ou un schéma, du moins une vision globale et stratégique de l'organisation générale des divers territoires qui composent leur espace national. Les économies jadis planifiées telles que la Pologne, la Chine, l'Algérie, la Hongrie ont atteint un haut degré dans la globalité du plan et dans la capacité d'intégrer les divers acteurs dans le processus d'application. D'autres économies plus libérales telles que la France utilisent le plan pour orienter l'allocation des ressources sur l'espace national en fonction des lignes de force, de manière à maximiser les retombées. Orientations qui se concrétisent sous la forme de mesures indicatives, incitatives et coercitives visant à maîtriser convenablement les agents privés et publics. Enfin, d'autres économies très libérales laissent agir les forces du marché tout en les guidant et en les soutenant, souvent énergiquement, selon une vision globale de l'espace à développer harmonieusement.

S'il existe en théorie quelques modèles géo-économiques généraux qui se doivent de concilier des phénomènes spécifiques à chaque espace national, tels que les territoires nordiques, les cours d'eau, les montagnes, les bassins de ressources et les déserts, deux grands schémas[2] ressortent clairement. D'une part, le schéma monocentrique (Portugal, Argentine, Thaïlande, Sénégal, etc.), qui se caractérise par le positionnement spatial d'un très grand centre urbain qui domine totalement une hiérarchie de centres secondaires, tertiaires et quaternaires. D'autre part, le schéma polycentrique (Allemagne, Hollande, Suisse, Italie, États-Unis, Chine, etc.), dans lequel la population est répartie d'une manière plus équilibrée en différents pôles.

Sous l'angle de l'équilibre spatial, la monocentrie correspond davantage, mais pas exclusivement, aux premières grandes phases de croissance qui suivent le décollage industriel d'une économie, lequel s'effectue généralement dans la divergence. Spatialement plus équilibrée, la polycentrie s'associe davantage à des phases plus avancées du développement économique d'une nation.

Le passage d'un schéma à l'autre est actuellement l'objectif central de la politique territoriale de plusieurs pays (la France, la Grande-Bretagne, le Japon, le Brésil, le Mexique, etc.), qui veulent aider les forces du marché à atteindre la convergence du développement et l'équilibre spatial. Nous avons vu au chapitre 4 les modèles géo-économiques utilisés dans le passé au Québec ainsi que les forces et les tendances qui charpentent la dynamique spatiale contemporaine. La question qui se pose est maintenant celle de la stratégie gouvernementale à l'égard de ses divers territoires. La récente réforme des agglomérations urbaines, la relance de Montréal, la politique rurale et les nouvelles ententes avec les Premières Nations offrent certes des éléments de réponse. Mais quelle est la véritable stratégie gouvernementale dans l'utilisation de l'espace québécois ?

4. LES INNOVATIONS POUR L'INTERVENTION TERRITORIALE

Si, de ce côté-ci de l'Atlantique et même en Amérique Latine, la politique territoriale formelle n'est plus très prisée par les gouvernements, il en va tout autrement dans les deux autres blocs de la planète. L'Asie se préoccupe de plus en plus d'équilibre spatial, notamment le

---

2. Si le tandem urbanité–ruralité est toujours au cœur de la problématique géo-économique, il demeure que la principale question spatiale touche les modalités de répartition de la population urbaine en forte croissance depuis l'industrialisation.

Japon, avec une politique vigoureuse, et la Chine, très préoccupée par sa vaste périphérie à intégrer à sa zone littorale, parsemée de grands centres urbains prospères. On cherche alors les stratégies appropriées.

L'Union Européenne (U.E.) demeure néanmoins le leader de la politique territoriale (régionale et locale), du moins en matière de visibilité et de promotion, notamment depuis 1988. En effet, en étant explicitement engagée dans la réduction des inégalités interrégionales qui caractérisent l'espace européen éventuellement totalement unifié, l'U.E. possède un fort ascendant pour une vision de l'Europe des territoires (ou des régions). Plus du tiers de ses ressources financières sont allouées à cette politique, qui s'inscrit clairement dans la tradition de lutte aux disparités spatiales dans le taux de chômage et le revenu par habitant. Si la France conserve ses politiques territoriales distinctes, il demeure que la plupart des pays conçoivent leurs programmes en concordance avec ceux de l'U.E., notamment l'Allemagne et l'Italie, dont les ajustements n'ont pas été faciles. Les gouvernements nationaux établissent donc des mécanismes institutionnels territoriaux, macro-régionaux aussi bien que micro-régionaux, pour asseoir une telle politique européenne. De plus, on accorde un important droit de regard à l'U.E., non seulement sur les territoires ciblés[3] mais aussi sur les mesures nationales admissibles, notamment les incitatifs (allégements fiscaux, subventions, etc.) pour attirer les investissements mobiles.

L'OCDE (Organisation de coopération et de développement économique) est elle aussi un important chef de file dans la promotion de la politique territoriale, eu égard non pas aux ressources allouées mais bien à la conception de stratégies. Cette organisation a clairement opté pour la promotion du développement endogène en préconisant des interventions aptes à favoriser les initiatives issues de la base. Depuis le programme ILE (initiatives locales pour l'emploi) de 1982 en effet, elle est devenue l'apôtre de la desserte de services aux travailleurs et de services aux entreprises adaptés aux véritables besoins. La mobilité réelle de ces acteurs étant une contrainte importante pour l'accès aux services, l'aire de desserte doit être de dimension limitée, plus locale que régionale. Dans un esprit avoué de compétitivité territoriale à l'échelle planétaire, l'OCDE recommande aux États de miser sur la valorisation des potentiels locaux, tout en considérant les conséquences inégalitaires contre lesquelles devra lutter la politique sociale. Ses objectifs territoriaux sont ainsi différents de ceux de l'U.E., puisque l'OCDE

---

3. L'U.E. distingue trois types de territoires à aider : les territoires en retard, les territoires en activités industrielles fléchissantes, les territoires à dominante agricole.

procéda à un virage important, d'une optique de redistribution vers une optique de production de richesses. La France s'associe clairement à cette philosophie. Selon cette perspective, il faut alors mettre en place des systèmes territoriaux d'innovation et de production[4] efficaces et flexibles en créant un contexte éducatif, technologique, social et culturel qui soit propice au développement des entreprises sous ses formes diverses (OCDE, 1999). Il faut donc innover sur le plan institutionnel, viser la décentralisation et organiser sur l'espace national des territoires de soutien aux initiatives par des politiques, stratégies et mesures appropriées (chapitre 11).

Ces territoires de soutien aux activités endogènes devront aussi être tournés vers l'exogène, c'est-à-dire devenir attractifs d'investissements mobiles. Cette recommandation de la DATAR (2000) à l'égard de nouvelles aires urbaines et semi-urbaines de qualité correspond à l'une des plus vieilles politiques de développement qui revient en force partout actuellement à la faveur du caractère *foot loose* des activités de ladite nouvelle économie. Pour ce faire, on mise ici sur l'accès aux ressources naturelles (Australie, Brésil), là sur la promotion de technopoles (Japon, France) ou de parcs scientifiques et technologiques (États-Unis) et universellement sur des allégements fiscaux et les partenariats financiers.

Ces constats généraux nous ont permis de mettre en évidence les principales composantes dont il faut tenir compte dans l'analyse des expériences étrangères en matière de développement régional et local. Notre recension des écrits nous a permis d'en étudier cinq de façon plus détaillée.

5. LES CINQ COMPOSANTES D'UNE ANALYSE COMPARATIVE

Notre analyse des expériences étrangères récentes nous permet de comparer différents pays eu égard aux cinq critères suivants : le mécanisme central, les stratégies, les politiques, les mécanismes territoriaux, les mesures et les actions. Puisque les tableaux annexés sont très clairs, nous ne ferons pas une analyse descriptive détaillée de leur contenu. En synthèse, précisons seulement quelques points forts qui ressortent des cas analysés.

---

4. L'OCDE, la DATAR et la Commission européenne ont organisé un congrès mondial sur les systèmes productifs locaux à Paris en janvier 2002.

1. Si jadis il existait dans plusieurs pays des mécanismes intermi-
    nistériels de coordination nationale des politiques sectorielles
    ayant une dimension territoriale, cette coordination s'effectue
    désormais, en général, par le ministère responsable de l'indus-
    trie. La DATAR (Direction à l'aménagement du territoire et à
    l'action régionale) fait exception car c'est une direction indé-
    pendante mandatée, ce qui rend le cas fort intéressant non
    seulement pour ce qui est de la capacité réelle de coordination
    mais aussi pour la réflexion générale que cette direction fait
    sur les territoires qui composent l'espace national. Néanmoins,
    les pays européens possèdent un mécanisme central de coor-
    dination de la politique territoriale (régionale) européenne
    appliquée sur leur espace.

2. La stratégie à l'égard de l'attribution de bassins de ressources
    naturelles est fort difficile à saisir adéquatement dans les
    derniers ouvrages sur le sujet. Cependant, nous pouvons affir-
    mer que la plupart des pays possèdent une stratégie explicite
    d'aménagement des territoires et qu'ils utilisent très souvent
    un modèle géo-économique bien défini. La stratégie de dyna-
    misation des villes (et des villages dans le cas de l'Irlande) est
    aussi très prisée, notamment au Japon, où l'on mise fortement
    sur un ensemble de technopoles pour réduire l'attraction de
    Tokyo. Qu'ils entreprennent ou non une réforme territoriale,
    presque tous les pays sont à la recherche des territoires les
    plus pertinents pour l'intervention publique. C'est-à-dire que
    la stratégie de découpage territorial semble être la toile de
    fond sur laquelle se sont greffées les interventions depuis
    plusieurs décennies. Finalement, la stratégie d'interaction est
    universellement appliquée et prend diverses formes s'inscri-
    vant largement sous le libellé « réseau ».

3. En matière de politiques territoriales, la plupart des gouverne-
    ments nationaux utilisent les ententes-cadres pour faciliter les
    relations verticales avec les agences déconcentrées ou décen-
    tralisées dans les territoires de gestion retenus pour les diffé-
    rents programmes. Les transferts financiers gouvernementaux
    sont très souvent modulés selon les territoires réceptacles. Des
    programmes spéciaux sont appliqués pour les territoires à
    problèmes particuliers ou à potentiels spécifiques. Des primes
    d'éloignement sont prévues dans la plupart des vastes péri-
    phéries. La Norvège offre même des taux de charges sociales
    cotisées sur le revenu des particuliers qui varient en fonction
    de la distance des régions centrales.

4. Parmi les mécanismes territoriaux de coordination des divers acteurs, la planification stratégique représente la dernière forme appliquée par la plupart des cas étudiés. Elle permet d'initier la recherche collective de convergences de proximité telles que les fiscalités locales harmonisées, l'utilisation cohérente des sols, les économies externes, la vision commune du développement, les complémentarités dans la gestion publique de biens et services collectifs, l'affirmation de l'identité communautaire, l'imputabilité politique des décisions publiques, l'inclusion de zones marginalisées, etc. Puisque cette planification territoriale n'a en général pas suffisamment de moyens financiers et légaux pour être totalement appliquée, plusieurs pays préconisent la conclusion d'ententes formelles de liaison et de concertation qui prennent quelquefois la forme de véritables pactes territoriaux.

5. Du côté des mesures concrètes, soulignons d'emblée que les allégements fiscaux et les subventions demeurent toujours et encore d'actualité pour attirer des investissements mobiles. Par contre, les gouvernements ont largement adapté leurs mesures visant les PME et les entreprises en démarrage, notamment des mesures actives directement orientées sur le capital humain. On offre ainsi des conseils, du parrainage, du suivi de planification d'affaires, de la formation professionnelle ainsi que de l'aiguillage sur les ressources disponibles, sur les fournisseurs ou sur les marchés potentiels. On propose aussi toute une panoplie de mesures de soutien financier, de la subvention directe à la prise de participation dans l'entreprise, en passant par les garanties de prêt. Les plus récentes mesures sont des incitatifs pour favoriser la mise en place de consortium entre les différents agents publics et privés de l'innovation et de la production.

6. LES ÉLÉMENTS DE RÉFLEXION POUR LES STRATÉGIES TERRITORIALES DU QUÉBEC

Notre analyse des expériences étrangères nous conduit aussi à un exercice de bonification des cinq stratégies québécoises traditionnelles à l'égard des territoires.

L'octroi de bassins de ressources naturelles est devenu un problème complexe et délicat partout dans le monde, sous l'influence des forces du marché, des pressions écologiques et des droits de propriété. Nous n'avons malheureusement pas trouvé beaucoup d'information sur les positions que les différentes politiques territoriales adoptent vis-à-vis de ces trois enjeux. Notre intuition à ce propos nous laisse croire cependant que des réponses originales existent, notamment en matière de responsabilisation des propriétaires de ces ressources collectives. Au Québec, l'épuisement de plusieurs stocks de poissons, la coupe extensive de la forêt, l'abandon de plusieurs terres agricoles, l'absence de rentabilité dans l'exploitation de plusieurs mines ainsi que les surplus hydroélectriques remettent directement en question la stratégie québécoise à l'égard des ressources naturelles. D'autant plus que le niveau de transformation est relativement bas puisqu'il y a très peu d'activités en aval dans les filières de production au Québec. Ces ressources naturelles sont un important avantage comparatif. Comment le maximiser demeure une question ouverte et centrale pour la politique territoriale.

Du côté de la stratégie d'aménagement des territoires par des infrastructures et des équipements, l'aménagement extensif semble avoir laissé place à un aménagement désormais plus sélectif, plus ciblé et visant surtout la consolidation de l'efficacité spatiale. Le Québec peut tirer trois leçons importantes des expériences étrangères actuelles. D'abord, la tendance de fond vers un meilleur équilibre spatial se concrétise progressivement sous la forme de modèles géo-économiques nationaux de nature polycentrique. Ensuite, on constate une vague de construction d'équipements publics réservés à la R&D. Finalement, plusieurs pays optent pour la mise en place de systèmes territoriaux d'innovation et de production (STIP) bien branchés sur l'économie–monde et localisés en des endroits appropriés de l'espace national.

Ces constatations donnent matière à réflexion aux stratèges québécois ayant préconisé la concentration des activités dans des pôles de croissance, option largement remise en question depuis que ses défaillances sont évidentes. Et cette réflexion doit non seulement se faire dans la métropole et dans la capitale, mais aussi dans les capitales des régions administratives, les autres centres des sous-systèmes régionaux et les corridors où se concentrent des activités (Proulx et Riverin, 2001). Car, au Québec et ailleurs, le positionnement relatif des concentrations petites et grandes d'activités s'est modifié substantiellement depuis trois ou quatre décennies à la faveur de nouvelles forces spatio-économiques, notamment des facteurs comme le transport, l'éducation, les différences salariales et l'innovation. Le nouveau modèle géo-économique devenu nécessaire pour mieux saisir et maîtriser l'espace québécois peut s'inspirer des expériences étrangères, notamment de certains pays dont l'espace présente des similarités géographiques, climatiques, sociales et économiques avec celui du Québec.

La stratégie territoriale québécoise de découpage d'aires de gestion publique superposées peut aussi être alimentée par les expériences étrangères. D'abord, tous les pays font face au problème délicat du redécoupage et des réajustements politico-administratifs, problème qu'ils solutionnent tant bien que mal. En cela, la réforme généralisée de l'échelon supralocal est intéressante. On impute à cette échelle territoriale la desserte de nouveaux services non seulement aux citoyens mais aussi aux travailleurs et aux entreprises. Il devient pertinent, ici, d'analyser les diverses modalités de gestion, notamment les procédures de planification territoriale adoptées. L'un des principaux défis que tous les pays tentent de relever est en effet la coordination des interventions et des actions territoriales des divers agents dans un esprit de convergences de proximité. Aussi les expériences de pactes territoriaux, de consortiums public–privé et de divers mécanismes institutionnels flexibles pourraient-elles inspirer la gouvernance supralocale au Québec.

Ce qui nous amène à la stratégie d'interaction, très importante actuellement dans tous les pays. De nouvelles mesures émergent constamment ici et là à la faveur de la théorie du développement, qui insiste sur la pertinence de l'apprentissage collectif dans le cumul du capital humain. Si le Québec ne fut pas en reste au cours des deux dernières décennies en matière de mesures favorables à l'interaction (concertation), certaines expériences étrangères peuvent certes l'inspirer dans un futur rapproché. Nous pensons notamment à la mise en œuvre d'outils territoriaux d'appropriation des NTIC, à la gestion globale de l'information détenue par les multiples animateurs socio-économiques sur le terrain et aux nouvelles formes de collaboration des divers agents de l'innovation et de la production.

7. LES SOURCES D'INFORMATION STRATÉGIQUE

À l'échelle d'un territoire donné à planifier, existent *a priori* plusieurs grands champs distinctifs de réflexion stratégique : soit l'environnement naturel, la forêt, le monde des affaires, la qualité de vie, l'agroalimentaire, le communautaire, le tourisme, l'emploi, les mines, les loisirs, etc. Pour alimenter le processus d'élaboration individuelle ou collective de stratégies, il faut trouver de l'information pertinente sur l'objet de réflexion. Pour ce faire, on peut puiser à quelques sources de données quantitatives et qualitatives.

D'abord, les stratèges doivent définir les grands objectifs pour le territoire. Désire-t-on des emplois de qualité mais en quantité limitée ou plutôt beaucoup d'emplois précaires ? Désire-t-on satisfaire les besoins de base de toute la population ou augmenter le pouvoir d'achat d'un certain nombre ? Désire-t-on un territoire largement ouvert sur le monde ou plutôt une fermeture sélective à certaines influences ? Ces finalités sont généralement déterminées par les valeurs prônées par la communauté territoriale, valeurs qui peuvent varier suivant l'évolution de la situation socioéconomique territoriale.

Le portrait de la situation représente d'ailleurs une excellente source de réflexion stratégique pour un territoire. Pour le tracer, on situe alors le territoire et ses activités économiques dans leur contexte national, continental et international. On identifie ainsi les problèmes, les besoins, les ressources disponibles, les occasions offertes, les contraintes et les menaces. Cette vision globale du territoire permet aux acteurs de préciser les enjeux stratégiques sur lesquels des actions convergentes devront porter.

Les facteurs et les composantes des théories du développement territorial sont une autre source importante d'information pour la réflexion stratégique. Le territoire en cause subit-il la contrainte de la distance des marchés ou a-t-il au contraire l'avantage d'une infrastructure de transport ? Peut-il compter sur la présence de capitaux et sur un entrepreneurship local ? Ses ressources humaines sont-elles suffisantes en nombre et en qualité ? Jouit-il d'économies d'agglomération ? Bref, les facteurs théoriques deviennent des enjeux stratégiques sur lesquels la réflexion sur le territoire doit porter.

Toute analyse stratégique d'un territoire donné s'inspire de ce qui est proposé par d'autres stratèges. Pensons notamment aux :

- stratégies territoriales du gouvernement canadien ;
- stratégies territoriales du gouvernement québécois ;
- stratégies territoriales des gouvernements locaux ;
- stratégies territoriales d'autres territoires similaires au Québec, au Canada, en Amérique, en Scandinavie, en Amérique du Sud et partout dans le monde ;
- stratégies sectorielles des organisations présentes sur le territoire en question ;
- stratégies antérieures sur ce même territoire.

Finalement, les stratèges puisent dans la banque ou l'inventaire des projets d'actions structurantes et faisables sur le territoire. Il peut s'agir de l'aménagement d'une rivière, de la construction d'une infrastructure routière, de l'implantation d'une nouvelle industrie, de l'agrandissement d'un centre hospitalier, etc. Il existe en général un certain nombre d'actions potentielles qui, de par leur faisabilité technique, sociale, économique, financière, environnementale, etc., offrent à la réflexion des arguments pour solidifier telle ou telle option stratégique.

À partir de ces sources de données qualitatives et quantitatives, les stratèges tentent de concevoir des objectifs désirés mesurables. Parmi ceux-ci, notons la présence d'objectifs tels que :

- la création de X emplois de qualité Y ;
- la création de X entreprises nouvelles ;
- la hausse de la production de X tonnes ;
- l'élimination de X éléments indésirables (pollution) ;
- la plantation de X arbres par année ;
- la hausse de l'investissement de X en R&D.

Même s'ils ont été définis après une analyse sérieuse de l'information recueillie à propos du territoire, ces objectifs ne conduisent pas directement à la formulation de stratégies territoriales. Les stratèges doivent d'abord déterminer les outils et les moyens disponibles.

8. LES MOYENS DISPONIBLES POUR LES STRATÈGES

Il existe *a priori* une large gamme d'outils et de moyens pour aider les stratèges dans leur volonté d'élaborer des stratégies territoriales valables. Nous les classons en quatre grandes catégories : les moyens légaux, les ressources financières, les équipements publics et les services.

Parmi les moyens légaux, on trouve les schémas d'aménagement du territoire, les plans d'urbanisme et les règlements d'urbanisme. Ces outils sont fort utiles pour l'application d'une orientation touchant l'utilisation du sol. Lorsqu'ils sont bien utilisés, ils deviennent des éléments très structurants.

Les ressources financières disponibles viennent de quatre sources distinctes : d'abord du secteur privé qui est à la recherche d'investissements profitables ; ensuite, des banques ; puis du secteur public qui dispose de divers programmes gouvernementaux ; et finalement, des fonds d'investissement qui se sont multipliés au cours des dernières années.

La tactique

La tactique est l'art d'utiliser les moyens disponibles pour exécuter des actions selon les stratégies définies. Pour les porteurs de dossiers (décideurs, promoteurs, entrepreneurs, acteurs, etc.), il s'agit de faire le cheminement qui va du projet à la décision d'exécution. La tactique est le cadre d'exécution du projet d'action, de la mission. Elle aboutit à des ordres précis qui mènent directement à une décision exécutoire.

En réalité, alors que le stratège travaille sur des schémas, des modèles, des représentations, des cartes ou des visions détaillées et synthétisées, le tacticien joue avec les conditions du champ, directement sur le terrain. La tactique est donc l'art d'utiliser les conditions du champ contrôlé ou maîtrisé par les stratégies et connu par le portrait global de la situation. Cet art se traduit par des ruses selon les circonstances, des mouvements rapides, des procédures informelles, des feintes, des initiatives spontanées, etc., selon l'ambiance et les conditions du champ, notamment le climat social, le pouvoir en présence, les tensions, les pressions, les enjeux, les occasions potentielles, etc. Il s'agit de créer un entourage favorable afin de faciliter l'exécution de la décision. La mobilisation populaire, le démarchage, les manifestations, l'occupation de bureaux, les campagnes médiatiques sont des tactiques largement utilisées.

Les équipements publics actuels ou potentiels sont souvent un outil très important pour l'application des stratégies. Il s'agit parfois d'un aéroport à valoriser ou d'un port à utiliser pour attirer des entreprises exportatrices. Une simple école primaire ou un accès à un parc récréo-touristique peuvent devenir des moyens importants. Et que dire d'une route, d'une piste cyclable, d'une halte routière ou encore d'un centre sportif ! Bref, les équipements publics représentent des moteurs très importants pour le développement d'un territoire.

Finalement, les services collectifs sont devenus un moyen privilégié pour appliquer les stratégies territoriales, notamment depuis que l'on développe des services spécifiques pour les travailleurs et pour les entreprises. Pensons à la formation professionnelle, à l'animation socioéconomique et à l'aide aux entrepreneurs dans la planification de leurs affaires.

9. L'ÉVALUATION DE LA FAISABILITÉ DES OPTIONS

Si les moyens et outils disponibles représentent un excellent indicateur de la validité d'une stratégie, il demeure qu'il existe plusieurs autres éléments à considérer pour juger de la faisabilité des diverses options proposées. Pour sélectionner les options et les classer selon leur pertinence par rapport aux objectifs prioritaires, toute démarche rationnelle doit les évaluer en fonction de critères précis liés à diverses finalités économiques, sociales, administratives, politiques, environnementales, etc., qui ne sont pas toujours facilement conciliables ni même mesurables.

Nous pensons notamment aux extrants (ou retombées) anticipés de l'application de chaque option stratégique, par rapport aux effets visés et mesurables sur l'emploi, la production, l'investissement, les salaires versés, etc. On doit aussi considérer les retombées négatives sur le plan social, environnemental ou autre, pour le territoire. Pour ce faire, un exercice sérieux de mesure s'impose, souvent en contexte d'incertitude.

Une bonne approche en ce sens consiste à analyser les retombées des stratégies similaires préconisées et appliquées dans le passé, dans le même territoire ou ailleurs dans un cas similaire. On peut même analyser des territoires différents, en relativisant la comparaison. Cet exercice n'est pas toujours possible puisque les stratégies sont souvent innovatrices. Néanmoins, le recours à l'expérience ne doit pas être négligé.

Il est important aussi de considérer les stratégies préconisées par d'autres intervenants sur le même territoire, notamment ceux du secteur privé. La meilleure stratégie est toujours celle qui permet la convergence de plusieurs autres, car les stratèges sont nombreux sur un territoire, d'autant plus que l'on mélange souvent les acteurs et les stratèges. Il devient ainsi impératif que l'analyse de faisabilité d'une option stratégique majeure tienne compte des autres stratégies présentes, car ces dernières influenceront les retombées anticipées de la première.

Il en va de même des actions projetées. Ces actions potentielles sont un critère très important qu'il faut prendre en considération dans l'analyse de la faisabilité d'une option stratégique. Car l'application d'une stratégie s'effectue dans les actions. Sans actions, il n'y a pas de retombées.

Finalement, l'analyse de la faisabilité d'une stratégie doit déterminer précisément les intrants qui permettront son application. Quelles ressources seront nécessaires ? Quelles ressources naturelles, humaines, construites et financières ? Telle stratégie a-t-elle besoin d'un port en eau profonde ? Telle autre a-t-elle besoin de compétences spécifiques et chez combien de personnes ? Faut-il beaucoup de capitaux ? La réserve de forêt est-elle suffisante pour appliquer telle stratégie ? Bref, il est crucial de déterminer tous les intrants nécessaires pour l'application des options stratégiques.

Terminons en soulignant qu'une pondération multicritère des arguments devient nécessaire pour comparer les options et que cette pondération doit aussi situer le court, le moyen et le long terme. En effet, une stratégie non valable à court terme en matière d'emplois peut le devenir à moyen ou à long terme.

CONCLUSION

Nous venons de voir les grandes stratégies territoriales appliquées traditionnellement par Québec. Nous avons décrit aussi les grandes opérations de planification territoriale, dont la plupart furent largement déterminées par leur cadre stratégique. Ensuite, nous avons présenté la méthode formelle pour élaborer des stratégies territoriales par et pour les territoires.

En conclusion, nous aimerions souligner quelques difficultés récurrentes dans l'élaboration de stratégies territoriales, difficultés qu'il devient impératif de contourner. L'une des premières est la nécessité de prendre une certaine distance par rapport aux programmes gouvernementaux et de se rapprocher des besoins, des problèmes, des occasions, etc. Nos stratèges et nos planificateurs territoriaux sont en effet largement portés à s'orienter suivant les lignes directrices des politiques publiques.

Les stratèges territoriaux ont aussi de la difficulté à se démarquer des outils et des actions, qu'ils considèrent comme des stratégies. La réflexion stratégique doit au contraire dépasser les actions et adopter une perspective d'analyse qui permette de pointer directement les problèmes sans le biais des solutions déjà appliquées qui cherchent à se maintenir. Les orientations formulées doivent même s'en abstraire tout en les considérant néanmoins.

Finalement, les stratèges ont de la difficulté à bien mesurer les intrants et les extrants des différentes options stratégiques proposées. Faute de moyens et d'experts nécessaires, les planificateurs négligent trop souvent l'évaluation préalable de la faisabilité multicritère des stratégies territoriales. Choisir la meilleure stratégie territoriale devient alors une opération hautement politique qui repose plus sur des normes d'équité entre les acteurs présents que sur des considérations d'efficacité. Dans cette recherche de rationalité et d'efficacité, ce sont pourtant les projets d'actions faisables qui représentent encore et toujours la valeur sûre pour une application gagnante de la stratégie.

**ANNEXE
UN PORTRAIT GÉNÉRAL COMPARATIF**

Pays	Mécanisme central	Stratégies	Politiques	Mécanismes territoriaux	Mesures et actions
Irlande	Coordination par la politique industrielle	• Accès universel aux mesures • Tout le pays est désigné • Dynamisation des villes et villages	• Attraction d'investissements mobiles • Soutien aux entreprises existantes	• 36 conseils de comté de création d'entreprises • Vision territoriale	• Services aux entreprises • Subventions • Garanties de prêts • Formation des compétences • Incitatifs fiscaux
Royaume-Uni	Coordination de 4 ministères par le M.I.C. (Emploi, Environnement, Transport)	• Mise en valeur des terres sous-utilisées • Partenariat public–privé • Dynamisation urbaine	• Attraction d'investissements mobiles • Déréglementation • Redécoupage régional (1994) • Soutien partenariat aux entreprises	• 10 bureaux régionaux de coordination des 4 ministères • Local business links	• Allègements fiscaux • Partenariat de fournisseurs de services aux entreprises • Information et aiguillage des entreprises
Suède	Coordination par le M.I.C. Vision détaillée des territoires	• Interaction intersectorielle à chaque échelle territoriale	• Consortium entreprises-université-R&D • Infrastructures	• Conseils d'administration de comté (planification, coordination, contrôle, mobilisation) • Formation de réseaux locaux	• Allègements de charges sociales • Allègements fiscaux • Formation professionnelle • Subventions • Garanties de prêts et prêts

ANNEXE
UN PORTRAIT GÉNÉRAL COMPARATIF *(suite)*

Pays	Mécanisme central	Stratégies	Politiques	Mécanismes territoriaux	Mesures et actions
France	DATAR	• Déconcentration de Paris • Métropoles d'équilibre • Soutien aux entreprises	• Ententes-cadres • Infrastructures	• Planification territoriale • Pactes territoriaux	• Allégements fiscaux • Aides à la décentralisation • Services aux entreprises
Norvège	Fonds régionaux gérés par le ministère Industries et Énergie (NOE)	• Développement des régions à population dispersée • Amélioration des conditions territoriales	• Nouvelles industries concurrentielles • Transferts financiers selon des critères (densité et taille de la population, distance, etc.) • Taux variables de charges sociales	• Concertation à l'échelle des comtés • Agences territoriales NOE • Plans territoriaux spécifiques	• Subvention de l'immatériel (formation, marketing, conception, etc.) • Garanties de prêts et prêts • Allégements fiscaux
Pologne	Comité du Conseil des ministres Ministère Développement régional	• Privatisation • Progrès technologique • Création de richesses	• Restructuration de complexes industriels • Création de PME	• 49 voivoids (comtés) • Planification	• Subventions • Formation • Allégements fiscaux
Japon	MITI et autres mécanismes Planification et développement régional	• Aménagement du territoire • Déconcentration industrielle • Technopoles • Progrès technologique	• Infrastructures • Services de soutien		• Allégements fiscaux • Subventions • Conseils/avis

ANNEXE
UN PORTRAIT GÉNÉRAL COMPARATIF (suite)

Pays	Mécanisme central	Stratégies	Politiques	Mécanismes territoriaux	Mesures et actions
Australie	Ententes sectorielles fédéral–États *Dpt. of Transport and Regional Services*	• Compétitivité	• Infrastructures • Péréquation • Attraction d'investissements • Accès des PME au crédit • Centres ruraux de ressources	• Comités consultatifs régionaux • 20 forums régionaux	• Valorisation des PME • Formation des compétences • Allégements fiscaux
Queensland	*State Development Department*	Canaux et grappes pour partager l'information		14 *State Development Centres*	• *Business Angels* • Incitatifs pour projets • Allégements fiscaux • Aide à la localisation
Best practices OCDE	Coordination explicite Ententes central-local (pactes-contrats, etc.)	• Infrastructures • Responsabilisation territoriale • Partenariats territoriaux	• Entrepreneuriat • Innovation • Capital humain • Suivi des mesures	• Coordination territoriale • Planification territoriale • Consortium d'agents publics et privés de l'innovation et de la production	• Simplification administrative • Réseaux de business • Guichet unique • Aiguillage • Formation • Financement • Soutien aux entreprises • Approche clients

14

La politique territoriale

La politique à l'égard des territoires infranationaux, urbains et régionaux, existait bien avant de devenir une discipline ou une branche
spécifique de l'économie politique considérée comme une dimension
concrète de la politique économique (Armstrong, 1983). On fait même
remonter cette politique à la nuit des temps, à la toute première
sédentarisation des collectivités sous la forme de concentrations en
centres urbains, concentrations devenues possibles grâce aux surplus
générés par les périphéries. Le roi Salomon n'exploitait-il pas des mines
au sud du Sahara pour enrichir sa ville et financer ses conquêtes
territoriales? Les Sumériens n'ont-ils pas drainé et irrigué un vaste
territoire pour fournir à leurs villes des denrées alimentaires? Les
Phéniciens n'ont-ils pas commercé jusqu'au-delà de Gibraltar à partir
de Tyr, de Byblos et de Sidon en établissant des comptoirs afin de
diffuser leur mode de vie et de drainer les ressources? Le modèle de la
Grèce antique n'est-il pas fondé sur l'organisation de cités ayant chacune son hinterland?

Ainsi, les centres ont-ils toujours tenu compte de leurs hinterlands
et de leurs périphéries dans l'aménagement, le développement et la
gestion du territoire. Avec des effets variables, le taux de croissance des
périphéries fut, de tout temps, un important déterminant de la prospérité des centres. Les analystes ont fort bien modélisé ce processus
d'interdépendance et de complémentarité, en considérant ses subtiles
modifications au fil de l'évolution des économies. Ils ont alors fondé
une branche spécifique de l'économie politique portant sur la politique
territoriale (*urban and regional policy*), c'est-à-dire un domaine scientifique distinct qui s'intéresse aux divers territoires ruraux et urbains qui
composent l'espace national d'un pays donné.

1.   UNE ATTITUDE GOUVERNEMENTALE ENVERS LES DIVERS TERRITOIRES

La politique territoriale représente un domaine spécifique d'interventions publiques dans la pure tradition keynésienne. Puisqu'elle met intentionnellement l'accent sur les territoires désignés comme métropolitains, nordiques, enclavés, périphériques, urbains, ruraux et parfois insulaires ou d'outre-mer, c'est elle qui prévoit les interventions publiques sur des zones spécifiques de l'espace national dont certaines caractéristiques sont à mettre en valeur et à réguler.

La politique territoriale est en fait l'attitude gouvernementale envers les divers territoires qui composent l'espace national (Alonso, 1996). Elle vise en principe la coordination globale des diverses politiques sectorielles afin d'influencer positivement leurs répercussions sur les différents territoires. Ainsi, les normes nationales d'attribution de ressources ont souvent besoin d'être modulées en fonction de la distance, de la richesse réelle des zones, de la dimension des bassins de clientèle (masse critique), du seuil optimal d'efficacité, des économies d'échelle et du niveau minimum de qualité des services offerts. En outre, certaines zones requièrent des efforts publics particuliers sous la forme d'un ensemble de petits gestes concrets plutôt que d'une impulsion majeure. Aussi, un véritable mécanisme national formel de coordination entre les intervenants, appuyé par des moyens adéquats, apparaît-il souhaitable pour que la politique territoriale puisse remplir son rôle de manière optimale.

Contrairement à la politique à l'égard de la santé, de la culture ou d'autres secteurs, la politique territoriale est fondamentalement horizontale, multisectorielle. Elle touche à la fois les mines, l'hydroélectricité, l'éducation, l'agriculture, les diverses industries, etc. Elle interpelle donc plusieurs ministères. Elle s'inscrit dans une logique tout à fait particulière qui s'applique à des situations spécifiques fort diverses dans les espaces nationaux, notamment au Québec même si les 616 000 km^2 habités sont relativement homogènes. Ainsi, rien ne ressemble moins à une ville qu'une autre ville, à une MRC qu'une autre MRC, à une région qu'une autre région, à une agglomération qu'une autre agglomération. Cette variété impose que les interventions publiques soient flexibles et s'adaptent aux territoires qu'il faut aménager, gérer, reconvertir, décongestionner, diversifier, revitaliser, développer, ou tout cela à la fois, dans un esprit de durabilité, évidemment.

La perspective territoriale adoptée par la politique publique modifie substantiellement la vision globale de l'espace national : ce dernier perd son homogénéité et son uniformité pour montrer son hétérogénéité dans la diversité des territoires qui le composent. Les données statistiques nationales désagrégées, l'analyse par ratios et les monographies concrétisent cette représentation de la réalité. Dans les quadrillages administratifs superposés, il existe non seulement des centres et des hinterlands, mais aussi des territoires en déclin et d'autres en émergence, des zones congestionnées et d'autres en désertification, des bassins de clientèle aux besoins particuliers, des pôles forts, d'autres faibles, des corridors de développement, des maillages. Du coup, il devient nécessaire d'adapter (ou de moduler) les politiques publiques au territoire si l'on veut prendre en compte et réguler les diverses composantes de l'espace national, d'où la mise en œuvre d'une politique territoriale à part entière dans la plupart des pays à économie avancée.

Plusieurs pays ne possèdent néanmoins aucune politique territoriale officielle vraiment explicite, qu'elle soit régionale, locale, métropolitaine ou urbaine, et d'autres pays ont considérablement réduit les ressources financières attribuées à cette politique, notamment le Canada. L'absence de politique territoriale explicite ne signifie cependant pas qu'il y ait absence d'une attitude gouvernementale envers les territoires. Loin s'en faut. La plupart des grandes stratégies territoriales connues furent universellement appliquées avec plus ou moins de vigueur. Ainsi, des pays tels que la Pologne, l'Australie, le Mexique et le Chili possèdent des programmes nationaux d'aménagement des territoires, d'attraction industrielle, de polarisation, d'exploitation minière, de développement de zones spécifiques, de décentralisation, etc., qui, par leur contenu, ciblent inévitablement des territoires particuliers. Aussi, il est largement reconnu que, aux États-Unis, les ressources discrétionnaires des politiques sectorielles, notamment les contrats militaires, ont une grande incidence territoriale et que leur localisation est nettement influencée par les représentants au Congrès (Markusen, 1996). Et que dire des interventions en transport, en équipements urbains, en centres de R&D, etc.!

2. LES OBJECTIFS GÉNÉRALEMENT VISÉS

Avec l'arrivée dans les années 1930 de la comptabilité nationale désagrégée, on constata rapidement les différences entre les territoires, notamment sur le plan de l'emploi et des revenus. Puisque l'État keynésien cherchait à intervenir pour stimuler l'économie, les territoires en difficulté furent rapidement dans la mire des interventionnistes qui voulurent en exploiter les potentiels latents. Les mesures visant ces territoires devinrent donc partie prenante de la politique territoriale. Mis à part l'allégement de ces disparités, qui était la grande finalité, on avança d'autres objectifs majeurs pour justifier et orienter les interventions publiques dans des territoires donnés (voir le tableau 14.1).

Tableau 14.1
Objectifs classiques de la politique territoriale

- diminuer les pressions inflationnistes
- préserver les cultures et identités régionales
- rationaliser l'utilisation des ressources naturelles
- atteindre un meilleur équilibre entre population et environnement
- alléger les pressions à la congestion et à l'encombrement
- occuper tous les territoires de l'espace national
- égaliser le cadre de vie sociale, culturelle et économique
- soutenir la production là où la productivité est fragile
- favoriser l'appropriation des facteurs par la collectivité territoriale

En fait, les objectifs de la politique territoriale recoupent tout à fait les objectifs typiquement nationaux et largement économiques que sont le plein emploi, des prix stables, l'allocation optimale des ressources, l'équilibre dans la répartition des revenus, etc. Il n'y a en réalité que très peu d'objectifs exclusivement territoriaux. Pour en trouver, on a fait appel à la planification, laquelle est capable de produire de bons diagnostics qui indiquent les forces, les faiblesses, les occasions et les contraintes. On a aussi recouru à l'analyse spatiale de nature scientifique. Malgré ces deux sources riches en connaissances nouvelles, force est de constater que les résultats sont relativement faibles: les conditions territoriales sont sans conteste particulières, voire uniques, mais les objectifs territoriaux que visent la population, les planificateurs et les analystes sont généralement intégrés ou intégrables aux grands objectifs nationaux. Comme nous l'avons vu au chapitre 13, il n'y a ainsi que très peu de stratégies territoriales originales par rapport aux stratégies nationales. La politique territoriale sera présente donc dans les faits et de manière générale comme un instrument qui permet d'améliorer l'application des politiques nationales en tenant compte de la diversité des situations et des particularités ici et là.

Néanmoins, des pratiques et des conditions particulières permettent de s'approprier avec plus de succès les interventions publiques de la politique territoriale. Certains territoires réagissent plus pertinemment et s'organisent mieux que d'autres (chapitre 11). D'où le désir de l'État que la collectivité s'approprie les facteurs de son développement, objectif que nos gouvernements supérieurs appliquèrent néanmoins avec un curieux mélange d'enthousiasme et de réticence (chapitres 7 et 8).

3. L'HISTOIRE DE LA POLITIQUE TERRITORIALE AU QUÉBEC

Plusieurs analystes québécois associent les origines de la politique territoriale avec la mise en œuvre du programme ARDA (Aménagement rural et développement agricole) en 1961. Financé conjointement par le gouvernement fédéral et le gouvernement du Québec, ce programme représente effectivement la première politique publique officielle à l'égard des territoires ruraux. Elle visait explicitement la réduction des différences interrégionales de revenus et d'emplois.

Selon notre perspective d'analyse, la politique territoriale de Québec a réellement commencé, dans les faits, avec l'octroi, par le gouverneur de la Nouvelle-France, de seigneuries à Baie-Saint-Paul et dans le Bas-Saint-Laurent à la fin du XVIIe siècle. Dans cette volonté d'occuper le territoire, on a par la suite favorisé l'implantation de colons partout dans les régions limitrophes du centre, notamment la Beauce, la Mauricie, les Bois-Francs. Les Cantons de l'Est furent ouverts à la fin du XVIIIe siècle ; les Laurentides furent colonisées au début du XIXe ; le Saguenay–Lac-Saint-Jean a reçu ses premiers «développeurs» en 1838 ; le Témiscamingue a offert ses avantages comparés à partir de 1890 ; l'Abitibi est devenue une région de colonisation en 1910 ; puis ce fut le cas de la Côte-Nord. La région du Moyen-Nord, notamment la Baie-James, fut le dernier vaste territoire à offrir, par la volonté explicite du gouvernement, ses ressources à exploiter. De fait, on a historiquement toujours favorisé l'occupation et le développement des territoires de l'espace québécois habitable.

Puisque cet exercice fut déjà fait par ailleurs (Proulx, 1995 ; 1996b), sans analyser de façon exhaustive les différentes mesures gouvernementales appliquées par les politiques territoriales successives des grandes stratégies présentées au chapitre 13, nous décrirons tout de même les cinq principales étapes qu'a traversées le secteur public dans son désir d'aménager, de gérer et de développer les territoires du Québec. Le tableau 14.2 indique les caractéristiques de chaque étape.

Une analyse plus approfondie permettrait de décomposer davantage ces étapes en en précisant plus finement les caractéristiques. Retenons plutôt que deux grandes actions distinctes sont perceptibles

Tableau 14.2
Grandes étapes de la politique territoriale

Étapes dans l'intervention	Caractéristiques
• Époque classique (avant 1930)	• Octroi de ressources naturelles • Canaux/Chemins de fer • Ministère de l'Agriculture (1888) • Ministère de la Voirie (1913) • Ministère des Affaires municipales (1918) • Ouverture de nouvelles régions de colonisation
• Époque keynésienne (1930-1960)	• Aménagement des territoires • Électrification des campagnes • Ministère des Richesses naturelles • Barrages, ports, aéroports, ponts, routes • Écoles, hôpitaux, cegeps, universités
• Époque idéaliste (1960-1970)	• Experts idéalistes/plans radicaux • Mobilisation régionale • Désir de changer la réalité globalement • Création de l'OPDQ • Stratégie des pôles de croissance • Fonds de développement rural (1966)
• Époque technocratique (1970-1980)	• Planification et mise en place des CRD • Institutionnalisation et normalisation • Concentration des agences publiques • Ententes fédérales-provinciales • Construction de l'échelon régional • Fonds de développement régional (1975)
• Époque d'appel aux milieux (1980...)	• Aménagement et urbanisme • Le choix des régions, appropriation • Conférences socioéconomiques • Animation, concertation, mobilisation • Entrepreneuriat, formation, réseautage • Construction de l'échelon supralocal

à l'observation *a posteriori* (Proulx, 1995). Il s'agit, d'une part, de la construction physique des territoires (chapitre 2) : des infrastructures de transport et de communication et divers équipements publics tels que des écoles, des hôpitaux, des édifices administratifs, des cégeps, des universités, des centres spécialisés, etc. On constate d'autre part que les interventions publiques de la politique territoriale visèrent largement la construction institutionnelle de l'échelon régional (régions administratives) et de l'échelon supralocal (MRC et agglomérations) (chapitres 6 et 7). Ainsi, on créa de nombreuses agences et directions gouvernementales et diverses organisations collectives (conseils, comités, tables, commissions, etc.) ayant un degré variable d'autonomie décisionnelle et financière.

4.   DU KEYNÉSIANISME AU POST-KEYNÉSIANISME

Notons que la politique territoriale fut, dans ses décennies de gloire que nous situons de 1945 à 1985, généralement de nature macro-économique, inspirée par le keynésianisme et l'idéalisme des experts. Justifiée notamment par la loi des avantages comparés, le modèle du développement par étapes et la théorie de la localisation industrielle, se concrétisa par des investissements publics massifs dans la construction d'infrastructures de transport et d'équipements publics permettant d'assurer la profitabilité des implantations industrielles sur des territoires à fort potentiel mais peu ou pas du tout exploités. On visait le démarrage économique de ces lieux en misant sur le principe des « industries industrialisantes », industries situées en amont des filières de production. On avait aussi pour objectif d'alléger les différences interterritoriales en matière d'emplois, de revenus, de consommation, de services publics, etc.

L'aménagement des territoires fut alors la grande stratégie d'occupation et de développement du Québec central et périphérique. Dans la pure tradition macro-économique, on a aussi alloué généreusement des droits d'exploitation de bassins de ressources naturelles et consenti des allégements fiscaux aux entreprises. On a largement distribué des subventions et des incitatifs à l'investissement dans les équipements industriels. Aussi, l'État s'est approprié certains moyens de production, notamment dans les secteurs de l'hydroélectricité et de l'amiante. En outre, nos gouvernements successifs ont modulé les règles d'attribution des allocations de chômage afin d'aider les travailleurs de certains lieux spécifiques, confrontés au travail saisonnier. Ces dernières mesures s'ajoutaient à plusieurs mesures sociales universelles qui, indirectement, stimulaient la demande et favorisaient ainsi les activités économiques dans les zones désignées en fonction de leurs difficultés économiques.

Cette politique keynésienne fut vertement critiquée à la fin des années 1970, notamment au Québec et au Canada. On vit d'abord que ses interventions de haut en bas, aussi nommées *top down* n'atteignaient pas totalement leurs objectifs économiques. De nombreux problèmes demeurèrent entiers ou seulement à moitié résolus. Ici et là, plusieurs territoires dont le démarrage économique avait été amorcé furent incapables d'assurer leur croissance sans interventions externes. Ailleurs, les disparités économiques et sociales persistaient[1]. On constata aussi que les pôles de croissance dispersés dans l'espace québécois n'avaient pas une diffusion aussi large que prévu, mais drainaient néanmoins les ressources de la périphérie. Même plus, au Québec, certains de ces pôles périclitaient ou stagnaient malgré des investissements publics et des mesures gouvernementales visant à attirer les activités privées pour relancer l'économie. Aussi, la planification régionale effectuée périodiquement depuis l'exercice du BAEQ (Bureau d'aménagement de l'Est du Québec) n'a à l'évidence pas généré les instruments territoriaux nécessaires pour permettre la maturation des économies régionales par la diversification. Soulignons finalement que les ressources naturelles et les ressources construites (équipements, infrastructures, bâtiments) sont sous-utilisées en de nombreux lieux, mais surutilisées dans d'autres. Bref, l'efficacité de la politique territoriale fut sérieusement remise en question quand on compara les moyens consentis avec les résultats obtenus.

En réalité, partout dans le monde, on trouve de coûteuses inefficacités spatiales. Tant et si bien qu'elles ont gommé les grands succès de la politique territoriale[2], notamment l'élévation générale du niveau de vie (revenu, consommation, pensions, etc.), l'amélioration relative de la qualité de vie (conditions de travail, loisirs, sécurité, etc.) et la mise en place d'un cadre de vie de qualité (routes, assainissement, environnement, etc.). La visibilité de ces inefficacités fut accrue par des échecs retentissants de développement territorial, notamment le Mezziogiorno en Italie, les pôles non fonctionnels, tels que Fos-sur-Mer et Brasilia, dans presque tous les pays, les centre-villes américains mal développés, la désertification de vastes espaces ruraux au profit d'immenses concentrations de pauvreté, le déclin actuel de zones jadis riches, etc. Ces grands échecs de planification furent largement utilisés par les détracteurs de la politique territoriale.

---

1. Au Canada, la Commission royale sur l'union économique et les perspectives de développement a démontré la persistance des disparités économiques et sociales dans l'espace national. Au Québec, le Conseil des affaires sociales a bien illustré en 1989 que les disparités spatiales étaient si importantes qu'elles formaient «deux Québec dans un». Récemment, P.A. Julien a illustré que les disparités sont toujours présentes et qu'elles évoluent dans l'espace au fil du temps.
2. Il y a des cas célèbres de réussite en développement territorial, tels que plusieurs métropoles d'équilibre en France, les villes nouvelles en Grande-Bretagne, les communautés «Samuel Undong» en Corée du Sud, les vallées vinicoles au Chili, les systèmes de cités en Allemagne, les technopoles japonaises, les parcs technologiques aux États-Unis, etc.

La politique territoriale subit par ailleurs l'époque de questionnement profond du rôle de l'État, encouragé par un vaste mouvement sociopolitique s'appuyant sur la doctrine néolibérale. La conjoncture fut favorable à cette doctrine pendant les années 1980 en raison de trois tendances de fond : l'accélération de la globalisation des échanges sous l'influence des nouvelles technologies de communication, la crise des finances publiques dans plusieurs pays à tendance sociale-démocrate et le démantèlement de plusieurs régimes socialistes en Europe de l'Est. Plus vulnérable que les politiques à l'égard de la santé, de l'éducation ou des transports, car ayant moins de soutien populaire, la politique territoriale fut l'une des premières touchées par le couperet dans les finances publiques.

Dans un tel contexte, la plupart des pays occidentaux ont tenté d'améliorer leur productivité intérieure par un nouvel ordre macro-économique national moins empreint d'interventionnisme territorial et d'interventionnisme en général. La privatisation d'entreprises publiques, la déréglementation des activités économiques, la réduction de certains coûts sociaux, l'allégement des tracasseries bureaucratiques et l'amélioration de la performance des infrastructures, des équipements et des services publics furent vivement claironnés avant d'être inscrits au programme politique. La mondialisation fut alors un excellent bouc émissaire de ce retrait partiel de l'État dans son rôle de régulation socioéconomique. Il y eut certes en conséquence quelques progrès dans les unités de production, mais la plupart des spécialistes constatent que les rendements de cette politique publique furent rapidement neutres ou décroissants en matière de productivité. En outre, les coûts associés à ces gains limités sont vite apparus importants, notamment dans les effets sociaux et environnementaux bien sûr, mais aussi sur les plans économique et politique.

En réalité, le néolibéralisme, qui était hier encore enchanteur, est désormais confronté à ses limites. D'autant plus que l'échelle mondiale à laquelle on se réfère pour se soustraire des politiques nationales n'offre que très peu de prise réelle pour influencer les conditions de la productivité. Bien sûr que l'on peut améliorer la mobilité des facteurs (capital et travail) à cette échelle. Bien sûr que certaines règles mondiales positives sont devenues opérationnelles, notamment la protection de la propriété intellectuelle. Mais force est de constater que l'échelle mondiale est pour le moment peu alimentée par des mécanismes concrets de régulation socioéconomique pourtant nécessaires pour faire face aux fluctuations conjoncturelles et aux bouleversements structurels. Ce qui explique en grande partie le mouvement actuel marqué vers un retour à la responsabilisation de l'État dans ses interventions publiques. Et dans cette nouvelle volonté de régulation étatique, les échelles territoriales (locale, urbaine, agglomération, régionale) offrent plusieurs vertus. Elles permettent notamment à l'État de renforcer son rôle national par la régulation aux échelles territoriales (Proulx, 1999), tout en continuant de respecter les conditions imposées aux nations par les ententes internationales de libre-échange.

5. LE VIRAGE MICRO-ÉCONOMIQUE

Actuellement à l'échelle internationale, la politique territoriale s'avère bien vivace, malgré les coupures budgétaires drastiques dans certains pays, tels que l'Australie, le Canada et la Russie, ou sa perte de popularité dans d'autres comme les États-Unis, l'Argentine et l'Algérie. Elle reprend même du galon dans plusieurs, notamment dans de nombreuses nations africaines et asiatiques qui vivent désormais à l'heure de la décentralisation. Il existe en outre des politiques territoriales vigoureuses au Japon qui désire déconcentrer ses grands centres, en Norvège qui veut occuper l'espace national, au Brésil pour exploiter les bassins périphériques de ressources, en Irlande pour atteindre l'équité spatiale, et dans bien d'autres pays comme l'Indonésie, le Mexique, le Viêt-Nam. Même la Chine investit massivement dans sa politique territoriale afin de diffuser vers l'intérieur la forte croissance de ses dragons côtiers que sont Beijing, Tianjin, Shanghai, Hong Kong et Canton.

Il est pertinent de noter à ce sujet que l'Union Européenne se révèle un leader de la politique territoriale (régionale et locale), du moins en matière de visibilité et de promotion, notamment depuis 1988. En effet, l'U.E. est explicitement engagée dans la réduction des inégalités interrégionales qui caractérisent l'espace européen éventuellement totalement unifié et prône fortement sa vision de l'Europe des territoires (ou des régions). Plus du tiers de ses ressources financières sont allouées à cette politique, qui s'inscrit clairement dans la tradition de lutte aux disparités spatiales dans le taux de chômage et le revenu par habitant. Ce qui nécessite que les pays membres, réceptacles des subsides, adoptent une vision et une stratégie territoriales communes. Si la France conserve ses politiques territoriales distinctes, il demeure que la plupart des pays font concorder leurs programmes avec ceux de la Communauté Européenne, notamment l'Allemagne et l'Italie dont les ajustements en ce sens n'ont pas été faciles. Les gouvernements nationaux établissent donc des mécanismes institutionnels territoriaux, autant macrorégionaux que microrégionaux, pour asseoir une telle politique européenne. De plus, on laisse un important droit de regard à l'U.E., non seulement sur les territoires ciblés[3], mais aussi sur les mesures nationales admissibles, notamment les incitatifs (allégements fiscaux, subventions, etc.) pour attirer les investissements mobiles.

L'OCDE possède d'ailleurs tout un programme de recherche de stratégie territoriale et fournit des idées en quantité et en qualité pour définir les instruments d'intervention. L'approche n'est pas exclusivement macroéconomique. Loin s'en faut. On observe en effet depuis le milieu des années 1980 une croissante implication gouvernementale dans une politique territoriale de nature microéconomique. Nous avons vu au chapitre précédent que, depuis le programme ILE (Initiatives locales pour l'emploi) de 1982 en effet, l'OCDE est devenue le défenseur d'une politique territoriale à une échelle permettant la proximité des acteurs.

Il semble à l'évidence que l'État post-keynésien désire désormais se rapprocher des agents économiques que sont les entrepreneurs, les travailleurs, les investisseurs et les consommateurs. C'est ainsi que le soutien direct à l'entrepreneurship, aux PME et aux travailleurs indépendants obtient une part budgétaire jamais atteinte auparavant dans la politique économique. La qualité de ce soutien s'est en outre accrue rapidement à la faveur de l'expérience acquise par les concepteurs des mesures gouvernementales. On a ainsi expérimenté de nouveaux outils pour favoriser l'incubation industrielle, le financement du risque, la planification du démarrage d'affaires, le transfert de technologies et l'animation économique. Ces outils sont dans la réalité presque tous ancrés sur les territoires locaux et cherchent à améliorer la qualité entrepreneuriale de l'environnement immédiat, soit le milieu, notamment au Québec avec les centres d'aide aux entreprises, les SOLIDE (Sociétés locales d'investissement et de développement économique), les centres de R&D associés aux cégeps, les SADC et les sociétés de développement. Les derniers-nés de ces outils sont les CLD, véritables guichets multiservices pour les activités productives de diverses natures, y compris celles du communautaire et de l'économie sociale.

Si la politique économique visant les demandeurs de travail que sont les entreprises s'applique à l'échelle territoriale, locale ou supralocale, c'est aussi le cas pour la politique visant les offreurs de travail que sont les travailleurs. En réalité, la régulation du marché du travail par la politique publique s'effectue de plus en plus à l'échelle des « bassins d'emploi », c'est-à-dire qu'un grand nombre de mesures visant

---

3. L'Union Européenne distingue trois types de territoires à aider : les territoires en retard, les territoires en activités industrielles fléchissantes et les territoires à dominante agricole.

la réinsertion au travail, l'amélioration de l'employabilité des ressources humaines, la formation professionnelle, les stages en entreprise, la recherche d'emploi sont désormais décentralisées à un certain degré, à l'échelle du milieu immédiat des travailleurs, défini généralement par les statistiques sur les migrations alternantes quotidiennes (navettage) entre le domicile et le travail. Bref, le soutien public aux travailleurs que préconise la théorie du capital humain, actuellement dominante dans la théorie du développement, fait partie de la politique territoriale ou, du moins, d'une politique sectorielle territorialisée, ce qui revient au même. Les CLE sont au Québec l'agence territoriale pour l'application de cette politique économique.

6. LE DOMAINE PUBLIC SUPRALOCAL EN EFFERVESCENCE

Nous aimerions souligner quelques points importants à propos de ce nouveau rôle de la politique publique dans l'environnement micro-économique.

D'abord, les nouvelles interventions territoriales à l'égard des entreprises et des travailleurs s'inscrivent dans un vaste domaine public local déjà bien en place, reconnu démocratiquement dans la plupart des pays. Il possède une très forte spécificité dans la gestion de biens et services collectifs à la population. Par exemple, au Québec, nos traditionnelles municipalités de diverses tailles relèvent de responsabilités plus ou moins nombreuses. Dans ce champ de consommation collective typiquement local, elles sont secondées par les commissions scolaires, les CLSC, les cégeps, les centres hospitaliers et bien d'autres centres de services, municipalisés (loisirs, communautaires, etc.) ou non (personnes âgées, handicapés, etc.). De plus, la société civile est bien organisée à cette échelle, avec ses groupes sociaux, ses groupes d'intérêt, ses groupes de services, ses coopératives et ses diverses unions patronales et ouvrières de plus en plus sollicitées dans la desserte de services, notamment par l'entremise de l'économie sociale et de divers partenariats public–privé. En réalité, nous faisons face globalement à un vaste domaine public local fragmenté dans ses fonctions et éclaté dans son pouvoir en une panoplie d'organisations plus ou moins autonomes. Toute analyse territoriale se voit confrontée à ce contexte institutionnel.

Ensuite, le rôle des interventions gouvernementales dans les territoires s'avère très bien justifié et soutenu par les spécialistes du développement, notamment ceux de l'économie urbaine et régionale, de la géographie économique et de l'économie publique locale. Nous

---

Les chevauchements de la politique territoriale

Au Québec, la politique territoriale interpelle les deux ordres de gouvernement supérieurs, soit le provincial et le fédéral. Il y a ainsi inévitablement des chevauchements ainsi que des doubles emplois dans les programmes et les mesures, sans compter certaines incohérences et incompatibilités. Ces vices interventionnistes prennent la forme très actuelle des SADC et des CLD qui sont, dans la réalité territoriale, deux interventions publiques distinctes ayant par contre des objectifs similaires. Ce qui met souvent ces deux organisations de promotion du développement local en concurrence, alors que la finalité première de la politique territoriale est de créer des conditions de collaboration et de coopération entre les divers acteurs du développement à l'échelle territoriale appropriée pour soutenir les activités socioéconomiques.

La politique territoriale a bénéficié dans le passé de mécanismes d'arrimage entre les deux ordres de gouvernement interventionnistes. Signalons les ententes-cadres qui ont formellement existé entre 1973 et 1988. Elles furent abolies au moment du retrait partiel du gouvernement canadien de la politique territoriale. Puisque le gouvernement fédéral semble renouer actuellement avec ses interventions relativement massives sur les territoires, notamment par sa politique scientifique et technologique et sa politique industrielle, il serait tout à fait opportun de redéfinir un cadre opérationnel pour coordonner les diverses interventions fédérales avec celles de Québec.

---

vous ferons grâce ici d'une synthèse des ouvrages extrêmement nombreux qui, depuis deux décennies, définissent les concepts de développement endogène, de district industriel, de développement local, de milieu innovateur, de systèmes territoriaux d'innovation et de production, de communautés apprenantes et autres *learning regions*. Nous nous y sommes déjà largement intéressés au chapitre 11. Soulignons tout simplement que le mouvement très actif de recherche permet d'observer les expériences en cours, de modéliser les meilleures pratiques et d'enrichir les modèles théoriques qui offrent un cadre solide aux fabricants de politiques et de mesures microéconomiques. L'objectif principal de ce cadre est de saisir et d'influencer la création d'économies externes et d'économies de proximité. En analysant le progrès scientifique réalisé depuis vingt ans, force est de constater que cette nouvelle collaboration entre recherche et action a généré de part et d'autre des résultats fort intéressants. On comprend de mieux en mieux la réalité du soutien territorial à la production et à l'innovation. Et l'on influence positivement cette réalité vers le changement.

Même s'il n'existe pas encore de véritable théorie bien articulée sur les systèmes productifs locaux, quelques jalons théoriques sont largement acceptés. Ainsi, le rôle crucial de l'entrepreneur est désormais admis (Joyal, 2002). Cette ressource humaine rare est reconnue comme le porteur du risque, de l'initiative innovatrice. Dans sa quête d'intrants, l'entrepreneur est branché sur l'univers bien sûr, mais aussi sur son milieu immédiat. La formation professionnelle, l'aide à la planification des affaires, le financement du risque, le soutien à la R&D et l'animation économique sont aussi des composantes considérées comme essentielles à l'activation de l'innovation et de la production sur un territoire. Mais le cœur du questionnement à propos des systèmes locaux de production vise le processus d'apprentissage collectif alimenté par l'interaction et l'information. Cet apprentissage n'est pas simple à produire par des interventions publiques. Il n'est pas simple à mesurer non plus. Mais il peut être influencé positivement selon les potentialités de chaque territoire.

Finalement, nous constatons que la politique publique à l'égard de l'environnement microéconomique permet d'établir une convergence entre les objectifs sociaux et les objectifs économiques. Les mesures actives à l'égard des travailleurs, notamment des travailleurs indépendants, en sont un excellent exemple. Le soutien à l'économie sociale permet aussi ces convergences. Et que dire de toutes ces PME qui, tout en bénéficiant de certains programmes adaptés aux besoins différents selon les lieux, créent de l'emploi tout à fait apprécié! En réalité, l'échelle territoriale supralocale, qui au Québec est largement représentée par les MRC et les agglomérations, s'avère l'arène de nouveaux éléments positifs dans la régulation socioéconomique.

7.   LA PLANIFICATION TERRITORIALE

Dans cette effervescence du domaine public supralocal, le Québec a expérimenté plusieurs procédures de planification au cours des dernières années. D'abord, les conseils des MRC et des communautés métropolitaines se sont dotés d'un schéma d'aménagement du territoire. Plusieurs y ont inclus une dimension développement, alors que d'autres ont opté pour un plan de développement indépendant. Les SADC possèdent leur plan. Les CLD planifient aussi, en incluant la dimension de l'emploi afin d'en aviser les CLE. Les CLSC planifient la desserte de leurs services à l'échelle des MRC. Les SOLIDE élaborent leur stratégie pour leur propre territoire MRC d'intervention. Il en va de même pour les organisations qui, dans la gestion des déchets, le tourisme ou encore la sécurité publique notamment, œuvrent à l'échelle des MRC ou des agglomérations. À tous ces planificateurs, il faut ajouter les municipalités locales, avec leur plan d'urbanisme et leurs plans sectoriels, et les nouvelles autorités publiques qui agissent à l'échelle des agglomérations urbaines.

En réalité, de nombreux planificateurs autonomes mais interdépendants élaborent leur vision, leurs stratégies, leurs tactiques et leurs actions à l'échelle territoriale supralocale. D'aucuns suggéreront qu'il faut tout de même de la cohérence entre tous ces plans, pour soutenir le fameux processus collectif d'apprentissage. Or, la cohérence dans le vaste domaine public supralocal du Québec ne peut être envisagée de la même manière que dans les activités sectorielles du domaine public national largement structuré par la hiérarchie. L'échelle supralocale se caractérise en effet par l'éclatement du pouvoir, donnée fondamentale, incontournable. Même si quelques structures sont intégrées, le pouvoir territorial demeurera éclaté. D'ailleurs, cet éclatement représente une condition nécessaire à l'efficacité administrative. Il existe bien sûr de la concurrence pour l'obtention de ressources, quelquefois exacerbée. Il y a aussi certains chevauchements dans les missions. Mais il existe surtout des champs spécifiques d'intervention sectorielle relativement étanches (éducation, sécurité publique, santé, loisirs, développement économique, etc.) à l'intérieur desquels chaque organisation œuvre de façon optimale et innovatrice selon sa mission proprement délimitée. Les interdépendances, les complémentarités et les convergences potentielles dans un esprit de synergie nécessitent une vision territoriale commune, partagée par tous, ainsi que des mécanismes institutionnels de collaboration. Tous en conviennent. Il est là, le véritable enjeu.

D'ailleurs, plusieurs territoires MRC étaient fort avancés (Jean et Proulx, 2001) dans cette recherche d'une vision globale et de coalitions dans l'action, avant l'arrivée de la politique actuelle de renforcement des agglomérations. Nul doute que ce cheminement progressif va se poursuivre. Au chapitre 11 (section 10), nous avons offert un modèle d'organisation territoriale allant dans ce sens, et dont la procédure formelle de planification représente une dimension très importante.

Dans la politique territoriale du gouvernement du Québec, chaque territoire considéré doit faire l'objet d'une procédure de planification globale capable de mobiliser l'ensemble des acteurs sur divers enjeux d'aménagement, de gestion et de développement. Il s'agit alors de proposer une procédure tenant compte des acquis actuels et de l'expérience des acteurs sur le terrain.

8. L'INÉVITABLE INTERTERRITORIALITÉ

Notre lecture des enjeux territoriaux et du rôle régulateur de l'État en contexte québécois nous amène à considérer que l'attitude gouvernementale à l'égard des différentes composantes de son vaste espace doit revenir à un esprit de globalité. Globalité de la vision et de l'intervention qui était véhiculée à une certaine époque, récente mais qui nous semble déjà lointaine. La vague néo-libérale de la fin des années 1980 et le démantèlement de l'OPDQ ont sonné le glas de cette vision globale qu'on avait, il est vrai, certaines difficultés à appliquer depuis les années 1960.

Malgré ces difficultés, on pouvait néanmoins percevoir le souci de coordination globale dans les réformes et les politiques touchant les territoires. Alors que maintenant nous avons une politique territoriale par catégories distinctes : les communautés naturelles, les petites agglomérations, les grandes agglomérations, la ruralité, les régions ressources, la métropole Montréal, la capitale Québec, les zones spéciales (cités, vallées, technopôles, parcs), les territoires autochtones. Le gouvernement intervient certes de son mieux dans chaque catégorie territoriale. Mais les interdépendances et les complémentarités entre celles-ci sont négligées au profit de consensus éclatés par cibles obtenus, d'une part, entre les ministères et, d'autre part, entre les collectivités territoriales concurrentes.

Pourtant l'interterritorialité s'avère essentielle au Québec et ailleurs, dans la recherche de l'efficacité spatiale globale. Aucun territoire n'est isolé, même le plus enclavé de ceux-ci. Et malgré leurs connections avec le reste de la planète, tous les territoires sont en relations avec leurs voisins pour composer des ensembles plus larges. Ces relations qui prennent des formes concrètes en matière d'aménagement et de gestion, représentent un facteur important de développement territorial. L'espace du Québec est ainsi convié à l'interterritorialité devenue inévitable et essentielle.

9. VERS UN NOUVEAU MODÈLE GÉO-ÉCONOMIQUE DU QUÉBEC

Nous avons décrit au chapitre 13 les quatre grands modèles géo-économiques que le Québec a utilisés dans le passé. Il y eut les modèles « conquête territoriale », « ruralité » et « centralité ». Le quatrième et dernier, retenu depuis le tournant des années 1980, s'identifie comme le « mariage urbain–rural ». Il est appliqué par l'entremise des MRC et de leur schéma d'aménagement du territoire. Ce modèle a cependant besoin d'être révisé en profondeur depuis que les agglomérations urbaines sont renforcées en matière de gestion. Déjà les villes importantes causaient un déséquilibre politique dans les décisions collectives à l'échelle des MRC. Le renforcement des agglomérations urbaines ne va qu'accentuer ce déséquilibre. Ainsi, le modèle du mariage urbain–rural doit être renouvelé substantiellement même s'il demeure encore très valable sur plusieurs territoires ruraux.

Ainsi, l'emboîtement parfait entre les 96 MRC et les 17 régions administratives ne suffit pas à assurer la cohérence spatiale, même s'il satisfait les besoins de cohérence administrative. De la même façon que le modèle Montréal – Québec – régions se révèle trop général et insuffisamment respectueux des particularités territoriales, même s'il correspond à un rapport de force politique réel.

Il va de soi que le fait que les agglomérations urbaines deviennent les nouveaux pôles de développement exige un modèle géo-économique de nature polycentrique. Or, ces nouveaux centres urbains renforcés n'ont pas tous la même taille, les mêmes moteurs économiques, la même position géographique, la même dynamique, la même société civile organisée, le même rayonnement dans leur périphérie, etc. Ils n'ont pas la même vocation. Plusieurs sont en repositionnement dans la hiérarchie urbaine jadis saisie et modélisée. Par ailleurs, les aires de rayonnement urbain hors des agglomérations n'ont pas toutes les mêmes caractéristiques. Elles n'entretiennent pas toutes les mêmes relations avec leur centre urbain principal. Nous avons même décrit, au chapitre 4, l'existence de différents systèmes urbains de nature monocentrique, duocentrique et quadricentrique, sans oublier la polycentrie du centre du Québec. Il existe aussi des corridors, c'est-à-dire des territoires relativement intégrés linéairement. Citons notamment le corridor de la Beauce le long de la Chaudière, le corridor Rivière-du-Loup – Nouveau-Brunswick et le corridor des Laurentides à partir de Montréal. Sans oublier le corridor transversal en formation, soit la nouvelle zone de production manufacturière suivant l'axe des Appalaches.

En réalité, la géo-économie du Québec s'avère clairement de géométrie variable d'une agglomération à une autre, d'une périphérie à l'autre, d'une zone à l'autre. Elle forme un tout, une globalité spatiale aucunement uniforme. La modélisation globale de ces composantes territoriales non uniformes mais reliées entre elles représente le défi principal pour tout gouvernement du Québec qui désire définir et appliquer une véritable politique territoriale respectueuse des forces et faiblesses de chaque composante de son espace. Drummondville est un lieu dont la centralité est de plus en plus évidente sur l'espace québécois, avec la montée en puissance du transport routier. Sherbrooke et Rivière-du-Loup représentent des carrefours importants, des points de transit entre des territoires. Rouyn et Saguenay sont plutôt des portes d'entrée sur les territoires nordiques, des avant-postes pour assurer à cette vaste étendue les services spécialisés nécessaires à son développement. Charlevoix, Kamouraska et les Laurentides possèdent une vocation particulière. Il en va de même pour Pabok, Domaine-du-Roy et Maskinongé. Et nous pourrions continuer ainsi notre analyse spatio-économique du Québec en tentant de positionner chaque territoire.

Nous croyons en effet qu'il faut respecter et considérer cette géométrie variable qui modèle le Québec en tenant compte des diverses vocations territoriales. Un modèle géo-économique basé sur les statistiques désagrégées disponibles et capable de saisir l'interterritorialité permettrait aux concepteurs de la politique territoriale de Québec de mieux considérer l'ensemble spatial dans ses caractéristiques territoriales propres. Cela ferait inévitablement ressortir les options à privilégier quant aux grandes affectations du sol et indiquerait les priorités à établir en matière d'infrastructures de transport, de zones spécifiques nécessitant des interventions particulières et de localisation optimale de certains équipements publics et privés.

Nul doute que les acteurs présents à l'échelle supralocale du Québec ont tout intérêt à se commettre à un degré élevé dans un tel processus d'organisation territoriale. La mise en œuvre actuelle de la réforme des agglomérations et ses conséquences rendent d'ailleurs cet engagement tout à fait impératif. Cet engagement devrait à notre avis être stimulé et soutenu formellement par une politique publique explicite. Pour ce faire, le meilleur enclencheur serait sûrement un exercice de planification territoriale globale de nature interactive, incluant l'aménagement du territoire, la gestion publique de biens et services collectifs et la promotion du développement social, culturel et économique. Si la Loi sur l'aménagement et l'urbanisme (LAU) était fort bienvenue en ce sens en 1979, elle est certes dépassée aujourd'hui par les nouveaux enjeux. Vivement une nouvelle loi-cadre devenue impérative pour permettre aux collectivités territoriales de s'approprier pleinement et de valoriser les diverses mesures publiques visant leur aménagement, leur gestion de biens et services et la promotion de leur développement.

CONCLUSION

Pendant ses années de gloire, la politique territoriale de nos gouvernements a largement mis l'accent sur les grandes régions administratives. Par l'entremise de la planification régionale, on a cherché des stratégies et des actions typiquement régionales afin de rendre plus opérationnelles, plus adaptées à la réalité, plus efficaces, etc., les diverses interventions gouvernementales sectorielles. On a institutionnalisé des structures administratives, créé des fonds régionaux, installé des équipements dans les territoires régionaux et mis au point de nouveaux mécanismes de gestion et de développement qui ont certes apporté un gain d'efficacité. Bref, l'État a amélioré son vaste système de gestion publique et d'intervention sur les facteurs du développement social, culturel et économique selon une perspective macroéconomique.

Durant les années 1980, l'État a imposé à sa politique territoriale le virage microéconomique et modifié ses priorités dans l'application des stratégies et la promotion de l'action. On désire alors se rapprocher des acteurs en ancrant les interventions dans leur milieu quotidien. Ainsi, les territoires locaux et supralocaux deviennent l'échelle privilégiée pour la politique publique touchant l'aménagement des territoires, la gestion de biens et services collectifs et la promotion du développement. Se multiplient alors à cette échelle territoriale un ensemble de nouvelles organisations publiques et collectives qui viennent œuvrer dans un environnement déjà non dépourvu d'acteurs, notamment municipaux, communautaires et privés. Dans ce contexte institutionnel relativement complexe, la politique territoriale doit cependant suivre un processus global d'organisation territoriale pour pouvoir optimiser ses différentes actions et interventions. Et c'est là un défi de taille pour la politique territoriale du Québec, mais non pas le seul. L'autre défi est celui de l'interterritorialité : Québec doit en effet se doter, par et pour sa politique territoriale, d'un nouveau modèle géo-économique capable d'intégrer globalement les différents territoires qui composent son vaste espace, dans le respect des caractéristiques de chacun d'eux.

Bibliographie

ALONSO, W. (1964). *Location and Land Use*, Cambridge, Mass., Harvard University Press.

ALONSO, W. (1996). « On the Tension between Regional and Industrial Policies », *International Regional Science Review*, vol. 19, nos 1 et 2, p. 79-83.

ALVERGNE, C. (1997). *Vingt-cinq ans d'évolution de l'industrie et des territoires français*, Paris, L'Harmattan.

ALVERGNE, C. et F. TUTELLE (2002). *Du local à l'Europe, les nouvelles politiques d'aménagement du territoire*, Presses universitaires de France.

AMABLE, B., R. BARRÉ et R. BOYER (1997). *Les systèmes d'innovation*, Paris, Économica.

ANGERS, F.-A. (1960). *Essai sur la centralisation*, Montréal, Éditions Beauchemin.

ARMSTRONG, H. (1983). *Regional Economic Policy and its Analysis*, Lancaster, Editions Philip Allan.

AURAY, J.P. *et al.* (dir.) (1994). *Encyclopédie d'économie spatiale*, Paris, Économica.

AYDALOT, P. (1985). *Économie régionale et urbaine*, Paris, Économica.

BACCIGALUPO, A. (1984). *Les administrations municipales québécoises des origines à nos jours*, tome I, Montréal, Éditions Agence d'Arc.

BAILLY, A. *et al.* (1987). *Comprendre et maîtriser l'espace*, Montpellier, G.I.P. Reclus.

BAILLY, A. et J. HURIOT (dir.) (1999). *Villes et croissances*, Paris, Anthropos.

BAILLY, A.S. (1978). *L'organisation urbaine*, Paris, Centre de recherche d'urbanisme.

BAVELAS, S. (1950). « Communication Patterns in Task Oriented Groups », *Journal of Acoust Sociology*, vol. 22, p. 72-86.

BECATTINI, G. (1992). « Le district marshallien : une notion socioéconomique », dans G. Benko et A. Lipietz (dir.), *Les régions qui gagnent,* Paris, Presses universitaires de France, p. 35-55.

BÉLANGER, F. *et al.* (1990). *La Beauce et les Beaucerons. Portraits d'une région 1737-1987*, Saint-Joseph-de-Beauce, La Société du patrimoine des Beaucerons.

BELLANDI, M. (1990). « The industrial district in Marshall », dans E. Goodman et J. Bamfordn (dir.), *Small firms and Industrial Districts in Italy*, Londres, Routledge, p. 136-152.

BENHAYOUN, G., N. GAUSSIER et B. PLANQUE (dir.) (1999). *L'ancrage territorial du développement durable*, Paris, L'Harmattan.

BENKO, G. et A. LIPIETZ (dir.) (2000). *La richesse des régions*, Paris, Presses universitaires de France.

BERRY, B.J.L. (dir.) (1972). *City Classification Handbook*, New York, Wiley Interscience.

BÉRUBÉ, P. (1993). *L'organisation territoriale du Québec*, Québec, Publications du Québec.

BLAKELY, E.J. (1994). *Planning Local Economic Development*, Londres, Sage Publications.

BOUCHARD, G. (1986). « La dynamique communautaire et l'évolution des sociétés rurales québécoises aux XIXe et XXe siècles. Construction d'un modèle », *Revue d'histoire de l'Amérique française*, vol. 40, n° 1, p. 33-45.

BOUDEVILLE, J.R. (1962). *Les espaces économiques*, Paris, Presses universitaires de France.

BOURASSA, R. (1986). *L'énergie du nord*, Montréal, Québec/Amérique.

BOURNE, L.S. (1975). *Urban Systems*, Oxford, Clarendon Press.

BOUTHILLIER, L. et F. ROY (1999). « Le développement durable de la forêt au profit de l'économie des terroirs », *Actes du Symposium de solidarité rurale*, automne.

BOYNES, G.A. (1992). « Local Government Structure and Performance : Lessons from America », *Public Administration Review*, vol. 70, p. 333-357.

BRASSEUL, J. (1993). *Introduction à l'économie du développement*, Paris, Armand Colin.

BRETON, G. et J.F. BLAIN (1999). *Les mauvais coûts d'Hydro-Québec,* Montréal, Nota bene.

BROCHU, I. et M.U. PROULX (1995). « La construction institutionnelle des régions du Québec », *Revue Administration publique du Canada*, vol. 38, n° 1, p. 94-111.

BRUNEAU, P. (2000). « L'archipel urbain québécois, un nouveau rapport société-espace », dans P. Bruneau (dir.), *Le Québec en changement : entre l'exclusion et l'espérance*, Sainte-Foy, Presses de l'Université du Québec.

BRUNEL, S. (1996). *Le sous-développement*, Paris, Presses universitaires de France.

BRUSCO, S. (1982). "The Emilion model", Cambridge, *Journal of Economics*, vol. 6, p. 167-184.

CAMAGNI, R. (1996). *Principes et modèles de l'économie urbaine*, Paris, Économica.

CARRIER, M. et S. CÔTÉ (2000). *Gouvernance et territoires ruraux*, Sainte-Foy, Presses de l'Université du Québec, coll. Science régionale.

CHRISTALLER, W. (1955). *Central Place in Southern Germany*, Prentice-Hall, Englewood Cliffs (1re édition 1933).

CLAVAL, P. (1989). *La conquête de l'espace américain*, Paris, Flammarion.

COCKBURN, C. (1977). *The Local State*, Londres, Pluto Press.

COFFEY, W. (1998). « Montréal, métropole nord-américaine », dans J. Philippe, P.Y. Léo et L.M. Boulianne (dir.), *Services et métropoles*, Paris, L'Harmattan, p. 319-339.

COFFEY, W. et M. POLÈSE (1985). « Local Development : Conceptual Bases and Policy implications », *Regional Studies*, vol. 19, p. 85-95.

COFFEY, W. et M. POLÈSE (1993). « Le déclin de l'empire montréalais », *Recherches sociographiques*, n° 34, p. 417-437.

COLLIN, J.P. *et al.* (1999). *La politique de renforcement des agglomérations urbaines au Québec*, Ministère des Affaires municipales et de la Métropole.

CONSEIL DES AFFAIRES SOCIALES (1989). *Deux Québec dans un*, Boucherville, Gaëtan Morin éditeur.

COURLET, C. (2001). *Territoires et régions : les grands oubliés du développement économique*, Paris, L'Harmattan.

COURLET, C. et B. PECQUEUR (1997). « Systèmes productifs localisés et développement : le cas des économies régionales émergentes et en transition », dans M.U. Proulx (dir.), *Territoires et développement économique*, Paris, L'Harmattan, p. 49-65.

CREVOISIER, O. et R. CAMAGNI (dir.) (2000). *Les milieux urbains : innovation, systèmes de production et ancrage*, Suisse, Neuchâtel, Institut de recherches économiques et régionales.

DAFFLON, B. et J. RUEGG (2001). *Réorganiser les communes, créer l'agglomération*, Fribourg, Suisse, Éditions universitaires de Fribourg.

DATAR (2000). « Territoires 2020 », *Revue d'études et de prospectives*, n°s 1, 2, 3 et 4, Paris, La documentation française.

DAUPHIN, R. (1994). *Économie du Québec*, chapitre 3, Laval, Beauchemin.

DEBAILLEUL, G. (1999). « L'agriculture québécoise dans la tourmente de la mondialisation : état des lieux et perspectives », *Actes du Symposium sur l'économie des terroirs*, Solidarité rurale, automne.

DECOUTÈRE, S., J. RUEGG et J. DOMINIQUE (dir.) (1996). *Le management territorial*, Lausanne, Presses polytechniques et universitaires romandes.

DELCAMP, A. (1990). *Les institutions locales en Europe*, Paris, Presses universitaires de France, (Collection Que sais-je ?).

DERYCKE, P.H. (dir.) (1992). *Espace et dynamiques territoriales*, Paris, Économica,

DESJARDINS, M. *et al.* (1999). *Histoire de la Gaspésie*, Sainte-Foy, Presses de l'Université Laval, coll. Les régions du Québec 1.

DÉSY, J. (dir.) (1995). *Des forêts et des hommes*, Montréal, Méridien.

DOYON, S. (1999). « La problématique des territoires au Québec : une façon de voir », texte non publié, Ministère des Régions.

DRAPEAU, J. (1973). « Étude chronologique de la constitution et du regroupement des municipalités du Québec », *Municipalité*, n° 17, p. 12.

DUBOIS, P. (1995). *Les vrais maîtres de la forêt québécoise*, Montréal, Écosociété.

DUGAS, C. (1981). *Un pays de distance et de dispersion*, Sainte-Foy, Presses de l'Université du Québec.

DUGAS, C. (1983). *Les régions périphériques, défi au développement du Québec*, Sainte-Foy, Presses de l'Université du Québec.

DUGAS, C. (1986). « Région et régionalisme au Québec depuis Raoul Blanchard », *Cahiers de géographie du Québec*, vol. 30, n° 80, p. 189-202.

DUGAS, C. (1996). *L'espace rural canadien*, Sainte-Foy, Presses de l'Université du Québec.

DUGAS, C. (2001). « L'espace rural québécois », dans M. Carrier et S. Côté (dir.), *op. cit.*, p. 13-39.

FERRON, M. (1974). *Les Beaucerons ces insoumis 1735-1867. Petite histoire de la Beauce*, Montréal, Éditions Hurtubise HMH.

FORTIN, J.-C. *et al.* (1993). *Histoire du Bas-Saint-Laurent*, Québec, IQRC, coll. Les régions du Québec 5.

FRÉCHETTE, P. et P. VÉZINA (1985*). L'économie du Québec*, Québec, HMV.

FRÉMONT, A. (1979). *La région, espace vécu*, Paris, Presses universitaires de France.

FRENETTE, P. (dir.) (1996). *Histoire de la Côte-Nord,* Sainte-Foy, Presses de l'Université Laval, coll. Les régions du Québec 9.

FRIEDMANN, J. (1987). *Planning in the Public Domain : from Knowledge to Action*, Princeton, Princeton University Press.

FRIEDMANN, J. (1992). *Empowerment*, Cambridge, Blackwell Publishers.

FRIEDMANN, J. et C. WEAVER (1979). *Territory and Function*, Londres, Ed. Arnold.

FUJITA, M., P. KRUGMAN et A.J. VENABLES (2001). *The Spatial Economy*, Cambridge, MIT Press.

GAFFIELD, C. (dir.) (1994). *Histoire de l'Outaouais*, Québec, IQRC, coll. Les régions du Québec 6.

GARREAU, J. (1991). *Edge Cities : Life on the New Frontier*, New York, Anchor Books, Doubleday.

GEDDES, P. (1925). « Talks from the Outlook Tower », *Survey Graphic*, février, p. 47-64.

GHAI, D. et T. ALFTHAN (1977). *Methodology of Basic Needs*, Genève, BIT.

GILLY, J.P. et A. TORRE (dir.) (2000). *Dynamiques de proximité*, Paris, L'Harmattan.

GIRARD, C. et N. PERRON (1979). *Histoire du Saguenay–Lac-Saint-Jean*, Québec, IQRC, coll. Les régions du Québec 2.

GOW, J.I. (1986). *Histoire de l'administration publique québécoise 1867-1970*, Montréal, Presses de l'Université de Montréal.

GRAVELINE, P. (1995). « La décentralisation et la régionalisation », *Action Nationale*, vol. LXXXV, n° 4.

GREFFE, X. (1992). « La décentralisation est-elle une ressource économique ? », allocution au Forum national sur la décentralisation, UMRCQ, Québec.

GUIGOU, J.L. (1996). « L'aménagement du territoire de l'an 2000 », *Revue d'économie régionale et urbaine*, n° 3, p. 544-558.

HALL, E.T. (1971). *La dimension cachée*, Paris, Points.

HARDY, R. et N. SÉGUIN (1984). *Forêt et société en Mauricie. La formation de la région de Trois-Rivières 1830-1930*, Montréal, Éditions du Boréal Express.

HIGGINS, B., F. MARTIN et A. RAYNAULD (1970). *Les orientations du développement économique régional au Québec*, Ottawa, Étude pour le ministère de l'Expansion économique régionale.

HOWARD, H.F. (1920). *Territory in Bird Life*, Londres, Murry.

HOYT, H. (1939). *The Structure and Growth of Residential Neighbourhoods in American Cities*, U.S. Washington, Government Printing Office.

HYDRO-QUÉBEC (1997-1998). *Rapports annuels*, Montréal.

JALBERT, L. (1991). « La décentralisation : enjeux et perspectives », dans L. Maheu et A. Sales (dir.), *La recomposition du politique*, Montréal, Presses de l'Université de Montréal.

JEAN, B. (1997). *Territoires d'avenir*, Sainte-Foy, Presses de l'Université du Québec.

JEAN, N. et M.U. PROULX (1999). « Les CLD du Québec : deux ans après », rapport au ministère des Régions et à l'ACLDQ, observatoire socioéconomique des territoires du Québec.

JEAN, N. et M.U. PROULX (2001). « La dynamique organisationnelle des territoires MRC », *Cahiers de géographie du Québec*, vol. 45, n° 124, p. 87-100.

JOYAL, A. (1995). *La PME face au défi de la mondialisation*, Québec, Presses Interuniversitaires.

JOYAL, A. (1996). « Le développement économique local, vague de fond ou vaguelettes isolées », dans S. Côté *et al.* (dir.), *op. cit.*

JOYAL, A. (2002). *Le développement local. Comment stimuler les régions en difficulté ?*, Québec, Presses de l'Université Laval.

JULIEN, P.A. (1997). *Le développement régional*, Québec, Presses de l'Université Laval, Les éditions de l'IQRC, Diagnostic.

JULIEN, P.A. (2000). *L'entrepreneuriat au Québec*, Québec, Éditions de la Fondation l'entrepreneurship.

JULIEN, P.A. (dir.) (1994). *Les PME: bilan et perspectives*, Paris, Économica (réactualisé en 1999).

KAHN, R. (1993). «Facteurs de localisation, compétitivité et collectivité territoriales», *Revue d'économie régionale et urbaine*, n° 2, p. 309-325.

KALDOR, N. (1956). «Alternatives Theories of Distribution», *Review of Economic Studies*, vol. 23, n° 2, p. 83-100.

KALDOR, N. (1970). «The Case for Regional Policies», *Scottish Journal of Political Economy*, vol. 17, p. 337-347.

KESTEMAN, J.P. *et al.* (1998). *Histoire des Cantons-de-l'Est*, Sainte-Foy, Presses de l'Université Laval, coll. Les régions du Québec 10.

KEYNES, J.M. (1936). *Théorie générale de l'emploi, de l'intérêt et de la monnaie*, Paris, Payot.

KRUGMAN, P. (1998). «Space, the Final Frontier», *The Journal of Economic Perspectives*, vol. 12, p. 161-174.

L'HEUREUX, J. (1981). *Droit municipal québécois*, tome I, Montréal, Éditions Sorej Ltée, p. 25-29.

LACOUR, C. (1996). «La tectonique des territoires: d'une métaphore à une théorisation», dans B. Pecqueur (dir.), *Dynamiques territoriales et mutations économiques*, Paris, L'Harmattan, p. 25-47.

LACOUR, C. et S. PUISSANT (dir.) (1999). *La métropolisation*, Paris, Anthropos.

LAJUGIE, J., P. DELFAUD et C. LACOUR (1979). *Espace régional et aménagement du territoire*, Paris, Dalloz.

LAMBERT, S. et E. KEAL (1998). *Le Cœur-du-Québec. La Mauricie et le Centre-du-Québec*, Sainte-Foy, Éditions GIP.

LANDES, D.S. (1998). *Richesse et pauvreté des nations*, Paris, Albin Michel.

LEBLANC, P. (1998). «Éléments pour un portrait des petites collectivités du Québec», *Cahiers de la chaire Desjardins en développement des petites collectivités*, Rouyn-Noranda.

LEMELIN, A. (2000). *Méthodes quantitatives des sciences sociales appliquées aux études urbaines et régionales*, Québec, Presses de l'Université Laval.

LEMIEUX, V. (1998). *La décentralisation*, Québec, IQRC.

LESSARD, I. (2002). *Les transformations dans la dynamique spatiale contemporaine du Québec*, mémoire de maîtrise en Études régionales, Université du Québec à Chicoutimi.

LINTEAU, P.A. *et al.* (1979). *Histoire du Québec contemporain. De la Confédération à la crise 1867-1929*, Montréal, Éditions du Boréal Express.

LOINGER, G. et J.C. NEMERY (dir.) (1997). *Construire la dynamique des territoires*, Paris, L'Harmattan.

LÖSCH, A. (1938). «The Nature of Economic Regions», *Southern Economic Journal*, n° 5, p. 71-78.

M.A.M. (1991). *Répertoire des municipalités du Québec*, Éditions Québec.

M.A.M. (1992). «Des expériences de restructuration du territoire», Document de travail, MAM.

M.A.M. (1993). *Modifications territoriales des municipalités: ici et ailleurs*, Québec.

M.T.D. (2002). *Le développement des territoires: nouveaux enjeux*, Rimouski, Éditions GRIDEQ.

MAILLAT, D. (1994). «Comportements spatiaux et milieux innovateurs», dans J.P. Auray *et al.* (dir.), *op. cit.*, p. 255-262.

MAILLAT, D. (1995). «Milieux innovateurs et dynamique territoriale», dans A. Rallet et A. Torre (dir.) *Économie industrielle et économie spatiale*, Paris, Économica, p. 211-222.

MANZAGOL, C. (2000). *L'économie de Montréal: l'embellie dans Québec 2001*, Montréal, Fides, p. 212-216.

MANZAGOL, C. et C.R. BRYANT (dir.) (1998). *Montréal 2001: Visages et défis d'une métropole*, Montréal, Presses de l'Université de Montréal.

MAPAQ (1999). «L'activité bioalimentaire au Québec», *Bilan*.

MARKUSEN, A. (1996). «Interaction between Regional and Industrial Policies», *International Regional Science Review*, vol. 19, n°s 1-2, p. 49-78.

MARKUSEN, A. (2000). «Des lieux-aimants dans un espace mouvant: une typologie des districts industriels», dans G. Benko et A. Lipietz (dir.), *La richesse des régions*, Paris, Presses universitaires de France.

MARSHALL, A. (1907). *Principes d'économie politique*, tome I, Paris.

MARTIN, F. (1968). «La théorie de la croissance par étapes», *Développement urbain et analyse économique*, Paris, Cujas, p. 113-125.

MIC (1966). *Division du Québec en 10 régions administratives et 25 sous-régions administratives*, Bureau de recherches économiques, Québec, ministère de l'Industrie et du Commerce.

MINVILLE, E, (1939). *La législation ouvrière et le régime social dans la province de Québec*, Commission royale des relations entre le Dominion et les provinces, Ottawa, p. 74.

MRN (2000). *L'industrie minière du Québec*, ministère des Ressources naturelles.

MYRDAL, G. (1956). *Economic Theory and Underdeveloped Regions*, Londres, Duckworth.

O'BRIEN, A. (1993). *Municipal Consolidation in Canada and its Alternatives*, Intergovernmental Committee on Urban and Regional Research Press, Toronto.

OCDE (1999). *Les stratégies régionales des gouvernements centraux dans les années 1990*, Paris, Publications OCDE.

PARENTEAU, R. (1964). «Les régions riches et les régions pauvres du Québec», *Cité Libre*, vol. XV, nº 70, p. 6-12.

PARIZEAU, J. (1985). *Rapport de la commission d'étude sur les municipalités*, Union des municipalités du Québec.

PARK, R.E. et E.W. BURGESS (dir.) (1925). *The City*, Chicago, University of Chicago Press.

PECQUEUR, B. (2001). *Le développement local*, Paris, Syros/Alternatives.

PECQUEUR, B. (dir.) (1996). *Dynamiques territoriales et mutations économiques*, Paris, L'Harmattan.

PERRIN, J.C. (1974). *Le développement régional*, Paris, Presses universitaires de France, coll. SUP.

PERRIN, J.C. (1992). «Pour une révision de la science régionale. L'approche par les milieux», *Revue canadienne des sciences régionales*, vol. XV, nº 2, p. 155-197.

PERRON, N. et S. GAUTHIER (2000). *Histoire de Charlevoix*, Sainte-Foy, Presses de l'Université Laval, coll. Les régions du Québec 14.

PERROUX, F. (1955). «Note sur la notion de "pôles de croissance",», *Économie appliquée*, nº^{os} 1 et 2, p. 307-320.

PETRELLI, R. (1995). «Les collectivités territoriales du Québec: une vision d'avenir», dans M.U. Proulx (dir.), *Regards sur la décentralisation gouvernementale au Québec*, Chicoutimi, GRIR, UQAC.

PICARD, L. (1988). *Rapport du Comité consultatif au Comité ministériel sur le développement de la région de Montréal*, publication Canada, Ottawa.

PIGOU, A.C. (1922). «Empty Boxes: a Reply», *Economic Journal*, nº 3, p. 458-465.

PLANQUE, B. (1983). *Innovation et développement régional*, Paris, Économica.

PLANQUE, B. (1998). «Le développement local dans la mondialisation», dans M.U. Proulx (dir.), *Territoires et développement économique*, Paris, L'Harmattan.

PLANQUE, B. (dir.) (1983). *Le développement décentralisé*, Paris, Litec.

POLÈSE, M. (1990). «La thèse du déclin économique de Montréal, revue et corrigée», *L'Actualité économique*, vol. 66, nº 2, p. 133-146.

POLÈSE, M. (1994). *Économie urbaine et régionale*, Paris, Économica.

POLÈSE, M. et M. ROY (1999). «La dynamique spatiale des activités économiques au Québec: analyse pour la période 1971-1991 fondée sur un découpage "centre-périphérie"», *Les Cahiers de géographie du Québec*, vol. 43, nº 118, p. 43-71.

PORTER, M. (1981). *Choix stratégiques et concurrence*, Paris, Économica.

PORTER, M. (2001). «Regions and the New Economics of Competition», dans A.J. Scott (dir.), *Global City-Regions*, Oxford, Oxford University Press, p. 139-157.

PROULX, M.U. (1992). «Milieux innovateurs et développement régional», *Revue canadienne de sciences régionales*, vol. XV, n° 2, p. 307-325.

PROULX, M.U. (1994). «Milieux innovateurs: concept et application», *Revue internationale PME*, vol. 7, n° 1.

PROULX, M.U. (1995). «La maîtrise locale de l'information stratégique», *Revue d'économie régionale et urbaine*, n° 5, p. 927-946.

PROULX, M.U. (1995a). *Réseaux d'information et dynamique locale*, Chicoutimi, GRIR.

PROULX, M.U. (1995b). «La légitimité des trois échelons territoriaux décentralisés au Québec, *Action Nationale*, vol. LXXXV, n° 6.

PROULX, M.U. (1996a). «Gouvernement du Québec et gouvernance territoriale», dans S. Paquerot (dir.), *L'État aux orties?*, Montréal, Ecosociété, p. 148-163.

PROULX, M.U. (1996b). «Trois décennies de planification régionale au Québec», dans M.U. Proulx (dir.), *Le phénomène régional au Québec*, Sainte-Foy, Presses de l'Université du Québec, p. 269-290.

PROULX, M.U. (1996c). *Profil des organisations publiques, parapubliques et collectives au Saguenay–Lac-Saint-Jean*, Chicoutimi, GRIR, aussi 1992-1994.

PROULX, M.U. (1997). «Organisations publiques et organisation territoriale», *Revue Organisation*, vol. 6, automne.

PROULX, M.U. (1997). «La décentralisation au Québec», *Quebec Studies*, vol. 24, automne, p. 116-132.

PROULX, M.U. (1998). «L'organisation des territoires au Québec», dossier de la revue *Action nationale*, vol. LXXXVIII, n°s 2 et 3, tirés à part.

PROULX, M.U. (1999). «Volontariat institutionnel et gouvernance du Québec à l'échelle supralocale», *Économie et Solidarités*, vol. 30, n° 2, p. 60-74.

PROULX, M.U. (2000). «Les modèles géo-économiques du Québec», *Action nationale*, vol. XCI, n° 1, p. 76-85.

PROULX, M.U. (2001). «La tectonique des territoires québécois», rapport à l'Association des CLD du Québec.

PROULX, M.U. (dir.) (1994). *Développement économique: clé de l'autonomie locale*, Montréal, Transcontinental.

PROULX, M.U. (dir.) (1995). *Regards sur la décentralisation gouvernementale au Québec*, Chicoutimi, GRIR.

PROULX, M.U. (dir.) (1996). *Le phénomène régional au Québec,* Sainte-Foy, Presses de l'Université du Québec.

PROULX, M.U. (dir.) (1998). *Territoires et développement économique*, Paris, L'Harmattan.

PROULX, M.U. et N. RIVERIN (1997). «Entrepreneurship in Québec», dans R. Balmcan et J.M. Bryden, *Rural Employment: an international perspective*, Toronto, CAB international publisher, p. 267-277.

PROULX, M.U. et N. RIVERIN (2001). «Recentrage spatial de l'économie du Québec», *Interventions Économiques*, automne.

QUÉBEC (1996). *L'industrie québécoise des produits du bois*, Publications du Québec.

QUÉBEC (2000). *L'énergie au Québec*, Publications du Québec.

RAFFESTIN, R. (1980). *Pour une géographie du pouvoir*, Paris, Litec.

RALLET, A. et A. TORRE (dir.) (1995). *Économie industrielle et économie spatiale*, Paris, Économica.

RATTI, R., A. BRAMANTI et R. GORDON (dir.) (1997). *The Dynamics of Innovative Regions*, Vermont, USA, Ashgate Publishing.

REILLY, W.J. (1931). *The Law of Retail Gravitation*, New York, Knickerbocker Press.

RICARDO, D. (1823). *Principles of Political Economy and Taxations*, Cambridge. Cambridge University Press.

RICHARDSON, H.W. (1978). *Regional and Urban Economics*, Toronto, Pitman.

ROBERT, L. (1978). «L'espace et l'État», *Critère*, n° 23, automne, p. 231-258.

ROMER, P. (1986). «Increasing Returns and Long-run Growth», *Journal of Political Economy*, vol. 94, n° 5, p. 1002-1037.

ROSTOW, W.W. (1960). *Les étapes de la croissance économique*, Paris, Seuil.

SCOTT, A.J. (2002). *Les régions et l'économie mondiale*, Paris, L'Harmattan.

SCOTT, A.J. (dir.) (2001). *Global City-Regions*, Oxford, Oxford University Press.

SEERS, D. (1969). «The Meaning of Development», *International Development Review*, vol. 3, n° 2, p. 2-7.

SHARPE, L.J. (dir.) (1995). «The Government of World Cities», Londres, Wiley.

SIMARD, J.J. (1979). *La longue marche des technocrates*, Laval, Saint-Martin.

SIMMIE, J. (dir.) (1997). *Innovation, Networks and Learning Regions*, Londres, Kingsley.

SMITH, A. (1776). *The Wealth of Nations*, Londres, Penguin Books, 1970, 248 pages.

SOLOW, R.M. (1994). «Perspectives on Growth Theory», *Journal of Economic Perspectives*, vol. 8, n° 1, p. 45-54.

STÖHR, W.B. et D.R.F. TAYLOR (dir.) (1981). *Development from Above or Below?*, Toronto, John Wiley.

TELLIER, L.N. (1982.). «Les dimensions économiques de l'aménagement du territoire au Québec», dans J. Léveillée (dir.), *L'aménagement du territoire au Québec*, Montréal, Nouvelle Optique.

TELLIER, L.N. (1993). *Économie spatiale: rationalité économique de l'espace habité*, Boucherville, Gaëtan Morin éditeur, 2ᵉ éd.

TELLIER, L.N. (1996). «Le Québec et ses régions à l'intérieur de la dynamique spatiale de l'économie mondiale», dans M.U. Proulx (dir.), *Le phénomène régional au Québec*, Sainte-Foy, Presses de l'Université du Québec, p. 9-28.

TELLIER, L.N. (1998). «Dynamique économique spatiale et effets de système : le cas du bas bassin du Saint-Laurent», dans S. Côté et M.U. Proulx (dir.), *Espace en mutation*, Rimouski, GRIDEQ, p. 34-49.

TELLIER, L.N. (2001). «Le défi québécois face à l'évolution spatio-économique mondiale», *Revue Organisations et territoires*, vol. 10, nᵒ 3, p. 79-85.

TELLIER, L.N. (dir.) (1997). *Les défis et les options de la relance de Montréal*, Sainte-Foy, Presses de l'Université du Québec.

TELLIER, L.N. et C. VERTEFEUILLE (1995). «Understanding Spatial Inertia: Centre of Gravity, Population Densities, the Weber Problem and Gravity Potentiel», *Journal of Regional Sciences*, vol. 35, nᵒ 1, p. 155-164.

TELLIER, L.N. et M. PINSONNAULT (1998). «Further Understanding Spatial Inertia : a Reply», *Journal of Regional Science*, vol. 38, nᵒ 3, p. 513-534.

THIBODEAU, J.C. (1997). «La relance de Montréal : une question de long terme», dans L.N. Tellier (dir.) *op. cit.* Sainte-Foy, Presses de l'Université du Québec, p. 25-38.

TREMBLAY, D.G. et V. VAN SCHENDEL (1991). *Économie du Québec et de ses régions*, Montréal, Saint-Martin.

VACHON, B. et A. LEMIEUX (1998). «Mutations structurelles et déconcentration économique», dans M.U. Proulx (dir.), *op. cit.*, p. 67-89.

VANCE, J. (1970). *The Merchant's World: the Geography of Wholesaling*, Englewood Cliffs, Prentice-Hall.

VELTZ, P. (1996). *Mondialisation, villes et territoires*, Paris, Presses universitaires de France.

VIDAL DE LA BLACHE, P. (1902). «Les conditions géographiques des faits sociaux», *Annales de géographie*, vol. I et II.

VINCENT, O. (dir.) (1995). *Histoire de l'Abitibi-Témiscamingue*. Québec, IQRC, coll. Les régions du Québec 7.

VON THUNEN, J.H. (1826). *Der Isolierte Staat in Bezierhung auf Landschaft und Nationalökonomie*, 1966, *The Isolated State*, Oxford, Pergamon Press.

WARTENBERG, C.M. (1961). *Van Thünen's Isolated State*, traduction de *Der Isolierte Staat in Bezierhung auf Landschaft und Nationalökonomie*, Oxford, Pergamon Press.

WEBER, A. (1909). *Alfred Weber's Theory of the Location of Industries*, Chicago, University of Chicago Press, 1929.

WILLIAMSON, O.E. (1975). *Markets and Hierarchies*, New York, Free Press.

Postface

André Joyal
Professeur d'économie à l'UQTR

On sait combien furent captivantes les années qui ont marqué le Québec durant la Révolution tranquille. En prenant conscience de leur retard dans une gamme de domaines, les Québécois se rendaient également compte, peut-être avec une certaine naïveté, de tout ce qu'il semblait possible de réaliser. Parmi les défis exaltants qui s'offraient à eux, celui du développement harmonieux de leur territoire se présentait comme une priorité. L'expression « aménagement du territoire » venait d'être rapportée de France, où un Commissariat au Plan, créé à la fin du second conflit mondial, servait de source d'inspiration. C'est l'époque où se développe la ferme conviction qu'une collectivité, à travers ses institutions politiques et économiques, est en mesure d'exercer un contrôle certain, et non uniquement un certain contrôle, sur la destinée des différentes régions constituant son territoire. Si, en France, on concevait pouvoir soulager la région parisienne d'une trop grande activité économique à la faveur des régions périphériques en dépérissement comme la Bretagne, le Massif central et le Midi, pourquoi ne serait-il pas possible d'en faire autant au Québec? Il ne suffisait que d'une volonté politique et de la mise en place des outils nécessaires pour y parvenir. Ce fut le « début d'un temps nouveau » pour la politique économique qui allait faire les choux gras des discours électoraux aux échelons provincial et fédéral.

Oui, il fallait aménager le territoire de façon à niveler autant que faire se peut les disparités régionales et mettre en valeur les avantages comparatifs de chacune de nos régions. Le Bas-Saint-Laurent et la Gaspésie servirent d'expérience-pilote et le Saguenay–Lac-Saint-Jean, l'Abitibi-Témiscamingue et autres Sud-Ouest du Québec ne devaient rien perdre dans l'attente. Leur tour devait venir (et n'est jamais venu). L'incapacité dans laquelle se trouvaient alors nos universités de répondre aux besoins de spécialistes en matière de développement régional allait forcer bon nombre d'entre nous à se convertir en étudiants étrangers. Qui, parmi ceux-ci, ne s'est pas fait dire, en ces temps d'euphorie, qu'avec toutes ses richesses naturelles jamais le Québec ne pourrait connaître les affres d'une crise économique? Comment se voir affliger d'un taux élevé de sous-emploi chronique quand on a du fer, du cuivre, de l'amiante, du bois, du poisson et des ressources hydroélectriques, apparemment inépuisables, pour ne nommer que les matières premières les plus évidentes? Il ne suffisait que d'en faire un bon usage. Et c'était bien là l'intention de nos élus de l'une et l'autre des deux collines parlementaires qui profitèrent de plusieurs campagnes électorales pour se faire les chantres du développement régional. Voilà donc quelque quarante ans que l'on s'y réfère non sans avoir entre-temps maintes fois remis en considération les initiatives entreprises par les uns et les autres.

Le grand mérite de l'ouvrage de mon collègue et ami Marc-Urbain Proulx consiste à très bien faire comprendre ce qui s'est fait ou ce qui a été tenté. Sa lecture offre un état de la situation des régions du Québec et des enjeux qui les ont marquées durant les quatre dernières décennies. On notera la référence aux territoires. Le pluriel s'explique par la nécessité de bien distinguer les caractéristiques du territoire québécois. C'est en étudiant ses diverses composantes que l'on comprend ce que représente l'ensemble dont la complexité est à la mesure de ses différentes parties. On l'a vu avec cet ouvrage, rien n'est simple quand on parle du ou des territoires. J'en veux pour preuve la remarque d'un ami français qui venait de parcourir mon dernier ouvrage sur le développement local : Pourquoi fais-tu abstraction du concept de territoire? m'a-t-il demandé. J'en suis demeuré bouche bée croyant que, par essence, le développement local, en plus d'être global, était inévitablement territorialisé. Il valait donc la peine que Marc-Urbain Proulx consacre quatorze chapitres aux questions territoriales en s'appuyant sur l'expérience québécoise.

L'érudition du professeur d'économie de Chicoutimi permet de mieux saisir sur quelles assises se sont appuyées, durant toutes ces années, les différentes politiques visant à répondre aux besoins de mieux-être des populations qui ont construit le Québec. Faire connaître à la fois les multiples efforts tentés pour en assurer le développement et les institutions à vocation territoriale qui en avaient la responsabilité s'avère un des grands mérites des pages que nous venons de lire. Si cette histoire est relativement récente, elle n'en est pas moins, comme le lecteur a pu le constater, fort complexe. Un écheveau bien garni demandait à être démêlé et il l'a été de brillante façon. Est-ce à dire que tout a été dit et qu'il faille attendre une autre décennie pour faire un nouveau bilan à la faveur de *l'évolution des faits et surtout d'un regard nouveau? Sûrement pas. L'auteur lui-même en conviendra. De nombreuses questions demeurent en suspens et, pour reprendre un poème d'une ancienne institution montréalaise parmi les plus célèbres:* son bras meurtri tend le flambeau à d'autres. *À moins, et je serais le dernier à être surpris, qu'il n'y réponde en partie lui-même, malgré les meurtrissures, dans un proche avenir.*

Dans quelle mesure est-il toujours pertinent aujourd'hui de parler de territoires ressources? En se référant à cette vocation, qui a été la leur durant tout le XXᵉ siècle, d'approvisionner les régions métropolitaines en matières premières, ne les confine-t-on pas à un destin toujours plus précarisé? Une précarisation causée à la fois par l'épuisement de ces ressources et, surtout, par la diminution de leur utilité dans une économie toujours plus tertiairisée. On comprend les efforts de la Société de diversification économique des régions pour précisément tenter de contribuer à leur reconversion[1]. Cette interrogation nous conduit à la question de la distance. Sont-ils toujours aussi «éloignés», ces territoires dits périphériques dont le transport a toujours été un élément important dans l'ensemble des coûts de production? Quels espoirs peut-on fonder sur la nouvelle économie ou les activités à haute valeur ajoutée pour lesquelles les coûts de transport se font plutôt discrets? On évoque de plus en plus cette nouvelle économie rurale qui caractérise depuis quelques années les milieux ruraux. Y a-t-il lieu d'espérer que la politique nationale de la ruralité, adoptée en décembre 2001, pourra contribuer à remodeler le paysage de nos campagnes de façon à éviter l'exode de leurs éléments les plus dynamiques?

Marc-Urbain Proulx a fait allusion aux tentatives de décentralisation et aux revendications allant dans ce sens de la part de représentants de différentes régions à l'occasion de diverses rencontres organisées par nos institutions. Trop peu de réflexions à ce jour ont permis de bien saisir les enjeux et la forme que pourrait prendre une plus grande dévolution de pouvoirs aux régions. Pense-t-on à des mesures de péréquation pour que les régions moins favorisées profitent des richesses des plus prospères? Dans quelle mesure l'État québécois exercera-t-il son droit d'arbitrage pour éviter que ne se forment ici et là des «petites républiques des copains»? Faudra-t-il reprendre certains découpages administratifs à l'échelon des Municipalités régionales de comté ou des dix-sept régions administratives?

---

1. http://www.mreg.gouv.qc.ca/prg2_10.htm

S'il a été jugé opportun de scinder en deux l'ancienne région Mauricie–Bois-Francs[2], il pourrait en aller de même pour d'autres. Surtout après les récentes fusions municipales, les paysages de nos territoires pourront présenter un visage nouveau. La nécessité d'en faire un premier bilan en vue de nécessaires réajustements ne devrait pas tarder.

Il a été beaucoup question des responsabilités étatiques dans cet ouvrage. On le sait, à l'heure du néolibéralisme triomphant, les chantres de l'interventionnisme n'ont pas bonne presse. Et pourtant, on conçoit mal que le sort des différents territoires soit placé sous la complète dépendance des forces du marché comme au XIXᵉ siècle. L'État a un rôle à jouer pour en favoriser le développement le plus harmonieux possible. Puisque dans les pages qui précèdent la synthèse du débat sur « l'erreur boréale[3] » a été occultée, d'autres chercheurs devront s'y appliquer. Le problème de nos forêts, pour paraphraser Clémenceau, est trop important pour le laisser entre les seules mains des entreprises forestières.

Au Québec, en 1999, l'interventionnisme a donné lieu à la création d'environ 110 centres locaux de développement (CLD). Or, voilà que l'on assiste, ici et là, à des velléités de retour aux anciens commissariats industriels ou aux sociétés de développement économique non assujettis aux programmes gouvernementaux. Y a-t-il place pour les uns et les autres ? Une forme de cohabitation est-elle possible sans dédoubler les efforts et sans retrouver ce qui justifiait il y a encore peu de temps l'implantation de guichets uniques ? Voilà d'autres réflexions susceptibles d'alimenter les prochains ouvrages sur les territoires québécois. En attendant, la lecture et la relecture de l'ouvrage de Marc-Urbain Proulx ne peut que rendre un précieux service à tous les amants du Québec.

---

2. Sa superficie était équivalente à celle de la Suisse. On peut se demander ce qu'avaient en commun des villes comme LaTuque et Victoriaville situées à trois heures de route l'une de l'autre.
3. On serait tenté d'écrire l'horreur boréale…

Index